Sammlung Luchterhand 1055

Über dieses Buch: Valentin Sengers 1984 erschienenen Erinnerungen, die Fortsetzung der ›Kaiserhofstraße 12‹ (SL 291), sind packend, ehrlich und erhellend. Als Deutschland befreit wurde, war der Autor 26 und hatte das Leben vor sich. Doch in diesem Buch ist kaum die Rede vom Wirtschaftswunder, statt dessen berichtet der Journalist der »Sozialistischen Volkszeitung«, loyales Mitglied der KP, vom Wiederaufbau, von der Korruption der Amtsinhaber, von den amerikanischen Besatzern: »Keine Zeit verlieren, Ärmel aufkrempeln und an die Arbeit gehen. Zuerst den alten Schutt beiseite räumen, den politischen wie den wirklichen. Wir hatten eine einmalige Chance.« Sehr schnell wird Senger wegen seiner jüdischen Herkunft zum Außenseiter. Auch in seiner Partei verweigert er sich der bedingungslosen Unterwerfung unter den Apparat, ist den Genossen unbequem und wird im Herbst 1958 ausgeschlossen.

Über den Autor: Valentin Senger, 1918 in Frankfurt am Main geboren, Lehre als Technischer Zeichner; Maschinenbauschule, Konstrukteur, Betriebsleiter. Nach dem Zweiten Weltkrieg Journalist, bis zu seiner Pensionierung Redakteur beim Hessischen Rundfunk/Fernsehen, verantwortlich für Wirtschaft und Sozialpolitik. Lebt in Frankfurt am Main. Zuletzt erschien im Luchterhand Literaturverlag: ›Die Buchsweilers‹, 1991.

Valentin Senger
Kurzer Frühling
Erinnerungen

Luchterhand
Literaturverlag

Sammlung Luchterhand, April 1992
Luchterhand Literaturverlag GmbH, Hamburg · Zürich. Lizenzausgabe mit freundlicher Genehmigung des Ammann Verlags, Zürich. Umschlagentwurf: Max Bartholl. Druck: Wagner GmbH, Nördlingen. Printed in Germany.
ISBN 3-630-71055-7

1 2 3 4 5 6 97 96 95 94 93 92

Auf einem Stuhl ohne Armlehnen sitzend, in einem großen Raum, in einem Nebengebäude des Zentralkomitees der SED in Berlin im Herbst 1958, mit Magenkrämpfen vor Aufregung und schweißigen Händen, vor mir an einem langen, quergestellten Tisch vier Männer, das Tageslicht von vorne,

mit dem Wissen, daß diese vier Männer Mitglieder der Parteikontrollkommission der illegalen KPD sind, die mich der Fraktionsbildung und des Umgangs mit parteifeindlichen Elementen beschuldigen,

blitzen mir ungeordnete Gedanken durch den Kopf:

warum ich denn, halbwegs freiwillig, hierhergekommen bin, obwohl ich ahnte, wer mich zu sprechen wünscht,

und warum ich nicht versuche, vor den tückischen Fragen davonzulaufen, und ob sie mich daran hindern würden,

und wer Irmgard, meine Frau, benachrichtigen werde, wenn sie mich wirklich festhielten, wäre es doch nicht das erste Mal, daß so etwas geschieht,

und wie es einmal angefangen hat, damals 1945, als wir, die Überlebenden, uns in die Arme gefallen waren im unfaßbaren Glück, davongekommen zu sein,

und uns aufs neue schworen, unsere ganze Kraft einzusetzen für eine gerechtere, friedlichere, sozialistische Welt, für uns und die, die nach uns kommen, mit dieser Partei, der kommunistischen,

und die vier Männer fragen noch immer, und ich weiß schon nichts mehr zu antworten.

Höhenflug

Jahrelang, Tag für Tag hatten wir uns in unserer Wohnhöhle im Hinterhaus nach der Befreiung gesehnt, hatten uns vorgestellt, wie dem ersten, der uns die Nachricht bringen würde, in unser aller Umarmung die Luft wegbleiben sollte.

Denn: Unter falschem Namen, mit falschen Papieren und einem Vater, der kaum ein Wort Hochdeutsch sprechen konnte, sondern nur jiddelte, hatten wir, meine Eltern und drei Kinder, eine russisch-jüdische Familie, die zwölf Jahre Drittes Reich, zwölf Jahre, die uns wie tausend Jahre vorkamen, in Frankfurt gelebt und überlebt. Außer Mama. Sie starb Ende 1944. Ihr Herz hielt die Belastung nicht mehr aus. Mein Bruder Alex und ich mußten in den letzten Kriegsmonaten noch zum Militär, obwohl wir staatenlos waren, einen Fremdenpaß hatten und damit nach geltendem Recht als Ausländer zählten.

Nun waren wir befreit, entlassen in eine Freiheit voll Dreck und Trümmer, Hunger und Sorgen. Aber wir lebten, Papa, meine Schwester Paula und ich, und vielleicht kommt auch mein Bruder Alex aus dem Krieg zurück. Wir zitterten um ihn, denn seit einem halben Jahr hatten wir keine Post mehr von ihm. Stundenlang stand Papa am Fenster und schaute in den Hof hinunter auf die Toreinfahrt vom Vorderhaus. Er wartete auf Alex.

Und stand er einmal nicht am Fenster und die Türglocke schrillte, sprang er auf und stieß heiser hervor: »Das wird Alex sein!«

Aber nicht Alex war es, sondern wieder einmal einer der alten Freunde meiner Eltern, einer der Totgeglaubten, die, der Himmel weiß von wem, gehört hatten, daß wir, durch tausend Zufälle und noch einige Wunder überlebt hatten, und die über Trümmerberge die Straße hochgestolpert waren, um sich von dem Wunder zu überzeugen.

Schon vor 1933 waren meine Eltern Mitglieder der KPD gewesen und hatten auch die Kinder in ihrem politischen Sinn erzogen. Während des Dritten Reichs gehörten sie einer illegalen Gruppe jüdischer Kommunisten an. Diese hörte auf zu existieren, als außer meinen Eltern keine jüdischen Genossen mehr in Frankfurt lebten. Sie waren entweder verhaftet worden oder emigriert. Als überzeugte Kommunisten schlossen meine Schwester und ich uns im Jahr 1938 einer kommunistischen Widerstandsgruppe an. Bis zu meiner Einberufung im Oktober 1944 war ich mit der Gruppe verbunden.

Nach der Befreiung versuchten wir mit den wenigen am Leben gebliebenen Freunden einen politischen Neubeginn. Etwa zwanzig Männer und Frauen kamen zusammen, als wir im Mai 1945 eine kommunistische Zelle bildeten. Die Leitung wurde mir und meiner Schwester übertragen. Die fast unzerstört gebliebene Wohnung unserer Familie war Anlaufstelle und regelmäßiger Treffpunkt der Gruppe.

Die Altkommunisten, zu denen auch ich mich zählte, obwohl ich erst sechsundzwanzig Jahre alt war, hatten sich für den Start viel vorgenommen. Vor allem: keine Zeit verlieren, Ärmel aufkrempeln und an die Arbeit gehen. Zuerst den Schutt beiseite räumen, den politischen wie den wirklichen. Wir hatten eine einmalige Chance.

Über neuen Antisemitismus brauchten wir uns erst gar keine Sorgen zu machen. Wie sollte es ihn geben, wo es doch keine Juden mehr gab oder nur ein paar vereinzelte, zufällig am Leben gebliebene?

Die aus der Emigration Zurückgekehrten, aus Zuchthäusern und Konzentrationslagern Befreiten und die Überlebenden des Widerstands setzten sich zusammen und überlegten, was zu tun, wie in den Trümmern ein neues Leben zu beginnen sei. Aber nicht nur die Kommunisten rührten sich, auch Sozialdemokraten und Christdemokraten. Nicht mehr getrennt wie in der Vergangenheit, gemeinsam wollten wir den Grundstein für ein besseres Leben legen.

Dieser Höhenflug dauerte nicht lange. Es war ein kurzer Flirt mit der Eintracht. Schon nach wenigen Wochen verzagten die ersten, andere trug der Rausch des Neubeginns ein halbes, vielleicht ein ganzes Jahr. Spätestens dann fehlte ihnen der Aufwind, und sie setzten zur Landung an inmitten der alten Zwietracht, als hätte es nie Schwüre in den heimlichen Zirkeln der KZs und Einheitskomitees und Verbrüderungsszenen auf offener Bühne gegeben. Die Unentwegten blickten weiter in den Himmel und suchten die Thermik verheißenden Wolken. Aber die gab es längst nicht mehr. Als auch ich es merkte, war es fast zu spät, und ich trudelte den andern hinterher in die Niederungen politischer Realitäten.

Der naive Traum vom gemeinsamen Aufbau einer besseren Welt war zu Ende geträumt, noch bevor der erste Stein bewegt worden war. Und die geschworen hatten, sich nie wieder zu entzweien, standen sich unversöhnlicher gegenüber als zuvor.

Diese Enttäuschung war die erste politische Erfahrung, die ich nach dem Krieg machte. Sie erschütterte aber nicht mein Vertrauen in die Kommunistische Partei. Kräftiger Ostwind würde voll in ihre Segel blasen, der Erfolg sich fast von alleine einstellen. Wir Kommunisten brauchten uns nur an die Weisungen der Partei zu halten. Und das taten wir mit missionarischem Eifer.

Ein ruiniertes Bücherbord

Die amerikanischen und englischen Bomber hatten Frankfurt gründlich zerstört. Alt- und Innenstadt waren eine Trümmerwüste, aus der hie und da, wie zufällig, ein stehengebliebenes Haus sich hochreckte, dem halbzerfressenen letzten Zahnstummel eines alten Mannes ähnlich. Die Stadt lag im Koma. Es gab nichts zu essen, kein Trinkwasser, kein Gas, keinen Strom und keine Kohlen, um Tee zu kochen oder eine Suppe zu wärmen.

Papa, mittlerweile fünfundsiebzig Jahre alt, kletterte mit mir über ein zusammengestürztes Haus in der Hochstraße, ganz in der Nähe unserer Wohnung. Wir waren dabei, Brennholz aus den Trümmern zu klauben. Papa trug einen Rucksack und ich einen großen Sack, an dem ich zum besseren Halten eine kurze dicke Schnur befestigt hatte. So machten es auch die Kohlenträger.

In den Straßen, wo noch Menschen in halbzerstörten Häusern oder in Kellern wohnten, war es gar nicht einfach, Holz aus den Trümmerbergen zu holen. Viele waren entweder schon leergeräumt oder von anderen Holzsuchern besetzt.

Ich grub und zerrte die Bretter oder Balkenreste heraus, und Papa, der etwas unterhalb stand, zerkleinerte und verstaute sie. Es hatte Vorteile, daß wir zu zweit Brennholz beschaffen gingen. Der im Trümmerschutt wühlte, brauchte nicht auch ständig auf das zusammengetragene Holz aufzupassen.

Denn es gab Holzsucher, vor allem Kinder, die sich auf bequemere Art Trümmerholz beschafften. In einem unbewachten Augenblick nahmen sie es anderen weg. Den Bestohlenen wäre es nicht in den Sinn gekommen, darin etwas moralisch Verwerfliches zu sehen. Natürlich war es ärgerlich, wenn sich ein Halbwüchsiger eine Bohle, die man mit Mühe und Schweiß aus dem Schutt herausgeholt hatte, blitzschnell unter den Arm klemmte und davonrannte, aber das war Überlebenspraxis. Mit der gleichen Selbstverständlichkeit warf ihm der Bestohlene fluchend einen halben Ziegelstein nach.

Um an die Reste von Dielen, Zimmertüren, Schränke und Stühle zu gelangen, mußte man den Schutt mit Hacke und Schippe beiseite räumen. Ich grub seitlich unter einem Mauerrest und legte das Ende eines dunkelbraunen Brettes frei. Es hatte zu einem Bücherbord gehört, denn als ich es mit Mühe aus dem Mauerschutt herauszerrte, sah ich einen Haufen Bücher und Broschüren darunter, zum Teil zerrissen, einige noch fast unbeschädigt. Ich nahm ein paar Bücher hoch, klopfte den Mörtelstaub ab und las die Titel: Dr. Joseph Goebbels, »Signale der neuen Zeit«; Ernst Jünger, »Der Krieg als inneres Erlebnis«; »Kampf um Deutschland – ein Lesebuch für die deutsche Jugend«; und – mit einem dicken Hakenkreuz in der Mitte – »Das Programm der NSDAP und seine weltanschaulichen Grundgedanken« von Gottfried Feder. Ich legte die Bücher zur Seite. Als ich den zweiten Packen hochnahm, hatte ich einen Stoß antisemitischer Machwerke in der Hand: »Die Geheimnisse der Weisen von Zion« von Gottfried zur Beek; »Handbuch der Judenfrage« von Theodor Fritsch; »Rasse und Seele«; und eine angesengte Broschüre mit dem Titel »Kaiser, Erzbischof und Juden – eine Zusammenstellung von Tatsachen aus der Geschichte der Stadt Frankfurt am Main«. Immer mehr Bücher zog ich aus dem Schutt. Mich überkam ein Gefühl, als müßte ich nur noch ein bißchen weitergraben, um auf all die widerlichen Gestalten zu stoßen, die mir in den zwölf Jahren des Schreckens so viele Ängste bereitet hatten. Höchstlebendig, wenn auch mucksmäuschenstill und feige, saßen sie in ihren Löchern und warteten auf ihre Zeit: vom Nebenhaus der »Rübe ab!«-Luftschutzwart, welcher Juden, Kommunisten, Hundertfünfundsiebzigern und Russen »ohne langen Prozeß die Rübe absäbeln« wollte; der Gesangslehrer unserer Schule, der mit öliger Stimme von der minderwertigen Rasse tönte, die man eliminieren müsse; der Prokurist meiner Lehrfirma, der Juden und Zigeuner mit Läusen und Wanzen verglich; die Denunziantin von gegenüber, die ihre Untermieterin, eine junge Büroangestellte, wegen »Blutschande« mit einem jüdischen Freund bei der Gestapo anzeigte und sie in den Tod trieb. Und all die andern, die keine Sekunde gezögert hätten, meine Familie und mich den Nazi-Henkern auszuliefern, würden sie geahnt haben, wer wir waren.

Ich unterbrach meine Arbeit und blätterte in den verschmutzten und versengten Pamphleten. Bis ich Papa ärgerlich rufen hörte: »Walja!« Und noch einmal »Walja!«

Ich wandte den Kopf und sah ihn mit einem bösen Gesicht bei den halbgefüllten Holzsäcken stehen. Er fuchtelte mit den Armen herum, als wolle er mir jede Buchseite einzeln aus den Händen reißen.

»Hast du nichts Wichtigeres zu tun, als Bücher zu betrachten. Ausgerechnet jetzt!«

Recht hatte er. Wir schindeten uns in der Sonnenhitze, weil wir dringend Brennbares brauchten, und ich betrachtete Bücher. Ließ mich von zufällig im Trümmerschutt erhalten gebliebenen Druckwerken pathologischer Antisemiten aus der Fassung bringen und vergaß, was ich in den Resten des zerbombten Hauses suchte.

Aber ich konnte mich dennoch nicht von den Büchern losreißen. »Moment noch, Papa, gleich mache ich weiter.« Ich nahm das zerrissene Handbuch der Judenfrage hoch und blätterte ein wenig darin. Angst beschlich mich. Das Dritte Reich war zerschlagen, Hitler tot, die Judenvernichtung hatte ein Ende. Aber war damit für die Handvoll am Leben gebliebener Juden wirklich eine Zukunft ohne Angst gewonnen?

»Machst du jetzt weiter oder nicht?«

»Sofort. Ich habe ein paar Nazibücher gefunden.«

»Und darum läßt du mich hier stehen?«

Er schüttelte den Kopf und setzte sich mit einem Seufzer auf einen Stein.

Ich blickte hinunter zu Papa. Von hier oben wirkte er noch kleiner, als er in Wirklichkeit war. Die fünfundsiebzig Jahre hatten ihn zusammengedrückt. Doch nicht nur die fünfundsiebzig Jahre, auch Mamas Tod. Seit sie nicht mehr lebte, lebte auch er nur noch halb, verkroch sich immer mehr in sich, zog sich zu ihr zurück.

Dabei war er nie inaktiv gewesen. An seinem Arbeitsplatz in der Fabrik hatte er seinen Mann gestanden, es als Spitzendreher zum Einrichter gebracht, hatte an den großen Metallarbeiterstreiks 1924 und 1929 teilgenommen, in den Frankfurter Adlerwerken eine Gruppe der kommunistischen Roten Gewerkschafts-Opposition gegründet, Beiträge kassiert, Flugblätter verteilt und Zeitungen verkauft. Selbst noch in der Hitlerzeit, als jede kleinste Auffälligkeit, eine falsche Bewegung oder seine jiddische Aussprache ihm und damit auch seinen Angehörigen den Tod bringen konnte, war er nicht untätig. Jüdischen Freunden, die von der Gestapo gesucht wurden, besorgte er Verstecke, bis sie ins Ausland fliehen konnten, unserer Familie auf krummen Wegen Lebensmittel und Bezugsscheine für Schuhe, und russischen Zwangsarbeiterinnen, die er zu betreuen hatte, entgegen strengen Verboten manche Erleichterungen, bis ihn deswegen die Gestapo verhaftete und einen Tag lang verhörte.

Trotzdem habe ich nur noch die Erinnerung an einen müden und immer gütigen Papa, der nie schrie, nie richtig wütend wurde. Wäre er es doch nur einmal geworden! Hätte er nur ein einziges Mal so gebrüllt wie Rektor Beyer, wenn ein Schüler ihm ein Widerwort gab, oder wie der Kohlenträger über uns im dritten Stock, wenn er betrunken nach Hause kam und seine Frau beschimpfte! Ein gezischtes »Idi k tschortu! – Geh zum Teufel!« war das Schlimmste, was er jemals zu mir gesagt hat.

Sonst beschwichtigte er immer nur und zog sich zurück hinter Mama. Er hatte, solange ich mich erinnern kann, nie das Bedürfnis gehabt, aus ihrem Schatten herauszutreten. Jakob, der Mann von Olga, sagte man in Freundes- und Genossenkreisen, nie umgekehrt. Und er war noch stolz darauf, stolz auf Mama.

Was mußte er für ein Kerl gewesen sein, damals, als er noch Moissee Rabisanowitsch hieß, durch Europa fuhr, ein russischer Revolutionär, um den Wind zu säen, der als Sturm die Romanows vom Zarenthron fegte. Es gab noch einige Fotos von ihm aus dieser Zeit. Da war er groß und schlank, mit einem verwegenen Schnauzbart, wie ihn der junge Trotzki und der legendäre Reitergeneral Budjonni trugen. Und wie stolz hielt er auf diesen Fotos den Kopf hoch, die Augen sprühten unter den buschigen Augenbrauen. Papa war in seiner Jugend ein schöner Mann gewesen. Wenn ich ihn je um etwas beneidet habe, dann um dieses Aussehen und den Eindruck, den er damit bei den Frauen gemacht haben muß. Ich war in diesem Lebensalter ein häßliches Entlein, nach dem sich kein Mädchen umschaute, ein Nichts, das auf Anordnung von Mama ein Nichts bleiben mußte, um nicht aufzufallen, damit die Familie in der Hölle des Faschismus überleben konnte.

Es ist eigentlich kein Wunder, daß Papa so klein und müde geworden war. Zwei Drittel seines Lebens, über fünfzig Jahre, hat er in Angst gelebt. Wer kann ermessen, was das heißt: in Angst leben?

Die Sonne brannte, Papa schwitzte, und die Schweißtropfen zogen sich unter dem Hutrand wie eine Perlenkette über seine Stirn. Er nahm den Hut vom Kopf, wischte ihn aus, tupfte sich mit dem Taschentuch die feuchte Perlenkette fort und setzte ihn wieder auf. Dann nahm er den Kopf in die gespreizten Hände und stützte die Ellenbogen auf die Knie. Sein Jackett hatte auf dem runden Rücken einen dunklen Schweißfleck.

Ich wühlte weiter in dem Schutt und holte etwa zwei Dutzend Bücher hervor. »Nimm sie, Papa, und steck sie in den Sack.« Ich hielt ihm den Stoß Bücher hin.

»Bist du meschugge, Walja! Was sollen wir mit den Büchern? Willst du sie lesen oder verbrennen?«

»Steck sie in den Sack. Bitte. Ich will sie mit nach Hause nehmen.«

Papa tat, worum ich ihn bat, obwohl er mich für verrückt hielt.

»Du schleppst sie auch selbst heim«, sagte er.

Auf dem Nachhauseweg bemerkte ich: »Ich werde sie nicht verbrennen, Papa.«

»Tu, was du willst.«

»Ich werde sie aufheben, um mich später zu erinnern.«

»Ich sagte dir: Tu, was du willst. Ich will von Nazibüchern nichts wissen.«

Darum habe ich bis auf den heutigen Tag in der oberen linken Ecke meines Bücherregals eine Reihe verdreckter und zum Teil angesengter Bücher stehen. Jetzt, nach vielen Jahren, hole ich mir einige herunter, blase den Staub zum Fenster hinaus und blättere darin. Zuerst einen gelbbraunen Leinenband. Es ist eine Hitlerbiographie, der Name des Autors Erich Czech-Jochberg. Ich klappe die letzte Seite auf und lese: »Ein einziges, herrliches Herz, das für Deutschland schlägt, erobert ein ganzes Volk. Reißt es hoch. Rettet es. Das ist der Sinn des deutschen Wunders Adolf Hitler.«

Ich nehme eine Broschüre in die Hand. »Wie die Ratten ist das Volk Israel einst aus Kleinasien aufgebrochen, um sich über Europa und die Welt zu ergießen ... Immer und überall waren sie der gleiche Ahasver, der ewige Jude.«

Im nächsten Buch, das ich aufschlage, sind die schlimmsten, mörderischen Sätze unterstrichen und am Rand mit Ausrufungszeichen versehen, als hätten dem Besitzer diese Stellen besonders gut gefallen.

Ich nehme den Packen und stelle ihn wieder zurück in die linke obere Ecke meines Bücherregals. Sie sollen dort stehenbleiben und mich immer erinnern.

Black Stars

Das beste Brennholz nützt nichts, wenn der Kochtopf leer ist. Was es an Lebensmittelzuteilungen für die in der Stadt verbliebene Bevölkerung gab, war kaum der Rede wert, war, wie Papa sagte, zum Sterben zu viel und zum Leben zu wenig. Wer mit diesen Rationen auskommen mußte, konnte nur verhungern. Von Schiebern und Schwarzhändlern abgesehen, wurden damals in den Städten nur wenige Menschen satt, obwohl sie aus ihrem häuslichen Fundus alles auf den Schwarzen Markt und zu den Bauern der Umgebung schleppten, was in ein Stück Speck oder einen Sack Kartoffeln einzutauschen war. Glücklich, wer ab und zu ein Care-Paket aus Übersee bekam. Wir zählten nicht zu den Glücklichen, auch nicht zu der kleinen, privilegierten Schicht, die gelegentlich Sonderzuteilungen erhielt.

Weder Paula noch Papa noch ich hatten das Geschick, etwas Zusätzliches zum Essen zu beschaffen. Aber nicht nur das bereitete mir Kummer, besonders Papa litt unter den Entbehrungen und wurde von Tag zu Tag schwächer. Darum bemühte ich mich bald um einen der begehrten Jobs bei den Amis. Dort gab es alles, was uns fehlte, im Überfluß.

Obwohl auf jeden dieser Arbeitsplätze Dutzende Deutsche spekulierten, hatte ich das Glück, dank der Vermittlung einer Freundin eine Stelle in einem US-Offizierskasino zu bekommen. Zum Ausüben der mir zugewiesenen Arbeit bedurfte es keiner besonderen Qualifikation und keiner Eignungsprüfung.

Meine Arbeitsutensilien waren Schrubber, Bürste und Scheuersand, meine Aufgabe, die Bäder und Klos im Souterrain des Offizierskasinos sauberzuhalten. Der weiße Kittel und die weiße Hose, die ich dabei trug, täuschten darüber hinweg, daß diese Arbeit wenig appetitlich war. Aber wir brauchten nicht mehr zu hungern.

Für das deutsche Personal fielen täglich Überbleibsel aus der Küche und vom Tisch der Besatzungsoffiziere ab, beim Frühstück die Reste von Ham und Eggs, beim Mittagessen die Bratenanschnitte, die man den Militärs nicht servierte, oder beim Abendessen die Reste von den Wurst- und Käseplatten. Und bevor die Köche das Bratenfett aus den großen Elektropfannen in den Ausguß kippten, hielten die Deutschen schnell ihre Büchsen und Flaschen darunter.

Wer sich mit Resten nicht begnügen wollte, der stahl in der Küche oder in den Lagerräumen. Das war nicht sonderlich schwer, aber erwischen lassen durfte man sich nicht. Da kannten die Amerikaner kein Pardon. Wer erwischt wurde, flog auf der Stelle. Mancher US-Soldat steckte auch schon mal einem Deutschen ein Stück Dörrfleisch oder etwas Butter zu oder gab ihm eine Zigarette. Bedienstete weiblichen Geschlechts, wenn sie dazu noch jung waren, hatten es erheblich leichter, die Mildtätigkeit der Amerikaner anzuregen.

Das Offizierskasino gehörte zum Hauptquartier der Alliierten Streitkräfte in Europa, das sich in Frankfurt befand. Zweitausend Offiziere wurden hier verpflegt. Entsprechend groß war das amerikanische Kommando, das die Aufsicht über das Kasino hatte. Es mag achtzig bis hundert Mann stark gewesen sein, das in zwei Schichten den Kasinobetrieb überwachte. Unter ihnen gab es einen Juden. Das wußte ich, weil die Besatzungssoldaten über ihn sprachen. Ich kannte ihn auch, den schmächtigen Jungen mit den traurigen Augen. Er mochte höchstens neunzehn Jahre alt gewesen sein. Still versah er seinen Dienst und bemühte sich, nicht aufzufallen. Mit den Deutschen wollte er nichts zu tun haben. Wenn er zu mir in die Bäderanlage kam, wechselte ich hin und wieder ein paar Worte mit ihm, gab mich ihm aber nicht als Jude zu erkennen. In seiner Nähe war mir auf unerklärliche Weise unbehaglich, und ich war froh, wenn er wieder ging.

Ganz andere Empfindungen hatte ich, wenn gelegentlich Offiziere der sowjetischen Militärmission in Frankfurt, die zu der Zeit noch in dem Kasino verkehrten, zum Händewaschen zu mir in die Bäderanlage kamen. Dann schlug mein Herz höher. Auf ihren Mützen und Uniformröcken prangte der fünfzackige rote Stern, der mir, solange ich mich rückerinnern konnte, Leitstern meines politischen Handelns war. Sie waren meine Genossen, meine heimlichen Verbündeten. In jedem einzelnen von ihnen verkörperte sich ein Stückchen wahrgewordener Traum von Sozialismus. Allein schon der Wohlklang ihrer russischen Sprache war in meinen Ohren wie eine schöne Melodie. Was war dagegen schon das breitgekaute Englisch der Amerikaner! Doch die Russen gaben sich noch reservierter und abweisender als der jüdische Soldat, und ich versuchte nie, mich ihnen zu nähern oder gar meine Sympathie zu bekunden.

Unter dem amerikanischen Aufsichtspersonal waren auch drei Soldaten, die sich als Hitlersympathisanten bezeichneten und aus ihrer antisemitischen Einstellung keinen Hehl machten. Sie zeigten heimlich den deutschen Kasinoangestellten Naziabzeichen, andere faschistische Embleme und pornographische Pamphlete gegen die Juden in englischer Sprache, die dem »Stürmer« glichen. Sie nannten sich Black Stars. Wovon sie diesen Namen ableiteten und was sie damit ausdrücken wollten, weiß ich nicht. Aber sie versicherten jedem, der es hören wollte, es gäbe viele Black Stars in der US-Army. Unentwegt schimpften sie über die verfluchten Juden, redeten, wie einst die deutschen Faschisten, vom Weltjudentum und den Marxisten, die zusammen die Weltherrschaft antreten wollten. Sie priesen Hitler als einen großen Staatsmann, weil er mit den Juden und Marxisten – für sie waren Juden und Marxisten eins – gründlich aufgeräumt hätte.

Diese drei Soldaten schikanierten ständig den jüdischen Jungen oder machten ihn bei den anderen Amerikanern und dem deutschen Personal lächerlich. Das

Harmloseste war noch, wenn sie Kaugummi in sein Spindschloß drückten oder ihm unbemerkt einen papiernen Davidstern auf dem Rücken anhefteten. Schlimmer wurde es, wenn sie seine Spindtür mit Exkrementen beschmierten, oder noch glühende Zigarettenkippen in den Luftschlitz des Spindes warfen.

Es schien, als ob der jüdische Soldat alles ergeben hinnahm und sich nie bei Vorgesetzten beschwerte. Bestimmt hatte er, genau wie ich, Angst vor diesen Rowdies und fürchtete, wenn er Meldung machte, würde es nur schlimmer werden. Eines Tages schlugen ihn zwei Faschisten in der Bäderanlage zusammen. Wie es begann, weiß ich nicht. Als ich seine Hilferufe hörte und in den Vorraum lief, lag er bereits blutend vor den Waschbecken. Andere Soldaten kamen hinzu, bald auch der Kommandoführer, ein Sergeant.

Die beiden Schläger erklärten ihm, der jüdische Soldat habe sich ihnen sexuell angebiedert, und sie hätten sich ihn mit Faustschlägen vom Leib gehalten. Wer den Verprügelten kannte, wußte, daß das eine Lüge war. Aber der Sergeant glaubte es. Ich weiß, er hat es gerne geglaubt. Später erfuhr ich, man habe den jüdischen Soldaten in das Militärlazarett bringen müssen, weil ihm das Nasenbein zertrümmert war.

Er tat mir leid. Wenn sie ihn demütigten oder lächerlich machten, stockte mir der Atem. Ich spürte seine Schmerzen. Dennoch stand ich ihm nicht bei. Er war mir unangenehm in seiner Armseligkeit und Verschüchterung. Nach diesem Vorfall kam er nicht mehr ins Kasino zurück.

Das war meine erste Wiederbegegnung mit Antisemitismus nach dem Krieg. Amerikaner führten ihn vor. Doch das war zeitbedingt, denn die deutschen Antisemiten und Faschisten waren keineswegs eines Besseren belehrt. Aber noch saßen sie still in ihren Mauselöchern, in die sie nach dem Zusammenbruch gekrochen waren.

Mein Freund Mike

Die amerikanischen Soldaten waren in aller Regel unpolitisch. Einen einzigen habe ich im Offizierskasino kennengelernt, der sich selbst als Antifaschisten bezeichnete und keinen Hehl aus seiner Sympathie für Kurt Schumacher und die deutschen Sozialdemokraten und vor allem für Pietro Nenni und die italienischen Sozialisten machte. Es war Sergeant Mike. Er kam öfters in die Bäderanlage, um sich mit mir zu unterhalten.

Sergeant Mike war Küchenchef, ein Italo-Amerikaner von gedrungener Gestalt, mit kugelrundem Kopf und Apfelbäckchen, braunhäutig, schwarzhaarig und mit kurzen Beinen. Eine doppelte Ordensspange schmückte sein khakifarbenes Militärhemd, bunt und auffallend wie die Qualitätsbanderole auf einer ungarischen Salami. Diese militärischen Auszeichnungen trug Mike immer auf der Brust, selbst wenn er sich, mit Küchenschürze und Kochmütze angetan, an den Suppenkesseln, Gemüsetöpfen und Brattiegeln zu schaffen machte.

Zu seinen Pflichten gehörte außer der Zubereitung der Mahlzeiten für zweitausend Offiziere auch die Oberaufsicht über das Lebensmitteldepot des Kasinos. Das war eine profitable Vertrauensposition, denn von Mike konnte man alles haben, was eigentlich für die amerikanischen Offiziere bestimmt war: Schinken und Butter, Milch- und Eipulver, Kaffee und Tee, Whisky und Zigaretten. Zu Schwarzmarktpreisen, versteht sich.

Zum Zeichen seiner Würde als Chef de cuisine hatte er für seine Abschmeckproben und das mit einer unnachahmlichen Handbewegung verbundene, obligatorische Nachwürzen zwei kleinere Silberlöffel im Etui bei sich. Schmatzend probierte er die Speisen, mit dem einen Löffel die Suppen, mit dem andern die Soßen. Wenn er die Küche verließ, verwahrte er seine Degustierlöffelchen wie einen wertvollen Familienschmuck sorgsam in einem verschließbaren Wandschränkchen, das eigens zu diesem Zweck angebracht worden war.

Wollte Mike mit amerikanischen Offizieren oder deutschen Angestellten der Besatzungsmacht geschäftliche Gespräche führen über den Verkauf von Lebensmitteln, die ihm nicht gehörten, ging er der Einfachheit halber in die Bäderanlage, in der ich arbeitete. Sie lag nur wenige Schritte von der Küche entfernt.

Auch ich kaufte manchmal Zigaretten, Butter oder Schnaps von ihm. Er gab seine Ware nur gegen echte Dollars oder sogenannte Scriptdollars ab, das amerikanische Besatzungsgeld. Die Soldaten erhielten ihre Löhnung in dieser Währung. Wenn ein Deutscher mit ihm Geschäfte machen wollte, mußte er sich zuerst Scriptdollars beschaffen. Das konnte er bei Mike – zu einem schlechten Kurs. Dagegen war nichts zu machen. Bei anderen Amerikanern war der Wechselkurs womöglich noch schlechter. So verdiente der Sergeant an jedem Geschäft mit Deutschen zweifach, zuerst am Umtausch des Geldes und dann an dem Handel selbst.

Aber er brauchte auch viel Geld, immerzu. Mindestens einmal in der Woche kam er mit beschwingtem Schritt, soweit das mit seinen kurzen Beinen möglich war, einem pfiffig-fröhlichen Gesicht und einem Paket unterm Arm zu mir in die Bäderanlage. Dann wußte ich, daß er wieder einmal im Tauschhandel etwas für seine Familie in den USA erworben hatte. Ich mußte es begutachten und ihm versichern, daß er ein gutes Geschäft gemacht habe. Mal war es ein altes, ziseliertes Silberbesteck, mal ein Goldschmuck, ein Familienerbstück, oder eine Porzellanfigur, auf deren Unterseite das Signum der Meißner Porzellanmanufaktur, die gekreuzten Schwerter, sie als besonders wertvoll kennzeichnete. Für die Kinder hatte er eine elektrische Eisenbahn, einen Märklin-Baukasten oder eine schöne Puppe beschafft. Hinten, wo sein Spind stand, verpackte er sorgfältig seine Neuerwerbungen, außer dem Schmuck und den Wertsachen, und schickte sie nach Hause.

Küchenchef Mike brauchte das viele Geld aber nicht nur dafür, seiner Frau und den beiden Kindern Freude zu bereiten. Eine beträchtliche Summe gab er auch für seine deutschen Freundinnen aus. Mehrere von ihnen gehörten zum Personal des Offizierskasinos, und sie berichteten im Kollegenkreis recht freimütig von ihren amourösen Abenteuern mit ihm.

In unregelmäßigen Abständen erklärten die Besatzungsbehörden die Scriptdollars für ungültig. Sie tauschten sie gegen neue Scheine mit anderen Farben und anderen Nummern ein. Damit glaubten sie, dem Schwarzhandel zwischen den amerikanischen Soldaten und der deutschen Bevölkerung Grenzen setzen zu können – ein kapitaler Irrtum. Nichts änderte sich dadurch auf dem schwarzen Markt, einzig das Besatzungsgeld wurde für einige Tage knapp.

Beim Morgenappell erfuhren die GIs, daß innerhalb der nächsten Stunden der Umtausch der bisherigen in neue Scheine erfolge, danach war das im Umlauf befindliche Geld ungültig.

Eines Morgens, kurz nach Arbeitsbeginn, kam Mike zu mir in die Bäderanlage, um mir zu sagen, daß noch am gleichen Vormittag wieder ein Umtausch des Besatzungsgeldes stattfinde.

»Verdammt! Ausgerechnet jetzt!«

»Warum regst du dich auf, boy? Hast du etwa noch Scriptdollars?« fragte Mike scheinheilig. Er wußte ja, daß ich immer welche besaß.

»Na klar hab' ich – und gerade heute sehr viele.«

Er schlug mir freundschaftlich auf die Schultern. »Take it easy, ich tausch sie dir um.« Er machte eine Pause und zwinkerte mir zu: »But fifty-fifty, o.k.?«

»O.k., o.k. Aber da gibt es noch ein Problem: Ich hab mein Geld nicht hier.«

»Wo ist es?«

»Zu Hause.«

»Das ist nicht gut.« Mike wurde ernst. »Da mußt du selber sehen, was du machst. Ich kann dir nicht helfen.«

»Dreitausend Dollar, Mike!«
»Ich bin im Dienst.«
»Das ist mein ganzes Geld. Mehr hab ich nicht.«
Er winkte ab. »Sorry.«
Ich wußte, Mike hatte ein gutes Herz. Darum versuchte ich es noch einmal: »Das ist mein ganzes Geld, Mike. Kannst du mir wirklich nicht helfen?«
Verlegen kratzte er sich am Kopf. »Wie weit ist es zu deiner Wohnung?«
»Mit deinem Jeep höchstens zehn Minuten.«
Einen Augenblick zögerte er noch. Dann aber wurde er munter, boxte mich in die Seite und sagte: »Come on, boy!« Er stürmte vor mir die Kellertreppe hoch, rannte in die Lagerhalle und schwang sich auf seinen Jeep. Fast schon im Anfahren sprang ich auf. Wir jagten den Reuterweg hinunter, hielten nur kurz zur Ausweiskontrolle am Tor des Sperrgebiets und rasten weiter in die Kaiserhofstraße. Mit quietschenden Rädern lenkte er den Jeep in die Toreinfahrt. Dort hätte er um ein Haar die Horex-Seitenwagenmaschine des Spenglermeisters Otto Reiter gerammt, denn der wollte im gleichen Augenblick aus dem Hof, wo er seine Werkstatt hatte, herausfahren. Direkt vor dem Eingang zum Hinterhaus hielt er an und blieb mit laufendem Motor stehen. Ich nahm drei Treppenstufen auf einmal hinauf in unsere Wohnung.

Zu der Zeit arbeiteten die KPD-Leitungen der drei Westzonen noch getrennt, aber häufig trafen sich die Spitzenfunktionäre der englischen und französischen Zone in der Frankfurter Zentrale der US-Zonenleitung in der Gutleutstraße zu Sitzungen. Der prominenteste westdeutsche Kommunist war damals Max Reimann, der bald Vorsitzender der Gesamtpartei wurde. Max Reimann wohnte in der englischen Zone in Düsseldorf. Frankfurt lag in Trümmern, es gab kaum Hotels. Darum, und vielleicht auch aus Sicherheitsgründen, quartierte man Max Reimann, wann immer er in der hiesigen Parteizentrale zu tun hatte, bei einem vertrauenswürdigen Genossen unserer Stadt ein. Dieser Genosse mußte außer Vertrauenswürdigkeit auch noch eine intakte Wohnung haben. Unsere Familie war das eine, vertrauenswürdig, und hatte das andere, eine vom Krieg fast unversehrte Wohnung.

Ausgerechnet an dem Tag, da die Umtauschaktion mit den Scriptdollars stattfand, wohnte Max Reimann wieder einmal bei uns. Er schlief, wie immer, auf der Couch im Wohnzimmer. In dieses Wohnzimmer mußte ich hinein. Der Besitz von Scriptdollars war streng verboten. Verstöße wurden von den Schnellgerichten der Besatzungsmacht mit drakonischen Strafen belegt. So war man gezwungen, wenn man verbotenes Geld besaß, es gut zu verbergen, damit es bei Hausdurchsuchungen nicht entdeckt würde. Mein Versteck war die Fenstergardine des Wohnzimmers. Mit einer Sicherheitsnadel hatte ich den Briefumschlag mit dem Geld an der Gardine zur Wand befestigt, ganz oben, fast an der Decke. Vor der Gardine war noch ein schmaler Volant, der den wertvollen Briefumschlag zusätzlich verdeckte.

Es war gerade acht Uhr. Ich öffnete ganz langsam und leise die Tür. Doch meine Vorsicht war umsonst. Mit offenen Augen und hellwach lag Max Reimann unter der Bettdecke, ruckartig setzte er sich auf und starrte mich fragend an, ohne ein Wort zu sagen. Ich hatte den Eindruck, als ob das ohnehin blasse Gesicht noch blasser und das in die Länge gezogene kantige Profil noch kantiger waren. Seine grauen Haare, die er sonst bei öffentlichen Auftritten mit einer schönen Bewegung der gespreizten Hand immer wieder aus der Stirn nach hinten strich, standen wirr um seinen Schädel.

»Guten Morgen, Genosse Reimann«, sagte ich laut und verkrampft fröhlich, ging auf den schweren eichenen Ausziehtisch in der Mitte des Zimmers zu und schob ihn zum Fenster. Wie Lanzenstiche fühlte ich Max' Blicke in meinem Rücken.

»Kann ich dir helfen, Genosse?« fragte er.

»Nein, nein, kannst ruhig weiterschlafen. Ich geh gleich wieder.« Ich zog die große Tischdecke weg, eine handgeklöppelte Arbeit meiner Mutter, nahm einen Stuhl, stellte ihn auf den Tisch, und auf den Stuhl noch einen Fußschemel. Die Altbauwohnung im Hinterhaus war so hoch, daß man anders nicht an die Decke kam. Dann kletterte ich hinauf.

Max Reimann schwieg. Ich mied seinen Blick und machte mir am Vorhang zu schaffen. Im gleichen Augenblick öffnete Papa die Zimmertür. Er hatte mich kommen gehört und ahnte, daß ich an die Scriptdollars wollte.

»Walja! Was tust du da?« rief er mit gespielt vorwurfsvollem Ton. Er wußte genau, was ich tat. Er hatte mir ja schon öfter den Stuhl festgehalten, wenn ich wieder einmal Besatzungsgeld in der Gardine versteckte oder welches herunterholte.

»Alles in Ordnung, Papa. Ich brauche dich nicht.«

Er verstand den Wink, zog sich zurück und schloß leise die Tür hinter sich. Ihm mußte die Situation noch peinlicher sein als mir. Welchen Eindruck hatte der Parteivorsitzende von ihm, von unserer Familie! Die treuen Genossen, so makellos in ihrer Haltung und Gesinnung, daß der Parteivorstand ihnen Max Reimann zur Übernachtung anvertraute, ausgerechnet die machten auch Schwarzmarktgeschäfte. Das etwa mag Papa gedacht haben, als er die Tür zuzog und zurück in die Küche schlurfte.

Papa war gleichzeitig mit mir und meiner Schwester Paula in die neugegründete Zelle der KPD eingetreten. Mitglied der Partei zu sein war für ihn so selbstverständlich wie Essen und Trinken. Seit seiner Jugend hatte er sich politisch betätigt. Trotz seines hohen Alters nahm er an allen offiziellen Veranstaltungen der Partei und der Gewerkschaften teil. Jeder kannte ihn. Man grüßte ihn respektvoll, und Veranstaltungsleiter und Funktionäre bedankten sich mit Handschlag und Schulterklopfen bei ihm, daß er gekommen war, und oft wies man ihm einen Ehrenplatz zu.

Er genoß die Hochachtung in vollen Zügen. Sie tat

ihm gut. Er straffte den Körper, und ein zufriedenes Lächeln legte sich um seine Lippen. Für Stunden war er wieder wer.

Um so mehr mußte es ihn bekümmern, daß durch meine Kletterübungen am frühen Morgen vor den Augen Max Reimanns ein häßlicher Schlagschatten auf die Patina des ehrwürdigen Altgenossen und damit zugleich auf die ganze Familie gefallen war. Er hatte oft genug gesagt, ich solle es nicht übertreiben. Aber er billigte meine Schwarzmarktgeschäfte. Für ihn waren sie, wenn nur die Partei damit nichts zu tun hatte, nicht unehrenhaft. Er zitierte gern ein russisches Sprichwort: Wenn man satt ist, ist es leicht, ein anständiger Mensch zu sein. Doch hätte er das dem obersten Parteifunktionär sagen können? Max Reimann hätte es schwerlich verstanden. Die Partei hatte ihre eigenen Moralbegriffe, die mit unseren familiären nicht immer übereinstimmten. Diese Divergenz hatte jedoch keinen Einfluß darauf, daß Papa, Paula und ich überzeugte Kommunisten waren und fest zur Partei standen.

In wenigen Sekunden hatte ich die Sicherheitsnadel gelöst und den Umschlag mit dem Geld in die Tasche gesteckt. Doch war ich durch die Eile, Mike stand ja mit laufendem Motor im Hof und wartete auf mich, und die Anwesenheit des Parteivorsitzenden etwas nervös geworden. Ich kam beim Hinunterturnen ins Wackeln, hielt mich an der Gardine fest, sie riß, fiel mir auf den Kopf und schmückte mich wie der Brautschleier die junge Braut. Eine so lächerliche Szene hätte in einer schlechten Komödie nicht besser gespielt werden können. Fluchend wickelte ich die Gardine zusammen, legte sie aufs Fensterbrett, stellte Fußschemel und Stuhl wieder an ihren Platz, rückte den Tisch an seine Stelle, legte die Tischdecke auf und versuchte, das Wohnzimmer zu verlassen, als sei nichts geschehen.

Mein Zögern beim Hinausgehen und meine Verkrampftheit in der Stimme, die ich nicht verhindern konnte, als ich »Nichts für ungut, Genosse Reimann«

stammelte, straften meine gespielte Unbekümmertheit Lügen.

Er saß noch immer aufrecht in seinem Bett und sagte keinen Ton. Es fiel mir nicht leicht, an ihm vorbeizukommen. Sein Schweigen stand wie ein dichtes Dornengestrüpp zwischen mir und der Zimmertür. Doch es half mir nichts, ich mußte hindurch.

Ich zog die Tür hinter mir zu und wäre fast mit Papa zusammengestoßen, der seitlich an der Tür gestanden und gelauscht hatte. Ich hätte es mir denken können, daß es ihn nicht in der Küche hielt, während ich mein Schwarzmarktgeld von der Gardine holte. Wortlos gestikulierte er mit Kopf und Armen und verzog das Gesicht, als wolle er sagen: Bist du denn von allen guten Geistern verlassen, vor den Augen des Parteivorsitzenden die Wände hochzugehen und uns derart bloßzustellen? Und er zischte in seinem russisch-jiddischen Idiom leise »Du Idiott!« Dann griff er sich mit beiden Händen an den Kopf, was ausdrücken sollte: O Gott, was muß ich auf meine alten Tage noch alles ertragen! Ich versuchte, ihn zu beruhigen, indem ich ihm pantomimisch zu verstehen gab: es ging leider nicht anders und es tut mir auch leid, aber glaube mir, ich hatte wirklich keine andere Wahl. Ich legte den Arm um seine Schultern, führte ihn, während er die Hände am Kopf behielt, zurück in die Küche und rannte die Treppe hinunter.

Das war das letzte Mal, daß Genosse Max bei uns wohnte.

Mike gab Vollgas und jagte zum Kasino zurück.

Die Hälfte meines Schwarzmarktkapitals war gerettet. Über die andere Hälfte aber ließ er nicht mit sich reden. Mike hatte ein weiches Herz, wenn es jedoch ums Geschäftliche ging, hatte er seine Prinzipien, da war er knochenhart. Er blieb bei fifty-fifty. Letzten Endes mußte ich ihm noch dankbar sein dafür, daß er überhaupt während der Dienstzeit gefahren war. Er war längst mein Freund geworden, der einzige im Offizierskasino. Ich war froh, gelegentlich auch etwas für ihn tun zu können.

Es gab ja genug Deutsche, die sich schweren Herzens von der einen oder anderen Pretiose trennen mußten, einem Ring, einer Perlenkette, einer goldenen Uhr, um für kurze Zeit wieder einmal satt zu werden. Aus meinem Bekanntenkreis, in dem man wußte, daß ich bei den Besatzungstruppen arbeitete, bat man mich wiederholt um Vermittlerdienste für solche Tauschaktionen. So bekam der Küchenchef durch mich manches wertvolle Stück für seine Gina und einige seltene Münzen für seine ausschließlich auf Kaffee-, Whisky- und Butterbasis aufgebaute Münzsammlung.

Um so schmerzlicher traf es mich, als ich einige Monate nach dem spektakulären Scriptdollarumtausch hörte, daß Mikes Leben eines frühen Morgens abrupt geendet hatte. Erst am andern Tag erfuhr ich, wie. Der Goldesel, den er im Souterrain des Offizierskasinos verwaltete und der sich, wann immer Mike wollte, für ihn streckte, hatte ihn übermütig gemacht.

Es sollte ein ganz großer Coup werden, ein einmaliger Geniestreich. Mike lenkte selbst den auf dem Frankfurter Militärflughafen mit hochwertigen Lebensmitteln aus den USA beladenen schweren Lkw. Doch lenkte er ihn an diesem Morgen nicht wie gewöhnlich zum Offizierskasino, für das die Ladung bestimmt war, sondern in Richtung Zeilsheim, einen westlichen Vorort Frankfurts. In dem dortigen Camp für Displaced persons, das in den Jahren nach dem Krieg ein Hauptquartier des Schwarzhandels war, wartete bereits ein Aufkäufer darauf, die Ware in Empfang zu nehmen.

Ich gehe davon aus, daß Mike, bei der Umsicht, die er bei seinen illegalen Transaktionen stets walten ließ, fest davon überzeugt gewesen sein muß, auf seinem Weg in die falsche Richtung die vielen militärischen Kontrollstellen überlisten zu können. Aber seine Rechnung ging nicht auf. In einer Hauptstraße von Höchst geriet er wider Erwarten in eine Kontrolle der amerikanischen Militärpolizei. Statt zu halten, gab er Gas, was zu verstehen ist; gab etwas zu viel Gas, schleuderte in einer Kurve und stieß mit einem entgegenkommenden Omnibus zusammen. Mike war auf der Stelle tot. Es ist möglich, daß eine Whiskykiste, die beim Aufprall auf den Omnibus von der Ladefläche des Lkws ins Führerhaus rutschte, ihm das Kreuz brach. Zumindest wäre das für Mike ein standesgemäßes Ende gewesen.

Das frühmorgendliche Erlebnis in unserer Wohnung hatte für mich noch ein Nachspiel. Als ich am gleichen Tag von der Arbeit nach Hause kam, saß Papa in seiner Ecke am Ofen, begrüßte mich nur mit einem kurzen Kopfnicken und warf mir einen vorwurfsvollen Blick zu.

»Was hast du?« fragte ich. »Was ist los?«

»Was soll los sein?« gab er unwirsch zur Antwort und wandte den Kopf ab. »Nichts.«

»Natürlich hast du etwas. Sag es schon.«

Papa stellte sich taub. Ich schleuderte meine Tasche in die Ecke, setzte mich an die andere Seite des Tisches und wartete. Ich wußte, daß seine Verärgerung mit meinem Kletterunternehmen zusammenhing.

Nach einer ganzen Weile, als ich schon glaubte, er wolle mich durch sein Schweigen strafen, sagte er unvermittelt: »War das wirklich nötig, ihm zu zeigen, daß wir verbotenes Geld im Hause haben?«

»Du meinst Max Reimann?«

»Wen sonst? Wie stehen wir jetzt vor der Partei da! Nach dem, was er heute früh in unserer Wohnung gesehen hat, können die Genossen doch kein Vertrauen mehr zu uns haben.«

Obwohl ich wußte, daß er recht hatte, erwiderte ich: »Du übertreibst wieder einmal maßlos. Und außerdem: Ich mache die Geschäfte mit Scriptdollars nicht zu meinem Vergnügen.«

»Habe ich das gesagt? Ich sage nur: Max Reimann hätte es nicht sehen dürfen.«

Was sollte ich ihm darauf antworten? Ich schwieg.

Papa fuhr erregt fort: »Hast du vergessen, was man mit Georg Rohleder gemacht hat?«

»Das war etwas anderes.«

»Nichts anderes. Da ist kein Unterschied. *Er* hat auf dem schwarzen Markt Geschäfte gemacht, und *du* machst Geschäfte. Ihn hat man ausgeschlossen, und dich wird man eines Tages auch ausschließen. Ich habe genug von deinen Schwarzmarktgeschäften!« Brüsk stand er auf und schlurfte hinaus in die Küche.

Mit Georg Rohleder hatte es eine besondere Bewandtnis. Er war seit Gründung der Partei 1919 deren Mitglied und einer, der vor 1933 von sich sagte, er sei ein Proletarier und Klassenkämpfer und den man gemeinhin als treuen Genossen bezeichnete. Er war viele Jahre arbeitslos und gehörte zum Troß der unteren Stadtteilfunktionäre. Tag und Nacht war er für die Partei unterwegs. Ohne ihn gab es keine Parteiveranstaltung, keine Demonstration und keine Haus- und Hofagitation. Wenn sich Arbeitslose mit Polizisten prügelten, war er dabei. Wo Parteizeitungen verkauft, Flugblätter verteilt, nachts heimlich Plakate geklebt oder Parolen an Mauern oder auf Straßen geschrieben wurden, dort traf man Georg Rohleder.

Er kam oft in unsere Wohnung, denn mit Mama verband ihn ein besonders herzliches Verhältnis. Noch nach 1933 war er ihr gelegentlich behilflich, von der Polizei gesuchte Genossen aus dem illegalen jüdischen Kreis, dem Mama angehörte, in Sicherheit, das heißt über die Grenze ins Ausland zu bringen. Dann verlor ich ihn aus den Augen und hörte später nur, daß er in einem politischen Prozeß zu einer mehrjährigen Gefängnisstrafe verurteilt worden war.

Nach dem Zusammenbruch des Hitlerreichs tauchte Georg Rohleder wieder auf. Er half beim Aufbau der Parteiorganisation. Auch jetzt war ihm, wie vor 1933, nichts zuviel. Nebenbei, oder genauer gesagt: hauptsächlich machte er Geschäfte auf dem Schwarzmarkt. Davon lebte er.

Wenige Wochen zuvor war er von der deutschen Polizei beim Schwarzhandel erwischt, von einem Schnellgericht zu mehreren Monaten Gefängnis verurteilt und noch im Gerichtssaal zur Verbüßung seiner Strafe verhaftet worden. Das war für die Frankfurter Parteileitung Anlaß, ihn aus der KPD auszuschließen. Sein Ausschluß und der Grund dazu wurden außerdem in der KPD-Zeitung bekanntgegeben. So streng verfuhr die Parteileitung mit Schwarzhändlern.

Georg Rohleders Hinauswurf aus der Partei war für uns schockierend, denn er war seit den zwanziger Jahren ein Freund der Familie. In seinem Falle, so meinte ich, hätte die Parteikontrollkommission doch einen Unterschied zu anderen Schwarzhändlern machen müssen. Sie tat es nicht. Die Genossen hatten ihre Prinzipien. Und sicher waren sie richtig. Wie sollten sie abwägen, wo die Grenzen ziehen? Wer den moralischen Grundregeln der Partei zuwiderhandelte, mußte damit rechnen, daß er sich eines Tages dafür zu verantworten habe. Das galt auch für mich. Ich sah in meiner Handlungsweise kein Abweichen von der Parteilinie, sondern ein ganz privates Unternehmen, dessen Risiken ich persönlich trug.

Eine etwas absonderliche und verquere Moral, die von der Not und den Entbehrungen der Nachkriegsjahre geprägt war und nur aus dem damaligen Zeitgeist verständlich ist. Die meisten Mitglieder der KPD handelten wie ich und fühlten sich keinesfalls als schlechtere Kommunisten im Vergleich zu den Puritanern und Prinzipientreuen in ihren Reihen oder denen, die aufgrund ihrer politischen Verfolgungen Sonderzuteilungen an Lebensmitteln erhielten, mit diesen einigermaßen satt wurden und es darum nicht nötig hatten, ihr Gewissen zu strapazieren.

Daß die Partei so handelte, hielt ich für in Ordnung. Sie mußte nach innen diszipliniert sein und nach außen ihr Ansehen wahren, ihre politische und damit auch sittliche Untadeligkeit unter Beweis stellen.

Henrietta

Es war im März 1946, der erste Frühlingstag nach Kriegsende. Ich arbeitete bereits im amerikanischen Offizierskasino, und Papa und Paula konnten sich endlich wieder jeden Tag sattessen, dank meiner nicht immer ganz korrekten Lebensmittelbeschaffung im Proviantlager und des Küchenchefs Mike tatkräftiger Mithilfe auf Scriptdollarbasis.

Der Wiederaufbau Frankfurts hatte noch nicht begonnen. Der Trümmerschutt war erst in wenigen Wohnvierteln beseitigt. Durch die Straßen zu gehen war schon am Tage sehr mühevoll, erst recht in der Nacht. Und überdies sehr riskant. Zum einen wegen der Löcher im Asphalt und der schlechten Beleuchtung, zum anderen wegen der vielen Entwurzelten, von Taschendieben bis Totschlägern, die in die Mainmetropole geschwemmt wurden. In den Nächten waren sie die Herren der Stadt.

Ich befand mich auf dem Nachhauseweg von einer Zusammenkunft mit Funktionären der benachbarten KPD-Stadtteilgruppe Innenstadt in einer Straße hinter dem Hauptbahnhof. Nach Einbruch der Dunkelheit tat man gut daran, diese Gegend überhaupt nicht oder nur auf dem kürzesten Weg und so schnell wie möglich zu durchqueren. Die anderen Genossen wohnten in den Trümmern oder in einem der wenigen noch erhalten gebliebenen Häuser dieses Stadtteils und waren in wenigen Minuten zu Hause. Ich aber hatte mindestens zwanzig Minuten zu laufen und mußte mich beeilen, nicht nur aus Angst vor dem Strandgut des Tausendjährigen Reichs, sondern auch, weil in einer knappen halben Stunde die Sperrstunde begann. Da sah ich in der Dunkelheit einen Schatten auf mich zurennen. Bevor ich ausweichen konnte, packte mich jemand am Arm und stieß atemlos hervor: »Helfen Sie mir, ich werde verfolgt!«

Es war eine junge Frau, die mich am Arm festhielt. Ohne lange zu überlegen, zog ich sie in die Trümmer der nächsten Ruine. Mir blieb gar keine andere Wahl, denn sie zerrte gleichermaßen an meinem Ärmel. Ich spürte ihre große Angst. Sie simulierte nicht. Als wir schon fast hinter einem schützenden Mauerrest angelangt waren, verklemmte sich mein Fuß in einem verbogenen Eisengitter. Wir stolperten und kamen rückwärts auf einem Steinhaufen zu Fall. Ich hätte schreien können vor Schmerzen, als mein Fußgelenk durch den Sturz gewaltsam abgeknickt wurde. Im gleichen Augenblick rannte jemand vorbei, offenbar ein amerikanischer Soldat.

Das Mädchen flüsterte mir im Liegen zu: »Das war er.« Ich mußte laut stöhnen, so weh tat mir der Fuß. Sie legte mir die Hand auf den Mund und sagte: »Um Gottes willen! Leise!« Und nach einer Weile: »Wir müssen warten, können noch nicht raus.«

Fünf oder zehn Minuten blieben wir liegen. Der stechende Schmerz trieb mir die Tränen in die Augen und den Schweiß auf die Stirn. Dennoch spürte ich, wie mir die Kälte in die Glieder kroch. Das Mädchen lag neben mir und rührte sich nicht. Mir wurde das Groteske der Situation bewußt und auch die Gefahr, in die ich ohne mein Zutun hineingeraten war.

Sie sagte: »Jetzt können wir gehen.« Sie stand auf und klopfte den Staub aus ihren Kleidern.

»*Sie* vielleicht, ich kann unmöglich«, entgegnete ich und versuchte, vorsichtig meinen Fuß aus dem engen Gitter zu befreien. Das war nicht einfach, denn bei der geringsten Bewegung schmerzte er wahnsinnig.

»Tut mir leid, das hab ich nicht gewollt«, sagte das Mädchen.

Zum ersten Mal schaute ich ihr ins Gesicht. Es war lang und schmal. Ein Stirnband hielt die schulterlangen Haare zurück. Mehr konnte ich in der Dunkelheit nicht erkennen. Ich schätzte sie auf höchstens achtzehn Jahre.

»Bleiben Sie ganz ruhig«, sagte sie, löste unter dem

Gitter den Schnürsenkel von meinem Schuh und zog ihn aus. Sie half mir aufzustehen, mich auf den Sockel zu setzen und zog mir den Schuh wieder an. Es war mir nicht möglich, aufzutreten.

»Verdammt, wie soll ich nach Hause kommen?« fluchte ich.

»Es wird schon gehen. Stützen Sie sich auf mich.«

»Auf Sie?« Ich sah sie an.

»Ja, stützen Sie sich nur.«

Jetzt war sie ganz ruhig, hatte sich schnell wieder gefangen, die atemlose Aufgeregtheit war wie weggeblasen. Ich legte den linken Arm um ihre Schulter. Da wir beide etwa gleichgroß waren, mußte ich mich ein wenig recken. So humpelte ich mit ihr Schritt vor Schritt die Baseler Straße entlang in Richtung Bahnhof. Wir hatten uns nichts zu sagen. Nur einmal bemerkte sie: »Können Sie noch?« Und ich antwortete: »Ich muß ja.«

Wie wir uns dem Bahnhofsvorplatz näherten, wurde sie unruhig.

Sie fragte: »Geht's nicht etwas schneller?«

»Noch schneller? Nein.«

Ihr Gesicht war, so weit ich es erkennen konnte, wieder ängstlich angespannt, mit aufgerissenen Augen versuchte sie, die Dunkelheit zu durchbohren. So kaltschnäuzig, wie sie getan hatte, als sie mir half, den eingeklemmten Fuß zu befreien und wieder aufzustehen, war sie nicht.

Sie schaute zu mir herüber: »Wir gehen nicht über den Bahnhof.«

»Dann müssen wir einen Umweg machen.«

»Egal. Dann machen wir ihn.«

Der Bahnhofsplatz war nicht nur ein bevorzugter Umschlagort der Schwarzhändler, sondern auch Treffpunkt der »deutschen Frolleins« und ihrer überseeischen Freier. Am späten Abend, wenn sich wegen der eingeschränkten Ausgehzeit für Deutsche schon lange keine »Frolleins« mehr blicken lassen durften, standen noch immer Gruppen amerikanischer Soldaten auf dem Platz herum, tranken Whisky aus Flaschen und Bier aus Dosen, unterhielten sich und prügelten sich auch zuweilen.

Sie sagte: »Wenn er noch da ist, erkennt er mich wieder.«

Das leuchtete mir ein. »O.k. Wir gehen diese Straße nach rechts und machen einen Bogen um den Bahnhof.«

»Ist recht.«

Als wir einige Zeit später in die Kaiserstraße einbogen, fragte sie: »Wie spät ist es?«

Ich schaute auf meine Armbanduhr. »Zehn Uhr vorbei.«

»Sperrstunde«, sagte sie nur. Sie legte den rechten Arm um meine Hüfte und hielt mich fest. »So läuft sich's besser.«

Ich hatte tatsächlich einen besseren Halt, und wir konnten etwas schneller laufen.

»Wohin soll ich Sie bringen? Wo wohnen Sie?«

»In der Nähe vom Opernplatz.«

»Das ist noch ein langer Weg.«

»Sie müssen nicht mitkommen. Ich schaff' es auch allein.« Aber eigentlich wollte ich schon, daß sie mitkam.

»Ist gut. Ich war ja dran schuld.«

Wir liefen in Richtung Hauptwache. Trotz der Schmerzen, die ich bei jedem Schritt hatte, war es angenehm, so nahe bei ihr zu sein und ihre Körperwärme zu spüren. Wegen des Vorfalls mit dem Amerikaner war ein Mißtrauen in mir wach und gebot, vorsichtig zu sein. Sie erriet meine Gedanken und sagte: »Sie wissen, was der Ami von mir wollte!? Alle sind sie so, alle wollen dasselbe. Aber ich bin keine Nutte. Ich mach's nicht für Geld.« Sie schaute mich von der Seite an und unsere Blicke begegneten sich.

»Darum bin ich auch weggelaufen.«

Ich erwiderte nichts. Ihr Bemühen, mir ihre Anständigkeit zu versichern, war nicht echt.

Etwas Nebensächliches erregte meine Aufmerksamkeit: Sie siezte mich. Das war in dieser Gegend und dazu noch in dieser Zeit nicht üblich. Da duzte man sich, jeder jeden. Man fiel auf, wenn man die Konvention wahrte. Sie aber sprach mit mir per Sie. War das vielleicht ihre Masche, mich am Ende um so leichter ausnehmen zu können? Ich wies den Gedanken von mir, denn ich bildete mir ein, die Paradiesvögel und Sumpfblüten rund um den Bahnhof ein wenig zu kennen. Sie gehörte nicht zu ihnen, sie benahm sich anders.

Nach einer Weile fuhr sie fort: »Bin auf der Durchreise und nur ein paar Tage in Frankfurt. Meine Familie wohnt in Süddeutschland, in Berchtesgaden. Ich mache Station hier, weil ich meine Ausweise und mein Geld verloren hab, alles geklaut.«

»Sie haben kein Geld mehr?«

»Nichts mehr.«

»Was wollen Sie jetzt machen?«

»Weiß ich noch nicht.«

Sie faßte mich ein wenig fester um die Hüfte und versuchte, schneller zu gehen. Ihr schien noch immer die Angst vor dem Amisoldaten in den Knochen zu stecken. Ich bemühte mich ebenfalls, so schnell ich mit dem verknacksten Fuß überhaupt konnte, etwas schneller zu gehen. Nur hin und wieder huschte ein verspäteter Heimkehrer an uns vorbei. Lange schwiegen wir.

Dann fragte sie: »Können Sie mir etwas Geld leihen? Für die Reise. Kriegen's bestimmt wieder. Sofort, wenn ich daheim bin. Mein Vater hat genug Geld. Das ist wahr.«

Kein Wort stimmte von alledem. Ihre Geschichte war zu fadenscheinig, sie floß ihr zu glatt und schnell von den Lippen. Wie einstudiert. Ich überlegte, warum sie mir das alles erzählte. Unmöglich, um mir ein paar Mark herauszulocken. Wenn sie wirklich auf den Strich ging, konnte sie das Geld schneller haben und zudem in bester Währung, in harten Dollars. Um was redete sie herum? Mit den Rätseln, die sie mir aufgab, begann sie mich allmählich zu interessieren. Ich schaute zu ihr hinüber, um in dem Licht der wenigen Laternen irgend etwas an ihr zu entdecken, was vielleicht eine Erklärung sein könnte für ihr seltsames Verhalten. Doch weder an ihrer Figur noch in ihrem Gesicht fand ich eine Besonderheit, an der sich das Auge hätte festhalten können.

Plötzlich blieb sie mitten auf der Straße stehen und wandte mir ihr Gesicht zu. »Warum reden Sie nicht mit mir?« fragte sie. »Sie glauben mir nicht? Ist auch egal.« Mit einem Ruck ging sie weiter. »Geht's hier lang?«

»Ja. Geradeaus. Dort ist der Opernplatz.«

Nach einigen Schritten sagte sie: »Sie brauchen mir nichts zu leihen. Hab nur gedacht – hätt es Ihnen ja wiedergegeben.«

Es schien, als wolle sie sich mit dem unaufhörlichen Redefluß selbst etwas vormachen. Wir waren in der Kaiserhofstraße angelangt. An der Gaslaterne vor dem Haus Nummer zwölf blieben wir stehen.

»Hier bin ich zu Hause«, sagte ich.

»Dann kann ich ja gehen«, gab sie zur Antwort. Doch sie zögerte.

»Kommen Sie auf einen Sprung mit hinauf?«

»Auf keinen Fall. Ich geh zurück.«

»Wo wollen Sie übernachten?«

»Im Bahnhofsbunker. Da war ich auch die letzte Nacht.«

»Um diese Zeit bekommen Sie dort keinen Platz mehr.«

»Doch, ich krieg immer noch einen Platz.«

»Ich will Sie nicht bedrängen. Wenn Sie unbedingt zurück wollen in den Bunker . . .«

»Natürlich will ich. Ich hab Ihnen ja gesagt, ich bin keine, die mit jedem Mann mitgeht.«

Das klang genau so wenig glaubwürdig wie alles andere zuvor. Sie bemühte sich offensichtlich, das Gespräch zu verlängern, denn meine Einladung, mit hinaufzukommen, war ihr schon recht. Aber sie wollte sich erst noch bitten lassen, wollte mir gegenüber ihr Gesicht wahren. Ich fuhr fort: »Es ist längst Sperrstunde. Wenn Sie jetzt eine Militärstreife erwischt, sperrt man Sie ein, und Sie kriegen noch eine Geldstrafe.«

»Stimmt, ich muß aufpassen. So spät war ich noch nie unterwegs.«

»Wollen Sie nicht doch mit hinaufkommen?«

»Weiß nicht . . .«

»Dann können wir noch mal nach meinem Fuß sehen. Er tut sehr weh, ich kann kaum noch auftreten.«

Das war ein Argument für sie, mein Angebot ohne Gesichtsverlust annehmen zu können. Mit diesem Haken zog ich sie aus ihrer Verlegenheit.

Ich stützte mich auf ihren Arm, und wir gingen durch die Toreinfahrt und über den Hof in das Hinterhaus. Papa und Paula waren bereits zu Bett gegangen.

Sie saß mit einer Tasse Tee in der Hand am Ofen, in dem noch Glut war. Ich legte zwei Briketts nach und schürte kräftig. Sie behielt das zerschlissene graue Jakkett an, es fröstelte sie. Der dunkelblaue Rock war stark verschmutzt und zu eng. Beim Sitzen rutschte er ihr weit über die schmalen Knie, weshalb sie ständig daran zog. Ihre Beine waren dünn und paßten so gar nicht zu ihr. Von den Nasenflügeln zogen sich im Bogen Schatten zu den Mundwinkeln. Zwei kurze Falten, regelmäßig wie ein Gleichheitszeichen, kerbten die Nasenwurzel. Sie sahen wie ein kleiner Riegel aus, mit dem die lange scharfkantige Nase im Gesicht befestigt war. Über dem Riegel stand eine senkrechte Falte, dick wie eine Narbe, und zerschnitt die hohe Stirn. Später erkannte ich, daß es wirklich eine Narbe war.

Sie schlürfte ihren Tee und wartete, daß ich das Gespräch beginne. Vielleicht wollte sie gar kein Gespräch, denn während ich hinkend in der Stube hantierte, schaute sie kaum einmal zu mir hin. Ich zog Schuh und Strumpf von dem geschwollenen und noch immer stark schmerzenden Fuß, holte ein Taschentuch, ein kleines Handtuch und aus dem Apothekerschränkchen in der Küche eine Flasche mit Essigsaurer Tonerde und reichte es ihr. Dann legte ich den Fuß auf einen Stuhl, und sie machte mir sachgemäß einen feuchten Umschlag um den Knöchel. Er kühlte angenehm und linderte die Schmerzen.

Ich fragte: »Wie heißen Sie?«

»Henrietta. Mit A hinten. Henrietta.«

»Ich heiße Valentin.«

»Wo kommen Sie her, Henrietta?«

Sie winkte ab. »Später. Muß mich erst ausruhen.«

»Noch etwas Tee?«

»Ja bitte.«

»Wohnst du allein hier?« Nun plötzlich duzte sie mich.

»Nein, mit meinem Vater und meiner Schwester zusammen.«

Während sie langsam den Tee trank, ließ sie mir viel Zeit, sie zu beobachten und mir über sie den Kopf zu zerbrechen. Sie stellte die Tasse ab und löste das Haarband. Mit einem leichten Schütteln des Kopfes ließ sie die langen dunkelblonden Haare nach vorne fallen. Sie verdeckten Stirn, Ohren und Teile des Gesichts. Es schien, als wolle sie sich vor allzu neugierigen Blicken und Fragen schützen. Ich konnte nicht sagen, ob dieses Gesicht interessant oder langweilig, schön oder häßlich war. Der Eindruck wechselte von Mal zu Mal, wie sie gerade den Kopf hielt. Ihre Bewegungen wurden langsamer. Ich wagte nicht, sie noch einmal anzusprechen, und hoffte, daß sie von sich aus reden würde. Aber ihr Quell war versiegt. Schwer kippten ihre Lider nach unten. Bevor sie einschlief, nahm ich ihr die Tasse aus der Hand.

Nach einer Weile öffnete sie die Augen und sagte leise: »Ich möcht schlafengehen, bin müde.«

Henrietta zog sich aus und legte sich in mein Bett. Etwas später legte ich mich zu ihr. Vorsichtig schob ich den Arm unter ihren Kopf. Sie drehte sich zu mir, so daß ihr Gesicht auf meiner Schulter zu liegen kam. Ihr warmer Atem strich mir über Hals und Brust und umhüllte mich wie ein leise bewegtes seidenes Tuch. Leicht glitt meine freie Hand über ihr Haar und ihr Gesicht. Sie murmelte: »Jetzt nicht. Gute Nacht.«

Sie drehte sich auf die andere Seite.

Ich hatte eine schlechte Nacht. Erst gegen Morgen fiel ich in einen tiefen Schlaf.

Henriettas lange Haare kitzelten mich wach.

»Guten Morgen. Ausgeschlafen?« fragte sie.

»Ich denke schon. Und wie hast du geschlafen?«

»Bestens. – Weißt du, daß es schon zweimal an die Tür geklopft hat?«

»Wie soll ich das wissen, wenn ich geschlafen habe. Das kann nur Papa gewesen sein, der ist nicht gewöhnt, daß ich noch so spät im Bett liege.«

»Ist es wirklich schon so spät?«

Ich schaute auf die Uhr, die neben mir auf dem Stuhl lag. »Kein Wunder, es ist schon nach neun.«

Henrietta schlug die Decke zurück und wollte schnell aus dem Bett springen. Ich nahm sie in den Arm und bat: »Noch einen Augenblick.« Sie wehrte sich nicht. Ihre Wärme wurde noch intensiver und mir war, als träumte ich einen wunderbaren Traum.

Später, beim Frühstück, sagte ich: »Eigentlich weiß ich wenig über dich, Henrietta. Warum erzählst du nichts von dir?«

»Stimmt nicht. Gestern abend auf dem Weg hierher habe ich viel über mich erzählt.«

»Du hast viel erzählt, aber das waren Geschichten.«

»Was soll das heißen? Glaubst du mir etwa nicht?«

»Ich glaube, daß du mir nicht die Wahrheit gesagt hast.«

Sie stand auf und ging im Zimmer hin und her.

»Was willst du noch mehr? Meinst du, weil ich bei dir geschlafen hab, und du mir das Frühstück serviert hast, muß ich dir mein Innerstes nach außen kehren?« Dabei schlenkerte sie mit den Armen, als wolle sie etwas wegwerfen. »Willst es genau wissen? Ja, ich hab dich angelogen. Und?« Sie versuchte ihrer Stimme einen sarkastischen Klang zu geben, was nicht recht glückte. »Du hast noch nie gelogen? Meine Fresse! Genau so siehst du aus.« Sie blieb stehen und reckte den Kopf zu mir. Mit einem ärgerlichen Ton in der Stimme wiederholte sie: »Ja, ich hab dich angelogen. Das ist die Wahrheit. Sag doch, was du *noch* willst!«

»Nichts will ich von dir.« Ihr Ausbruch kam so überraschend, daß ich ihr nichts Besseres zu antworten wußte. Ich stammelte: »Warum bist du so verärgert? So böse?«

Damit hatte ich ihr ein neues Stichwort geliefert.

»Ich böse? Bin ich dir nicht gut genug? Wer ist denn gut? Bist du's?«

»Nein, ich auch nicht.«

»Na also.« Wieder diese wegwerfende Bewegung mit den Händen.

Es war auffallend, wie sie eine als Kritik empfundene Bemerkung von sich abzuwenden suchte, nicht, indem sie leugnete oder sich rechtfertigte, sondern einfach den Spieß umdrehte und den Gesprächspartner, den sie jetzt als ihren Kontrahenten empfand, derselben Schwächen und Verfehlungen zieh. Das war ihre Form der Verteidigung. Ich verstand nicht, was sie so in Erregung versetzt haben könnte. Hatte ich vielleicht doch, ohne es zu wollen, einen Lebensnerv Henriettas getroffen?

Sie setzte sich aufs Bett und schlug die Hände vors Gesicht. Sie weinte. Ich setzte mich neben sie und legte den Arm um ihre Schulter.

»Ich meinte das nicht so mit dem Geschichtenerzählen«, versuchte ich sie zu beruhigen. »Ob du gelogen hast oder nicht, ich bin dir darum nicht böse.«

»Kannst du nicht endlich still sein!« gab sie gequält zur Antwort, während sie noch immer schluchzte. Ich gab ihr mein Taschentuch. Die leicht geschwungenen Falten zwischen Nase und Mundwinkel waren zu tiefen Runen geworden. Lange blieben wir schweigend nebeneinander sitzen. Dann stand Henrietta auf, band die Haare zusammen und zog ihr graues Jackett an.

»Willst du meine Wahrheit wissen?« sagte sie unvermittelt, doch ganz ruhig. »Weißt sie doch schon.«

»Ich weiß nichts, ich vermute nur.«

»Vermutest richtig. Ich geh bei den Amis anschaffen.«

Und dann erzählte sie mir, mit dem Rücken an das Bücherregal gelehnt, ihre Geschichte. Sie erzählte sie so nüchtern, geradezu kalt, und dazu in einer gekünstelten Tonlage, stimmlos, ohne Höhen und Tiefen, daß ich eine ganz andere Frau vor mir stehen sah. Diese andere, die mit leicht eingeknickten Knien unter dem verfleckten Rock am Bücherregal lehnte, hatte mit der Henrietta, die eben noch zärtlich kollernd neben mir im Bett lag, nichts gemein.

Schon seit ein paar Wochen mache sie in der Gegend zwischen Hauptbahnhof und Untermainbrücke Amerikaner an. Dort, wo an der Peripherie des schwarzen Marktes bei den GIs auch für »deutsche Frolleins« die Dollars etwas lockerer saßen. Ihre Absteige sei ein ausrangierter D-Zug-Wagen auf dem Freigelände des Bahnhofs. Aber diese Art des Anschaffens kotze sie allmählich an. Wenn sie nicht dringend Geld brauchte, viel Geld, um von hier fortzukommen, hätte sie's schon längst aufgegeben. Darum würde sie auch immer öfter flitzen gehen. Das hieße, sie ginge mit dem Ami in die nächste Hausruine und suche sich einen unversehrten Kellerraum. Dann ließe sie sich das Geld im voraus geben, das sei so üblich. Bevor der Soldat intim werde, erkläre sie ihm, sie wolle nur noch schnell nachsehen, ob sie nicht beobachtet würden. Mancher gewitzte Amerikaner lasse sich darauf nicht ein, weil er vielleicht schon einmal das Nachsehen hatte. Mit ihm sei nichts zu machen, man müsse ihm gefällig sein. Die meisten aber, denen es unter den Ruinen auch nicht geheuer sei, blieben brav stehen. Das sei ihr Fehler, denn sie verschwinde einfach über einen bereits vorher ausgekundschafteten Fluchtweg, ohne daß die Kurzzeitliebhaber aus Arizona oder Texas für ihre Dollars eine Gegenleistung erhalten hätten. »Das geht neunundneunzigmal gut und einmal daneben. Meine Fresse! Dann ist man übel dran. Die Kerle, die man auf diese Weise leimen wollte, können furchtbar zuhauen. Und so war's gestern abend. Der Ami sah mich auf der anderen Seite rauskommen. Er verstand gleich, daß ich flitzen wollte und rannte mir nach. Ein Glück, daß er um den ganzen Block herum mußte. Dadurch hatte ich einen Vorsprung - und rannte dir in die Arme.« Henrietta machte eine kleine Pause. »Nun weißt du alles. Zufrieden?«

Sie schenkte sich eine Tasse Tee ein und trank im Stehen.

»Jedenfalls bin ich dir dankbar, daß du das erzählt hast.«

»Dankbar?«

»Ja. Du hast mir doch vertraut. Sonst hättest du bestimmt wieder eine andere Geschichte erzählt.«

Henrietta lächelte ein wenig verkrampft. »Überrascht sie dich?« fragte sie. Es war, als habe sie erneut einen Kostümwechsel vorgenommen. Ihre Stimme klang anders. Nun war sie fast wieder die Henrietta, die ich seit dem vergangenen Abend kannte.

»Was du erzählt hast, überrascht mich nicht. Das hätte ich mir auch zusammenreimen können, als ich den Amisoldaten vorbeirennen sah.«

»Muß jetzt gehen.« Henrietta stand auf.

»Werd ich dich wiedersehen?« wollte ich wissen.

»Vielleicht.«

»Du kannst kommen, wann immer du willst. Ich freue mich.«

Ich schrieb ihr meine Adresse auf einen Zettel. »Gestern auf dem Nachhauseweg hast du gesagt, du brauchst Geld für die Heimreise. Wieviel? Ich kann es dir vielleicht geben.«

Sie wehrte ab. »Nein, ist nicht nötig, war nur Spaß. Ich will dein Geld nicht.«

»Aus dir wird man nicht schlau. Eben noch brauchst du Geld –«

Sie unterbrach mich: »Ich will dein Geld nicht!« Der Ton, in dem sie das sagte, machte es unmöglich, ihr zu widersprechen.

Henrietta stapfte die Treppe hinunter. Ich schaute ihr durch das Fenster nach, wie sie ein wenig unsicher über den Hof ging. Später entdeckte ich, daß sie sich unbemerkt zweihundert Mark aus meiner Brieftasche, die auf dem Stuhl neben dem Bett lag, und einige Schachteln amerikanische Zigaretten aus dem Bücherschrank genommen hatte.

Ich mußte oft an Henrietta denken. Sie war mir nicht gleichgültig geblieben. Ich hatte große Schwierigkeiten, Frauen kennenzulernen, und noch größere, ihnen meine Zuneigung einzugestehen. Wenn mir der Zufall zu Hilfe kam, dazu noch ein so seltsamer, war das für mich ein Wink des Schicksals.

Vierzehn Tage vergingen. Mehrere Male schon war ich um das Bahnhofsviertel herumgestrichen in der Hoffnung, ihr zu begegnen. Vergeblich. Eines Abends klingelte es. Henrietta stand vor der Tür. Mit der gleichen schäbigen Jacke und dem gleichen verfleckten Rock, die Haare mit dem hellblauen Band genau so zurückgebunden, als hätte sie mich am gleichen Morgen verlassen. Unterhalb eines Auges trug sie ein großes Pflaster.

»Henrietta! Komm herein. Ich freu mich. Schön, daß du gekommen bist. Was hast du am Auge?«

»Nicht der Rede wert. Ich bin gefallen – in der Dunkelheit.«

»Schlimm?«

Sie machte mit der Hand eine unmißverständliche Geste, so daß sich jedes weitere Nachfragen erübrigte.

»Was gibt's Neues?«

»Nichts. Wollte dich nur mal besuchen.« Sie log schon wieder.

»Leg deine Jacke ab. Hast du schon gegessen?«

»Nein. Ich hab Hunger wie ein Bär.«

Ich bat Paula, uns etwas zu essen zu machen. Und dann saßen wir nebeneinander auf dem Bett, genau wie damals, und während sich Henrietta auf dem Tisch ein Brot nach dem andern schmierte und es verschlang, fragte ich: »Erzähl mal, wie ist es dir ergangen?«

»Da gibt's nicht viel zu erzählen«, antwortete sie mit vollem Mund, »ein Tag wie der andere.«

»Gar keine Neuigkeiten?«

»Laß mich zu Ende essen. Erzähl du erst mal was. Von dir weiß ich so gut wie nichts.«

»Du weißt, daß ich hier wohne, mit meinem Vater und meiner Schwester, daß ich im Offizierskasino arbeite . . .«

»Ja, erzähl mir was aus dem Kasino. Da ist bestimmt immer was los.«

»Viel ist es auch nicht. Aber wenn's dich interessiert.«

»Ja sicher.«

Ich gab die letzten Neuigkeiten aus dem Kasino zum besten. Machte Witze über den verrückten deutschen Friseur, der eine Billardkugelglatze hatte und jedem Arbeitskollegen fünf Päckchen amerikanischer Zigaretten bot, das waren, nach dem Schmarzmarktkurs umgerechnet über tausend Mark, der sich von ihm ebenfalls einen Glatzkopf schneiden ließ, und der seinem Hobby im Laufe der Zeit etliche Stangen Zigaretten opferte. Berichtete von der alten verschrumpelten Klosettfrau, die die Amikippen mit den Fingern aus den Pissoirs herausklaubte und danach die Hände an der Schürze abwischte, und von dem deutschen Vorarbeiter, dem im Proviantlager ein Karton mit zweiundsiebzig Eiern über den Kopf gestülpt worden war, weil er zwei Kollegen, die eine Kleinigkeit geklaut hatten, bei den Amis verpfiffen hatte und die dann hinausgeworfen wurden. Erzählte von den beiden älteren amerikanischen Offizieren, die eine besondere Vorliebe für Jungens hatten und die sich, gegen ein gutes Entgelt, in der Brauseanlage von Halbwüchsigen aus dem deutschen Personal von oben bis unten abseifen ließen, um dann ihrerseits die Deutschen abzuseifen. Von dem schwulen Geiger aus der Kasinokapelle, der mich oft in der Bäderanlage aufsuchte, um sich bei mir über seine Mitmusiker zu beklagen, wenn sie ihn wieder einmal wegen seiner Andersartigkeit gehänselt hatten, und der in Abständen von vier

Wochen, wie Frauen ihre Periode, drei Tage lang fliegende Hitze und Kopfschmerzen bekam und in dieser Zeit alle paar Stunden in meiner Bademeisterkabine Arbeitspausen einlegte.

Ich erzählte ihr von meinem Freund, dem Küchenchef Mike, und davon, was man alles von ihm erwerben konnte, entweder in harter US-Währung oder im Tauschhandel gegen Uhren, Schmuck, Goldmünzen und andere Pretiosen und möglicherweise auch für eine zärtliche Stunde – wenn man den Erzählungen meiner damaligen Arbeitskolleginnen Glauben schenken durfte; und daß er kürzlich für mehrere hundert Dollars böhmischen Granatschmuck gekauft habe, der sich wenige Stunden nach dem Handel als gefärbtes Glas entpuppte, was einen fürchterlichen Wutausbruch Mikes zur Folge hatte, bei dem er den ganzen falschen Schmuck mit einer typisch italienischen theatralischen Gebärde auf die Fliesen des Bäderraums knallte, daß die zersplitternden roten Glassteinchen in alle Himmelsrichtungen flogen und ich später viel Mühe hatte, den traurigen Rest des »echten« Granatschmucks wieder zusammenzukehren.

Henrietta saß mit übergeschlagenen Beinen, den Kopf in eine Hand gestützt, auf meinem Bett und schwieg. Da ich wohl mit Recht vermutete, daß sie nicht gekommen war, um nur mit mir zu plaudern und sich Geschichten anzuhören über den verrückten Mike, den hypersensiblen Geiger und die unappetitliche Klosettfrau, wartete ich. Irgend etwas mußte sie noch auf dem Herzen haben. Sie steckte sich eine Zigarette an und blies mehrmals den Rauch zur Decke. Dann endlich setzte sie sich gerade, schaute mich durch ein wenig zusammengekniffene Augen an und fragte lauernd:

»Warum sagst du nichts über das Geld und die Zigaretten?«

»Die du hast mitgehen lassen?«

»Welche sonst?«

»Hab ich längst verschmerzt, Henrietta.«

»So ein Quatsch. Weißt du, Valentin, das kotzt mich an. Du lügst mit jedem Wort, das du sagst. Meine Fresse! Wenn du nur mal ehrlich zu mir wärst!«

Schon beim ersten Mal hatte ich bemerkt, daß Henrietta bestimmte Kraftausdrücke oft wiederholte. Es war, als wolle sie sich mit Worten stark machen oder vor möglichen Gegenattacken abschirmen, zum Beispiel, wenn sie »kotzen« sagte oder »meine Fresse«.

Sie fuhr fort: »Kriegst alles zurück. Drauf kannst du dich verlassen. Jetzt hab ich einen reichen Amerikaner, einen hohen Offizier, der will mich mit nach Amerika nehmen und heiraten. Das ist wahr.«

Natürlich war auch das gelogen. Ich schwieg.

»Glaubst du mir nicht?«

»Doch, doch. Freut mich für dich, Henrietta. Aber nun erzähl mir endlich, was es sonst Interessantes gibt.«

»Es gibt nicht viel. Oder vielleicht doch. Ne Kleinigkeit.«

Sie hielt an und wartete auf meine Ermunterung weiterzuerzählen. Ich tat ihr den Gefallen: »Nun sag schon, was los ist.«

Und dann berichtete sie: Vor wenigen Stunden sei sie in eine Razzia hineingeraten. Das sei ihr bisher noch nicht passiert, weil sie hin und wieder auch mal einen Streifenpolizisten oder einen von der Bahnaufsicht in den ausrangierten D-Zug-Wagen mitnehme, und das sei so gut wie ein Frühwarnsystem. Warum es heute nicht funktioniert habe, wisse sie nicht. Jedenfalls sei sie auf ein deutsches Polizeirevier gebracht worden. Dort habe man sie verhört. Vor allem wollten die Beamten wissen, ob sie in Frankfurt einen festen Wohnsitz habe. Da wäre ihr der Zettel mit meiner Anschrift eingefallen. Sie hätte ihn den Beamten gezeigt und ihnen gesagt, sie sei meine Verlobte und wir wollen in Kürze nach Kanada auswandern.

»Warum gerade nach Kanada?«

Sie zog die Schultern hoch. »Alle wollen nach Kanada.«

Das hätten die Beamten aber nicht geglaubt, weil sie nicht polizeilich gemeldet sei. Darauf habe sie gesagt, sie werde die polizeiliche Anmeldung gleich morgen nachholen. Sie könnten sich ja bei mir erkundigen, ob das die Wahrheit sei. Und die Beamten hätten geantwortet, das würden sie auch tun. Dann hätten sie sie laufen lassen.

»Das heißt also, wenn die Polizei zu mir kommt oder mich auf das Revier bestellt und mich fragt, soll ich sagen, wir seien verlobt.«

»Richtig. Und außerdem will ich mich bei dir polizeilich anmelden. Dann kann mir bei Razzien nichts mehr passieren. Und du mußt meinetwegen nicht lügen.«

Es war mir unmöglich, Henrietta verständlich zu machen, daß das nicht ginge, weil da noch mein Vater und meine Schwester ein Wort mitzureden hätten. »Es sei denn, du kommst wirklich zu mir und suchst dir eine vernünftige Arbeit.«

»Für zweihundert Mark im Monat. Weißt du, wieviel das ist?«

»Wie du rechnest, ein Päckchen Zigaretten.«

»Nicht mal das.« Sie stand auf und zog ihre Jacke an. »Hätte wissen müssen, daß du mir nicht hilfst. Ist egal.«

Sie ging, ohne sich richtig zu verabschieden. Ende April kam sie wieder. Sie war krank, klagte über starke Kreuzschmerzen und hatte eine fiebrige Erkältung. Ihr Gesicht war noch länger, ihr Nasenrücken noch schmaler, ihre Beine noch dünner geworden. Tiefe Schatten lagen unter ihren Augen, und ihre Falten waren wie mit einem Messer in das Gesicht geschnitten. Sie log noch immer das Blaue vom Himmel herunter. Aber so viel bekam ich aus ihr heraus, daß sie wegen Stadtstreicherei einige Zeit im Frauengefängnis in Preungesheim eingesperrt war. Henrietta hatte nichts dagegen, als ich ihr anbot, eine Zeitlang bei mir zu bleiben, bis sie wieder gesund sei. Sie war gewiß nur darum zu mir gekommen. Das Fieber stieg und ich gab ihr Fencheltee, ließ sie schwitzen und besorgte Chinin.

Eines Abends fragte sie unvermittelt: »Sag, Valentin, warst du auch ein Nazi?«

»Nein, nie«, gab ich überrascht zur Antwort. Wir hatten uns bisher kaum einmal über politische Dinge unterhalten. Wenn ich davon anfing, winkte sie ab.

»Reden wir von was anderem«, sagte sie dann. Und ich tat es.

Sie wiederholte: »Warst wirklich kein Nazi? Das gibt's doch nicht. Alle waren Nazis. Alle. Und heute will keiner einer gewesen sein.«

»Kannst mir's glauben, ich war schon immer ein Antinazi, ein Antifaschist.«

»Wenn das wahr ist – gut. Gegen die Juden hast du auch nichts?«

»Nein, ich habe auch nichts gegen die Juden.« Ihr zu sagen, daß ich selbst Jude bin, hielt ich nicht für angebracht. Ich fuhr fort: »Und bevor du weiterfragst, sag ich dir gleich: außerdem bin ich Kommunist. Ich gehör der KPD an.«

Das schien sie nicht zu interessieren. Sie gab keine Antwort, legte sich ins Kissen zurück und schloß wieder die Augen.

Langsam wich das Fieber. Nach einer Woche konnte Henrietta wieder aufstehen. Sie war noch sehr schwach, und es war ihr recht, noch ein wenig in der Kaiserhofstraße bleiben zu können und von mir oder Paula bedient zu werden. Ein paarmal schon hatten Papa und Paula sie eingeladen, zu ihnen ins Wohnzimmer zu kommen. Aber stets hatte sie abgelehnt. Wenn ich zur Arbeit im Kasino war, ich hatte abwechselnd Früh- und Spätschicht, saß sie allein in dem kleinen Zimmer oder lag im Bett, hatte den Radioapparat an und hörte Musik. Nichts Bestimmtes. Aber es mußte Musik sein. Kamen Wortsendungen, drehte sie sofort auf einen anderen Sender, der ein Musikprogramm hatte. Im Gegensatz zu früher, wo sie im Erzählen übersprudelte, redete sie jetzt nicht mehr viel mit mir. Meinen Versuchen, ein Gespräch mit ihr zu beginnen, wich sie aus.

Wieder einmal saßen wir in der Dämmerung zusammen und hörten im Radio ein Konzert. Da stand Henrietta auf, drehte den Apparat aus und sagte: »Morgen geh ich.«

»Laß dir Zeit, bis du wieder fest auf den Beinen bist.«

Sie reagierte nicht darauf. »Bevor ich geh, will ich dir sagen, wer ich bin und wo ich herkomme. Wolltest es doch wissen?«

Henrietta zündete sich eine Zigarette an, stand auf, ging einige Schritte, setzte sich wieder und begann: »Ich komme aus Breslau. Dort wurde ich geboren. Mein Vater war Rechtsanwalt. Bald nachdem Hitler an die Macht kam, mußte mein Vater seine Kanzlei schließen. Weil er Jude war.«

»Du bist Jüdin?« fragte ich verblüfft.

»Stört es dich?«

Nun verstand ich auch, warum mich Henrietta vor wenigen Tagen gefragt hatte, ob ich ein Nazi gewesen sei. Möglicherweise wollte sie sich, wenn sie wirklich eine Jüdin war, nicht von einem Nazi gesundpflegen lassen. Und noch während ich grübelte, ob ich ihr bekennen sollte, daß auch ich Jude bin, kamen mir Zweifel, ob sie mir diesmal die Wahrheit sagte. Aber welchen Grund sollte sie haben, sich fälschlicherweise als Jüdin auszugeben?

»Ich hab bisher niemandem etwas über mein Leben erzählt«, sagte Henrietta. »Wem hätt ich es auch erzählen sollen? Keiner hat danach gefragt.«

Leise und stockend berichtete sie mir, auf welch ungewöhnliche Weise sie das Hitlerreich überlebt hat.

Ende 1939 wurden Henriettas Eltern von SA-Leuten aus der Wohnung geholt und in ein Konzentrationslager verschleppt. Zurück blieben die damals Zwölfjährige und ihre Schwester, die bereits zwanzig Jahre alt war. Ein Hausmädchen, das viele Jahre die Familie versorgt hatte, aber wegen der sogenannten Rasseverordnungen nicht mehr bei Juden arbeiten durfte, nahm sich des Kindes an. Sie brachte es zu einem Bruder, der in der Nähe von

Breslau einen Bauernhof hatte. Den Leuten im Dorf erzählte man, es handele sich um eine entfernte Verwandte des Bauern, deren Mutter gestorben sei. Aus Angst, sie könne sich im Kreis Gleichaltriger verraten, schickte der Bauer sie nicht zur Schule. Fragte jemand danach, gab er an, sie habe in der Stadt die Schule bereits abgeschlossen. Henrietta war ein hochaufgeschossener Teenager und sah wie eine Fünfzehnjährige aus. Der Schulabschluß war also wahrscheinlich.

Drei Jahre blieb sie auf dem Bauernhof. Der Bauer und die Bäuerin hatten große Angst vor einer Entdekkung und erlaubten ihr nicht, den Hof, der außerhalb des Dorfes lag, zu verlassen. Sie wurde wie eine Gefangene gehalten. Das hielt sie nicht aus. Nach einem Streit mit der Bäuerin lief sie davon.

Mehrere Monate irrte sie über Landstraßen und durch unbekannte schlesische Dörfer, versteckte sich, wenn sie Uniformierte sah und eine Kontrolle befürchtete, und schlief in Heuschobern auf dem Feld, leerstehenden Schäferkarren oder Scheunen am Dorfrand.

Durch Erfahrungen gewitzt, sprach sie mit Vorliebe in Pfarrhäusern vor und bat um Nachtquartier. Sie erfand phantastische Geschichten, warum sie allein unterwegs sei, und mancher Pfarrer, der gutgläubig war oder auch nur so tat, erlaubte ihr, einige Zeit zu bleiben. Dann machte sie sich im Haushalt nützlich.

Einige Zeit zog sie mit Schaustellern von Dorf zu Dorf, verkaufte Lose oder drehte das Glücksrad. Einmal wurde sie in einem Anwesen beim Stehlen ertappt und verprügelt, ein andermal griff sie ein Dorfgendarm in einer Scheune auf, aber sie konnte entwischen. Dann wurde sie doch einmal beim Betteln festgenommen und, weil sie behauptete, ihre Papiere verloren zu haben, mehrere Wochen in ein Heim für gefallene Mädchen gesperrt, bis sie eines Tages wieder davonlief.

Im Spätsommer 1944 durfte Henrietta in der Kneipe einer kleinen Stadt bleiben, tagsüber putzen, abends Gläser spülen und aufräumen und nachts in einer Dachkammer schlafen. Doch auch das war nicht von langer Dauer. Nach einer Schlägerei in der Wirtsstube sollte sich Henrietta bei der Polizei melden, um als Zeugin vernommen zu werden. Und wieder mußte sie verschwinden. Den Herbst und den Winter 1944 verbrachte sie in Berlin. In einem Café lernte sie einen Kellner kennen, der sie mit in seine Wohnung nahm. Sie verließ ihn, als er sie zwingen wollte, für ihn auf den Strich zu gehen.

In dieser Zeit brauchte sie kaum noch Angst zu haben, als Jüdin entlarvt zu werden. Der Flüchtlingsstrom aus dem Osten hatte eingesetzt, das Chaos in den von Flüchtlingen überfüllten Städten war so groß, daß fehlende Ausweispapiere für eine Frau kein Risiko mehr bedeuteten. Als sich die Sowjets Berlin näherten, setzte sie sich mit vielen anderen Deutschen nach Westen ab. In Göttingen sah sie die ersten amerikanischen und englischen Soldaten. Henriettas Flucht vor dem Vergastwerden war beendet. Sie war davongekommen.

Ich weiß nicht, wie lange Henrietta erzählte. Ich saß und hörte. Und zog Vergleiche zu meinem eigenen Erleben und Überleben. Viele Parallelen konnte ich ziehen, gleichartige Situationen erkennen, mir mein Schicksal durch das ihre hindurch deutlicher machen. Ich erkannte, wie unser beider Leben in diesen Minuten sich auf eine wundersame Weise berührten.

Es war dunkel geworden, wir hatten keine Lampe eingeschaltet. Ich spürte, daß ein so grauenvolles Erleben kein Licht verträgt, daß in der Helle jeder Ton verstummen mußte. Vielleicht empfand sie es ebenso.

Ein schmales Geflimmer vom Vorderhaus fiel durch die Scheiben auf ihre Stirn mit der senkrechten Narbe und ihren schmalen Nasenrücken.

Ich schaute sie an und versuchte vergeblich, irgend etwas Besonderes aus dem länglichen blassen Gesicht mit der viel zu großen Nase und den blutleeren Lippen herauszulesen. Henrietta wirkte nur erschöpft.

Ich fragte sie: »Hast du etwas von deinen Eltern gehört?«

»Nie mehr.«

»Und von deiner Schwester?«

»Nichts. Sie sind alle tot. Ich weiß es.«

»Hast du noch Verwandte?«

»Niemand mehr, außer einem Onkel. Der ist bald nach 1933 nach Kanada ausgewandert. Vielleicht kann ich eines Tages seine Adresse ausfindig machen.«

»Was willst du jetzt tun?«

»Wenn ich genug Geld zusammen hab, wandere ich aus. Nach Amerika oder Kanada. Und dann geh ich nach Palästina.«

»Dazu braucht man viel Geld.«

»Mußt du mir nicht sagen. Sehr viel Geld, weil man so viele Leute bestechen muß, damit man auf den Wartelisten der Auswanderungsstellen einen aussichtsreichen Platz bekommt!«

»Es sind halt viele, die weg wollen. Hast du dein Geld wenigstens gut versteckt?«

»Das findet so schnell niemand.«

In dieser letzten Nacht schlief ich erstmals wieder mit Henrietta zusammen in einem Bett. Ich nahm sie in den Arm, und sie preßte ihren Kopf fest an mich. Sie wehrte aber jeden Versuch ab, mit ihr intim zu werden. Ich erkannte, daß das kein Spiel war und bedrängte sie nicht weiter. Am anderen Morgen ging sie. Ich habe ihr nicht gesagt, daß auch ich Jude bin. Vielleicht habe ich mich geschämt, weil es mir so viel besser ging als ihr.

Einige Wochen vergingen, und ich hoffte immer, Henrietta würde sich wieder einmal in der Kaiserhofstraße einfinden. Sie kam nicht.

Etwa vier Wochen später, im Juni oder Juli des Jahres 1946, meldete die Pressestelle des Frankfurter Polizeipräsidiums, in einem ausrangierten D-Zug-Wagen auf dem Gelände des Hauptbahnhofs hätten Bahnpolizisten die Leiche eines jungen Mädchens gefunden. Es sei ermordet und möglicherweise beraubt worden.

Helden

Die Kommunistische Partei der Nachkriegsjahre war mehr als nur ein politischer Standort für sozialistische Ideen und revolutionäre Begeisterung, sie war eine Heimat, eine Großfamilie, der ich mich zugehörig fühlte. Sie war das Zentrum meines Daseins. In ihr lebte und liebte ich, für sie arbeitete ich in jeder freien Stunde. Neben den üblichen Parteiverpflichtungen schrieb ich Artikel für die ersten Publikationen der KPD, verfaßte Flugschriften und politische Gedichte, die ich in Versammlungen und Feierstunden rezitierte.

Sehr bald, gegen Ende des Jahres 1946, vollzog sich die Spaltung der Welt in Ost und West. Die Kluft, die sich mitten durch Deutschland zog, wurde von Tag zu Tag tiefer. Damit einher ging eine allseitige Isolierung und Ächtung der Kommunisten in Westdeutschland. Diese Situation, die mit erheblichen Unannehmlichkeiten für die Mitglieder der KPD verbunden war, hatte zur Folge, daß viele aus der Partei austraten. Aus Gesprächen mit einer Reihe von Genossen, die damals ihr Parteibuch zurückgaben, weiß ich, daß bei dieser ersten Austrittswelle weniger politische, sondern hauptsächlich persönliche, insbesondere berufliche Gründe den Ausschlag gaben.

Die damals nicht austraten, scharten sich noch enger um die Partei. Zu ihnen gehörte auch ich. Der Druck von außen erzeugte das Gefühl, einer Blutsbrüderschaft anzugehören, von der sich zu lösen einem Verrat gleichkam. Diese Außenseiterposition, in der man sich als KPD-Mitglied befand, selbst das Verachtetwerden, hatte einen eigentümlichen Reiz. Sie löste in dem Betroffenen ein Gefühl der Exklusivität aus. Man war anders als die andern, war aus dem Rahmen gesellschaftlicher und politischer Normen gefallen und damit etwas Besonderes. Dieses Gefühl konnte sich bis zur Euphorie steigern.

Als überzeugter Kommunist nahm ich für mein Bekenntnis berufliche Beeinträchtigungen und persönliche Anfeindungen in Kauf. War ich auch öfter mit der Handlungsweise der Parteiführung in personellen und agitatorischen Fragen nicht einverstanden, was jedesmal zu Kontroversen mit den Funktionären führte, so war ich doch einverstanden mit dem Endziel der Partei, einer klassenlosen Gesellschaft, in der die Güter der Welt gerechter als bisher verteilt und jegliche Anlässe für Krieg und Völkermord beseitigt werden. Wie eine schöne Melodie klang Karl Marx' Expropriation der Expropriateure in meinen Ohren.

Meine bedingungslose Bereitschaft, mit den Kommunisten zu marschieren, war auch durch das Elternhaus und die Erlebnisse im Widerstand während der Hitlerzeit entstanden. Darüber hinaus beeinflußte mich ein Mann, der für mich ein Vorbild für politisches Handeln war. Das war Max Hölz, der Kommandeur der sächsischen Revolutionsarmee im mitteldeutschen Aufstand 1919. In den erbitterten und blutigen Revolutionskämpfen war er zu einer legendären Gestalt geworden. Nachdem er die Regierungstruppen aus Sachsen vertrieben hatte, übte er in dem von den Aufständischen kontrollierten Gebiet einen sehr eigenwilligen partikulären Sozialismus aus, verteilte auf unkonventionelle Weise große Mengen beschlagnahmter Hamsterwaren an die Witwen und Waisen des Krieges und belegte das Besitzbürgertum mit hohen Abgaben. Das imponierte mir sehr. Nach der Niederschlagung des Aufstands wurde er zum Tode verurteilt. Die Strafe wurde jedoch nicht vollstreckt, sondern in lebenslanges Zuchthaus umgewandelt. 1929, nach einem Wiederaufnahmeverfahren, kam er frei.

Nachdem ich, von Mama empfohlen, sein Buch »Vom weißen Kreuz zur roten Fahne«, die größtenteils in einer Zuchthauszelle geschriebene abenteuerliche Lebensgeschichte gelesen hatte, verkörperte dieser Mann in meiner kindhaften Vorstellung das Gute und Edle im Menschen schlechthin. Seine Taten waren für mich der

Beweis, daß der Ungerechtigkeit dieser Welt Schranken gesetzt sind. Er bedeutete mir so viel wie etwa der edelmütige Räuber Robin Hood, der Schinderhannes aus dem Hunsrück oder auch Frank Allan, der strahlende Held unzähliger Schmöker der zwanziger Jahre, den der schöne Beiname »Rächer der Enterbten« schmückte.

Helden und Heldentaten hatten schon immer eine starke Faszination auf mich ausgeübt. Natürlich nur, wenn sie nach meiner Überzeugung einer guten und gerechten Sache dienten. Ich bewunderte und beneidete die Helden um ihren Mut. Meine Bewunderung war sicherlich darum so groß, weil ich selbst nicht das Zeug zum Helden hatte und auch nie die Chance, einer zu werden. Mama hatte es verboten. So ganz einfach verboten, als ob man mutig und ein Held zu sein verbieten könne. Und dennoch, in unserer Familie war es offenbar gelungen. In ihrer durch viele Generationen geprägten jüdischen Angst vor dem Auffälligwerden hatte Mama die ganze Familie dazu verdammt, unscheinbar zu bleiben und uns Kinder zu kaum wahrzunehmenden grauen Mäusen erzogen. Und das lange schon, bevor Hitler an die Macht kam und sich damit für uns die Zwangslage ergab, vor den Nazischergen unsichtbar oder doch zumindest schwer auffindbar zu werden.

In unserer Familie war es unmöglich, gegen Mama aufzubegehren. Ihre Anordnungen wurden ohne Widerspruch befolgt. Keinem ihrer Kinder wäre es in den Sinn gekommen, ihr zu widersprechen. Auch nicht Papa. Und so konnte ich vom Heldentum nur träumen oder die Heldentaten anderer bewundern. Und dazu gab mir wiederum Mama Gelegenheit.

Ich weiß noch, daß sie mich manchmal zu sich rief, wenn sie an der Nähmaschine saß und für fremde Leute nähte, und mir Geschichten aus ihrer russischen Heimat erzählte oder von ihrer Familie und auch, obwohl sie mittlerweile eine eifrige Kommunistin geworden war, Episoden aus der Geschichte des jüdischen Volkes.

Das Geschichtenerzählen war bei ihr mit einem immer gleichen Zeremoniell verbunden. Sie ließ vom Nähen ab, lehnte sich zurück und fragte: »Hast du deine Hausaufgaben gemacht, Walja?« Und wenn ich es bejahte, fuhr sie fort: »Dann bring mir bitte ein Glas Wasser und einen Würfelzucker!« Ich holte ihr beides aus der Küche. Sie biß eine Ecke von dem Zucker ab und ließ das Wasser mit einem merkwürdig spitzen Mund und nur wenig geöffneten Lippen schlürfend über den Zucker laufen, genau so wie sie es beim Teetrinken machte. Und sie trank noch ein zweites Mal. Dann gab sie mir das Glas zurück, verschränkte ihre Hände im Schoß, die schönen schlanken Hände, die mich so selten streichelten, wie sehr ich mich auch danach sehnte, und starrte eine ganze Weile sinnend in eine Zimmerecke, als läge dort die Geschichte, die sie zu erzählen gedachte, verborgen. Man war verführt, ihren Blicken zu folgen. Dann erst begann sie zu sprechen, anfangs langsam und verhalten, aber schnell wurde sie lebhafter und lauter, wobei sie mir ins Gesicht schaute, als überprüfe sie die Wirkung ihrer Erzählung. Jedesmal wenn eine aufregende Stelle kam, faßte sie mich fest am Arm und kam mir mit dem Gesicht ganz nah.

Das waren für mich spannende Geschichtsstunden, denn Mama hatte, wie mir schien, die ganze Geschichte des jüdischen Volkes vom Schöpfungstag bis zur Gegenwart im Kopf, und sie konnte jede Einzelheit so anschaulich erzählen, als wäre sie leibhaftig dabeigewesen.

Mit Vorliebe schilderte sie die Ruhmestaten jüdischer Helden. Sie selbst schien dabei sehr bewegt zu sein. In Erinnerung geblieben ist mir unter anderem der tollkühne Kampf der Juden im sogenannten Jüdischen Krieg gegen die römischen Legionen Neros, die Judäa, das Heilige Land, besetzt hielten; und dann die Selbsttötung der letzten, auf dem Masadafelsen verschanzten tausend Kämpfer mit Frauen und Kindern, als die Römer die Bergfestung stürmten. Auch die Taten Bar Kochbars machten einen tiefen Eindruck auf mich.

Nicht damals schon, heute erst, in der Erinnerung, wird mir der seltsame Widerspruch in ihrem Verhalten deutlich. Während sie die Heldentaten jüdischer Freiheitskämpfer fast überschwenglich schilderte, erzog sie gleichzeitig ihre eigenen Kinder zu Duckmäusern. Glaubte Mama, uns Kindern auf diese Weise das Leben in einer nichtjüdischen und damit feindseligen Umwelt erträglicher zu machen, obwohl auch sie, keineswegs irritiert durch ihre kommunistische Einstellung, von jüdischen Helden und Heldentaten träumte? Ich kann es nur vermuten. Und so ist es auch mit all den vielen anderen Widersprüchen in ihrem Leben. Es fällt mir heute noch schwer, sie zu verstehen. Wie soll ich es erklären, daß sie, wenn Papa an Pessach, Sukkot oder Jom Kippur* mit mir in die Synagoge gehen wollte, mich wie einen kleinen Prinzen zurechtmachte, mir noch einmal übers Gesicht wischte, die Baskenmütze zurechtrückte, und dann Papas schwarzen Filzhut, den er nur bei solchen Gelegenheiten aufsetzte, aus der Stoffhülle nahm, und dafür sorgte, daß wir auch pünktlich das Haus verließen – während sie am gleichen Abend an der Vorstandssitzung irgendeiner kommunistischen Organisation teilnahm? Oder wenn sie mich bereits in meinem neunten Lebensjahr in die kommunistische Kindergruppe Jung-Spartakus anmeldete, in der ich, angetan mit weißer Bluse und rotem Halstuch, bei kommunistischen Aufmärschen mitmarschierte – aber sie mir zur gleichen Zeit die Geschichte von der Errettung der persischen Juden durch Esther und Mordechai erzählte und mich am Purim, dem Tag, an dem diese wunderbare Errettung gefeiert wird, höchstselbst in die Aula der jüdisch-orthodoxen Raphael-Hirsch-Schule brachte, damit ich das fröhliche Fest mitfeiern und mit den anderen jüdischen Kindern ausgelassen lärmen und johlen und den Grager** drehen konnte, wenn der Name des

* Pessach, Sukkot, Jom Kippur: jüdische Feiertage

** Grager: Holzknarre zum Drehen, wie man sie ähnlich auch heute noch in der alemannischen Fastnacht benutzt.

Bösewichts Haman, der die persischen Juden vernichten wollte, fiel? Oder wenn sie meine Schwester Paula zur kommunistischen Jugendweihe schickte – aber zwei Jahre später sich bemühte, allerdings vergeblich, daß ich Bar Mizwe* werden könne? Genau so unverständlich ist es, daß sie alles tat, bis zur unfreiwilligen Selbstzerstörung, um unser Judentum während der faschistischen Zeit unsichtbar zu machen, aber gleichzeitig in der Wohnung und im Haus Papa fast immer nur bei seinem richtigen Vornamen Moissee, der russischen Version des Namen Moses, rief und sich nicht sorgte, es könne ein Unberufener hören, der zufällig diese Version des Moses-Namens kannte. Wer hieß schon während der Nazizeit in Deutschland Moses?

Bei all ihrem widersprüchlichen Verhalten ist eines auffällig: ihr ständiges Pendeln zwischen übertriebener Ängstlichkeit und einem an Leichtsinn grenzenden irrationalen Mut. Aber weder das eine noch das andere paßte zu ihr.

Ich profitierte von ihrem Zwiespalt, indem ich dadurch sowohl mit jüdischen als auch kommunistischen Helden bestens vertraut wurde. In meiner Heldenskala nahm Max Hölz unbestreitbar den ersten Platz ein. Erst recht, als er mir durch einen Zufall noch näher kam. Wenige Wochen nach seiner Entlassung aus dem Zuchthaus, im Frühsommer 1929, war er im Frankfurter Stadtwald Gast bei einem Fest der Roten Hilfe, einer Nebenorganisation der KPD, die sich um politische Gefangene kümmerte. Ich, das Jung-Spartakus-Mitglied, durfte ihm bei dieser Gelegenheit einen Strauß Blumen überreichen. Nie hätte ich mir träumen lassen, einmal einen meiner Helden leibhaftig vor mir zu haben und ihn anfassen zu können. Doch der Traum war Wirklichkeit geworden. Ich stotterte »Seid bereit!«, reichte ihm die Blumen

* Bar Mizwe: (hebräisch) »Gebotspflichtiger« – so heißt der dreizehnjährige Knabe, der in einer religiösen Handlung, ähnlich der christlichen Konfirmation, in alle Rechte und Pflichten eines erwachsenen Juden eingeführt wird.

und spürte seine Hand auf meinem Kopf. Gegen dieses Erlebnis mußten verständlicherweise alle anderen Helden, ob tot oder lebendig, in Zukunft hintanstehen.

Nehme ich Max Hölz, meinen Privathelden, aus, galt meine Sympathie gleichermaßen allen Freiheitskämpfern, die ich durch Mama kennengelernt hatte, jüdischen wie kommunistischen. Im Laufe der Zeit war doch eine ganze Anzahl zusammengekommen. Ich hatte sie in meinem Kopf zwar ein wenig gestaffelt nach der Größe und der Wirkung ihrer Taten, aber damals spielte es für mich keine Rolle, ob sie diese für das jüdische Volk oder die sozialistische Revolution getan hatten.

Genau so wenig unterschied ich zwischen den Opfern des Faschismus. Es war für mich ohne Belang, ob sie Russen oder Polen, Kommunisten oder Juden, ob sie wegen ihrer politischen Betätigung oder ihrer rassischen Zugehörigkeit ermordet worden waren. – Bis zu der Begebenheit am alten jüdischen Friedhof in der Rat-Beil-Straße am 9. November 1946. Irgend jemand hatte mich dorthin mitgenommen, wo sich in der offenen Vorhalle hinter dem Hauptportal einige Dutzend Juden an einem Gedenkstein für die jüdischen Opfer des Faschismus versammelt hatten, meist Angehörige der amerikanischen Besatzungsmacht. Am Jahrestag der Pogromnacht des Jahres 1938 gedachten sie der durch die Nazis Ermordeten und beteten für sie.

In den Monaten nach dem Zusammenbruch des Hitlerreichs hatte ich an einer Reihe von Trauer- und Gedenkveranstaltungen für die Opfer des Faschismus teilgenommen. Viele Freunde und Bekannte meiner Eltern waren ermordet worden. Nie zuvor hatte mich eine Trauerfeier so erschüttert wie die am alten jüdischen Friedhof. Nachdem die an dem Stein aufgestellten Kerzen entzündet und der Kaddisch, das Totengebet, gesprochen waren, sang ein jüdischer Kantor das Klagegebet El male rachamim – Gott voll Erbarmen.

Ich war und bin auch heute kein gläubiger Jude. Den

Inhalt des frommen Klageliedes kannte ich nicht. Und dennoch wühlte mich die auf- und abschwellende Melodie zutiefst auf. Es war ein Jammern und Schluchzen, Klage und verzweifelter Aufschrei zugleich. Als dann, eingefügt in das gesungene Gebet, der Kantor die Namen der Vernichtungslager nannte, Auschwitz, Treblinka, Maidanek und alle andern, wollte es mir das Herz zerreißen. Hier an dieser Stelle, da ich mich jener Augenblicke rückerinnere, glaube ich, diese abgegriffene Redewendung gebrauchen zu dürfen: das Herz wollte es mir zerreißen. Ich finde keine passendere Beschreibung des Zustands, in den mich das El male rachamim versetzt hatte. Weinend schlich ich mich davon.

Auf dem Nachhauseweg wurde mir erstmals klar, welch ein grundlegender Unterschied bestand zwischen dem Opfer, das die gegen das Hitlerregime kämpfenden Antifaschisten gebracht hatten, und dem Blutzoll, den die Juden entrichten mußten. Die einen hatten sich gegen die Nazidiktatur gewehrt, sie bekämpft und dabei das Risiko der Repressalie bewußt auf sich genommen. Den andern dagegen, den jüdischen Menschen, war nur ihre Abstammung, nicht einmal ihr Glaube, lediglich ihre Abstammung zum Verhängnis geworden. Wie sie sich auch verhielten, ob sie, wie einige wenige Juden in politischen Gruppierungen, den Nazis Widerstand leisteten, oder, wie die meisten, sich in ihre Wohnungen verkrochen und zitternd und betend das Unheil auf sich zukommen ließen, oder ob sie gar, was auch geschehen ist, die Faschisten ihrer Loyalität versicherten, sie wurden vernichtet, alle, vom Säugling bis zum Greis, ohne Ausnahme, ohne Erbarmen.

Das war es wohl, was das El male rachamim in mir ausgelöst hatte, die quälende Empfindung, in welch einer verzweifelten Ohnmacht die Juden zu Tode kamen. Und ich gehörte zu ihnen. Es waren meine ermordeten Brüder und Schwestern, denen der Klagegesang galt und für die der Kaddisch gebetet worden war. Das ganze unfaßbare Leid der Opfer hatte sich in den alles durchdringenden Klagelauten zusammengeballt. Sie waren für mich mitgestorben. Genauer noch: ich hatte sie für mich mitsterben lassen. Dieser Gedanke bohrte sich in mich und machte mir ein schlechtes Gewissen, daß ich am Ende des Faschismus noch lebte, trotz allem, was auch in unserer Stadt, in unserer Straße und unserem Haus geschehen war. Lebte, nicht weil ich ein so guter frommer Jude war, der Gottes und seiner Propheten Schutz würdig gewesen wäre, sondern im Gegenteil nur darum noch lebte, weil ich mich so weit von jenem Gott entfernt hatte, und – zugegeben – dank auch Mamas Tarnungsbemühungen, aus dem Strom der zum Tode Verurteilten ans rettende Ufer geschleudert und dort von den Nazischergen übersehen worden war. Mit welchem Recht lebte ich noch? Mit welchem Anspruch? Ein wahnwitziger Gedanke. Und doch nicht abwegig.

Sicherlich auch zum ersten Mal stellte ich mir die Frage, wo ich herkomme und wo ich hingehöre. Ich war Kommunist und fest verbunden mit der Kommunistischen Partei. Ich gehörte also zu ihr. Aber ich war auch Jude und hatte viele Jahre wegen meiner Herkunft in Todesangst vor den Häschern der Gestapo gelebt. Wie sollte ich da mein Judentum vergessen können? Und obwohl sich das für Kommunisten nicht schickte, war ich sogar ein wenig stolz darauf, Jude zu sein. Ich konnte mir keine Rechenschaft darüber geben, aus welcher Quelle ich diesen Stolz speiste, aber es war so. In dieser Stunde, auf dem Nachhauseweg vom jüdischen Friedhof und mit dem in mir nachhallenden Gesang fühlte ich stark, daß ich zum Volk Israel gehörte, Teil dieser über Jahrtausende verfolgten und gequälten Menschen, daß ich Jude bin. Das und nichts anderes fühlte ich.

Bis dahin hatte ich noch nie in meiner jüdischen Tradition gelebt, unbeschadet der Bemühungen meiner Eltern, vor 1933 mir und meinen Geschwistern unsere Herkunft bewußt, und nach 1933 sie wieder unsichtbar zu machen. Jude zu sein, das war mein Schicksal. Da war wohl ein wenig Stolz, aber kein Funke Überheblichkeit, dem auserwählten Volk anzugehören, keine Schnur, die mich mit der Thora und den 613 Geboten verband, kein Gott, dem ich mein Leid hätte klagen, meine Sorgen anvertrauen können. Und auch niemand, mit dem ich darüber hätte sprechen können. Mit Papa nicht und nicht mit Paula. Und von den jüdischen Freunden meiner Eltern, die mir vielleicht Gesprächspartner hätten sein können, war niemand zurückgekommen.

Diese Gedanken und Empfindungen machten mich für kurze Zeit unsicher, beeinträchtigten aber nicht meine enge Bindung an die Kommunistische Partei. Ihre Ziele waren gut und erstrebenswert, und es lohnte sich, alles für sie einzusetzen. Und noch mehr: Kampf für den Sozialismus hieß auch Kampf für die Rechte der Juden. Denn in einem sozialistischen Staat, so lautete einer der wichtigsten Punkte im Programm der KPD, würden alle völkischen und rassischen Gruppen gleiche Rechte haben und gleich behandelt werden. Das bedeutete, daß dann auch die Verfolgung und Diskriminierung der Juden ein für allemal beendet sein würde.

So wie ich mag auch Joseph Schlonski gedacht haben, ein Berliner Jude, der einst aus Polen nach Deutschland gekommen war und den es nach der Befreiung aus dem Konzentrationslager in den Westen und nach Frankfurt verschlagen hatte. Ich lernte ihn in unserer KP-Stadtteilgruppe Westend kennen, der er sich schon bald nach ihrer Gründung im Frühsommer 1945 angeschlossen hatte. Ihm war als Verfolgtem des Naziregimes die zwangsgeräumte Wohnung eines ehemaligen SA-Führers in der Friedrichstraße im Westend, in unmittelbarer Nähe der Westend-Synagoge, zugewiesen worden.

An einem Abend hatte er mir seine Leidensgeschichte erzählt. Er war 1934 wegen illegaler Tätigkeit für die verbotene KPD zu einer mehrjährigen Gefängnisstrafe verurteilt und anschließend in das Konzentrationslager Buchenwald gebracht worden, wo er acht Jahre lang bis zur Befreiung 1945 gefangengehalten wurde.

Joseph Schlonski gehörte zu der kleinen Gruppe von Juden, die in Zuchthäusern und Konzentrationslagern vor dem Zugriff der Gestapo bewahrt blieben, als diese im ganzen besetzten Europa die Judentransporte für die Vernichtungslager organisierte. Es ist eine makabre Vorstellung, daß sie der Ermordung nur entgingen weil sie im KZ waren. Mir ist nie recht klar geworden, warum man diese Juden, die politischen, wenn sie nach so langer KZ-Haft überhaupt noch am Leben waren, nicht auch zur Tötung nach Auschwitz oder einem anderen Vernichtungslager brachte. Es ist schwer zu glauben, daß sie einfach nur vergessen wurden. Möglicherweise ist es der Solidarität der politischen KZ-Häftlinge zu verdanken, die ihre jüdischen Kameraden abschirmten oder irgendwo im Lager versteckten, als die Transportlisten für Auschwitz zusammengestellt wurden. So ist es mir verschiedentlich geschildert worden.

Jedenfalls hatte auch Joseph Schlonski überlebt. Er wäre immer Atheist gewesen, sagte er. Und außer der Tatsache, daß seine Vorfahren Juden gewesen seien, binde ihn nichts mehr an die Welt des Judentums. Als ich ihn einmal nach dem Schicksal seiner Eltern und Geschwister fragte, wich er aus und kam schnell auf etwas anderes zu sprechen. Später habe ich ihn nie mehr danach gefragt.

Er selbst hatte keine Familie. So war ihm die Kommunistische Partei, mehr noch als mir, gesellschaftlicher Mittelpunkt und Familie zugleich. Das ist der Grund, weshalb meine Verwunderung so groß war, als er mich nach einer Parteisitzung zur Seite nahm und fragte:

»Sag mal, Vali, warst du schon einmal in der Synagoge?« Er schaute mich prüfend an, und als er mein erstauntes Gesicht sah, ergänzte er: »Eine komische Frage, was? Aber es interessiert mich.«

»Gewiß, öfter«, gab ich zur Antwort. »Das war aber schon vor der Hitlerzeit. Da ging ich immer mit meinem Vater in die Synagoge. Jetzt, nach dem Krieg, war ich nicht mehr dort. Warum willst du das wissen, Joschi?«

»Nur so. Weil ich am vergangenen Freitag zum ersten Mal in Frankfurt in der Synagoge war, in der neugeweihten Westendsynagoge gleich bei mir um die Ecke. Sie ist noch kaputt, es werden in ihr aber wieder Gottesdienste abgehalten.«

»Das war auch unsere Synagoge. Dorthin ging ich immer mit meinem Vater. Aber sag, Joschi, bist du fromm geworden?«

»Quatsch. Ich wollte nur mal sehen.«

»Und was hast du gesehen?«

»Juden. Was sonst?«

Wir lachten beide. Und damit war das kurze Gespräch zu Ende. Ich vergaß es bald und erinnerte mich erst wieder daran, als ich ihn im Krankenhaus besuchte. Er war vor seiner Wohnung im Treppenhaus gestürzt, mit dem Kopf auf eine Treppenstufe aufgeschlagen und hatte sich eine Gehirnerschütterung zugezogen. Zu der Zeit wußte ich längst und wußte es auch die Parteileitung, daß Joseph Schlonski mehr und mehr dem Alkohol zusprach. Er ging nie in eine Kneipe, er betrank sich immer nur zu Hause.

Auch ich hatte ihn schon einmal volltrunken angetroffen. Er konnte sich kaum auf den Beinen halten, lallte nur noch und ließ sich von mir widerstandslos ins Bett bringen. Die KPD hatte ihm wegen seiner Trunksucht schon vor einiger Zeit sämtliche Parteiämter entzogen.

Joseph lag mit einem weißen Verband um den Kopf im Bett und hielt die Augen geschlossen. Die Krankenschwester hatte mir eingeschärft, ich dürfe ihn nicht viel reden lassen und nur zehn Minuten bei ihm bleiben.

Als ich ihn am Arm berührte und leise sagte: »Guten Tag, Joschi«, schlug er die Augen auf, lächelte ein wenig gequält und flüsterte: »Schön, daß du kommst, Vali. Oh, auch noch Blumen! Ich danke dir.«

Ich leierte die bei solchen Anlässen obligatorische Floskel herunter: »Herzliche Grüße und Genesungswünsche von allen Genossen des Stadtteils. Die Blumen sind von den Genossen.«

»Danke.« Das war alles, was er darauf zu sagen hatte.
»Wie geht es dir? Hast du Schmerzen?«
Joseph nickte.
»Kriegst du etwas dagegen?«
»Ja, schon. Aber die Schmerzen sind auszuhalten. Es gibt schlimmere Dinge.«
»Was meinst du?«
Er tippte mit dem Mittelfinger auf die Brust: »Da drinnen, da tut's noch mehr weh.«
»Du hast Probleme?«
Er antwortete: »Wer hat keine Probleme?«
Er schloß wieder die Augen und schwieg.
Ich wartete. Dann packte ich ihn fest am Arm und fragte: »Was ist los mit dir, Joschi? Wir sind Genossen, wir können doch offen miteinander reden.«
Ohne die Augen zu öffnen, erwiderte er: »Ich weiß nicht, was mit mir los ist.« Um seine Mundwinkel zuckte es, als kämpfe er mit sich, ob er mir noch etwas sagen sollte, was er bisher für sich behalten hatte. Nach einer ganzen Weile erst schaute er mich wieder an und sagte noch leiser als zuvor: »Manchmal habe ich das Gefühl, als ob noch ein anderer in meiner Haut steckte, ein Fremder, der etwas ganz anderes will als ich. Das macht mich noch verrückt. Kannst du das verstehen?«
»Das mußt du mir schon genauer erklären.«
»Du meinst vielleicht, ich phantasiere. Kann sein.«
Wieder preßte er die Lippen aufeinander, als wenn er verhindern wollte, daß ihm weitere ungebetene Gedanken entschlüpfen. Zumindest hatte ich den Eindruck. Dann aber redete er doch weiter. Mit leiser, monotoner Stimme und in eine andere Richtung, als spräche er nicht mit mir, sondern mit einem Dritten. Und er fuhr auch nicht damit fort, seine inneren Kämpfe zu schildern, sondern fragte den nicht vorhandenen Dritten:
»Ich habe dir noch nie etwas über meine Familie erzählt. Ich möchte es jetzt. Willst du es hören?«
Ich zögerte einen Augenblick, bis ich verstand, daß er mich meinte.

»Natürlich will ich es hören. Erzähl.«

»Gut. Ich komme aus einem kleinen Ort bei Kielce. Das ist irgendwo im südlichen Polen, in Galizien. Wir waren eine große Familie, Vater, Mutter und acht Geschwister, fünf Buben und drei Mädchen. Dazu die Großmutter und eine kranke Tante. Und alle in einem winzigen Häuschen. Meine Eltern waren sehr arm. Vater hat mit Stoffen und gebrauchten Kleidern gehandelt. Das brachte wenig Geld ins Haus. Wir hatten oft nicht einmal zum Schabbat etwas Rechtes auf dem Tisch. Verstehst du, daß ich da früh weggelaufen bin. Schon mit sechzehn Jahren. Mit nichts als einem Bündel unterm Arm. Und so kam ich nach Berlin. – Und das ist der Grund, weshalb ich überlebt habe. – Alle sind umgekommen, meine Geschwister, meine Eltern und Großeltern, die Tante. Ich habe niemand mehr. – Als ich in Berlin war, habe ich meine Familie nie richtig vermißt. Und ich wäre auch nie in unser Dorf zurückgekehrt. So armselig, so trostlos war es. – Jetzt aber, wo alle tot sind, fehlen sie mir. Und wie sie mir fehlen!« Joseph machte eine lange Pause, als denke er nach. »Hast du dir schon einmal Gedanken darüber gemacht, warum Juden immer so viel leiden müssen? Seit zwei Jahrtausenden oder noch länger. Und warum, das frage ich mich auch, bin ausgerechnet ich von der ganzen Familie übriggeblieben? Da ist kein Sinn dahinter.« Er schwieg.

Plötzlich war er mir ganz nah, war mein jüdischer Bruder, in seiner Verzweiflung, seiner Verständnislosigkeit. Das war es, was uns in diesem Augenblick verband: die Frage nach dem Warum.

Joseph fuhr fort: »Alle sind tot. Ich könnte weinen, von morgens bis abends. Aber was hilft's! – Ich finde mich nicht mehr zurecht.«

»Das ist klar, Joschi. Elf Jahre Zuchthaus und KZ, so etwas bleibt nicht in den Kleidern hängen. Du mußt Geduld haben.« So versuchte ich, ihm Mut zuzusprechen. Ich merkte aber, wie hohl meine Worte klangen und an ihm abprallten wie an einer Felswand.

Mit der gleichen leisen Stimme sprach er weiter: »Oft frage ich mich, ob es sich lohnt weiterzumachen.«

»Rede nicht solchen Unsinn, Joschi. Natürlich lohnt es sich. Werde erst mal gesund.«

Die Krankenschwester kam ins Zimmer. »Sie müssen Schluß machen. Sie sind über der Zeit. Herr Schlonski kann solche Anstrengungen noch nicht vertragen.«

»Laß dich nicht unterkriegen«, sagte ich im Hinausgehen, »und halte die Ohren steif.«

Er gab keine Antwort und hob zum Abschied nur die Hand ein wenig hoch.

Etwa drei Monate später, ein gutes Jahr nach seiner Rückkehr aus dem Konzentrationslager, war Joseph Schlonski tot. Nachbarn fanden ihn erhängt im Türrahmen seiner Wohnung.

Er muß es eilig gehabt haben, sich davonzumachen, denn von niemandem hatte er Abschied genommen, niemandem eine Zeile, ein Wort hinterlassen. Vielleicht hielt er es für überflüssig, sich bei seinen Genossen – er hatte ja sonst niemanden hier, der ihm nahe stand – für seinen letzten Schritt zu verantworten, sich zu erklären. Es würde ihn ja doch keiner verstanden haben.

Wenn Joseph in der allerletzten Position, die er lebend eingenommen hatte, wozu er einen Haken im oberen Teil des Türrahmens benutzte, der einmal einer Kinderschaukel diente, wenn er also in dieser Position, mit dem Gesicht zur Küche, noch einmal die Augen hätte öffnen können, würde er durch das Küchenfenster hindurch die ziegelrote Kuppel des Synagogenbaus in der Freiherr-vom-Stein-Straße gesehen haben. Aber das war ein purer Zufall.

Übertreibungen

Wenn Juden nicht den fatalen Hang zum Übertreiben hätten, ganz gleich, was sie tun, wäre ich sicher kein frommes, aber vielleicht doch ein ordentliches Mitglied der Jüdischen Gemeinde geworden. Denn 1950 oder 51 hatten Paula und ich nach Abwägung aller Für und Wider beschlossen, uns beim Landesrabbiner um einen Beitritt zu bemühen.

Warum eigentlich nicht? War nicht auch Ludwig Joseph der Jüdischen Gemeinde beigetreten, schon 1947, obwohl er ein überzeugter Kommunist und Funktionär der Partei war? Und Helmut Marx. Und Richard, der seinen Genossen den Beitritt zwar verheimlichte und darum Paula, der er es einmal gestanden hatte, bat, es für sich zu behalten, und der dann später doch wieder aus der Gemeinde austrat. Und wahrscheinlich auch Joseph Schlonski.

Unser Entschluß war nicht die Folge eines Gesinnungswandels, keine Abkehr von unserer politischen Überzeugung. Nur: die schreckliche Zeit der Verfolgung und der Angst hatte uns mit aller Brutalität daran erinnert, woher wir kamen und wer wir sind.

Ohne Frage, die Kommunistische Partei war unser gesellschaftlicher Standort, aber wir fühlten beide, unabhängig voneinander, daß uns noch etwas Wesentliches zum Leben fehlte, vielleicht das Wichtigste, ein Fundament, oder auch ein Arm, der uns festhielt. Oder es war die Sehnsucht, in den Strom zurückzukehren, der aus unserer dunklen Vergangenheit kam, der uns seit langem nicht mehr trug und von dem wir doch getragen werden wollten. Oder sollte ich ehrlich bekennen, nicht imstande zu sein, dieses Begehren, Glied der Jüdischen Gemeinde zu werden, erklären zu können. Aber bedurfte es überhaupt einer Erklärung?

Mit welchen Argumenten es meinen jüdischen

KP-Genossen gelang, des Rabbiners Gnade zu finden und in die Gemeinde aufgenommen zu werden, weiß ich nicht. Ich weiß nur, daß Paula und ich etwas falsch machten, als wir Landesrabbiner Weinberg unseren Wunsch dar- und unsere Herzen offenlegten. Wir schilderten ihm das wundersame Überleben der Familie Senger inmitten der Hitlerbarbarei und erzählten ihm bedenkenlos – und auch ein wenig blauäugig –, daß wir Mitglieder der Kommunistischen Partei seien und, auf seine Nachfrage hin, nicht die Absicht hätten, aus ihr auszutreten. Wir hielten ihre politischen Ziele für richtig und hofften, mit ihr auch der Verfolgung der Juden für immer ein Ende zu setzen.

Das wollte Rabbileben partout nicht verstehen. Er schalt uns naiv und fand sehr böse Worte über den Kommunismus schlechthin. Ich widersprach. Keineswegs heftig, denn mir lag es fern, seinen Unmut noch weiter anzustacheln. Aber seine innere Erregtheit steigerte sich, ich merkte es deutlich an seinen unruhigen Händen, so sehr er sich auch bemühte, nach außen Ruhe und Konzilianz zu zeigen. Schließlich verstieg er sich zu der Behauptung, in der Sowjetunion und in anderen von Kommunisten regierten Ländern habe man die jüdische Kultur vernichtet und damit letztendlich das Judentum genau so rigoros zerstört, wenn auch in einem längeren Zeitraum, wie es Hitler in den wenigen Jahren seiner blutigen Herrschaft getan habe. Darum seien die Kommunisten auch nicht besser als die Faschisten.

Dieser Vergleich empörte mich sehr. Er bedeutete das Ende meines Besuchs. Wir gingen, obwohl der Rabbiner bis dahin noch kein Wort darüber verloren hatte, ob wir in die Gemeinde aufgenommen werden könnten oder nicht. Wir gingen mit dem Gefühl, daß ihm nichts daran gelegen war. Während des über eine Stunde dauernden Gesprächs hatte er uns auch nicht andeutungsweise den Weg gewiesen, den wir hätten beschreiten sollen, die Tür gezeigt, durch die wir hätten eintreten können. Er bemühte sich nicht, uns, die als Bittende gekommen waren, die Hand zu reichen, nicht den kleinen Finger. So sehr übertrieb er seinen Antikommunismus. Dabei wurde er wegen seiner Toleranz gepriesen.

Ein Jahr später gab es einen Wechsel im Rabbinat. Weinberg ging und Levy kam. Da wollte ich es noch einmal versuchen. Gewitzt durch das Gespräch mit Rabbi Weinberg, verzichtete ich darauf, bei dem neuen Rabbiner ein politisches Bekenntnis abzulegen. Ich beschränkte mich auf die knappe Formulierung meines Wunsches. Aber Rabbi Levy war damit nicht zufrieden. Er wollte mehr wissen über meine Familie, meine Eltern, meine Vergangenheit. Ob ich Bar Mizwe geworden sei. Ich war es natürlich nicht. Ob ich denn wenigstens ein einziges talmudisches Gebot einhalte. Was ich kleinlaut verneinen mußte, da ich ja kein gläubiger Jude sei.

Trotz des Rabbiners übertriebener Neugierde hatte ich keinen Anlaß, die Fassung zu verlieren, wie es mir leider bei seinem Vorgänger passiert war. Denn kein böses oder provozierendes Wort kam über seine Lippen. Er fuchtelte auch nicht mit den Händen herum, wie es Rabbi Weinberg getan hatte, sondern hielt sie während des ganzen Gesprächs gefaltet über dem entspannt vorgewölbten Bauch. Er zeigte, wie sehr er in sich ruhte und wie friedfertig er war.

Aber dann spürte ich doch und es wurde mir immer deutlicher, wie gerade diese Position es ihm ermöglichte, mit mir so ganz von oben herab zu reden. Ich wurde von Minute zu Minute nervöser, unsicherer und zog in unserem Frage-und-Antwort-Spiel stets den Kürzeren. In jeder seiner Fragen schwang ein leiser Vorwurf mit, gegen den ich mich nicht wehrte. Jeder seiner Aussagesätze enthielt eine Belehrung, die ich nicht zurückweisen konnte. Jedesmal wenn er die Mundwinkel verzog oder die Augenbrauen anhob, machte er mich ein Stück kleiner. Kurz und gut, er behandelte mich wie einen Meschumed*, der ich bei Gott nicht war.

* Meschumed: abfällige Bezeichnung für einen zum Christentum übergetretenen Juden, einen Abtrünnigen.

Aber damit nicht genug, lockte er auch noch geschickt aus mir heraus, was ich mir fest vorgenommen hatte, für mich zu behalten: die ganze unjüdisch linkslastige Vergangenheit meiner Mischpoche, angefangen von Papa, dem einstigen revolutionären Haudegen, über Mama, die unermüdliche Parteifunktionärin, bis zu Paula und mir, den überzeugten Kommunisten. Als er dann noch erfuhr, daß meine Frau eine Nichtjüdin sei und keinesfalls konvertieren wolle, wenn ich in die Gemeinde eintreten würde, verlor er seine bis dahin bewahrte rabbinische Souveränität. Nicht mit den Händen, die blieben, wo sie die ganze Zeit lagen, mit der Stimme verriet er sich. Er wurde förmlich, ging noch ein Stück mehr auf Distanz, runzelte die Stirn und wackelte mit dem Kopf, als wolle er sagen: das erschwert die Angelegenheit nun ganz erheblich. Nein, das sagte er nicht. Er fragte dagegen etwas pikiert, was mich unter diesen Umständen überhaupt veranlaßt habe, den Wunsch auszusprechen, in die Jüdische Gemeinde aufgenommen zu werden. Darauf wußte ich ihm keine rechte Antwort zu geben, ich hatte nicht mal eine schlüssige für mich.

Nun nahm Rabbi Levy das erste Mal die Hände vom Bauch und hob sie in die Höhe, was wohl bedeuten sollte: wenn du es nicht weißt, soll ich es etwa wissen? Er stand auf und beendete unser Gespräch mit der Empfehlung, mir alles noch einmal gut zu überlegen. Dazu hätte ich jetzt zwölf Monate Zeit. Wenn ich danach noch immer das gleiche Verlangen in mir spürte, sollte ich wieder zu ihm kommen.

Warum, zum Teufel, müssen Juden immer übertreiben! Rabbiner Weinberg tat es. Rabbiner Levy ebenfalls. Und ich auch. Das will ich gern einräumen. Ich übertrieb mit meiner Empfindlichkeit, hatte eine rhetorische Niederlage erlitten und war gekränkt. Übertrieben und dumm war, daß ich deswegen die Lust am Wiederkommen verlor und also kein Mitglied der Jüdischen Gemeinde wurde.

»Wenn dein Beleidigtsein der einzige Grund war, auf

ein nochmaliges Vorsprechen beim Rabbi zu verzichten, dann ist dein Verlangen, in die Gemeinde zurückzukehren, doch nicht so stark, wie du behauptet hast«, erwiderte mir vorwurfsvoll mein ehemaliger KP-Genosse Ludwig Joseph, als ich ihm einige Zeit später von meiner Begegnung mit dem Landesrabbiner erzählte. »Was sind schon zwölf Monate Wartezeit?« fuhr er fort. »Zweitausend Jahre leben wir in der Diaspora, und zweitausend mal zwölf Monate warteten wir darauf, ins Heilige Land zurückkehren zu können. Haben wir in dieser Zeit nicht gelernt zu warten?«

Ludwig Joseph durchschaute meine Halbherzigkeit. Kein Wunder, er hatte in den letzten Jahren viele Juden kommen und gehen gesehen, mit ihnen gesprochen, sich ihre Bekenntnisse und Wünsche angehört, ihnen geglaubt oder nicht geglaubt. Ihm konnte man schwerlich etwas vormachen. Er war zu der Zeit Vorsitzender des Gemeinderats der Frankfurter Jüdischen Gemeinde. Er hatte es, wenn man so will, in der Gemeinde zu etwas gebracht.

Ich lernte ihn bereits im Herbst 1945 kennen, unmittelbar nachdem er aus Holland nach Deutschland zurückgekehrt war. In Holland hatte er während der deutschen Besatzung einer Widerstandsgruppe angehört, eine illegale kommunistische Zeitung herausgegeben, 1941 in Rotterdam den Generalstreik gegen die Okkupanten mitorganisiert, an Sabotageakten gegen militärische Einrichtungen teilgenommen und eine Anzahl deutsche und holländische Juden vor Deportation und Ermordung bewahrt, indem er ihnen Verstecke beschaffte und sie dann unter eigener Lebensgefahr ins unbesetzte Ausland schaffte. Dafür erhielt er später vom holländischen Staat eine Verdienstmedaille »Unter Einsatz seines Lebens – für die Freiheit Hollands« und eine Rente auf Lebenszeit.

Sofort nach seiner Rückkehr schloß er sich der KPD an und gehörte bald zu meinem engeren Freundeskreis.

Er war ein eifriger, aber auch unbequemer Genosse, der wenig von Parteidisziplin und schon gar nichts von Parteiaufträgen hielt. Seine Widerborstigkeit machte fast jede Unterhaltung mit ihm zu einem bissigen Disput.

Unsere politische Übereinstimmung und damit unsere Freundschaft währte nur kurze Zeit. Es war, so weit ich mich erinnern kann, in den Monaten des Rajk-Prozesses in Budapest. Zuvor hatten bereits in Sofia, Warschau und vor allem in Moskau eine Reihe Hochverratsprozesse gegen führende Kommunisten stattgefunden, die mit Dutzenden von Todesurteilen endeten. Ludwig Joseph hatte Unruhe in der Partei geschaffen mit der vorschnellen Behauptung, bei diesem wie auch den vorausgegangenen Prozessen säßen in der Mehrzahl Juden auf den Anklagebänken, was er nicht verstehe und in ihm den Verdacht nähre, daß es in den sozialistischen Staaten möglicherweise antisemitische Strömungen gäbe. Denn Juden, so argumentierte er, würden am allerwenigsten ihrer politischen Überzeugung untreu und zu Verrätern werden. Diese Erfahrungen habe er im holländischen Untergrund gemacht. Während der ganzen Besatzungszeit seien keine jüdischen Genossen abgesprungen, aber etliche deutsche und holländische. Auf Juden sei Verlaß.

Für diese Äußerungen wurde er von der Parteileitung gerügt. Doch unbekümmert wiederholte er sie. Als er sie auch einmal während einer Funktionärssitzung in unserer Wohnung aussprach, erinnerte ich ihn an die Rüge der Partei und verbat mir diese Verunglimpfung unserer Bruderparteien. Überzeugt davon, daß er im Unrecht und Antisemitismus in der Sowjetunion unmöglich sei, ergänzte ich, daß er mit dieser Unterstellung die ganze sozialistische Idee in Frage stelle und man ihn einen Schädling der Partei nennen könne.

Alle anderen anwesenden Genossen standen auf meiner Seite. Niemand stimmte ihm zu. Doch eigensinnig blieb er bei seiner Meinung, da sei Antisemitismus im Spiel. Als ihn jemand einen notorischen Zionisten und nützlichen Idioten der Sowjetfeinde nannte, war es mit seiner Beherrschung vorbei. Er wurde immer lauter und beschimpfte mit seiner rauhen, stets heiseren Stimme die Anwesenden als dumm und unkritisch und belegte sie mit weiteren kränkenden Attributen. Die Stimmung wurde so explosiv, daß ich fürchtete, es könnte zu Handgreiflichkeiten kommen. So blieb mir nichts anderes übrig, als dem auf höchste erregten Ludwig die Tür zu weisen. Das hatte ich noch mit keinem Genossen getan.

Es kam, wie es kommen mußte. Die Genossen seiner Grundeinheit stellten den Antrag auf Parteiausschluß. Doch Ludwig Joseph kam ihnen zuvor, er trat aus der Partei aus. Damit war unsere Freundschaft zu Ende, unser Kontakt riß ab.

Sein Austritt damals hatte mich nicht überrascht. Ich hatte schon seit geraumer Zeit damit gerechnet. Ich wußte oder ahnte, daß er eines Tages mit der Partei in Kollision geraten werde. Denn er war bereits 1946 oder 47 der neugegründeten Jüdischen Gemeinde beigetreten und bekannte sich nachdrücklich so konsequent wie zu seiner kommunistischen Einstellung auch zu seinem Judentum. Das war in den Augen seiner Genossen ein widersprüchliches Verhalten. Sie nannten ihn einen Phantasten. Oder auch einen, der sein marxistisch-leninistisches Abc nicht beherrsche.

Ich war sicher der einzige in seinem Freundeskreis, der ihn verstand und sich doch weigerte, ihn zu verstehen, der spürte, daß in seinem Inneren noch die starken Wurzeln seiner Herkunft lebendig waren, auch wenn die Ratio bisher seinen politischen Weg bestimmt hatte. Als in ihm der Verdacht wuchs, daß in den sozialistischen Staaten der Antisemitismus neue Blüten treibe, war er am Scheideweg angelangt.

Es tat mir leid, daß mit seinem Austritt aus der Partei auch unsere Beziehung zerriß. Er war eine eigene, unverwechselbare Farbe in unserer Runde gewesen. Wenn er erschien, wurde es immer interessant und lebhaft. Man konnte wunderbar mit ihm streiten. Auch war nicht alles, was er behauptete, bloße Hirngespinste. Hatten wir andern denn die absolute Wahrheit gepachtet? Natürlich gab es Kinderkrankheiten in einem sozialistischen Land. Gerade und erst recht in einem sozialistischen Land, wo man ganz neue gesellschaftliche Erfahrungen sammeln mußte. Nur dort, wo man nichts tut, macht man keine Fehler, und wo gehobelt wird, fallen Späne. Na und? Man wird die Kinderkrankheiten erkennen und sie ausmerzen. Und sollten die Genossen in der Sowjetunion oder anderswo tatsächlich noch Reste von Antisemitismus feststellen, dann sind das Überbleibsel einer überlebten Gesellschaftsform. Das hätte sich Ludwig als dialektisch geschulter Marxist selbst sagen müssen.

Er tat es nicht, er mutmaßte, spekulierte, glaubte der bürgerlichen Presse, von der wir Kommunisten doch wußten, aus welch trüben überseeischen Quellen sie ihre Greuelgeschichten fischten. Kein Wunder also, daß er mit seiner Argumentation in eine gefährliche Schieflage gekommen war. Es war auch nicht gut, daß er zugab, sich über die Hochverratsprozesse in den bürgerlichen Zeitungen informiert zu haben, weil sie, so seine Entschuldigung, in der KP-Presse nur selten erwähnt würden. Das stimmte zwar, war aber kein Grund, mit der Schwarzseherei und parteischädlichen Beckmesserei genau so zu übertreiben wie mit seinem jüdischen Eifer.

Hatte er es nötig, in der Folgezeit ein so tüchtiger, vorbildlicher Jude zu werden – mit seiner politischen Vergangenheit! –, daß man ihn in den Gemeinderat und schließlich sogar zum Vorsitzenden wählte und er damit zeitweise sozusagen der Jude Nummer eins in Frankfurt war? Aber er setzte auch hier nur jüdische Tradition fort.

Der Weg des Ludwig Joseph, der Weg zurück, war die Ausnahme. Die völlige Loslösung von traditionellen Bindungen, der Verlust jeglichen Bewußtseins, aus dem Hause Abrahams zu stammen, war die Regel bei jüdischen Kommunisten. Das ergab sich zwangsläufig aus ihrem kompromißlosen politischen Engagement.

Und auch solche gab es, die sich so weit von ihrem

Volk entfernten, daß sie regelrecht zu Antijuden wurden. Einer von ihnen war Walter Bloch, der Chefredakteur der Sozialistischen Volkszeitung, mit dem ich einige Jahre zusammenarbeitete. Er steigerte seinen jüdischen Selbsthaß bis zur Maßlosigkeit und verband ihn dabei noch mit einem penetranten Zynismus. So lehnte er es ab, im lokalen Teil der kommunistischen Tageszeitung Meldungen und Berichte zu bringen, die im Zusammenhang mit der Jüdischen Gemeinde standen, zum Beispiel die Eröffnung eines jüdischen Gemeindezentrums, eines Altenheims, die Aufstellung eines Gedenksteins für eine von den Nazis zerstörte Synagoge oder das Gastspiel einer jüdischen Theatertruppe. Mit hämischem Unterton in der Stimme erklärte er, für solche Meldungen sei Platz genug in den bürgerlichen Zeitungen. Kommunistische Journalisten hätten wichtigere Aufgaben in der kommunalen Berichterstattung, als über die Gemeinde der Frankfurter Handelsjuden zu berichten. Mit den gleichen Ausdrücken, wie sie notorische Antisemiten gebrauchten, mokierte er sich über die jüdischen Bauspekulanten und Nachtbarbesitzer. Auch die Staatsgründung Israels paßte ihm nicht. In Birobidschan*, so sagte er, würden Juden weit größere Entfaltungsmöglichkeiten haben als in dem neuen Judenstaat auf dem Boden Palästinas.

Seinen zynischen Retourkutschen auf kritische Rückfragen war ich nicht gewachsen. Auch andere Genossen im Redaktionskollegium wären ihm nicht gewachsen gewesen, hätten sie einmal Kritik an Beschlüssen oder Erklärungen der Partei gewagt. Sie taten es nicht, sie schwiegen. Meistens schwieg auch ich. Und wenn ich mich bemerkbar machte, brachte mich Walter Bloch bald zum Schweigen. Ohnehin kamen nur selten Einwände von mir, und die waren eher Bitten um Erläute-

* Birobidschan: seit 1924 Autonomes Gebiet der Juden im Fernen Osten der Sowjetunion, nahe der chinesischen Grenze mit ca. 60000 Einwohnern.

rung eines mir unklaren politischen Tatbestands. Sie entsprangen keinem Mißtrauen gegenüber der Partei und ihrer Führung. Mein Vertrauensbonus für sie war noch nicht erschöpft, obwohl ich in der Vergangenheit auf eine Reihe wichtiger Fragen keine befriedigenden Antworten von ihr bekommen konnte. Noch immer hatte ich Entschuldigungsgründe für sie parat, noch immer glaubte ich an die hohe Qualität ihrer politischen und moralischen Prinzipien.

Und wenn ich der Partei Vertrauen gab, mußte ich wohl oder übel ihren Chefredakteur und maßgebenden Repräsentanten akzeptieren mitsamt seinem miesen Charakter, seiner galligen Unzulänglichkeit und seinem jüdischen Selbsthaß. Das war bei Gott nicht leicht. Noch heute, bei der Niederschrift dieser Erinnerungen kann ich präzise den üblen psychischen Zustand nachempfinden, in welchem ich mich damals befand, weil ich aus Feigheit, Angst um meinen Arbeitsplatz und fragwürdiger Parteidisziplin diese Kröte schluckte.

Und ich schluckte sie nicht nur einmal.

Harzreise im Herbst

Ich torkelte an der alten Frau vorbei und versuchte, sie mit einer freundlichen Armbewegung zu grüßen. »Guten Tag!« lallte ich. Sie hatte mich auf dem Waldweg kommen gesehen und war in halbgebückter Stellung, den Blick starr auf mich gerichtet, stehen geblieben. Als ich fast auf gleicher Höhe mit ihr war, schrie sie leise auf, ließ die eingesammelten Reiser fallen und lief stolpernd in den Wald hinein. Sie glaubte bestimmt, der Leibhaftige sei ihr begegnet. »Warten Sie doch!« rief ich ihr nach. Aber wer wartet schon, wenn ihn der Teufel holen will? Sie rannte weiter, das halbgefüllte zweirädrige Wägelchen blieb am Wegrand stehen.

Daß ich die arme Frau so erschreckte, hat eine Vorgeschichte: Im Frühjahr 1946 klingelte eines Tages ein Mann an unserer Wohnungstür, stellte sich mit seinem Vornamen Jorg vor und überbrachte mir einen Brief von meinem Schulfreund Hermann Güntert. Das war für mich eine große Überraschung, denn ich hatte ihn längst für tot gehalten, gefallen in Stalingrad.

Meine Freundschaft mit Hermann hatte auch nach dem Verlassen der Schule angedauert. Wir trafen uns häufig, spielten Schach miteinander und führten Gespräche über Gott und die Welt, Kapitalismus und Sozialismus, Hitlerdeutschland und Sowjetrußland. Er kannte meine politische Einstellung. Daß ich Jude bin, wußte er selbstverständlich nicht. Hermann war während der Schulzeit in der Hitlerjugend. Sein Vater, ein städtischer Beamter, hatte seinen Eintritt verlangt, damit er in seiner Dienststelle keine Schwierigkeiten bekam. Aber Hermann war auch ein überzeugter Hitleranhänger. Daher stritten wir uns sehr oft. Eines hatten wir dennoch gemeinsam: Wir suchten beide den Festpunkt, an dem eines Tages der Hebel anzusetzen sei, mit dem diese Welt mit ihrer zur Veränderung reifen Herrschaftsform aus den Angeln gehoben werden könne. Darüber mußte viel nachgedacht und gesprochen werden.

1942 sahen wir uns das letzte Mal. Hermann war an der Front verletzt worden, hatte einige Zeit im Lazarett gelegen und sollte den Genesungsurlaub in Frankfurt verbringen. Kurz vor Weihnachten trafen wir uns. Er sprach mit Verbitterung vom Krieg und nannte Hitler einen Wahnsinnigen, der seiner Besessenheit Millionen Menschen opfere. Solche Töne hatte ich noch nie von ihm gehört. Die Fronterlebnisse und vielleicht auch die Nachwirkung unserer Gespräche hatten aus dem strammen Hitlerjungen einen Nazigegner gemacht.

Leider konnten wir kein zweites Mal zusammenkommen, obwohl wir es verabredet hatten, denn er mußte Hals über Kopf abreisen. Er war Offizier, seine Einheit gehörte zur Sechsten Armee, deren Vormarsch die Russen an der Wolga gestoppt hatten, und es bestand bereits die Gefahr der Einkesselung. Da wurden alle Urlauber, auch die erst aus dem Lazarett entlassenen, telegraphisch an die Front beordert.

Zuletzt sah ich ihn, als er im Frankfurter Ostbahnhof den Zug bestieg. Beim Abschied sagte er traurig und ahnungsvoll, wir würden wohl keine Gelegenheit mehr haben, noch einmal miteinander zu sprechen. Ich erinnere mich, daß er, bevor er in den Zug einstieg, mich noch mit einer ironisch-bitteren Bemerkung auf die Beschriftung der Lokomotive aufmerksam machte: »Räder müssen rollen für den Sieg.« Dann hörte ich nichts mehr von ihm.

Einige Monate nach der Schlacht von Stalingrad traf ich seinen Bruder, der mir berichtete, Hermann hätte im Kessel von Stalingrad gekämpft, und sie hätten seither kein Lebenszeichen mehr von ihm. Da war ich überzeugt, daß er zu den hundertfünfzigtausend deutschen Soldaten zählte, die in Stalingrad ihr Leben lassen mußten.

Aus dem Brief und dem mündlichen Bericht des Besuchers erfuhr ich, was sich in der Zwischenzeit abgespielt hatte. Hermann war in russische Gefangenschaft geraten und in ein sibirisches Kriegsgefangenenlager gekommen. Dort hatte er sich dem Nationalkomitee Freies Deutschland* angeschlossen. Er wäre überzeugt gewesen, schrieb er, daß jeder Tag, den der Krieg früher zu Ende gehe, auch für das deutsche Volk ein Segen sei. Darum habe er sich freiwillig zu einer ausschließlich aus deutschen Kriegsgefangenen zusammengestellten Fallschirmtruppe gemeldet, die in der letzten Phase des Kriegs in Zivilkleidern oder in deutschen Wehrmachtsuniformen nächtlich hinter der deutschen Front abgesetzt wurde. Dort hätte sie Sabotageakte zur Störung des Nachschubs unternehmen und die Bevölkerung zum aktiven Widerstand gegen das Hitlerregime mobilisieren sollen.

Ihr Einsatz blieb wirkungslos. Die das Himmelfahrtskommando anordneten und mehrere hundert deutsche Antifaschisten in den Tod schickten, handelten in völliger Verkennung der realen Situation in Hitlerdeutschland. Nur wenige überlebten. Unter ihnen Hermann und auch Jorg, der mich in Frankfurt aufsuchte. Jorg war Arzt und später ein bekannter Professor der Augenheilkunde in der DDR.

Aus persönlichen und politischen Gründen, die ich erst im nachhinein erfuhr, konnte Hermann nicht nach Frankfurt kommen. Er lud mich ein, ihn in Berlin zu besuchen. Da gab es für mich kein langes Überlegen. Es würde bestimmt ein großes Ereignis werden, den von den Toten Auferstandenen wiederzutreffen, den einzigen Klassenkameraden, den ich auch einen Freund nennen konnte. Ich war neugierig zu erfahren, wie er die schlimme Zeit durchgestanden, was er alles erlebt hatte. Durch Jorg, der ebenfalls in Berlin wohnte und einige Tage später wieder zurückfuhr, ließ ich ihm mitteilen, daß ich bald kommen würde.

* Nationalkomitee Freies Deutschland: Zusammenschluß deutscher Antifaschisten (Emigranten und Kriegsgefangene) in der Sowjetunion, gegründet 1943.

Hätte ich auch nur im entferntesten geahnt, was es 1946 hieß, mit einem Staatenlosenpaß und ohne die erforderlichen Genehmigungen der deutschen und der Besatzungsbehörden von Frankfurt nach Berlin zu reisen, ich hätte sicherlich verzichtet. Über fünfzehn Stunden stand ich in überfüllten Zügen, mußte ein halbes dutzendmal umsteigen, wurde in Eichenberg an der Grenze zwischen der amerikanischen und englischen Zone von den Engländern verhaftet und einen halben Tag eingesperrt, bis meine Staatenlosigkeit geklärt war, und einen Tag später von den Russen in Nordhausen wegen illegalen Grenzübertritts im Schnellverfahren zu hundert Mark Geldstrafe verurteilt. Dazwischen lag ein kilometerlanger beschwerlicher Marsch durch einen stillgelegten Eisenbahntunnel irgendwo im Harz. Und als ich das Schlimmste hinter mir glaubte, kam das dicke Ende.

Die Züge waren brechend voll. Die Reisenden saßen und standen in Gängen und Abteilen wie die Heringe aneinandergepreßt. Viele hingen noch außen am Zug auf den Trittbrettern. Einige Mutige balancierten auf den Kupplungen zwischen den Waggons oder lagen gar auf den Dächern. Es war Nacht. Auf der Strecke von Erfurt nach Leipzig. Ich stand eingequetscht in einem Abteil hinter einem dicken Mann, dessen Rucksack, den er während der ganzen Fahrt nicht absetzte, mich ständig im Gesicht kratzte, und einer Frau, deren Körperwärme ich deutlich im Rücken spürte. Ich drehte mich langsam um, zum einen, um dem Rucksack auszuweichen, zum andern, um die Wärme der Frau nicht nur von hinten zu spüren. In der spärlichen Nachtbeleuchtung des Abteils erkannte ich, daß sie noch sehr jung war, ich schätzte sie auf etwa zwanzig Jahre. Halb schlafend hielt sie sich mit beiden Händen links und rechts an den Gepäckablagen fest. Es schien sie nicht zu stören, daß ich mich leicht an sie drückte. Im Gegenteil, ich fühlte ein vorsichtiges, vielleicht auch zufälliges Entgegenkommen. So standen wir eine Zeitlang unverändert, doch bei jeder Erschütterung des Zugs hatte ich Gelegenheit, den Druck unauffällig zu verstärken. Sie wich nicht zurück. Nach einer Weile schien sie doch die Müdigkeit zu übermannen. Sie ließ die Gepäckablagen los und lehnte sich entspannt an mich, den Kopf an meiner Schulter, die Augen geschlossen. Ich bemühte mich, ihr eine gute Stütze zu sein. Das war anstrengend, aber auch sehr angenehm. Ihre Wärme erzeugte eine Hitze in mir, die vom Bauch in den Kopf stieg und das Blut in den Schläfen zum Klopfen brachte. Ich wagte nicht, mich zu bewegen.

Aber auch die größte Hitze währt nicht ewig, und die Gewöhnung ist ein übler Spielverderber. Das gleichmäßige Rattern der Eisenbahnräder beruhigte, entspannte und ermüdete mich. Ich schlief im Stehen ein.

In Leipzig war Endstation für diesen Zug. Als er in dem großen halbzerstörten Sackbahnhof zum Halten kam, öffnete ich die Augen und vermißte meine Wärmespenderin. Sie war gegangen, ohne sich noch einmal bemerkbar zu machen. Ich bedauerte es, denn ich hatte insgeheim gehofft, es könnten sich im Verlauf der langen Fahrt noch weitere Berührungspunkte zwischen uns ergeben. Mißmutig zog ich meinen Rucksack von der Ablage herunter und ging im Strom der andern übernächtigten Reisenden den Bahnsteig entlang zur Wartehalle. Da erst fiel mir auf, daß die oberen Knöpfe an meinem Hemd offen standen. Erschrocken griff ich nach meinem Geldbeutel, den ich auf der Brust trug. In diesen turbulenten Zeiten machten das alle vorsichtigen Menschen so, wenn sie auf Reisen gingen. Doch wo der Geldbeutel zu hängen hatte, war blanke Haut. Er war weg. Da wußte ich: Das war der üble Streich der jungen Frau, die sich während der Fahrt an mich geschmiegt hatte! Jetzt erinnerte ich mich auch, daß sie, während sie den Kopf an meine Schulter lehnte, die Hand wie zum Abstützen auf meine Brust gelegt hatte. Ich fluchte und machte mir Vorwürfe, leichtsinnig gewesen zu sein. Aber hätte ich in dieser Situation Schlechtes von ihr denken können? Hätte das ein anderer in meiner Verfassung und mit den gleichen Empfindungen getan? Da half mir auch der Stoßseufzer nichts: So jung und schon so verdorben! Wie schlecht ist doch die Welt! Er brachte mir keinen Groschen zurück.

Und wenn ich ehrlich war, mußte ich mir eingestehen, daß ich ja auch mehr von ihr gewollt oder doch wenigstens erhofft hatte als nur die angenehme Wärme ihres Körpers – so wie sie bei mir mehr gesucht hatte als einen sicheren Halt im schaukelnden Hin und Her des Eisenbahnabteils. Der Unterschied war nur, daß sie, sozusagen spielerisch, gefunden hatte, was sie wollte, ich dagegen nicht.

Ich war mein ganzes deutsches Geld los, hatte aber glücklicherweise noch einige Dollarscheine gut versteckt bei mir und außerdem amerikanische Zigaretten, wertvolle Tauschobjekte in der Sowjetzone. Eine Ami-Zigarette kostete im Westen damals sieben Mark. Welch einen hohen Tauschwert mußte sie erst im Osten haben. Zudem wären einige Päckchen Chesterfield und Lucky Strike für meinen Freund Hermann, der wahrscheinlich seit Jahren nichts anderes als russischen Machorka zu rauchen gehabt hatte, ein kostbares Geschenk. Ich nahm den Rucksack von den Schultern, um nach ihnen zu sehen. Da fuhr mir erneut der Schrecken in die Glieder. Beide Außentaschen standen offen, und die Zigaretten waren weg, zehn Päckchen. Entweder hatte die junge Frau sie auch noch mitgenommen oder ich war in der Nacht gleich zweimal von zwei verschiedenen Dieben bestohlen worden. Ganze zwei Päckchen, die ich im Innern des Rucksacks aufbewahrt hatte, waren übriggeblieben.

Geld weg, Zigaretten weg, kein Geschenk für Hermann, und die Hoffnung auf ein erotisches Abenteuer, das mir die Diebin vorgegaukelt hatte, zerstoben. Besonders ärgerlich war, daß ich mit einem so simplen Trick hereingelegt wurde zu einem Zeitpunkt, als ich an alles andere dachte, nur nicht ans Beklautwerden. Meine Stimmung hob sich um keinen Millimeter, als eine freundliche Oma auf dem Boden des Wartesaals ein wenig zur Seite rückte und mich neben sich sitzen ließ. Der Zug nach Berlin ging erst am frühen Morgen. So hatte ich viel Zeit, über mein Mißgeschick nachzudenken und die Langfinger zu verfluchen.

Völlig erschöpft kam ich am Ende des drittenTages in Berlin an und schwor mir, diese Strapazen auf dem Rückweg nicht noch einmal auf mich zu nehmen, komme, was wolle.

Es war ein herzliches Wiedersehen und ehrliche Freude auf beiden Seiten. Mein Freund Hermann war nun auch mein Genosse geworden. Damit hatte ich nicht gerechnet. Er betätigte sich aktiv in der FDJ und war Mitglied der erst kurz zuvor aus SPD und KPD entstandenen SED. Wir mußten uns so viel erzählen, daß wir bis tief in die Nächte hinein zusammensaßen, Hermann, seine Frau und ich. Das war eine weitere Überraschung: Solange ich ihn kannte, hatte er nie eine Mädchenbekanntschaft gehabt, auch nicht, als er bereits bei den Soldaten war. Nun stellte er mir stolz seine Frau vor, die er bei der FDJ kennengelernt und die ihn resolut unter ihre Röcke genommen hatte.

Ich berichtete ihm, wie ich die letzten Kriegsjahre in Frankfurt, in Fritzlar in der Kaserne und im Lazarett zugebracht und vom Ende des Krieges in einer Jagdhütte versteckt erfahren hatte. Hermann schilderte mir seine Erlebnisse im Kessel von Stalingrad und im sibirischen Kriegsgefangenenlager, wie er dort Marxist wurde und schließlich den Weg zur FDJ und zur SED fand. Von seinem Fallschirmeinsatz hinter der deutschen Front sprach er nicht viel. Seinen Andeutungen war zu entnehmen, daß er Schlimmes durchgemacht haben mußte, worüber zu sprechen ihm zu dieser Zeit noch schwerfiel.

Wir machten Pläne für die Zukunft und versicherten uns unserer Entschlossenheit, alle Kraft für den Neuaufbau einzusetzen und für eine sozialistische Gesellschaft zu kämpfen. Jetzt oder nie! Nun endlich kannten wir den Amboß, auf dem die etablierten, zur Veränderung reifen Gesellschaftsstrukturen zerschlagen werden konnten. Der Osten war in dieser Hinsicht dem Westen Deutschlands ein ganzes Stück voraus.

Hermann war ein so gewissenhafter und treuer Parteimann geworden, daß er es ablehnte, irgend etwas auf dem schwarzen Markt zu beschaffen, mit dem wir unser Wiedersehen feiern konnten. Nicht einmal eine Ami-Zigarette rauchte er, aus Prinzip, wie er betonte. »Aus Prinzip« sagte er oft, seine Frau sagte es noch öfter.

Bei diesem ersten Besuch in Berlin überwog die Freude der Wiederbegegnung und der Übereinstimmung in allen politischen Dingen so stark, daß ich ein eigentümliches Verhalten Hermanns unbeachtet ließ, obwohl bestimmte Zeichen mich hätten aufmerksam machen müssen: seine kompromißlose Treue zur Partei, dazu seine apodiktische, keine Gegenmeinung duldende Art in der Diskussion, seinen Mangel an politischer und menschlicher Toleranz.

Ich war ein überzeugter und eng mit der Partei verbundener Kommunist. Dennoch hatte ich in Hermanns Nähe stets das Gefühl, kein so guter, untadeliger Genosse wie er zu sein. Wenn ich irgendwann einmal hätte Selbstkritik üben müssen, wie das in der KPD gang und gäbe war, beispielsweise bei Verstößen gegen die politische Linie oder den Ehrenkodex, würde ich manchen Seitensprung vom Tugendpfad der Partei zu bekennen gehabt haben. Ich war nachlässig beim Studium der Parteidokumente, besuchte nicht jede Stadtteilversammlung, drückte mich mit wenig stichhaltigen Ausreden vor mancher sonntäglichen Haus-und-Hof-Propaganda, trank das Imperialistengesöff Coca-Cola und trug oft das Hemd auf amerikanische Art über der Hose, was beides in Parteikreisen verpönt war, und hatte keine Hemmungen, ab und zu Schwarzmarktgeschäfte mit amerikanischen Soldaten zu machen. Auch hatten Parteibeschlüsse für mich nicht das Gewicht wie für einen frommen Juden die Sabbatgebote, und es kam schon mal vor, daß ich in einer Sitzung oder einem privaten Gespräch daran herummäkelte. Keinesfalls aus einem Drang zur Opposition. Ich nahm das alles einfach nicht ganz so ernst. Dennoch war ich, wie man in Parteikreisen zu sagen pflegte, ein treuer Genosse. Zumindest glaubte ich das. Für Hermann wären solche Zuwiderhandlungen gegen Grundsätze der Partei undenkbar gewesen.

Bei weiteren Besuchen in den nächsten Jahren wurde es mir schmerzhaft bewußt, daß Hermann mich längst links überholt hatte. Die Politik war sein ganzer und offenbar einziger Lebensinhalt geworden. Ich hatte einen Multifunktionär vor mir mit einer Fülle von Aufgaben in der FDJ, der SED und sogenannten Massenorganisationen. Zudem war er Abgeordneter in einer Berliner Bürgervertretung. Er war so linientreu, daß er ohne Parteiauftrag nicht in den Westen fuhr, und bisher hatte er noch keinen entsprechenden Auftrag bekommen.

Diese Wandlung meines Schulfreundes vom Hitlerjungen, Kriegsfreiwilligen und Wehrmachtsoffizier zum todesmutigen Fallschirmspringer und hin zum vorbildlichen übereifrigen Parteifunktionär war mir ungeheuer. Immer wieder bemühte er sich, mir verständlich zu machen, wie und warum alles so gekommen sei. Dabei wurde mir deutlich, daß er sich nicht nur freiwillig, sondern mit Enthusiasmus in ein so straffes politisches Korsett gepreßt hatte, das ihm keinen Spielraum mehr ließ für private Dinge – und auch nicht für kritische Fragen. Es war wie ein Zwang, eine Gegenwirkung auf ein liebloses und reaktionäres Elternhaus, das ihm nicht nur Zuneigung versagt hatte, sondern auch Antworten auf all die drängenden Fragen, die einstmals den Heranwachsenden in den Jahren der Hitlerzeit bewegten. Doch verstärkte sich bei mir mit jedem Gespräch, das wir meist zu dritt führten, der Eindruck, in diesem politischen Korsett, in das Hermann freiwillig geschlüpft war, habe seine Frau die Funktion der eingezogenen Fischbeinstäbchen übernommen. Oft spielte sie Hermann gegenüber auch die Rolle einer Heilsarmistin, die Sorge trägt, einen, dem sie das Trinken abgewöhnt hat, nicht mehr rückfällig werden zu lassen. Wie sie sich auch gab, stets wurde in Zweifelsfällen ihre Meinung auch die seine. Hermann überließ ihr ohne Widerspruch das Dominat und die politische Seelsorge. Das führte zu Spannungen zwischen uns und war der Beginn einer Entfremdung. Seit etwa 1951 verzichtete ich darum ganz auf weitere Besuche bei Hermann.

Aber noch war es längst nicht so weit. Unser Einvernehmen erfuhr im Jahre 1946 keinerlei Trübung. Ich akzeptierte Hermanns puritanische, er meine etwas unprätentiöse Art. Wie ein Säulenheiliger stand Hermann auf dem hohen moralischen Podest der Partei und verletzte keines ihrer Gebote. Mit Vorliebe zitierte er, wie auch seine Frau, einen Satz von Lenin: »Wer auch nur im geringsten die eiserne Disziplin der Partei schwächt, der hilft in Wirklichkeit dem Klassenfeind.« Das war charakteristisch für sein Verhalten. Doch eines Tages würde er erkennen, so dachte ich damals, daß man auch als politischer Aktivist menschliche Schwächen haben darf. Und daß man kein schlechterer Kommunist sein muß, wenn man gern Whisky trinkt oder sich Bohnenkaffee auf dem schwarzen Markt besorgt. Dann würde er auch wieder von seinem Podest heruntersteigen und die fixe Idee, immer ein Vorbild sein zu wollen, aufgeben.

Es war ein Glück, daß Jorg, der Arzt, obwohl auch er ein unbeirrbarer Parteimann, über größere Toleranz verfügte. Um Hermann und seine Frau nicht allzu sehr zu belasten, nahm ich Jorgs Angebot an, die letzten Tage meines Berlinaufenthalts in seiner Wohnung zu verbringen. Wegen des Essens brauchte ich mir keine Sorgen zu machen. Sowohl Hermann als auch Jorg gehörten zu dem auserwählten Kreis von Ostdeutschen, die zusätzliche Lebensmittelkarten erhielten und außerdem Sonderzuteilungen der sowjetischen Besatzungsmacht. Sie litten keinen Mangel.

Jorg fand auch Genuß an einer amerikanischen Zigarette, und während er mit einem Paar Nylonstrümpfe, die er aus Frankfurt mitgebracht hatte, echten russischen Wodka von seinen Sowjetfreunden besorgte, beschaffte ich auf dem schwarzen Markt am Bahnhof Zoo amerikanischen Whisky. Möglicherweise hatte ich wegen der Nähe Hermanns ein schlechtes Gewissen dabei. Das war aber kein Grund, auf den Whisky zu verzichten.

Dieses Geschäft erledigte ich mit Scriptdollars. Der Rest des Geldes langte auch noch für zwei Päckchen Ami-Zigaretten. Jorg ließ sich den Whisky schmecken, und mir bekam der russische Wodka.

So verliefen auch die letzten Tage in Berlin in einer angenehmen Atmosphäre, zumal Jorgs Frau Ruth mich sehr verwöhnte und, im Gegensatz zu Hermanns Frau, nicht so viel von Lenins eiserner Disziplin hielt.

Es kam das Problem der Heimreise. Auf die gleiche Weise wie in Richtung Berlin wollte ich auf keinen Fall den Rückweg antreten. Ich fragte Jorg, ob er eine andere Möglichkeit sähe. Er überlegte und sagte, es gäbe da vielleicht eine Lösung, wenn seine Freunde mitspielten.

Erst am anderen Abend erfuhr ich, was für Freunde er gemeint hatte. Seit der Zeit seiner Zugehörigkeit zum Nationalkomitee Freies Deutschland und seines Fallschirmeinsatzes hatte er Kontakte zu russischen Militärs, die in Berlin stationiert waren. Mit zwei von ihnen hatte er Freundschaft geschlossen, sie besuchten ihn öfters in seiner Wohnung. Ihnen wollte er meine Angelegenheit vortragen.

Strahlend kam er am andern Abend, später als sonst, von seiner Arbeit in der Berliner Charité zurück. Er war bei den Russen in Karlshorst gewesen, und sie hatten sich bereit erklärt, mich an einem Sonntag, das war drei Tage später, selbst an die Grenze zu bringen, vorausgesetzt, sie würden sich die Fahrgenehmigung beschaffen können. Jorg benötigte nicht einmal meinen Paß, und das war gut so. Ich mußte ihm nur meine Personalien mit Geburtsort und jetziger Wohnadresse aufschreiben. Diese brachte er anderntags seinen russischen Freunden nach Karlshorst. Ich verschwieg aber, daß ich einen

Fremdenpaß hatte und staatenlos war. Ich wußte ja, daß das nur zu zusätzlichen Schwierigkeiten führen würde. Auch Jorg wußte von nichts. Er war zuversichtlich und meinte, wie er deren Dienststelle kenne, dürfe ihnen die Beschaffung einer solchen Genehmigung nicht schwerfallen. Ob er ihnen sonst etwas dafür versprochen hat, weiß ich nicht. Ich bin eher geneigt zu glauben, was Jorg mir sagte, daß es ein wirklicher Freundschaftsdienst war und die russischen Offiziere nichts dafür haben wollten.

Ich weiß auch nicht, auf welche Weise sie sich die Fahrgenehmigung beschafft haben. Ich konnte nur feststellen, daß sie bei den vielen militärischen Straßenkontrollen ein Dokument vorzeigten, mit dem sie jedesmal – bis auf einmal – passieren konnten.

Am Sonntag hupte in aller Frühe ein alter Buckel-Ford vor dem Haus in Oberschöneweide so anhaltend, daß überall die Fenster aufgerissen wurden und böse Flüche über die verrückt gewordenen Iwans zu hören waren. Ich stopfte schnell den Proviantbeutel, den mir Ruth zurechtgemacht hatte, in meinen Rucksack, verabschiedete mich von meinen Gastgebern, die mir in wenigen Tagen Freunde geworden waren, und hetzte die Treppe hinunter, damit das Hupen endlich aufhörte.

Die Fahrt an einem schönen sonnigen Herbsttag durch Brandenburg und Thüringen ist mir noch in angenehmer Erinnerung. Selbst die vielen Kontrollen mit den stets neugierigen Blicken in den Fond des Wagens, wo ich es mir bequem gemacht hatte, und auch das eigenartige Verhalten des Autos selbst konnten meine gute Stimmung nicht beeinträchtigen. Etwa alle dreißig, vierzig Kilometer blieb es stehen und ließ sich nicht wieder in Gang setzen, das heißt, nicht wie ein normales Auto. Dazu mußte der Beifahrer aussteigen, die Motorhaube hochnehmen und mit einem Stab arretieren, den Luftfilter vom Vergaser schrauben, aus einer Flasche einen kleinen Guß in den offenen Stutzen kippen, ich glaube, es war Äther, und dann einen Schritt zurücktreten. Auf ein Zeichen drückte der andere, der ältere der beiden, der am Steuer saß, auf den Starter, eine hohe Stichflamme schoß aus dem Vergaser, es zischte und knallte und der Motor lief. Nun setzte der erste schnell wieder den Luftfilter auf, klinkte den Stab aus, schlug das Blech mit Wucht nach unten, sprang auf, und weiter ging die Fahrt. Die beiden waren wie ein gutes Team eingespielt, und so dauerte ein Aufenthalt höchstens drei oder vier Minuten. Das alles sah sehr komisch aus. Die vielen Stopps schienen die Russen nicht im geringsten zu stören, sie taten so, als ob sie noch nie anders Auto gefahren hätten.

Kritisch wurde es immer nur an den Kontrollstellen, weil der Motor mit Vorliebe im Leerlauf stehen blieb. Der Fahrer gab darum während der Prüfung der Papiere und des zusätzlichen Dokuments ständig Gas. Das wiederum empfanden die Kontrollposten als Provokation und schimpften und fluchten so fürchterlich, daß sogar ich es mitbekam, obwohl ich kein Russisch verstehe. Aber wie durch ein Wunder ging es gut. Als wir auftanken mußten, schoben wir zu dritt den Wagen erst aus dem Tankstellenbereich heraus, an den verdutzten Tankwarten vorbei, und in einem gehörigen Abstand begann wieder das Verfahren mit dem Vergaser.

Problematischer war es, wenn der Wagen auf einer Dorfstraße stehen blieb, was ein- oder zweimal geschah. Sofort scharten sich Neugierige, vor allem Kinder, um das Vehikel mit dem Autozeichen der sowjetischen Besatzungsmacht. Aufmerksam verfolgten sie die Prozedur. Bevor der Fahrer starten wollte, mußten erst alle Herumstehenden ein paar Schritte zurücktreten. Als es dann zischte und knallte und die Flamme hochschoß, waren sie doch sehr erschrocken und liefen davon. Wenige Sekunden später fuhr der feuerspeiende Kasten wie ein ganz normales Auto davon, und die Kinder klatschten in die Hände, johlten und schrien uns hinterher.

Der russische Soldat auf dem Beifahrersitz, er mochte vielleicht dreißig Jahre alt gewesen sein, sprach sehr gut deutsch und hatte das Bedürfnis, sich mit mir in deutscher Sprache zu unterhalten. Ich erzählte ihm von meinem Vater, von Paula, meiner Arbeit im amerikanischen Offizierskasino und wie das Leben so in dem zerstörten Frankfurt lief. Wir hatten ja viel Zeit. Er berichtete mir von seiner Familie, die in Ufa im Ural lebte, von der schönen Stadt, die der Krieg glücklicherweise nicht erreicht hatte, und dem herrlichen Gebirge auf der Grenze zwischen Europa und Asien. Dort in Ufa war er vor Kriegsbeginn Fremdsprachenkorrespondent für Englisch und Französisch in einer großen Maschinenfabrik. Aber auch sein Deutsch war sehr gut. Er zeigte mir Bilder von seiner Frau und seinen zwei Töchtern, die beide schon in die Schule gingen. Dann sprach er vom Krieg, den er von Anfang an mitgemacht hatte, und von seinem Elternhaus. Sie waren drei Geschwister, zwei Jungen und ein Mädchen. Seine Schwester war die älteste. Der Bruder, ein Flieger, fiel an der Front, seine Schwester starb in einem Feldlazarett, wo sie als Ärztin gearbeitet hatte, an einer Infektion.

Von allem, was er mir auf der langen Fahrt schilderte, hat mich seine Bemerkung über die Verleihung eines hohen Ordens an seinen Bruder für Tapferkeit vor dem Feind am stärksten erschüttert. Er erzählte:

»Mein Bruder war Pilot bei den Jagdfliegern und hat viele deutsche Flugzeuge abgeschossen. Einmal wurde er sogar im Heeresbericht erwähnt, mit vollem Namen. Schließlich verlieh man ihm eine hohe Auszeichnung, die nur wenige Soldaten erhalten haben. Da kam sogar ein General in den Fliegerhorst, um ihm persönlich den Orden anzuheften. Auch das hat man in der Zeitung geschrieben. Er war sehr stolz darauf. Und Mutter und Vater waren auch sehr stolz auf Kolja. Vielleicht hat er geglaubt, jetzt müsse er noch kühner sein. Zehn Tage später ist er abgestürzt. Ja, genau zehn Tage später.«

»Und Ihre Schwester?«

»Tanja starb ein Jahr darauf, Ende 1944.« Er holte ein Foto aus der Brieftasche, auf dem er mit seinen beiden

Geschwistern zusammen zu sehen war. »Das ist Tanja. Und das ist Kolja, der Flieger. So haben sie ihn in der ganzen Stadt genannt: Kolja, der Flieger.« Lange schaute er auf das Foto, bevor er es wieder in die Tasche zurücklegte. Er steckte sich eine Zigarette an und sagte, ganz unvermittelt, mit leiser Stimme: »Mutter lebt nicht mehr. Sie ist kurz nach Tanja gestorben. Sie hat sich zu Tode gegrämt.«

Wir mußten unser Gespräch unterbrechen, weil der Motor wieder einmal streikte. Einige Zeit sprachen die beiden Offiziere russisch miteinander. Mir schien, dem älteren paßte es nicht, daß wir so ausdauernd deutsch redeten. Ihm war es langweilig und er wollte sich wohl selbst gerne unterhalten, aber auf Russisch. Der Offizier, der mit mir gesprochen hatte, lachte, schlug ihm versöhnlich auf die Schulter und wandte sich ihm zu.

Während die beiden Offiziere miteinander sprachen, stieg ein Bild in mir auf: Unsere Hinterhauswohnung in der Frankfurter Kaiserhofstraße, unsere nach allen Seiten offene Höhle, in der wir wie durch ein Wunder die Nazizeit überlebten. Im vorderen Zimmer befinden sich Mama und Papa. Sie sprechen, wie üblich, russisch miteinander. Wir Kinder, Paula, Alex und ich, sind im mittleren Zimmer und machen Schularbeiten oder spielen. Meine Eltern sprechen sehr leise, dennoch ist durch die Verbindungstür zu verstehen, daß sie sich in ihrer Muttersprache unterhalten. Paula öffnet die Tür, um Mama etwas wegen ihrer Schularbeiten zu fragen. Im selben Augenblick verstummen meine Eltern. Nun sprechen sie wieder deutsch.

So war es immer: Untereinander haben sie russisch gesprochen, mit uns Kindern nur deutsch. Es wäre nicht richtig zu sagen, Papa habe ebenfalls deutsch mit uns gesprochen. Er konnte gar nicht richtig deutsch, sondern nur jiddisch sprechen, mit einigen Redewendungen in Frankfurter Mundart vermischt.

Dieses merkwürdige Verhalten meiner Eltern hängt mit einer Angst zusammen, der sie nie Herr werden konnten. Angst davor, es könnte bekannt werden, daß Papa 1905 an der ersten russischen Revolution teilgenommen hatte und darum von der zaristischen Geheimpolizei Ochrana gesucht wurde; Angst, vor der Aufdekkung, daß sie mit falschen Papieren und unter falschem Namen in Frankfurt lebten; Angst als Juden entlarvt zu werden; Angst, wegen ihrer politischen Aktivitäten in Schwierigkeiten zu geraten. Die Folge für uns Kinder war, daß wir niemals der Muttersprache unserer Eltern mächtig wurden.

Und während die beiden Russen sich lebhaft miteinander unterhielten und ich bemüht war, einige Worte aufzufangen, die ich vielleicht verstehen konnte, stieg ein Groll in mir auf, der schwer zu beschreiben ist. Ich spürte deutlich die Lücken, die das Versteckspiel meiner Eltern, insbesondere meiner Mutter, bis zum heutigen Tag in mir hinterlassen hat.

Nach einer ganzen Weile drehte sich der Offizier wieder zu mir um und sagte: »Bei uns zu Hause in Ufa ehrt man meinen Bruder Kolja wie einen Helden.« Er setzte das Gespräch genau dort wieder an, wo wir vor etwa einer halben Stunde aufgehört hatten. Es mußte sehr wichtig für ihn sein. »Eines Tages wird man ihm noch ein Denkmal setzen. – Von Tanja spricht niemand. Sie hat keine Tapferkeitsmedaille bekommen. Aber sie war mutig, sie meldete sich freiwillig an die Front. Sie war genau so tapfer wie er, und dazu eine Frau. – Der eine wird ein Held, die andere vergessen, weil sie nur an Fleckfieber gestorben ist. Das ist doch nicht richtig, nicht gerecht.«

Diese Worte klangen sehr bitter, aber ich hatte das Empfinden, daß das nicht alles war, was er sagen wollte, irgend etwas Unausgesprochenes mußte ihm noch durch den Kopf gehen. Dennoch schwieg er. Ich war neugierig geworden und bemerkte darum nach einer Weile: »Das hört sich an, als ob Sie Ihrem Bruder den Ruhm neiden. Aber er ist tot.«

Er war entsetzt: »Um Gottes willen, den Ruhm neiden! Ich merke, Sie haben mich überhaupt nicht verstanden. Kein Wort. Es geht mir doch nicht um den Ruhm, es geht mir um die Auszeichnungen, die er bekommen hat. Mit Orden und Tapferkeitsmedaillen hat man ihn angestachelt, sein Leben noch stärker aufs Spiel zu setzen, immer mehr zu riskieren. Das meine ich. Was hat meinem Bruder die Tapferkeitsmedaille gebracht? Den Tod. Verstehen Sie jetzt, was ich meine?«

Diese Überlegungen des Russen waren mir neu. In diese Richtung hatte ich mir noch nie Gedanken gemacht. Orden und Ehrenzeichen hatten für mich keine besondere Bedeutung. Ich lehnte sie ab, das war militaristischer Klimperkram. Wenn ich während des Krieges Soldaten der Hitlerarmee sah, auf deren geschwellter Brust Ordensschnallen mit allen möglichen Auszeichnungen prangten, Eisernes Kreuz, Sturmabzeichen, Nahkampfspange, Winterschlachtmedaille, Verwundetenabzeichen und noch etliche andere, kam mir regelmäßig der Gedanke: Wie viele Menschen mußten sterben, bis alle diese Orden auf der Heldenbrust Platz finden konnten? Gleiches empfand ich, als ich dann später russische, amerikanische oder englische Militärs mit vielen Reihen von Ordensschnallen auf ihren Galauniformen sah. Das schillerte in allen Farben so harmlos und niedlich, als trügen sie die aufgeklappte Seite eines Briefmarkenalbums auf der Brust und nicht die gespenstische Strichliste über vielfachen Tod und Verderben.

»Ich verstehe Sie schon«, gab ich zur Antwort.

»Ich denke oft darüber nach«, fuhr er fort. »Es kann auch sein, daß das alles nicht stimmt. Aber schließlich war es doch so: zehn Tage danach war er tot.« Fast wie zu sich selbst, wiederholte er: »Ich denke oft darüber nach –« er machte eine fahrige Handbewegung, »aber alles Nachdenken führt zu nichts. Er ist tot. Und Tanja ist tot.«

An der Kontrollstelle zum Grenzsperrgebiet irgendwo westlich von Wernigerode wurde mir klar, daß es die Absicht der russischen Offiziere war, mich an der Zonengrenze im Harz abzusetzen. Hier gab es erstmals Schwierigkeiten. Den beiden Offizieren wurden die Papiere abgenommen, und der Kontrollposten verschwand mit ihnen in dem Haus an der Straße. Bald darauf kam ein anderer russischer Soldat heraus, vielleicht ein Unteroffizier. Er brachte aber nicht die Papiere zurück, sondern schaute nur mit gerunzelter Stirn zu mir in den Wagen, starrte mißtrauisch auf meinen Rucksack und verschwand ebenfalls wieder. Meine beiden Begleiter schimpften laut und anhaltend, aber es nutzte nichts, weder die russischen Soldaten, die an der Kontrollstelle herumstanden, noch die Volkspolizisten, die auf der anderen Straßenseite die deutschen Fahrzeuge kontrollierten, reagierten darauf. Wir mußten warten. Nach einigen Minuten kam ein weiterer Russe heraus, nach seinem gemessenen Gang mit leicht nach außen gestellten Füßen und seiner strammen Körperhaltung zu urteilen, sicher eine noch höhere militärische Charge. Mit zusammengekniffenen Augen betrachtete er sich den harmlos dreinschauenden Zivilisten lange. Dann steckte er den Kopf zum Wagenfenster hinein und fragte:

»Du Deutscher?«

»Ja, ich bin Deutscher.«

»Westdeutschland?«

»Ja, ich wohne im Westen.«

»Welche Stadt?«

»Frankfurt am Main.«

Das war alles. Er zog den Kopf vorsichtig zurück und bat den einen Offizier auszusteigen. Lange palaverten sie vor dem Wagen, dann sagte mein russischer Begleiter, der Kontrollposten wolle meine Papiere sehen. Ich reichte ihm meinen Paß. Es entspann sich ein aufgeregter Disput zwischen den beiden. Offenbar wußte wieder mal niemand etwas mit »Fremdenpaß« und »staatenlos« anzufangen. Ich mußte mit meinem Rucksack aussteigen und in ein Zimmer des Wachhäuschens gehen, dessen Tür nur außen eine Klinke hatte. Nach einiger Zeit kam der deutsprechende Offizier, mit dem ich von Berlin gekommen war, zu mir herein und machte mir heftige Vorwürfe, daß ich ihm verschwiegen hätte, welch merkwürdigen Personalausweis ich habe. Die Soldaten an der Kontrollstelle seien nun sehr mißtrauisch und wir dürften vorerst nicht weiterfahren. Er hoffe nur, sagte er mit einem leisen Unterton des Mißtrauens, daß wirklich alles so sei, wie ich es in meinen Personalien angegeben habe, denn es würde alles genau überprüft werden.

Sicherlich wurden jetzt viele Telefonate geführt, um herauszukriegen, wer ich in Wirklichkeit sei und ob tatsächlich so harmlos, wie ich mich gäbe, oder vielleicht doch ein Wolf im Schafspelz. Ich war zwar in Unruhe wegen der Verzögerung der Fahrt, aber nicht verängstigt. Ich wußte, es würde sich alles aufklären. Es mußte sich ja aufklären. Mir taten nur die beiden Offiziere leid. Jorg zuliebe hatten sie sich die Fahrgenehmigung beschafft, vielleicht sogar mit einer Lüge, und sie hatten die Tortur der langen Reise auf sich genommen. Durch mich waren sie in große Verlegenheit geraten. Die Mutmaßung der Grenzposten, es mit einem gefährlichen Individuum zu tun zu haben, traf sie verständlicherweise noch schwerer als mich. Sie wußten ja auch nicht viel mehr, als daß ich ein Freund von Jorg bin, der ihn in Berlin besucht hatte und wieder zurück nach Frankfurt wollte. Die Bemerkung des einen hatte mir gezeigt, daß auch sie jetzt argwöhnisch geworden waren.

Ein Soldat kam herein und leerte den Inhalt meines Rucksacks auf dem Tisch aus. Danach nahm er Stück für Stück in die Hand und öffnete jeden Behälter, jede Tasche. Selbst die Unterwäsche schien ihm ein mögliches Versteck zu sein für politische Konterbande oder landesverräterische Dossiers. Er war sichtlich enttäuscht, nichts Belastendes gefunden zu haben, legte dann aber meine Sachen wieder ordentlich zusammen, sogar die Unterhosen in die richtige Bügelfalte. Dann nahm er mich mit zur Vernehmung. Mein deutschsprechender Reisebegleiter fungierte als Dolmetscher. Er hatte ein bitterböses Gesicht aufgesetzt. Das Verhör dauerte nicht länger als zehn Minuten, aber danach waren die Russen völlig verwirrt. Es würde mich nicht wundern, wenn sie in dem Augenblick geglaubt haben, ein kapitaler Superspion sei ihnen in die Hände gefallen. Wie konnte es anders sein? Da will einer heimlich über die Zonengrenze – warum heimlich? Welchen Grund hat er? – spannt dafür arglose sowjetische Offiziere ein – warum ausgerechnet sowjetische Offiziere? ein raffinierter Agententrick – gibt sich als Deutscher aus, hat aber keinen deutschen, siondern einen Fremdenpaß – warum also gibt er sich fälschlicherweise als Deutscher aus? – ist staatenlos und russischer Herkunft – aha, russischer Herkunft! Damit hat er sich schon fast verraten – und sagt, er arbeitet in Frankfurt im Offizierskasino der amerikanischen Besatzungsmacht – auch das noch: arbeitet im Offizierskasino! Bestimmt ist dort der Treffpunkt aller Spione und Agenten, die im Dienst der Imperialisten stehen. Und noch etwas: Liegt dieses Offizierskasino nicht auf halbem Weg nach Oberursel, folglich nur einen Katzensprung entfernt vom dortigen in aller Welt bekannten und berüchtigtem Camp King, der zentralen amerikanischen Ausbildungsstätte in Westeuropa für Spione und Agentenwerber, die in Ostblockstaaten eingesetzt werden? Wenn das keine handfesten Indizien sind! Was also tun?

Mich jedenfalls steckten sie wieder in das Schikanenzimmer mit der Klinke nach außen. Nun mußte ich lange warten. Endlich kam ein Deutscher mit dem typischen ledernen Geheimdienstmantel und unverfälschtem sächsischen Dialekt. Ich brauchte nicht viel zu kombinieren: Das konnte nur ein Beamter der sowjetzonalen Staatssicherheitsbehörde sein, den man telefonisch herbeordert hatte.

Das Frage-und-Antwort-Spiel begann aufs neue. Da er von Berufs wegen mißtrauisch sein mußte, war er es auch von Anfang an und behandelte mich wie einen bereits überführten Missetäter, aber im Rahmen seiner Möglichkeiten sicherlich korrekt. Je länger sich unsere

Unterhaltung hinzog, faßte mein Gesprächspartner Vertrauen zu mir und erkannte allmählich meine Harmlosigkeit. So zumindest mutmaßte ich nachträglich. Vielleicht hat auch eine Notiz, die man ihm während der Vernehmung hereinreichte, diesen Prozeß beschleunigt. Etwa das Ergebnis einer Rückfrage in Berlin? Jedenfalls war es wie ein Wunder, als er bald darauf sagte, es lange ihm, er glaube mir.

Bevor er sich verabschiedete, meinte er noch, er gebe mir den guten Rat, bei den sowjetischen Soldaten nichts davon zu erwähnen, daß ich Mitglied der Kommunistischen Partei sei. Ich hatte ihm das während der Vernehmung gesagt. Das würde die ganze Angelegenheit noch komplizierter machen, und ich würde riskieren, länger festgehalten zu werden. Ich verstand zwar nicht, warum das so sein sollte, richtete mich aber danach.

Daß mit mir endlich alles wieder in Ordnung und meine Identität aufgeklärt war, konnte ich alsbald feststellen. Ein Uniformierter öffnete die Einklinkentür und sagte mir, ich könne mich jetzt frei bewegen. Die Wachsoldaten waren ab sofort um einige Grade freundlicher als zuvor. Draußen begegnete ich meinen beiden russischen Leidensgefährten. Der ältere, der den Wagen steuerte, schlug mir freundlich auf die Schulter und bot mir eine Zigarette an. Sie hatten ihre Papiere wieder ausgehändigt bekommen, denn er gab auch mir meinen Paß zurück. Nun war wirklich alles in Ordnung.

»Können wir endlich weiterfahren?« fragte ich. »Es wird spät.«

»Noch ein paar Minuten. Es kommt jemand mit, der sich an der Grenze auskennt«, sagte der andere Russe. »Wir sparen dadurch viel Zeit.«

Das fand ich gut so, denn ich wollte auf alle Fälle vor dem Dunkelwerden auf der anderen Seite der Zonengrenze sein. Wir hatten gut und gern zwei Stunden an dem Kontrollpunkt verloren. In der Nacht in den Wäldern des Harz herumzuirren, war nicht nach meinem Geschmack.

In der Tat kam wenige Minuten später ein junger, fröhlich gestimmter Soldat aus dem Haus, das Koppelgehänge noch in der Hand, die steife Militärmütze verwegen ins Genick geschoben. Schon von weitem rief er uns zu: »Dawai!«

Mein russischer Freund veranstaltete das übliche Feuerwerk am Vergaser, setzte sich neben mich auf den Rücksitz, damit der andere ortskundige Russe vorne Platz nehmen konnte, und los ging die Fahrt zur nahen Grenze. Jetzt erst war ich wirklich erleichtert. Ich habe die abenteuerliche Fahrt später oft erzählt und Heiterkeit damit erzeugt. Als ich einige Jahre danach erfahren mußte, auf welch irrwitzige und häufig zufällige Weise mancher westliche Kommunist in ein ostdeutsches oder sowjetisches Gefängnis oder auch ein sibirisches Straflager geraten ist, fand ich alles gar nicht mehr so komisch. Ich hätte ebensogut Pech haben können und die Antwort auf die Anfrage über meine Person würde sich verzögert haben oder es lag überhaupt keine erkennungsdienstliche Information vor oder der Beamte des Staatssicherheitsdienstes wäre einer von der Sorte gewesen, die grundsätzlich immer nur Agenten und Spione sehen, egal, mit wem sie es zu tun haben. Dann hätte ich mit einer so belastenden Indizienkette und dem exorbitanten Mißtrauen der Russen möglicherweise für Monate ins Gefängnis oder ein Lager kommen können, bis sich alles als ein Irrtum herausgestellt hätte.

Das sind keineswegs aus Boshaftigkeit geborene Hirngespinste ohne realen Hintergrund. Ich habe eine Reihe kommunistischer Genossen gekannt, die im Osten in Zuchthäusern, Straflagern, sogar in Todeszellen gesessen haben, bis sich die Beschuldigungen als Irrtümer herausstellten – wenn sie Glück hatten.

Nach einer halben Stunde Fahrt über Landstraßen und durch mehrere Dörfer dirigierte der junge Russe unseren Wagen nach rechts in einen Feldweg. Auf den Äckern waren Bauern bei der Arbeit. Die Russen grüßten, die Bauern schauten nur kurz auf und arbeiteten weiter. Wir kamen jetzt nur langsam voran, denn der Weg war durch Ackerfahrzeuge stark aufgefahren. Vor mir sah ich einen Tannenwald. Noch ein paarmal ging es links und rechts und geradeaus. Der junge Russe gab die Kommandos. Er mußte die Strecke schon öfters gefahren sein, denn er kannte sich gut aus und lotste uns sicher dem Wald zu. Jetzt fuhren wir längere Zeit am Waldrand entlang und es ging etwas schneller. Plötzlich stieß er einen Fluch aus und rief hastig etwas nach hinten. Mein Nebenmann zerrte aufgeregt den Rucksack von meinen Knien und drückte mich tief nach unten. Ich solle in dieser Stellung bleiben, sagte er, legte den Rucksack auf meinen Rücken und setzte sich breit vor mich, daß man von außen nichts von mir sehen konnte. Ich bückte mich, so tief es mir möglich war. Das dauerte nur kurze Zeit, dann durfte ich mich wieder aufsetzen. Lächelnd deutete der Russe nach hinten, und ich sah durch die Heckscheibe zwei Volkspolizisten mit geschulterten Maschinenpistolen und einem großen Hund, an denen wir vorbeigefahren waren.

»Eine Streife der Grenzpolizei«, erläuterte der junge Russe, und mein Nebenmann übersetzte es. »Es wäre nicht gut gewesen, wenn sie einen Zivilisten in unserem Wagen gesehen hätten. Wir sind im Sperrgebiet, und hier dürfen sie jeden Zivilisten kontrollieren, auch in einem Auto mit sowjetischem Kennzeichen. Das hätte neuen Ärger geben können – mit dem verdammten Paßport.«

Wir bogen in eine breite Waldschneise ein. Der Offizier erklärte mir, wir wollten ganz nahe an die Grenze heranfahren, damit ich nicht so weit zu laufen hätte. Es wäre noch ein langes Stück Weg auf der anderen Seite bis zur Landstraße nach Bad Harzburg. Zudem sei ich an dieser Stelle vor Kontrollen der Grenzpolizei sicher.

»Stopp!« rief der Russe nach wenigen Minuten.

Wir standen auf einem schmalen Waldweg. Etwa zwanzig Meter vor uns war ein Drahtzaun über den Weg gespannt. Ein Schild in deutscher und russischer Sprache zeigte an, daß hier das Niemandsland beginne und Weitergehen verboten sei. Auf jeden, der sich unbefugt in diesem Gebiet aufhalte, werde ohne Warnung geschossen.

Das las sich nicht sehr einladend, und ich wurde unruhig. Mein Herz klopfte stark. Vielleicht hätte ich doch die Strapazen des üblichen Grenzübergangs auf mich nehmen sollen? Jetzt war es zu spät ...

Der junge Russe vom Kontrollpunkt holte eine übersichtliche topographische Karte vom Harz aus seiner Kartentasche. Auf ihr war jeder Weg und jedes Haus eingetragen. Er markierte die Stelle, wo wir uns befanden, und erklärte mir, wie ich zu gehen habe.

»Es ist ganz einfach«, übersetzte mein Dolmetscher, »immer geradeaus auf diesem Weg, fast genau in westlicher Richtung, dann kann man sich nicht verlaufen. Nur an dieser Stelle ist eine Gabelung.« Sie war auf der Karte ganz deutlich zu sehen. »Das ist vielleicht ein Kilometer von hier. Da muß man aufpassen und den linken Weg nehmen. Merken Sie sich: den linken Weg.«

»Ich werde es mir merken.«

»Und noch etwas: Da drüben ist englisches Besatzungsgebiet.«

»Macht nichts. Mit meinen Papieren komme ich schon durch.«

»Mit diesem Paßport?«

»Ich habe noch einen Ausweis vom amerikanischen Offizierskasino, wo ich arbeite.«

Ich bedankte mich, schnürte meinen Rucksack zu und wollte mich verabschieden. Doch mein Nachbar auf dem Hintersitz hielt mich am Arm fest.

»So verabschiedet man sich nicht bei uns.«

Er zerrte unter dem vorderen Wagensitz einen in ein Tuch geknoteten Packen hervor und knüpfte ihn auf. Er enthielt ein großes Stück Speck, ein kleineres Stück Schwarzbrot, den großen blechernen Becher eines Kochgeschirrs und eine Flasche mit einer hellen klaren Flüssigkeit ohne Etikett, augenscheinlich Schnaps.

»Jetzt müssen wir erst einen Wodka trinken. Wir hatten so viele Aufregungen.« Aus dem Handschuhfach angelte er einen aus dickem Eisendraht gebogenen Korkenzieher, zog mit einem lauten Flop den Korken heraus und rieb ihn, was wohl internationaler Brauch der Schnapstrinker ist, fest an der Flasche, daß es einen Quietschton gab.

»Wodka ist immer gut.« Er lachte.

Der junge Soldat pfiff durch die Zähne und wiederholte die beiden Worte, die er sicher als einzige verstanden hatte und auf Deutsch sagen konnte: »Schnaps gut!«

Der Offizier schüttete eine ordentliche Portion aus der Flasche in das Blechgefäß und hielt es mir hin. »Unser Gast zuerst. Na sdarowje!«

Ich nahm einen kleinen Schluck und reichte den Becher zurück.

»Nein, nein, so nicht. Alles auf einmal! So muß man beim Abschied trinken. Dann sieht man sich wieder.«

»Den ganzen Becher?« fragte ich erschrocken.

»Natürlich den ganzen Becher. Es ist nicht viel. Nitschewo.«

Mißtrauisch schaute ich in den Becher. Was ich sah, war für mich ein riesiges Quantum, obwohl ich gern einmal einen Schnaps trank.

»Na sdarowje!« munterten mich alle drei auf.

Ich hielt den Atem an und kippte den Wodka hinunter. Die Luft blieb mir weg, ich hatte das Gefühl, als ob die Stichflamme aus dem Vergaser mir vom Magen durch die Speiseröhre in die Kehle schlage.

»Gut, gut!« jubelten die Russen. Einer zog ein Klappmesser aus der Hosentasche, schnitt ein Stück Speck ab und reichte es mir.

»Kuschatj!«

»Essen! Jetzt muß man essen«, übersetzte der andere.

Nunmehr machte der Becher mit Wodka die Runde, und mit Staunen sah ich, wie die Soldaten mit sichtlichem Wohlbehagen gut hundert Gramm auf einmal tranken, mit dem Handrücken über den Mund wischten, zufriedene Grunzlaute von sich gaben und sich dann auch ein Stück Speck abschnitten. Ich kaute auf dem Speck herum wie auf einem Stück Leder.

Die Russen wurden fröhlicher, der junge Soldat von der Kontrollstation begann zu singen und sprach mich bereits mit Kraschdanin, Bürger, an.

»Ich muß jetzt losgehen, es wird sonst zu spät für mich.«

»Noch einen letzten Schluck.«

»Unmöglich.«

»Einen kleinen. Auf gute Heimreise!«

Ich nahm den Becher, und mit angehaltenem Atem trank ich noch einen kleinen Schluck, wie man bittere Medizin nimmt.

Die Endphase der Abschiedszeremonie begann. Von jedem der drei russischen Soldaten bekam ich noch einen Kuß links und rechts auf die Backen, danach schüttelten sie mir so fest und anhaltend die Hand, wie man einen Pumpenschwengel bewegt, schlugen mir noch einmal aufmunternd auf die Schulter, und endlich nahm der ortskundige Russe, der mit der verwegen im Nacken sitzenden steifen Militärmütze, meinen Rucksack und ging mir voraus auf die Grenze zu.

Als ich aus dem Wagen ausstieg, hatte ich das Empfinden, als ob meine Kniegelenke beim Laufen nicht mehr richtig einrasteten. Auch mein Schwerpunkt schien sich leicht verlagert zu haben, das Geradeauslaufen machte mir Mühe. Am Drahtzaun reichte mir der Soldat meinen Rucksack und half mir, ihn auf den Rücken zu schnallen. Er gab mir noch einen freundschaftlichen Stoß in die Seite und zog an einer Stelle den Maschendraht so weit hoch, daß ich durchschlüpfen konnte. Auf allen vieren kroch ich hindurch. Er ließ den Draht wieder los, ging pfeifend und, wie mir schien, ebenfalls leicht schwankend, zum Auto zurück.

Das letzte, was ich von meinen russischen Reisegefährten sah, als ich noch einmal zurückschaute, war die Stichflamme aus dem Vergaser. Dann zischte und krachte es, und ich war allein mitten im Harz mit meinem Rucksack und gut und gern einem Viertel Liter Wodka im Magen.

Weisungsgemäß lief ich die Waldschneise geradeaus weiter. Bald schon kam ich an einen Graben, der sich quer über den Weg zog. Trotz meines alkoholisierten Zustandes hatte ich keine Mühe, hinunterzurutschen und drüben wieder hinaufzuklettern. Von da an fällt es mir schwer, meine Harzwanderung Richtung Westen zu rekonstruieren.

Ob ich überhaupt die markante Weggabelung erreicht und auch den richtigen linken Weg eingeschlagen habe, wie mir geheißen, weiß ich nicht. Jedenfalls muß es sehr oft bergauf und bergab gegangen sein. Des weiteren ist es möglich, daß ich eine Bergkuppe mehrmals umrundete. In meinem Kopf ist eine merkwürdige vage Erinnerung, daß sich etwas unbestimmtes Helles ein paarmal wiederholte, vielleicht eine Lichtung oder ein Ausblick ins Tal. Auch muß ich, was ich nicht erklären kann, einmal Schuhe und Strümpfe ausgezogen haben und barfuß gelaufen sein. Denn viele Stunden später, als ich wieder zu Hause in Frankfurt war, fand ich Laub und Erde in meinen Strümpfen. Mein Unterhemd, von dem ich genau weiß, es am frühen Morgen in Berlin angezogen zu haben, fand sich beim Ausräumen meines Rucksacks zerknäult zwischen den restlichen Stullenpaketen.

Ich weiß bis heute nicht, wie lange ich im Harz herumgeirrt bin, aber damals wußte ich, daß ich mich verlaufen hatte. Es ängstigte mich nicht. Ich empfand auch, trotz meines Rauschzustandes, die Einsamkeit und die Stille des Waldes. Niemand begegnete mir, nicht einmal ein Stück Wild, das heißt, solange mein Gesichtssinn aufnahmefähig war.

Gut im Gedächtnis geblieben ist mir die Begegnung mit der alten Frau. Ich sah in einiger Entfernung einen Karren auf dem Weg stehen und war froh, bald darauf auch ein Lebewesen ganz in der Nähe zu entdecken. Ich beeilte mich, ihm näherzukommen, um in Erfahrung zu bringen, welchen Weg ich einschlagen müsse, um endlich aus dem Wald herauszukommen. Es muß gegen Sonnenuntergang gewesen sein. Während ich versuchte, trotz meines Zustandes einen Schritt zuzulegen, wurden meine Linksrechtsschwankungen möglicherweise stärker, und ich machte eine recht komische, wahrscheinlich sogar Schrecken einflößende Figur. Wie dem auch sei, die arme Frau deutete meine Kurvenlinie auf dem Waldweg und meine fahrigen Armbewegungen, mit denen ich sie zum Stehenbleiben veranlassen wollte, völlig falsch. Sie lief voller Entsetzen davon.

Sie wird bis zu ihrem Lebensende Gesprächsstoff gehabt haben, wie ihr an einem Herbstabend des Jahres 1946 der Gottseibeiuns ans Zeug wollte und sie ihm nur durch eine wilde Flucht entkommen konnte. Da wir uns aber in unmittelbarer Nähe des Brockens befanden, der im Volksmund Blocksberg heißt, ist es noch wahrscheinlicher, daß sie vom Brockengespenst erzählt haben wird, das bekanntlich nur bei Sonnenuntergang erscheint und das sie mit seinen dürren und ungelenken Armen habe umhalsen wollen. – Und ich wollte doch nur den Weg zur Landstraße wissen.

An diesem Tag hatte ich offensichtlich eine Pechsträhne erwischt. Denn plötzlich kamen in der Dämmerung zwei aufgeblendete Scheinwerfer auf mich zu, und der Jeep einer englischen Militärpolizeistreife bremste genau neben mir auf dem Waldweg. Einer der Soldaten fragte barsch, was ich denn im Grenzsperrgebiet zu suchen habe. Der Schrecken hatte meine Sinne ein wenig geschärft, ich kramte meine letzten englischen Sprachbrocken zusammen, um den Soldaten erklären zu können, daß ich in Frankfurt am Main zu Hause wäre, bei der amerikanischen Besatzungsmacht als Bäderputzer arbeite, mir einige Tage Urlaub genommen und eine Wanderung durch den Harz gemacht habe. Da hätte ich mich nun verlaufen und nur den einen Wunsch, wieder nach Hause zu kommen. Natürlich glaubten sie kein Wort meiner Geschichte. Das sah ich ihren Gesichtern an. Einer knurrte unwillig: »It's enough.« Ich schwieg. Was sollte auch der Sermon, wo sie doch sicherlich Dutzende illegale Grenzgänger im Sperrgebiet des Harzes täglich erwischten. Sie untersuchten mit der gleichen Akribie meinen Rucksack wie Stunden zuvor der Russe am Kontrollpunkt hinter Wernigerode, tasteten mir die Taschen ab und blätterten genau so verlegen wie der sowjetische Offizier in meinem Fremdenpaß mit dem Eintrag »Staatenlos«. Sie wurden etwas freundlicher, als ich ihnen den mit einem Paßbild versehenen Ausweis zeigte, auf dem mir in englischer Sprache bestätigt war, daß ich zu jeder Zeit das amerikanische Sperrgebiet in Frankfurt betreten dürfe und im Offizierskasino des europäischen Hauptquartiers der US-Streitkräfte beschäftigt sei. Sie ließen mich im Jeep hinten aufsitzen und fuhren mit mir durch den Wald und auf die so lange vergeblich gesuchte Landstraße. Der kühle Abendwind machte meinen Kopf etwas klarer, und ich überlegte, was ich bei einem Verhör aussagen werde. Und ich ersann eine neue Lüge.

Nach wenigen Kilometern schon konnte ich das Ortsschild Bad Harzburg lesen. Die Engländer lieferten mich im Bahnhofsgebäude bei einer Militärpolizeistelle ab. Das Verhör war kurz. Ich gestand, schwarz über die Zonengrenze gekommen zu sein. Im sowjetzonalen Magdeburg, erzählte ich, würde meine Verwandtschaft wohnen, die ich schon so lange nicht mehr gesehen und jetzt besucht habe. Diese neue Lüge würzte ich außerdem mit einer Mitleid und Nachsicht heischenden Passage von einer schwerkranken Tante, die mich noch einmal zu sehen und zu sprechen gewünscht hätte. Und heute wollte ich wieder zurück nach Frankfurt am Main.

Ich hatte mir offensichtlich den Kopf umsonst angestrengt. Den Soldaten, der mich vernahm, interessierte das alles nicht. Selbst die traurige Geschichte von der schwerkranken Tante war nicht so originell, daß er auch nur für einen Augenblick aufmerksam geworden wäre. Es ist gut möglich, daß es zu dieser Zeit gar zu viele kranke Tanten und Onkels und Großmütter in der sowjetisch besetzten Zone gab, als daß einen englischen Besatzungssoldaten die Malaise meiner – wenn auch fiktiven – so doch sehr bedauernswerten Tante beeindrucken konnte.

Er stutzte auch nicht beim Durchblättern meines Fremdenpasses. Er wollte nur wissen, ob ich Druckschriften aus der Sowjetzone dabei habe. Das konnte ich mit gutem Gewissen verneinen. Er wühlte kurz in meinem Rucksack und warf ihn mir auf den Schoß zurück. Dann durfte ich gehen. Ich bekam nicht einmal, wie das damals üblich war, eine Geldstrafe wegen illegalen Grenzübertritts.

Als ich auf den Bahnsteig hinaustrat, war der letzte Zug nach Goslar bereits abgefahren. Auf einer Bank des Bad Harzburger Dritte-Klasse-Wartesaals schlief ich den Rest meines Wodkarausches aus.

»Brüder, in eins nun die Hände!«

Im Frühjahr 1947 fand in Frankfurt die erste Interzonenkonferenz der KPD statt. Aus diesem Anlaß waren Wilhelm Pieck und mit ihm eine ganze Riege aus der SED-Führung in die Mainmetropole gekommen. Im Anschluß an die Konferenz veranstaltete die Partei eine Kundgebung auf dem Römerberg. Hochkarätige politische Prominenz aus Ost-Berlin war zu der Kundgebung angesagt.

Für die Frankfurter Kommunisten war diese Veranstaltung ein absoluter Höhepunkt ihrer bisherigen Tätigkeit. Da war es Ehrensache, daß nicht jeder für sich zur Kundgebung ging. In geschlossenen Formationen marschierten sie zum Römerberg, mit roten Fahnen, die alten Kampflieder singend. Aus allen vier Himmelsrichtungen bewegten sich Marschkolonnen durch die Stadt zum Kundgebungsort. Die Frankfurter Bürger sollten wissen: Die Kommunisten sind auf dem Plan, und sie bereiten heute den Genossen aus dem Osten Deutschlands einen würdigen Empfang.

Auch Papa ließ es sich nicht nehmen, ungeachtet seiner sechsundsiebzig Jahre, in dem Zug, der sich aus den westlichen Vororten zum Römerberg bewegte, mitzumarschieren, Paula rechts und ich links neben ihm. Und wenn wieder ein Lied angestimmt wurde, bemühte er sich, mit den anderen gleichen Schritt zu halten. Für ihn bedeutete die Tatsache, daß in einem Teil Deutschlands seine Partei an der Macht war, die Erfüllung seiner politischen Träume. Er meinte, jetzt sei auch im Westen Deutschlands das Tor für den Sozialismus weit offen. »Ich werde es noch erleben!« sagte er immer wieder und glaubte es auch. So müde und entsagend er sonst geworden war, an einem solchen Tag wurde er wieder lebendig und konnte sogar für einige Stunden die tote Mama vergessen.

Es war die bis dahin größte Kundgebung in Frankfurt nach dem Krieg. Fünfundzwanzigtausend Menschen drängten sich auf dem Römerberg und dem zu Bergen getürmten Trümmerschutt ringsum. Auf einer provisorischen Bühne vor der erhalten gebliebenen roten Sandsteinfassade des Frankfurter Rathauses, dem Römer, hatten die SED-Genossen Aufstellung genommen, Wilhelm Pieck, Otto Grotewohl, Franz Dahlem, Erich Gniffke, der sich ein Jahr darauf in den Westen absetzte, und noch ein paar andere. Neben ihnen standen die hessischen KP-Führer Leo Bauer, Walter Fisch und Oskar Müller.

Papa hatte sich etwas Besonderes ausgedacht, womit er den Genossen von drüben und auch sich selbst eine Freude bereiten wollte. Er trug in der Hand einen kleinen Strauß roter Nelken, der Symbolblume der Arbeiterbewegung. Die gedachte er, auf dem Römerberg einem der SED-Funktionäre, vielleicht sogar Wilhelm Pieck persönlich, zu überreichen. Doch es ging nicht nach seinem Wunsch. Das Gedränge war zu groß, er schaffte es nicht, nach vorne zum Podium zu gelangen. Er war darüber sehr unglücklich und ruderte verzweifelt mit den Armen. Es half nichts. Ich stand daneben, beobachtete ihn eine Zeitlang und sagte: »Gib mir die Blumen, Papa, ich bring sie nach vorne.«

»Das mach ich selbst«, wehrte er ab. Ich verstand ihn gut. Es ging ihm gar nicht darum, daß irgendein SED-Funktionär einen Strauß Blumen bekam, als vielmehr um den Augenblick des Überreichens und des damit verbundenen Kontakts mit dem Empfänger.

Da spannte ich mich wie eine Lokomotive vor ihn, machte die Ellenbogen breit und bugsierte ihn langsam bis vor an das Podium. Es war so hoch, daß Papa es gerade noch mit dem Kopf überragte. Er reichte die Blumen nach oben. Ein Ordner nahm sie ihm ab und übergab sie Otto Grotewohl. Dabei deutete er nach vorne, wo Papa stand. Grotewohl hob die Blumen ein wenig an, nickte Papa zu und lächelte. Papa lächelte zurück und war glücklich. Mühevoll preßten wir uns an unseren alten Platz zurück, wo Paula und unsere Freunde Hans und Ella standen.

Viele Reden wurden gehalten. Reden voller Pathos. Jede markante Formulierung löste Beifallsstürme aus, oft auch ein rhythmisches Klatschen, wie man es aus den Ostblockstaaten übernommen hatte. Dazwischen einzelne »Bravo!«- und »Sehr richtig!«-Rufe. Und wenn ein Redner wieder einmal den US-Imperialismus ins rhetorische Visier nahm, vibrierte ein tiefes, langgezogenes »Pfui!« über den Römerberg und brach sich an den Ruinen des Rathauses und der nahen Paulskirche.

Die wichtigste Parole der damaligen KPD lautete Einheit, denn die Parteiführung wußte sehr wohl, daß sie nur dann in der Lage sei, ihre Forderungen durchzusetzen, wenn sie Bündnispartner fände. Darum stand die Kundgebung unter den Losungen »Aktionseinheit mit allen antifaschistischen Kräften«, »Für die Vereinigung der Arbeiterparteien SPD und KPD« und »Für die Einheit Deutschlands«. Und in allen Reden ging es um eine dieser Einheiten oder um alle zugleich.

Für mich und die meisten meiner Genossen hatte das Verlangen nach Einheit noch einen anderen Aspekt. Er bedeutete für uns gleichzeitig Solidarisierung mit den wenigen Deutschen, die sich in den zwölf finsteren Jahren nicht in den faschistischen Sumpf hatten hineinziehen lassen, ganz gleich, welcher politischen oder religiösen Gruppe sie angehörten. Mit den Menschen also, denen man nach dem Blutrausch nationalsozialistischer Gewaltherrschaft noch getrost die Hand geben konnte ohne zu befürchten, sich zu beschmutzen. Das mag sich heute, ein Menschenalter nach dem Faschismus phrasenhaft anhören. Damals war es uns ernst mit diesem Verlangen und die Suche nach sauber gebliebenen und damit bündnisfähigen Deutschen ein wichtiger Teil unserer politischen Arbeit.

Höhepunkt der Kundgebung war der Augenblick, als Wilhelm Pieck ans Mikrophon trat. Der Jubel wollte kein Ende nehmen. Was er sagte, war ganz unwichtig. Wichtig war nur, daß er auf dem Frankfurter Römerberg stand und redete und uns, den Frankfurter Kommunisten, zuwinkte, Wilhelm Pieck, das Symbol des revolutionären Kampfes der Arbeiterklasse und zugleich das lebendige Standbild für den Sieg des Sozialismus in einem Teil Deutschlands. Das war es, was die Kommunisten zu Begeisterungsstürmen hinriß.

Paula, meine Freunde und ich standen eingekeilt in der Menschenmenge direkt neben dem Gerechtigkeitsbrunnen. Einen halben Schritt vor uns Papa. Er starrte, wie wir alle, mit glänzenden Augen in Richtung Römer. Aber er *hörte* nur, was die SED-Genossen zu sagen hatten, *sehen* konnte er sie nicht. Im Laufe der Jahre war er so klein geworden, daß selbst wenn er sich auf die Fußspitzen stellte und den Hals reckte, er immer nur den Rücken des Vordermanns sah. Doch plötzlich wuchs er. Sein immer noch dunkelhaariger Kopf kam hoch. Jemand hatte ihm eine kleine leere Kiste hingeschoben, auf die er sich stellen konnte. Jetzt überragte er sogar uns ein wenig und konnte Pieck und Grotewohl und die andern vorne auf dem Podium vor der Römerfassade deutlich sehen.

Ein Glücksgefühl durchströmte mich. Ich sah, daß die Menschen um mich herum die gleichen Gefühle übermannten. Ihre Gesichter strahlten. Wie stark ist man doch und ohne Angst und voller Optimismus, wenn man inmitten tausender Gleichgesinnter steht oder mit ihnen durch die Straßen marschiert. Man möchte jedem einzelnen auf die Schulter klopfen, ihn umarmen, Bruder und Schwester nennen und seinen Mantel mit ihm teilen.

Zum Abschluß der Kundgebung wurde gemeinsam das Lied »Brüder, zur Sonne, zur Freiheit« gesungen. Bei der Textstelle »Brüder, in eins nun die Hände«, faßten wir uns an den Händen an. Die meisten Menschen um uns herum taten es uns gleich. Jeder suchte des Nachbarn Hand, um mit ihm vereint zu sein, den andern auch körperlich zu spüren. Ich zog Papa von der Kiste herunter und zu uns nach hinten. Wir nahmen ihn in die Mitte. Ich legte meinen Arm um seine Schultern, bis der letzte Ton des gemeinsamen Gesanges verhallt war.

Die Bindungen, die in solchen Minuten geschaffen werden, sind dauerhaft. Sie lassen sich nicht einfach und schnell lösen.

Ein Parteiauftrag

Ausgerechnet bei der Ausweiskontrolle am Kasinoausgang rutschte mir ein Stück Butter das Hosenbein hinunter direkt vor die Füße des Militärpolizisten. Damit war mein Job als Bäderputzer beendet. Das war ein Mißgeschick für die ganze Familie. Wir hatten uns während der Monate, in denen ich im Offizierskasino arbeitete, so sehr daran gewöhnt, jeden Tag wieder richtig satt zu werden und echten Bohnenkaffee zu trinken, daß es uns jetzt doppelt schwerfiel, die Entbehrungen erneut auf uns zu nehmen. Viel zu schnell war der Dollarbetrag aufgebraucht, den ich durch meine Schwarzmarktgeschäfte zusammengetragen hatte und mit dem ich die Zuteilungen auf Lebensmittelkarten aufbessern konnte.

Bereits als Bäderputzer hatte ich zu schreiben begonnen. Kleine Hörspiele für Radio Frankfurt und lokale Reportagen für die wenigen Tageszeitungen, die die Amerikaner bis dahin lizenziert hatten. Nach meinem Rausschmiß verlegte ich mich ganz aufs Schreiben und fand auch Abnehmer für meine Berichte und Reportagen. Die ersten Monate ging das problemlos. Journalisten, die keine Nazis waren, fanden bei Zeitungen und Rundfunk ohne Schwierigkeiten Arbeit, obwohl es noch wenige Zeitungen gab. Selbst Kommunisten wurden toleriert. Denn vielen Redakteuren und Reportern, die mit Federhalter und Schreibmaschine für den Endsieg gefochten hatten, waren von den Spruchkammern der Entnazifizierungsbehörden Arbeitsverbote auferlegt worden.

Das währte nicht lange. Mit der gleichen Geschwindigkeit, mit der die Allianz des Zweiten Weltkriegs auseinanderbrach und die Welt sich in zwei Teile spaltete, wurden die Durchhalteschreiber rehabilitiert und die Kommunisten wieder ausgeschaltet. Auch bei den Zeitungen. Den kommunistischen Redakteuren entzog man die Lizenzen und kündigte ihnen die Arbeitsverträge. Die freien Mitarbeiter, die sich zur KPD bekannten, erhielten kaum noch Aufträge. In den Rundfunkanstalten dauerte der Prozeß etwas länger. Ich bekam immer noch genügend Aufträge, um davon leben zu können. Und es wäre sicherlich eine ganze Weile so weitergegangen, wenn nicht auch die Partei einige Journalisten gebraucht hätte. Schon Anfang 1946 erschien die erste kommunistische Wochenzeitung. Für sie lieferte ich regelmäßig Beiträge. Nach den ersten freien Wahlen im Sommer des gleichen Jahres zogen die Kommunisten in das Frankfurter Stadtparlament und kurze Zeit später in den Hessischen Landtag ein. Da meinten die Genossen der Parteileitung, für die Berichterstattung aus dem Landtag und der Stadtverordnetenversammlung sei ein eigener Korrespondent vonnöten. Sie trugen mir an, diese Aufgabe zu übernehmen. Ich sagte zu, obwohl mir klar war, daß ich nun keine Chance mehr hatte, einen Bericht an eine bürgerliche Zeitung zu verkaufen. Das Honorar, das ich für diese Tätigkeit erhielt, war weit geringer als das, was ich bisher verdiente. Aber als überzeugter Kommunist fragte ich nicht: was bringt es ein? Ich empfand es als eine Auszeichnung, für die Parteizeitung arbeiten zu dürfen. Später, 1951, wurde ich dann fester Mitarbeiter bei der als Tageszeitung erscheinenden Sozialistischen Volkszeitung, dem offiziellen KPD-Organ für Hessen.

Sehr schnell mußte ich erkennen, daß der Berichterstatter einer kommunistischen Zeitung ungleich schwierigere Arbeitsbedingungen hat als Reporter anderer Zeitungen und Nachrichtendienste. Überall begegnete man mir mit Mißtrauen, bei staatlichen und städtischen Behörden, bei Firmen und Verbänden. Man betrachtete mich eher als einen Agenten im Auftrag Moskaus, denn als Berichterstatter. Unzählige Male wurde mir die Tür gewiesen, und ich bekam zu hören, man wolle mit Kommunisten nichts zu tun haben.

So verwunderlich war das nicht, denn eine meiner

Aufgaben bestand ja darin, Mißstände in Verwaltungen und Betrieben aufzuspüren und sie als typisch kapitalistisch anzuprangern. Wer wollte es da einem Firmenchef verübeln, wenn er mir den Zugang zu den Produktionsstätten verweigerte? Er wußte doch, daß mir daran lag, die Arbeitsbedingungen als ausbeuterisch, die Entlohnung als unsozial und möglichst noch die hygienischen Einrichtungen als untragbar zu schildern.

Damals sah ich es anders. Ich war empört über jede Zurückweisung und ärgerte mich jedesmal aufs neue, wenn man zum wiederholten Mal meinen Presseausweis sehen wollte, weil man einem kommunistischen Reporter nicht über den Weg traute. Zugleich aber war ich hilflos und verkrampft, und kein sozialistisches Bewußtsein half mir darüber hinweg.

Meine Berufskollegen, mit denen ich vorher recht gut zusammengearbeitet hatte, zogen sich von mir zurück. Entweder begegneten sie mir jetzt feindlich und aggressiv oder wurden ängstlich. Es war ihnen peinlich, in meiner Gesellschaft gesehen zu werden. Nur wenige waren bereit, sich während der Sitzungspausen im Landtag oder im Stadtparlament in den Vorhallen und Wandelgängen mit mir zu unterhalten. Sie schlossen mich von der örtlichen Nachrichtenbörse aus, die zwischen den Lokalreportern bestand, und später, als ich Gerichtsreportagen schrieb, auch vom Informationsaustausch der Gerichtsreporter, die verschiedene, zur gleichen Zeit angesetzte Verhandlungen wahrnahmen.

Es ergab sich noch etwas Bemerkenswertes: Je mehr ich isoliert wurde, um so öfter suchten mich zu Hause Kollegen auf, die ich zwar kannte, mit denen ich aber vorher kaum Kontakt gehabt hatte. Sie taten außerordentlich freundlich und versicherten mir, wie sympathisch ich ihnen sei. Da war ich auf der Hut. Sie boten sich an, mir zu guten Aufträgen verhelfen zu wollen. In Wahrheit aber waren sie nur interessiert an Berichten über Interna der Partei, über Funktionäre, deren Familienverhältnisse und Aktivitäten, über Geldquellen und geheime Verbindungen mit Partei- und Regierungsstellen in Ost-Berlin, die mir möglicherweise bekannt geworden waren. »Es wird nicht zu deinem Schaden sein«, sagten die einen, und »Diejenigen, für die diese Berichte bestimmt sind, lassen sich nicht lumpen«, sagten die anderen. Einer, der später bei einer bürgerlichen Frankfurter Tageszeitung aufflog, weil er dort Arbeitskollegen ausspionierte und zu diesem Zweck deren Schreibtische aufbrach, war so ungeniert, mich während der Arbeitszeit in den Redaktionsräumen der Sozialistischen Volkszeitung aufzusuchen, um mit mir zu verhandeln.

Daß in dieser Zeit verhältnismäßig viele Journalisten in den Dunstkreis der Geheimdienste gerieten, hängt mit der Zerschlagung des Hitlerreichs zusammen. Denn auch die Agentenapparate waren gründlich zerschlagen. So mußten in- und ausländische Geheimdienste schnellstens neue Agenten anwerben, und Journalisten schienen ihnen dafür brauchbar. Die kleine Gruppe, die bald nach dem Krieg wieder in ihrem Beruf tätig sein konnte, hatte fast täglich mit den Besatzungsbehörden zu tun. Sie war bei ihrer Berichterstattung von den Amerikanern abhängig. Und diese Abhängigkeit nutzten die Agentenwerber aus. Zum andern wurde es in den Wirren der Nachkriegszeit Agenten, ganz gleich, für wen sie arbeiteten, leicht gemacht, sich als Journalisten auszugeben. Man benötigte dazu nicht mehr als einen Presseausweis. Und sich einen solchen zu beschaffen, war ein Kinderspiel.

Die rigorose Art amerikanischer Agentenwerber und ihr enges Zusammenspiel mit deutschen Behördenstellen habe ich selbst einmal erfahren. Eines Tages, als ich noch im Offizierskasino arbeitete, kam ein junger Hilfsarbeiter zu uns ins Proviantlager. Er hieß Horst Kugler. Die Amerikaner hatten ihn eine Zeitlang in dem berüchtigten Arbeitslager Darmstadt-Eberstadt interniert, in dem Personen festgehalten wurden, die im Verdacht standen, Kriegsverbrechen begangen zu haben, darunter ehemalige hohe und höchste Nazi-Würdenträger. Wessen Horst Kugler beschuldigt wurde, weiß ich nicht. Er sprach auch nie darüber, obwohl er sich oft und gern mit mir unterhielt. Er kam mehrere Male am Tag in die Bäderanlagen, um Arbeitspausen einzulegen. Dann erzählte er mir von seinen Erlebnissen als Flakhelfer in Mannheim und von der Zeit seiner Internierung in dem südhessischen Lager.

Eines Tages kam er, um mir von einer ganz aktuellen Begegnung zu berichten. Ein Unbekannter habe bei ihm zu Hause vorgesprochen und ihn aufgefordert, sich anderntags bei einer amerikanischen Dienststelle im Frankfurter Polizeipräsidium zu melden. Erst dort sei er dahintergekommen, daß es sich bei dieser Dienststelle um den amerikanischen Geheimdienst handele. Man habe von ihm verlangt, für den CIC als V-Mann zu arbeiten. Doch er habe abgelehnt. Ich bezweifelte seine Geschichte. Ich könne mir nicht vorstellen, meinte ich, daß die Frankfurter Polizeibehörde so fahrlässig sei und eine Anwerbestelle für Agenten in ihrem Präsidiumsgebäude dulde. Horst aber versicherte mir, es sei alles genau so abgelaufen, wie er es geschildert habe. Er nannte mir sogar die Zimmernummer, die 221 im zweiten Stock.

Als Reporter der Sozialistischen Volkszeitung hatte ich ein halbes Jahr später häufig im Polizeipräsidium zu tun. Ich erinnerte mich an Horsts Erzählung und wollte überprüfen, ob es dieses ominöse Büro gäbe und wer dort arbeitete. Außer der Zimmernummer fand ich keinen Hinweis an der Tür. Sie war verschlossen.

Ich fragte mehrere Beamte und auch den Pressesprecher. Doch über die Tatsache hinaus, daß sich hinter dieser Tür eine amerikanische Dienststelle befände, erfuhr ich nichts. Reporterkollegen, die im Präsidium ein- und ausgingen und die ich auf die geheimnisvolle Tür aufmerksam machte, wußten offenbar mehr darüber, waren aber nicht bereit, mich ins Vertrauen zu ziehen.

Man gewöhnte sich in dieser Zeit sehr schnell an solche Ungereimtheiten. Es gab sie, niemand fragte, warum, sie waren Besatzungsalltag. Bald war auch mir das Vorhandensein dieser und noch weiterer geheimnisvoller Türen im Polizeipräsidium nichts Ungewöhnliches mehr. Sie waren mir fast gleichgültig geworden.

Bis zu jenem Tag, als mir der Pressechef sagte, ich solle mich im Zimmer 221 melden. Er habe den Auftrag, mir das auszurichten. Ausgerechnet in Zimmer 221! Das war eine faule Sache.

Voller Mißtrauen fragte ich: »Wer will, daß ich mich im Zimmer 221 melde?«

Er antwortete: »Weiß ich nicht genau. Ich glaube, das kommt vom Ausländeramt.«

»Was hat das Ausländeramt mit den Amerikanern zu tun?«

Er zuckte mit den Schultern. »Auch das weiß ich nicht.«

Eine verdammt kitzlige Sache. Erst wenige Wochen zuvor war ich beim Ausländeramt vorstellig gewesen, um zu erfahren, auf welche Weise ich meine Einbürgerung betreiben könne. Ich war noch immer staatenlos und hatte einen Fremdenpaß, was bedeutete, daß ich wie ein Ausländer behandelt wurde. Der Leiter des Amtes hatte mir damals erklärt, ich könne zwar einen Antrag stellen, er glaube aber nicht, daß ich Aussicht auf Erfolg habe. Mir sei sicher bekannt, daß es nach dem deutschen Gesetz über Staatsangehörigkeit im Ermessen der Behörde liege, ob jemand eingebürgert werde oder nicht. Und was das Ermessen anbelange, so legten weder sein Amt noch das Land Hessen besonderen Wert darauf, einem moskauhörigen Kommunisten die Staatsbürgerschaft zu geben. Wenn ich dennoch einen Antrag stelle, sollte ich wissen, daß in der Regel bis zum Entscheid des Innenministeriums achtzehn bis vierundzwanzig Monate vergingen.

Daraufhin hatte ich es gar nicht erst versucht. Nun sollte vom gleichen Ausländeramt die Aufforderung gekommen sein, mich bei den Amerikanern zu melden? Ich zögerte. Was konnte mir schon passieren, wenn ich nicht ging! Dann aber überwog doch die Neugierde.

Auf mein Klopfen öffnete sich die Tür zu Zimmer 221. Ein akzentfrei deutsch sprechender Zivilist begrüßte mich. Er tat sehr freundlich, bot mir eine Zigarette an und sagte, er wolle sich ein wenig mit mir unterhalten. Offenbar hatte er sich genau über mich informiert, denn ich erinnere mich, daß er viele Einzelheiten über meine Person, meine Familie und meine Arbeit wußte, ohne daß er eine Unterlage oder ein Aktenstück vor sich hatte, aus denen er diese Informationen hätte herauslesen können. Nach einigen belanglosen Sätzen, in denen er geschickt seine Kenntnisse über mich einflocht, kam er zur Sache. Unvermittelt fragte er, ob ich Wert darauf legte, eingebürgert zu werden. Das bejahte ich. Er könne mir kurzfristig zur deutschen Staatsbürgerschaft verhelfen, behauptete er. Ich entgegnete, daß das Ausländeramt mir kürzlich eine ganz andere Auskunft gegeben habe. »Wir machen das schon möglich«, erwiderte er, aber dafür erwarte man eine Gegenleistung. Nun machte er mir das gleiche Angebot wie zuvor schon meine deutschen Kollegen. Ich brauchte nur hin und wieder einen Bericht über meine Arbeit, die Aufträge, die ich bekomme, und über personelle Veränderungen im Verlag und in der Redaktion der KPD-Informationen an ihn zu liefern. Nicht einmal schriftlich, mündliche Berichte genügten ihm.

Noch bevor ich widersprechen konnte, sagte er, ich solle nicht voreilig antworten, ich hätte Zeit, mir alles in Ruhe zu überlegen. Er sprach noch davon, daß ich auch auf andere Weise honoriert werden könnte. Er würde sich sogar darum bemühen, etwas über meinen im Osten vermißten Bruder in Erfahrung zu bringen. Kommentarlos lehnte ich sein Angebot ab, stand auf und wollte gehen. Da stellte er sich vor mich und sagte, wenn ich irgendwem etwas von diesem Gespräch mitteile, würden mir große Schwierigkeiten entstehen. Ich solle bedenken, daß ich unter das Ausländergesetz falle, da gäbe es manche Möglichkeiten, mir das Leben sauer zu machen. Darum empfehle er mir im eigenen Interesse, den Mund zu halten. Dann gab er den Weg zur Tür frei.

Polizeipräsident Klapproth, bei dem ich mich über das Ansinnen des CIC-Mannes beschweren wollte, ließ mir ausrichten, ich solle meine Beschwerde schriftlich einreichen. Das konnte ich mir ersparen.

Als ich ihn einige Tage später zufällig im Politischen Kommissariat traf, konnte er mir nicht ausweichen und mußte sich mein Erlebnis in Zimmer 221 anhören. Seine Antwort war: »Da kann ich gar nichts für Sie tun. Das ist eine amerikanische Dienststelle. Außerdem bezweifele ich, daß das Gespräch so abgelaufen ist, wie Sie es mir schildern. Sie haben einen Hang zum Dramatisieren. Und jetzt habe ich keine Zeit mehr.«

Er ließ mich stehen und eilte davon.

Der Pressechef, der sich mir gegenüber stets korrekt verhielt und mir manche Information zusteckte, die ich eigentlich nicht bekommen sollte, sagte: »Ich gebe Ihnen den guten Rat: lassen Sie die Angelegenheit auf sich beruhen.«

Aber ich wollte sie nicht auf sich beruhen lassen. Es mußten sich Mittel und Wege finden, die Öffentlichkeit auf diese Geheimdiensttätigkeit im Schoß der deutschen Polizei aufmerksam zu machen. Mich trieben dabei nicht so sehr humane Regungen als vielmehr der Zorn über die Dreistigkeit der CIC-Leute und die Ignoranz des Polizeipräsidenten.

Der Zufall wollte es, daß etwa zum gleichen Zeitpunkt Horst Kugler bei mir zu Hause auftauchte. Er erzählte, er werde von Agenten des CIC im Polizeipräsidium massiv bedrängt, weil er sich nicht als V-Mann zur Verfügung stelle. Er bekomme es allmählich mit der Angst zu tun.

»Warum kommst du da ausgerechnet zu mir?«

»Weil du bei einer kommunistischen Zeitung arbeitest.«

»Und was hat das zu besagen?«

»Ich soll bei den Kommunisten als V-Mann arbeiten. Darum. Ich habe Angst, die bringen mich wirklich wieder ins Lager, wenn ich's nicht mache.«

Obwohl mir Horst suspekt war, kam mir sein Besuch wie bestellt. Jetzt hatte ich zwei konkrete Fälle, wie man in der Anwerbestelle des CIC V-Männer mit Drohungen zu gewinnen suchte. Ich formulierte sie in einem Schriftsatz und übergab ihn der kommunistischen Stadtverordneten Eva Steinschneider.

Der Kommunalpolitikerin kam meine Eingabe ebenfalls zur rechten Zeit, denn der KPD-Fraktion lagen bereits Beschwerden anderer Frankfurter Bürger darüber vor, was sich hinter der Zimmertür 221 abspielte. Sie brachte in der nächsten Stadtverordnetenversammlung eine Große Anfrage ein, ob dem Magistrat der Stadt bekannt sei, daß sich im Polizeipräsidium eine amerikanische Dienststelle befände, die Bürger zu Spitzeldiensten zu zwingen versuche und ihnen Sanktionen androhe, falls sie ablehnten.

Polizeipräsident Klapproth beantwortete die Anfrage kurz und knapp. Ihr Inhalt sei laut Besatzungsstatut keine Angelegenheit, mit der sich die Stadtverordnetenversammlung zu befassen habe. Mehr sagte er nicht. Für das Parlament und den Magistrat der Stadt war damit der Fall erledigt, so sehr auch die KPD-Fraktion protestierte.

Nicht erledigt war er offenbar für die Amerikaner, denn danach wurden die Agentenwerber im Präsidium vorsichtiger. Spätere Beschwerden über die Dienststelle sind mir nicht bekannt geworden. Und auch mein früherer Arbeitskollege aus dem Offizierskasino wurde nicht mehr von den Amerikanern behelligt. Vorausgesetzt, es stimmt, was er mir einige Zeit darauf erzählte.

So wie der Polizeipräsident mit mir verfuhr, als ich meine Beschwerde vortrug, und wie er die Große Anfrage beantwortete – das war seine Art im Umgang mit Kommunisten. Sein Antikommunismus war exzessiv. In fast jeder Polizeipressekonferenz, an der ich teilnahm, äußerte er sich mißbilligend und abschätzig über meine Berichterstattung und die KPD-Zeitung. Und machte er einmal in einer Journalistenrunde einen Scherz, so machte er ihn todsicher auf meine Kosten. Die anderen Reporter lachten beflissen, denn auch Journalisten lachen immer, wenn ein Präsident einen Scherz macht, und ich bekam einen roten Kopf. Klapproth war mit seinen Attacken treffsicher. Wie getroffen ich war, beweist meine genaue Erinnerung an nicht wenige Vorfälle, die ich peinlich bis blamabel empfand.

Da war die Pressekonferenz anläßlich der Ermittlungen in einer Polizeibestechungsaffäre großen Umfangs. Vierzehn Beamte wurden der aktiven und passiven Bestechung beschuldigt. Auch der Polizeipräsident war ins Visier der Ermittlungsbehörde geraten.

Unter den Frankfurter Lokalreportern wußte man, in welche Richtung die Nachforschungen gegen Klapproth liefen. Er solle von einer im Frankfurter Polizeipräsidium weitverbreiteten Praxis im Umgang mit Großschiebern gewußt und nichts dagegen unternommen haben. Hatten diese das Pech, von der Polizei erwischt oder von Schwarzmarktkonkurrenten denunziert worden zu sein, genügte deren Vorsprache in bestimmten Dienststellen des Präsidiums mit einer entsprechenden Bestechungssumme, damit ihre Akten verschwanden und es nicht zur Anklage kam.

Der Polizeipräsident, blasser und nervöser als sonst, hatte alle Mühe, den Zeitungsreportern klarzumachen, daß er mit diesem Skandal absolut nichts zu tun habe. Zur Bekräftigung seiner Unschuld kündigte er noch an, Journalisten, die gar zu massive Anwürfe gegen ihn veröffentlicht hatten, gerichtlich zu belangen.

Dann blickte er in die Runde und sagte: »Wenn es nichts mehr zu fragen gibt, möchte ich Ihnen noch eine vertrauliche Mitteilung machen. Nicht zur Veröffentlichung. Sie steht im Zusammenhang mit der gestern erfolgten Verhaftung des Leiters der Frankfurter Zollfahndungsstelle, Amtmann Brockel.«

Das war einer der Tricks Klapproths, mit denen er es verstand, Angriffe gegen sich und die Polizei abzublokken. Er kürte einfach die Journalisten zu Quasimitwissern. Indem er ihnen ein nicht für die Veröffentlichung bestimmtes Detail verriet, machte er sie befangen und lockte sie zudem in die schmeichelhafte Vorstellung besonders vertraulichen Umgangs mit dem Polizeichef.

Die Methode war erfolgreich. Mehrere Jahre hatte Klapproth in Frankfurt eine gute Presse. Manches Ärgernis kam gar nicht erst in die Spalten der Lokalseiten. So war es auch diesmal, in einer Affäre, bei der es um eine Zollhinterziehung in Höhe von wenigstens dreißig Millionen Mark ging. Die bisherigen Ermittlungen, die tags zuvor zur Verhaftung des Amtsmanns Brockel geführt hatten, ließen vermuten, daß auch hohe Beamte der Frankfurter Kriminalpolizei in den Fall verwickelt waren.

Einen unpassenderen Zeitpunkt für die Verhaftung des hohen Zollbeamten hätte es kaum geben können, wo doch bereits seit Wochen als Folge des Polizeiskandals die bösen Worte von der »durch und durch korrupten Frankfurter Kriminalpolizei« in aller Munde waren.

Der persönliche Referent schob seinem Chef die Aktenmappe zu, der blätterte sie geschäftig auf, hielt an, hob den Kopf und sagte, als habe er sich jetzt erst daran erinnert:

»Den Vertreter der kommunistischen Zeitung muß ich bitten, den Raum zu verlassen. Es handelt sich, wie gesagt, um eine vertrauliche Mitteilung.«

Ich stotterte: »Was wollen Sie damit sagen?«

»Gehen Sie.«

»Warum?«

»Ich habe meine Gründe«, sagte er von oben herab.

Noch zögerte ich hinauszugehen.

Klapproth machte eine unwirsche Handbewegung zur Tür hin. »Bitte!«

Keiner meiner Kollegen sagte ein Wort. Der Polizeipräsident klappte sein Zigarettenetui auf, nahm eine Zigarette heraus, steckte sie in Brand, blies den Rauch zur Decke und wartete. Einen Augenblick zögerte ich noch. Dann stopfte ich beschämt meinen Stenogrammblock in die Rocktasche und ging.

Dieser Vorfall ereignete sich etwa Ende 1950. Ich war dagegen machtlos. Wo sollte ich mich auch beschweren? Wer immer gegen die Kommunisten zu Felde zog, war im Recht; so auch der Frankfurter Polizeipräsident Willy Klapproth.

Ihm blieb es vorbehalten, in Frankfurt von deutscher Seite das Halali auf Kommunisten zu blasen. Bereits 1949 und 1950 verbot er kommunistische Versammlungen, Gedenkkundgebungen der Vereinigung der Verfolgten des Naziregimes VVN für die Opfer des Faschismus und am Tag der Kapitulation eine Veranstaltung der gleichen Organisation. Eine polizeilich nicht genehmigte Kranzniederlegung am Opferdenkmal, die mit einer Ansprache eines ehemaligen KZ-Häftlings verbunden sein sollte, ließ er mit Schlagstöcken auseinandertreiben, obwohl ihm Oberbürgermeister Walter Kolb dringend von diesem Einsatz abgeraten hatte.

Möglicherweise haben sich durch den heftigen Schlag auf den Rücken, den ich damals am Opferdenkmal erhielt, meine Eindrücke von Klapproth und seiner Polizei etwas nachhaltiger eingeprägt. Er war in diesen Jahren der starke Mann in Frankfurt, unangreifbar, weil die Amerikaner ihre Hand über ihn hielten. Da hat es fast nichts zu besagen, daß er in eine Reihe von Affären verwickelt war, von denen jede einzelne anderen Beamten die Stellung gekostet hätten. Er wand sich immer wieder heraus.

Es ging, um nur einige Beispiele zu nennen:

Um die Lieferung eines Lastwagens voll Kartoffeln in das Haus, in dem der Polizeipräsident wohnte, zu einer Zeit, als hungernde Frankfurter Bürger weit ins Umland fuhren, um ein paar Pfund Kartoffeln zu erbetteln; Nachbarsfrauen, die sich lautstark darüber empörten, wurden auf Anweisung Klapproths ins Präsidium bestellt und massiv eingeschüchtert.

Um die Ausstattung des Präsidentenbüros mit teuren Möbeln, als noch jeder Pfennig und jede Arbeitskraft für Notreparaturen und den beginnenden Wiederaufbau der zerstörten Stadt gebraucht wurden. Der Oberbürgermeister wetterte in aller Öffentlichkeit darüber, und ein Untersuchungsausschuß wurde eingesetzt. Am Ende kam nichts dabei heraus, nicht einmal eine Rüge für den Polizeipräsidenten.

Um den Versuch Klapproths, einen städtischen Beamten durch ein wertvolles Uhrengeschenk zu bestechen. Die Bekanntgabe dieser Affäre wurde bereits in der Voruntersuchung durch den Magistrat verhindert.

Um merkwürdige Beförderungspraktiken des Polizeichefs bei Untergebenen, die ihm gefällig waren.

Um den unkonventionellen Umgang mit Asservaten, was im Strafgesetz als Verwahrungsbruch bezeichnet wird, oder in seinem Fall als Anstiftung zum Verwahrungsbruch.

Das und manches andere war Stoff für eine Reihe von Berichten in Frankfurter Tageszeitungen. Sie blieben ohne Folgen. Dies alles mag sich heute wie belangloser Kleinkram anhören, nur dazu in Erinnerung gebracht, einem Mißliebigen verspätet eine Schelle anzuhängen. Wer jedoch diese Jahre der Nöte und Dürftigkeit erlebt hat, wird bestätigen können, daß der schwierige Demokratisierungsprozeß wesentlich von solchen Geschehnissen beeinflußt wurde. Die Geschichten um den Frankfurter Polizeipräsidenten waren keine Alltagsärgernisse, über die man nach Kenntnisnahme zur Tagesordnung übergehen konnte. Dazu war seine Stellung zu exponiert, sein Antikommunismus zu penetrant. Und für mich war die Begegnung mit ihm ein Schlüsselerlebnis der Nachkriegsjahre.

Der Sumpf

Es gab noch eine weitere amerikanische Dienststelle im Frankfurter Polizeipräsidium, mit der ich mich als Lokalreporter wohl oder übel beschäftigen mußte. Sie hatte, anders als die Agentenanwerbezentrale des amerikanischen Geheimdienstes, einen offiziellen Charakter und wies sich mit einem Schild an der Tür aus. Damit sollte klargestellt werden, daß dahinter alles ordnungsgemäß verlief.

Hier, im Zimmer 144, befand sich der Arbeitsbereich von Hendrik de Cloe. Er leitete die Geschäftsstelle des amerikanischen Militärgerichts, des Justizorgans der Besatzungsmacht. Sie war in den Jahren nach dem totalen Zusammenbruch das polizeiliche und gerichtliche Bindeglied zwischen Amerikanern und Deutschen. Ausländer und sogenannte DPs, Displaced persons, unterlagen in diesen Jahren nicht der deutschen Gerichtsbarkeit. Wurde ein Ausländer von der deutschen Polizei erwischt, gewöhnlich bei Schwarzmarktgeschäften, mußte die weitere Verfolgung des Falles und auch die Bestrafung den Amerikanern übertragen werden. Diesem Zweck diente das Verbindungsbüro. In ihm herrschte stets Hochbetrieb, denn im Nachkriegsdeutschland fanden unzählige Schieber und Schwarzhändler einen goldenen Boden vor und tummelten sich dort große und kleine Verbrecher aus aller Herren Länder, einzeln und in Gangs, und terrorisierten die Bevölkerung. Allein zwischen April und Dezember 1945 wurden in Frankfurt, einer der Schwarzhandelsmetropolen, dreiundsechzig Morde und über fünfhundert schwere Raub- und Notzuchtverbrechen registriert, von denen nur jedes zehnte je aufgeklärt werden konnte.

»Registriert« heißt, daß in Wirklichkeit die Zahl derartiger Verbrechen weit höher lag. Nicht wenige, die als vermißt gemeldet wurden, waren längst ins Jenseits befördert worden. Und mancher, der einer Gewalttat zum Opfer fiel, hatte, so er mit dem Leben davongekommen war, allen Grund, nicht zur Polizei zu gehen. Als Lokal- und Polizeireporter und den sich aus dieser Tätigkeit zwangsläufig ergebenden Kontakten zu nicht offiziösen Gewährsleuten erhielt ich wiederholt handfeste Hinweise auf solche Fälle. Im Interesse meiner eigenen Gesundheit hütete ich mich, sie weiterzumelden. Alle Berufskollegen, die ich kannte, handelten so. Sie bissen sich lieber dreimal auf die Zunge, bevor sie etwas ausplauderten oder gar veröffentlichten, durch das ihnen wichtige Informationsquellen hätten verschlossen werden und sie selbst in eine äußerst unangenehme Lage kommen können.

In diesem kriminellen Chaos der Nachkriegsjahre war es oft schwierig festzustellen, ob für das eine oder andere Delikt ein deutsches oder amerikanisches Gericht zuständig war. Zudem war die Frankfurter Polizei verpflichtet, an Aktionen der US-Militärpolizei, zum Beispiel Beschlagnahmen, Razzien und anderen Fahndungsmaßnahmen, teilzunehmen, wenn es verlangt wurde. Hierfür trug ebenfalls die Geschäftsstelle des amerikanischen Militärgerichts die Verantwortung.

So lag es auf der Hand, daß die Leitung dieser exponierten Dienststelle im Zimmer 144 eigentlich ein hohes Maß an Verantwortung und einen unanfechtbaren, politisch und moralisch integren Beamten verlangte. Hendrik de Cloe hatte weder das eine noch war er das andere. Aber er war, wie auch der Polizeipräsident, ein entschiedener Antikommunist. Und das genügte offenbar, ihm dieses Amt anzutragen.

Seine Animosität ging so weit, daß er es ablehnte, mich, den als Kommunisten bekannten Reporter, zu empfangen, selbst dann nicht, wenn es sich um eine dienstliche Angelegenheit handelte.

In dem buntschillernden Strauß von Sumpfblüten der Nachkriegsjahre war de Cloe eine eigene Farbe und außerdem im Abkassieren von Schmiergeldern ein As.

Von seinen Kungeleien mit den Bossen des Frankfurter Schwarzhandels und der Unterwelt und seinem aufwendigen Lebensstil kursierten in Journalistenkreisen die tollsten Geschichten. Sie mögen zum Teil übertrieben gewesen sein und taten ihm unrecht. Aber einige habe ich selbst miterlebt, für die ich mich also verbürgen kann. Sie lassen vermuten, daß die andern nicht nur reine Hirngespinste phantasiebegabter Kolporteure waren.

De Cloes Problem war, daß er, was das Abkassieren von Schmiergeldern anbelangte, einen Konkurrenten innerhalb des Polizeipräsidiums besaß. Doch bevor dieser zum gefährlichen Widersacher wurde, tat der Holländer das Klügste, was in einem solchen Fall getan werden kann, er arrangierte sich mit ihm. Der Konkurrent war der Chef der Asservatenkammer im Präsidium, Adam Groh. Dazu muß man wissen, daß die von ihm geleitete Abteilung über lange Zeit nicht nur ein Aufbewahrungsort für polizeilich beschlagnahmte Gegenstände war, sondern auch ein florierender Umschlagplatz für konfiszierte Schwarzmarktware. War einem Schwarzhändler durch Beschlagnahme seine Ware verlustig gegangen, brauchte er nur dem Chef der Asservatenverwaltung seine Bereitschaft zu Verhandlungen zu signalisieren, und er konnte fest damit rechnen, sein verlorengegangenes Gut wiederzubekommen. Zwanzig Prozent des Warenwertes war dessen übliche Taxe für die Rückgabe.

Steckten aber Ausländer hinter solchen Affären, mußten die Akten und die weitere Verfolgung des Falles an die Geschäftsstelle des amerikanischen Militärgerichts abgegeben werden, also an Hendrik de Cloe. Das bedeutete, daß nunmehr der Holländer die beschlagnahmte Ware freigeben und die Bestechungsgelder vereinnahmen konnte. Auch er verlangte zwanzig Prozent.

Das Arrangement war zweifellos vernünftig, die Raffgier der beiden Abkassierer aber zu groß, als daß es auf Dauer hätte gutgehen können. Trotz der klaren Abgrenzung ihrer Wirkungsbereiche kamen sie sich immer wieder ins Gehege. Das eine Mal veranlaßte der Asservatenchef seine Freunde im Wirtschafts- oder Schwarzhandelsdezernat – gegen angemessene Beteiligung, versteht sich –, die Weiterleitung von Akten an die Geschäftsstelle des amerikanischen Gerichts einige Tage zu verzögern, damit er selbst noch schnell die Herausgabe der Asservaten bewerkstelligen und also auch kassieren konnte. Ein andermal forderte de Cloe die Akten von Beschlagnahmefällen und zugleich die Ware selbst von den deutschen Behörden an, bevor klargestellt war, ob es sich bei den Betroffenen um Deutsche oder Ausländer handelte. Solche ungeklärten Fälle waren an der Tagesordnung und damit die Konflikte zwischen de Cloe und Adam Groh vorprogrammiert. Sie beschimpften sich gelegentlich so laut, daß es auch andere, unbeteiligte Polizeibeamte mitbekamen, die dann, zum Beispiel in den Nebenräumen der Asservatenkammer, hören konnten, wie einer den andern einen Spitzbuben nannte und der mit »Selbst Gauner« dagegenhielt. Es kam auch schon mal vor, daß beide zur gleichen Zeit in der Wohnung eines Schiebers zum Abkassieren auftauchten. Und da jeder im Recht zu sein glaubte oder es vorgab und keiner kampflos das Feld der Pfründe räumen wollte, endeten solche Begegnungen zuweilen in handfesten Prügeleien.

Ich erspare mir die Schilderung weiterer Fälle von Ungereimtheiten und Merkwürdigkeiten im Umkreis des Polizeipräsidiums und speziell der Asservatenkammer, obwohl sie zweifellos einer gewissen Pikanterie nicht entbehren. Ich müßte mich oft wiederholen. Aber eine Geschichte fällt so ganz aus dem Rahmen des Üblichen. Zudem ganz und gar unpolitisch.

Eines Tages brachten die Fahnder des Zweiten Kommissariats, das für Einbruchdiebstähle zuständig ist, fünfzig nagelneue grüne Filzhüte ins Präsidium, Prachtexemplare von Filzhüten, wie man sie jahrelang nicht mehr im Handel gesehen hatte. Ordnungsgemäß lieferten sie die beschlagnahmten Stücke in der Asservatenkammer ab. Während des Krieges und auch in den ersten Nachkriegsjahren waren Filzhüte ausgesprochen rare Artikel. Es fehlten die Rohstoffe zur Herstellung echter Filzstumpen, wie der Fachmann die Rohformen nennt. Einige Monate später wurden die grünen Kopfbedeckungen als Beweismittel benötigt, denn die Verhandlung gegen die Diebe oder Hehler war angesetzt. Da machte man die Entdeckung, daß sich mit den Filzhüten eine Wandlung vollzogen hatte. Aus fünzig neuen grünen waren genau so viele alte, graue, durchgeschwitzte Filzhüte geworden. Ein Wunder? Andersherum wäre es ein Wunder gewesen. Eine Sonderabteilung des Polizeipräsidiums bemühte sich, Licht in diese Hutaffäre zu bringen. Vergeblich. Es ist auch kein Wunder, daß in dieser Zeit und noch lange danach bei den Hutträgern des Präsidiumspersonals die Farbe Grün dominierte.

Ein Jahr später mußte ein Frankfurter Kriminaldirektor in einem größeren Schwarzhandelsprozeß, bei dem es auch um sogenannten Verwahrungsbruch in der Asservatenkammer ging, als Zeuge der Anklage vor dem Landgericht aussagen. Er kam in einem schönen grünen Filzhut. Da konnte es sich ein Verteidiger nicht verkneifen, während der Verhandlung den Zeugen zu fragen, ob es richtig sei, daß er diesen grünen Filzhut aus der Asservatenkammer spendiert bekommen habe. Der Kriminaldirektor wurde verlegen und stammelte, sein Filzhut stamme keineswegs aus der Asservatenkammer. »Das aber behaupten einige Angeklagte«, beharrte der Verteidiger. Das sei ein Irrtum, meinte der Zeuge, sein Hut stamme aus einer Frankfurter Hutfirma. Er hätte den neuen bekommen, weil er dafür seinen alten Hut in Tausch gegeben habe. »Das haben Sie selbst gemacht?« wollte der Richter wissen. »Nein, nicht selbst. Herr Groh, der Leiter der Asservatenverwaltung, hat sich angeboten, für mich den Hut dort umzutauschen.« »Und weiter?« »Nichts weiter. So ist es dann auch geschehen.« Verteidiger und Richter verzichteten auf weitere Fragen.

Und wenn er nicht gestorben ist und sein Filzhut nicht verdorben ist, trägt er ihn noch heute.

Das einige Jahre währende Falschspiel des Hendrik de Cloe hatte noch eine andere, eine bitterernste Seite. Schon lange sprach man im Kreis der Frankfurter Lokalreporter darüber, daß es sich bei ihm um einen holländischen Faschisten handele, der während der deutschen Besatzung in den Niederlanden eine üble Rolle gespielt und sich der Bestrafung als Kollaborateur durch die Flucht entzogen hätte. Als ich eines Tages den Pressechef im Präsidium darauf ansprach, antwortete er, auch dem Polizeipräsidenten seien solche Gerüchte zu Ohren gekommen. Er habe den Vorgesetzten de Cloes, den Chefstaatsanwalt beim amerikanischen Distriktsgericht, davon in Kenntnis gesetzt. Es sei aber bisher nichts geschehen. De Cloe genieße unvermindert das Vertrauen der Amerikaner. Dem Polizeipräsidenten seien die Hände gebunden. Er dürfe keine Untersuchung gegen den Holländer einleiten, denn dieser unterstehe der amerikanischen Gerichtsbarkeit.

Und Hendrik de Cloe trieb sein Spiel weiter, unbehindert und fast risikolos. Er war ein ungemein cleverer Geschäftsmann. Außer den Provisionen für die Freigabe beschlagnahmter Schwarzmarktware heimste er nebenher noch Bestechungsgelder ein für die Haftentlassung kapitalkräftiger Untersuchungshäftlinge oder auch für die Beseitigung von Strafakten, die bereits dem amerikanischen Gericht übergeben worden waren. Er hatte immer neue Einfälle, an welchen Stellen im Dschungel der Schwarzmarktkriminalität noch Geldquellen angezapft werden konnten. Denn wo immer sich an den Berührungspunkten zwischen Besatzern und Besetzten besonders attraktive Dinge im Schwarzhandel abspielten, hatte der Holländer seine Finger dazwischen. Und wenn schon nicht die Finger dazwischen, so doch ein Auge darauf. Sein Vorzug war, stets beizeiten informiert zu sein.

Doch Hendrik de Cloe war maßlos. Er trieb es gar zu toll. Ich weiß, daß man ihn wiederholt, doch vergebens mahnte. Schließlich hatten auch die wohlwollendsten Vorgesetzten keine Augen mehr, die sie zudrücken konnten. Zwei Jahre später stand er als Angeklagter vor dem gleichen Gericht, dessen Geschäftsstelle er lange Zeit geleitet und dessen Geschäftsgang er allein bestimmt hatte, dem amerikanischen Militärgericht. Jetzt hatte er nichts mehr zu bestimmen und konnte auch seine eigenen Akten nicht mehr verschwinden lassen. Die Anklage gegen den Holländer lautete auf Amtsmißbrauch und aktive und passive Bestechung. Mit großem Pathos erklärte er dem Gericht, er sei unschuldig und nur das Opfer einer Intrige. Aber zu dem Zeitpunkt glaubte niemand mehr an seine Unschuld, nicht einmal Chefstaatsanwalt Johnson, der ihn noch kurz zuvor in einem anderen Gerichtsverfahren als einen hervorragenden, politisch zuverlässigen Mitarbeiter bezeichnet hatte, der das Vertrauen seiner Vorgesetzten genieße. Nun mußte er gegen den gestern noch Belobigten die Anklage vertreten.

Es war dem Gericht sicher nur recht, als de Cloes Verteidiger für seinen Mandanten Haftverschonung beantragte, weil sein Gesundheitszustand nicht zum besten sei. Sie wurde sofort gewährt und zudem die Verhandlung vertagt. Als sie wieder aufgenommen werden sollte, gab es keinen Angeklagten mehr, er war verschwunden. Ich habe nie mehr etwas von ihm gehört. Später wurde das Verfahren gegen ihn eingestellt, und einigen Mitarbeitern und Vorgesetzten von de Cloe blieb auf diese Weise Ungemach erspart.

Nicht aber dem Frankfurter Polizeipräsidenten. Der Fall des Hendrik de Cloe war gleichzeitig auch sein Fall, obwohl beide nur wenige Berührungspunkte miteinander hatten. So etwa durch zwei Stangen amerikanische Zigaretten, die de Cloe jede Woche im Auftrag des obersten Chefs der amerikanischen Militärverwaltung dem Präsidenten persönlich zu überbringen hatte. Das war sicher nicht viel an Kontakten, dennoch war ihrer beiden Schicksale auf eine merkwürdige Weise miteinander verknüpft.

Der oberste Gesetzeshüter und Verbrechensfahnder Frankfurts, Willi Klapproth, bewegte sich mit der Souveränität eines römischen Statthalters in dem kriminellen Sumpf der Nachkriegsjahre. Neidlos – oder auch neidvoll – gestanden ihm die Kommunalpolitiker diese Rolle zu. Der Oberbürgermeister versuchte zwar immer wieder, ihn zu bremsen, ihn auf das Normalmaß eines ihm unterstehenden Beamten zu reduzieren. Aber er hatte damit kein Glück. Klapproth war, solange er den Stuhl des Polizeipräsidenten besetzt hielt, der starke Mann in Frankfurt.

Daß in dem morastigen Gelände von Gewalttaten und Gesetzesmißachtungen die Polizeibehörde selbst keineswegs eine Insel der Reinheit geblieben war und in ihrem Bereich die Korruption einen besonders guten Nährboden fand, sprach sich allmählich auch in der Bevölkerung herum. Vorwürfe, Anfragen im Stadtparlament und Nachfragen in den Tageszeitungen häuften sich, wurden lauter und dringlicher. Beschuldigungen und Vorwürfe auch gegen den Polizeipräsidenten. Doch der Mann mit der eisernen Faust schien diese Warnsignale nicht beachten zu wollen, er unterschätzte sie und überschätzte seine Macht. Genau wie der Holländer. Trotz seiner Geschicklichkeit, den Stolperdrähten, die zwischen Pflichterfüllung und angenehmem Leben gespannt sind, auszuweichen, verhedderte er sich schließlich dennoch in ihnen. Und auch dieses Schicksal teilte er mit de Cloe.

Man könnte auch sagen: Der Polizeipräsident plumpste in den Sumpf, den trockenzulegen seine eigentliche Aufgabe war. Als im Frühjahr 1951 in einem spektakulären Polizeibestechungsskandal vor dem Frankfurter Landgericht die Verhandlung begann, stand ihm das Wasser schon bis zum Hals, obwohl er selbst nicht auf der Anklagebank saß. Es nutzte ihm nicht mehr viel, daß er unentwegt seinen Antikommunismus wie eine Schwimmweste benutzte. Sie hielt ihn nur noch kurze Zeit über Wasser, aber ans rettende Ufer kam er nicht mehr mit ihr.

In diesem Prozeß ging es um eine tolldreiste Gaunerkomödie, wie sie nur in den Wirren der Nachkriegszeit vorstellbar ist. Ausgedacht und eingefädelt hatte sie der damalige Frankfurter Starverteidiger Dr. Willi Lafontaine. Unter seinem Kommando und Hendrik de Cloes geschickter Inszenierung brachte eine über zwanzig Personen starke Gruppe von Spitzbuben einen großen Lastwagen durch eine Scheinbeschlagnahme an sich. Die Ladung des LKW bestand aus ein paar Millionen unverzollter amerikanischer Zigaretten.

Es war ein Spiel mit verteilten Rollen, bei dem auch zwölf Beamte des Polizeipräsidiums mitwirken durften. Genaugenommen war ihr Einsatz erste Voraussetzung für ein Gelingen des Coups. Aber über zwanzig Mitwirkende, zudem keine Berufsverbrecher, sondern Gelegenheits- und Amateurganoven, waren zu viel für einen gemeinsamen Fischzug in den schlammigen Gewässern der Schwarzmarktkriminalität. Bei der Verteilung der Beute zerstritten sie sich heillos. Einer, der glaubte, besonders schlecht bedacht worden zu sein, war so wütend, daß er sich selbst vergaß und heimlich der deutschen Staatsanwaltschaft einen heißen Tip gab. Unverzüglich begannen die Ermittlungen, verständlicherweise im Polizeipräsidium zuerst. Willi Klapproth mußte befürchten, daß bei diesen staatsanwaltschaftlichen Schnüffeleien noch andere Affären ans Tageslicht kommen könnten, in die er selbst oder andere Beamten verwickelt waren und die ihm in der Vergangenheit schon genug Peinlichkeiten bereitet hatten. Er zog sämtliche Register, um die Ermittlungen zu verhindern. Es nutzte nichts, der Stein war ins Rollen gekommen, ein Fall nach dem andern wurde bekannt. Schließlich erhob die Staatsanwaltschaft Anklage, und es kam zum Prozeß.

Im Verlauf der Zeugenvernehmungen geriet Polizeipräsident Klapproth offenbar in Panik. Bei seiner eigenen Vernehmung schwor er, um sich nicht selbst zu belasten, einen Meineid und versuchte einige Tage später, auch andere Beamte zum Meineid zu überreden. Es half nichts mehr. Ein halbes Jahr nach dem großen Prozeß stand auch er vor dem Schwurgericht. Die Anklage lautete unter anderem auf Meineid, versuchte Verleitung zum Meineid, Bestechung und Verleitung zum Verwahrensbruch. Es war ein tiefer und schmerzhafter Sturz von dem voluminösen saffianledernen Sessel hinter dem protzigen Präsidentenschreibtisch hinunter auf die hölzerne Anklagebank des großen Schwurgerichtssaals.

Im Jahr 1947, einige Monate nach seinem Amtsantritt, hatte Willi Klapproth den Frankfurter Tageszeitungen eine Erklärung übergeben, in der es wörtlich hieß: »Wenn das ganze Volk hungert, kann nur die Todesstrafe für Schwarzhändler in Frage kommen.«

Für ihn gab es, fünf Jahre nach diesem bemerkenswerten Ausspruch, zehn Monate Gefängnis. Nur vier hat er in Untersuchungshaft abgesessen. Die restliche Strafe wurde ihm auf dem Gnadenweg erlassen.

Nach seiner Verurteilung zog sich Willi Klapproth aus dem öffentlichen Leben zurück. Er nahm auch an keiner Veranstaltung der SPD, der er seit 1920 angehörte, mehr teil. Er brauchte wegen seiner Amtsenthebung nicht Not zu leiden. Er erhielt ein sogenanntes Wartestandsgeld, das die Hälfte seines Gehalts als Polizeipräsident betrug. Zudem verdiente er sich ein reichliches Zubrot als Handelsvertreter. Später bekam er seine volle Pension zugesprochen. Erst neun Jahre nach seiner Verurteilung, 1961, wurde ihm vom Verwaltungsgericht das Ruhegeld aberkannt und ihm dafür eine Unterhaltsbeihilfe in Höhe von fünfundsiebzig Prozent dieses Ruhegehalts zugestanden. Sie wurde zwei Jahre später auf fünfzig Prozent reduziert.

Willi Klapproth starb 1967, auf den Tag genau sechzehn Jahre nach Beginn des Prozesses, an dessen Ende sein tiefer Sturz stand.

Beim Durchblättern meiner alten Stenogrammblöcke mit den Notizen von Pressekonferenzen und Gerichtsverhandlungen, an denen ich teilgenommen hatte, stieß ich einige Male auf den Namen des damaligen Leiters des Schwarzhandelsdezernats, Kriminalkommissar Theodor Deike. Er war in dem Korruptions- und Bestechungsprozeß ebenfalls angeklagt. Und ich erinnerte mich einer kleinen und eigentlich lustigen Geschichte am Rande der großen Kriminalaffären in Frankfurt. Sie ist nicht nur amüsant, sondern zeugt auch vom Phantasiereichtum eines führenden Polizeibeamten.

Eines Tages wurde im Polizeipräsidium Großalarm gegeben. In der Nähe des Zoo, in der Theobald-Christ-Straße, sei eine wilde Schießerei im Gange, hieß es in der Meldung aus der Einsatzzentrale. Möglicherweise sei dabei ein hoher Kriminalbeamte in Ausübung seines Dienstes in Lebensgefahr geraten.

Zwei Überfallkommandos wurden in die betreffende Straße beordert. Ganz zufällig war bei der Abfahrt auch ein Zeitungsreporter im Präsidum, der mit dem Polizeiwagen zum Schauplatz der Schießerei mitfahren durfte.

Mit Blaulicht und Martinshorn jagten die Überfallwagen zum Zoo. Die Polizisten entsicherten im Herausspringen ihre Pistolen und rannten in einen Hauseingang. Ein Pistolenschuß peitschte durch das Haus. Der Reporter ging schnell hinter einer Mülltonne im Hof in Deckung. Ein zweiter Schuß fiel. Dann war Stille. Einige bange Minuten vergingen. Endlich hörte man laute Stimmen. Der in Bedrängnis geratene und etwas zerzauste Kriminalbeamte erschien mit den Polizisten des Überfallkommandos in der Eingangstür zum Hinterhaus. Es war Kriminalkommissar Deike. Mehrere Beamte schleppten eine größere Menge Zigaretten und Schokolade hinterher, konfiszierte Schwarzmarktware.

Bereitwillig erzählte der Kommissar dem Reporter, was sich in der letzten halben Stunde zugetragen hatte. Auf einem seiner Inspektionsgänge durch dieses berüchtigte Wohnviertel, in dem sich mit Vorliebe Ausländer einquartierten, die von Schmuggel und Schwarzhandel lebten, wurde Deike zufällig Zeuge, wie zwei Männer einige Kisten, in denen sich, wie er argwöhnte, heiße Ware befand, in einen Keller schleppten. Da wurde der Kriminalist sofort amtlich und schritt ein. Er erklärte die verdächtigen Kisten für beschlagnahmt. Ein Wort gab das andere, bis plötzlich die Schießeisen gezogen wurden und es knallte. Deike mußte sich hinter einem Verschlag verschanzen und konnte später in den Keller des Hinterhauses flüchten. Vermutlich hätten Nachbarn, so berichtete er weiter, durch die Schüsse aufmerksam gemacht, telefonisch die Polizei verständigt. Sie war auch bald zur Stelle und befreite den bedrängten Kriminalkommissar. Die Schwarzhändler hatten beim Näherkommen des Überfallkommandos Reißaus genommen. Keiner konnte erwischt werden.

So war Kriminalkommissar Deike in letzter Sekunde der großen Gefahr entronnen, Opfer seines Berufs zu werden, und er bedankte sich bewegt bei seinen Kameraden für die Hilfe in höchster Not.

Einigen mißgünstigen Kollegen anderer Dezernate schmeckte diese Story zu sehr nach Sherlock Holmes. Das könnte eher, so ihre Überlegungen, ein Abenteuer sein für Tiger Brown, den Londoner Polizeichef aus der Dreigroschenoper, als für Kriminalkommissar Deike vom Frankfurter Polizeipräsidium. Darum gingen sie dieser mysteriösen Angelegenheit genauer nach. Und da ergab sich ein weniger heldischer Tatbestand: Seit längerem war im Polizeipräsidium und im Magistrat der Stadt Mißfallen darüber geäußert worden, daß der Chef des Schwarzhandelsdezernats, Kriminalkommissar Deike, zu gute Beziehungen zu Schwarzhändlerkreisen habe und sie zu nachsichtig behandele. Schon öfter war er in bestimmten Frankfurter Lokalen mit polizeibekannten Schwarzhändlern gesehen worden. Es war auch aufgefallen und hatte im Stadtparlament zu einer Anfrage geführt, daß bei Razzien rund um das Bahnhofsviertel, das Zentrum des schwarzen Marktes, seit Monaten kein einziger Großschieber mehr der Polizei ins Netz gegangen war. Wenn die Kripo auftauchte, hatten sie regelmäßig das Weite gesucht. Jemand aus dem polizeilichen Führungsstab, in dem die Razzien vorbereitet und terminiert wurden, mußte sie gewarnt haben. In diesem Zusammenhang war wiederholt Theodor Deike als möglicher Signalgeber bezeichnet worden.

Nachteilig war auch für ihn, daß er sich in seinem eigenen Dezernat einen untergebenen Kriminalbeamten zum Feind gemacht hatte. Als dieser bei der Verteilung von Bestechungsgeldern glaubte, zu kurz gekommen zu sein und deswegen ein großes Geschrei erhob, drohte er ihm an: »Ich werde dir die Knochen im Leibe zerbrechen, wenn du nicht endlich das Maul hältst.« Das vergaß der Kriminalbeamte seinem Chef nicht. Auf Vergeltung sinnend, verbreitete er geschickt einige mißlichen Interna aus Deikes Kriminalpraxis im Präsidium.

Im Gespräch war bereits die Versetzung in ein anderes Dezernat. Das war dem Kriminalkommissar zu Ohren gekommen. Eine Ablösung vom Schwarzhandelsdezernat aber bedeutete ihm den Verlust seiner einträglichen Pfründe. Er überlegte, was er tun könne, um das bittere Geschick der Versetzung abzuwenden. So inszenierte er, in Absprache mit seinen Schwarzhändlerfreunden, den fingierten Überfall. Wenn er sich als ein so gewissenhafter und mutiger Fahnder bewies und die Schieber ihn auf so barbarische Weise behandelten, würde es niemand mehr wagen, dann noch zu behaupten, er sei den Schwarzhändlern gegenüber zu freundlich. Das war keine schlechte Überlegung, aber die Skepsis seiner neidischen Kollegen über das Berufsethos und den Mut des Kommissars doch zu groß. Und so blieben seine Anstrengungen, sich zum Helden zu machen, letztlich vergebliche Liebesmüh.

Nach dem Bekanntwerden dieses Sachverhalts sah sich die Sonderabteilung im Polizeipräsidium zur Aufklärung interner Pflichtverletzungen gezwungen, gegen Kriminalkommissar Deike zu ermitteln. Auch die Staatsanwaltschaft beim Landgericht Frankfurt wurde in dieser Angelegenheit aktiv.

Ich weiß nicht, was die Ermittlungen ergeben haben. Das Verfahren wurde im Zuge einer Weihnachtsamnestie eingestellt, und der phantasiebegabte Kriminalkommissar kam mit einem blauen Auge davon. Zu diesem Zeitpunkt sah Polizeipräsident Klapproth immer noch keinen Anlaß, die Leitung des Schwarzhandelsdezernats in andere, vielleicht weniger klebrige Hände zu legen, obwohl die Kriminalkomödie Deikes bereits in die Öffentlichkeit gelangt war. Dann jedoch platzte der große Coup mit der Scheinbeschlagnahme des Zigaretten-Lkw. Und auch Deike landete, wie eine Reihe seiner Kollegen, auf der Anklagebank des Schwurgerichts. Damit war seine Polizeifahnderkarriere nun endgültig zu Ende. Das Gericht diktierte ihm zwei Jahre Gefängnis zu. Doch auch er mußte nur einen kleineren Teil davon absitzen.

Johannes unter Verdacht

Meine Arbeit als Reporter der KPD-Zeitung führte mich oft in andere hessische Städte und Gemeinden. Eines Tages wurde mir aufgetragen, eine Reportage über das Städtchen Mörfelden zu schreiben, das auf halbem Weg zwischen Frankfurt und Darmstadt liegt. In der Zeit der Weimarer Republik war es eine Hochburg der Kommunisten gewesen und hatte viele Jahre einen kommunistischen Bürgermeister gehabt. Landauf, landab nannte man es nur Klein-Moskau.

Ich freute mich über diesen Auftrag ganz besonders, denn Mörfelden war mir sehr vertraut. Mit dem Spielkreis der Roten Jungpioniere, so hieß seit 1930 der Jung-Spartakus-Bund, war ich vor 1933 oft in das Städtchen gekommen, hatte an zahlreichen Versammlungen und Umzügen der KPD und einmal an einem Sommerzeltlager in unmittelbarer Nähe teilgenommen. Ich kannte dort viele kommunistische Familien, der Leiter unserer Parteikindergruppe stammte aus einer Mörfelder Gärtnerei, meine erste Liebe war in Klein-Moskau zu Hause.

Besonders eine Familie hatte das politische Profil der Gemeinde mitgeprägt. Der Senior war all die Jahre in verschiedenen kommunistischen und überparteilichen Organisationen, im örtlichen Parteivorstand und im Gemeinderat aktiv. Sein Wort hatte Gewicht, nicht nur in der Gemeinde, sondern im kommunalpolitischen Geschehen des ganzen Landkreises. Vater und Söhne sorgten auch dafür, daß die Braunhemden in Mörfelden keinen Zulauf bekamen und noch zu einer Zeit ohne Einfluß blieben, als die Nationalsozialisten bereits in anderen Landesteilen die Rathäuser besetzt hatten. Dafür mußten sie, als Hitler die Macht übernahm, viele Jahre in Zuchthäusern und Konzentrationslagern büßen. Und mit ihnen eine Reihe anderer Bürger aus dem roten Mörfelden.

Einer dieser Söhne war Johannes. Er hatte sich, wie auch seine Brüder, schon früh dem Kommunistischen Jugendverband KJV angeschlossen. In den zwanziger Jahren zog er nach Frankfurt, um hier zu heiraten. Er fand Arbeit bei der IG Farben, der jetzigen Hoechst AG. Auch hier war er, wie schon zuvor in seinem Heimatstädtchen, ein eifriger Agitator für die sozialistische Revolution, gründete mit Gleichgesinnten an seinem Arbeitsplatz eine Rote Betriebszelle und gab mit ihnen eine der ersten kommunistischen Betriebszeitungen im Rhein-Main-Gebiet heraus, den »Rotfabriker«. Seine Kollegen wählten ihn in den Betriebsrat.

Als nach dem 30. Januar 1933 die große Verhaftungswelle von Hitlergegnern einsetzte, wurde auch nach Johannes gefahndet. Doch bevor die Häscher seiner habhaft werden konnten, gelang ihm die Flucht in die Sowjetunion.

Persönlich lernte ich ihn erst nach 1945 kennen, war jedoch schon einige Jahre zuvor auf ihn aufmerksam geworden. Im Herbst 1940 sprach sich unter den Frankfurter Kommunisten, die noch Verbindung miteinander hatten, herum, daß Johannes aus der Sowjetunion zurückgekommen und sofort verhaftet worden sei. Man warnte vor Kontakten mit ihm. Auch in der illegalen Gruppe, der ich angehörte. Man nannte ihn einen Renegaten.

Darum war ich erstaunt, Johannes bei meinem ersten Zusammentreffen mit ihm im Sommer 1945 als eifrigen Parteimann kennenzulernen. Er wohnte im Bahnhofsviertel und gründete dort eine der ersten Stadtteilgruppen. Im persönlichen Umgang war er stets freundlich und hilfsbereit. Aber es schwirrten noch immer Gerüchte um ihn. Keiner meiner Genossen konnte es verstehen, daß ein kommunistischer Emigrant während der Hitlerzeit wieder nach Deutschland zurückkehrte. Und erst recht nicht, daß er sich sofort nach der Zerschlagung des Naziregimes wieder in der KPD betätigte, so als habe es Flucht und Rückkehr nach Hitlerdeutschland nie gegeben. Die einen sagten, er sei Trotzkist und politischer Abweichler von der Parteilinie und in der Sowjetunion wegen konterrevolutionärer Umtriebe zu Straflager verurteilt worden, die anderen, er sei ein Agent, vor dem man sich in acht nehmen müsse. Genaues wußte niemand. Er selbst trat diesen Gerüchten nicht entgegen. Sprach man ihn darauf an, machte er Ausflüchte.

Es war eine merkwürdige Geschichte. Doch das Mißtrauen gegen ihn hielt sich in Grenzen. Bei den Menschen, die nach 1945 wieder oder erstmals der KPD beitraten, gab es so viele ungewöhnliche und auch undurchsichtige Überlebensschicksale, in Zuchthäusern und Konzentrationslagern, in Verstecken vor den Häschern der Gestapo und im politischen Untergrund, in Strafkompanien und in der Emigration oder auch in der Legalität des deutschen Faschismus, daß die Ungereimtheiten im Leben von Johannes nicht besonders ins Auge sprangen.

Aber in seinem Geburtsort Mörfelden war das anders. Mit wem ich während meiner Reportagearbeit auch sprach, immer wieder fragte man mich, ob ich Näheres über Johannes' Aufenthalt in der Sowjetunion wüßte. Am Abend in der Kneipe sprach ein junger Genosse deutlich aus, was man über ihn dachte und redete:

»Kein Mensch bei uns in Mörfelden versteht es, daß die Partei nichts gegen Johannes unternimmt, daß er überhaupt noch Mitglied der Partei ist. Er ist ein Verräter. Er hat in Moskau mit der deutschen Botschaft zusammengearbeitet, als Spitzel. Darum ist er, als ihm der Boden in der Sowjetunion zu heiß wurde, nach Deutschland zurückgekommen.«

»Weißt du mehr darüber?« fragte ich.

»Langt dir das nicht?« antwortete er. »Willst du noch mehr wissen?«

»Ja. Was er in der Sowjetunion tatsächlich getan hat.«

»Das ist doch längst kein Geheimnis mehr. Das weiß hier jedes Kind, daß er ein Agent der Faschisten war. Aber frag ihn doch selbst.«

Die anderen Kommunisten, die mit uns am Tisch in der Kneipe saßen, pflichteten ihm bei: »Ja, frag ihn doch einmal. Sag' ihm, was man in Mörfelden über ihn redet.«

Und das tat ich dann auch. Nach einer Vorstandssitzung der Stadtteilgruppe Innenstadt, an der auch Johannes teilnahm, berichtete ich von meinem Besuch in Mörfelden und den Verdächtigungen, die die dortigen Genossen ausgesprochen hatten und fragte anschließend Johannes:

»Was ist in Wirklichkeit geschehen? Warum bist du so früh aus der sowjetischen Emigration zurückgekommen?«

»Nichts ist geschehen«, gab er zurück.

»Das ist keine Antwort.«

Ein anderer Genosse wiederholte mit Nachdruck: »Nun rede endlich: Warum bist du aus der Sowjetunion in das faschistische Deutschland zurückgekommen?«

Johannes wich aus: »Alles, was man über mich und meinen Aufenthalt in der Sowjetunion erzählt, ist gelogen. Mehr kann ich nicht sagen.«

»Warum nicht?«

»Laßt mich in Ruhe!«

»Das geht nicht. Alle fragen danach: Was war in dieser Zeit mit dir los?«

»Ich kann darüber nicht reden.«

Jetzt wurden die Genossen unruhig. Alle redeten durcheinander.

»Weißt du, was du damit sagst?«

»Damit machst du dich noch mehr verdächtig.«

»Das ist ein Schuldeingeständnis. Ganz eindeutig.«

»Was heißt das: Du kannst nicht reden?«

Mühsam erwiderte er: »Noch nicht, später vielleicht.«

»Das verstehe, wer will. Man verdächtigt dich und du schweigst. Du allein kannst es aus der Welt schaffen.«

»Kann er es überhaupt?« warf ein Genosse ein.

»Warum tust du es nicht? Hast du vielleicht Dreck am Stecken?«

»Ich kann nur wiederholen: Das stimmt alles nicht,

was man über mich redet. Glaubt mir doch, ich kann im Moment noch nicht darüber reden. Wenn euch diese Antwort nicht genügt, dann wendet euch an die Parteileitung.«

Daraufhin trugen einige Genossen des Stadtteils Innenstadt die Gerüchte, die sich um die Person des Johannes rankten, und ihr Mißtrauen ihm gegenüber, das sich durch sein Verhalten während der Vorstandssitzung noch verstärkt hatte, dem Kreisvorstand der Partei vor. Der gab ihnen den Bescheid, daß der Fall Johannes schon seit einiger Zeit von einem Ausschuß untersucht werde. Was bisher über sein Leben in der Sowjetunion und seine Rückkehr nach Nazideutschland bekannt sei, rechtfertige noch nicht, ihn aus der Partei auszuschließen. Es werde jedoch verfügt, daß er bis zur restlosen Klärung der Angelegenheit alle seine Parteiämter niederlegen müsse.

Die Genossen gaben sich damit zufrieden. Danach wurde es still um Johannes. Er zog sich zurück, kam nur noch selten zu Parteiveranstaltungen, und ich verlor ihn für längere Zeit aus den Augen.

Im Sommer 1949 stand Johannes in Frankfurt vor Gericht. Als Hauptangeklagter in einem Verratsprozeß. Die Vorgeschichte dazu war sehr undurchsichtig.

Im November 1944 hatte die Gestapo acht Belegschaftsmitglieder einer Frankfurter Maschinenfabrik aus dem Werk heraus verhaftet. Alle acht waren Sozialdemokraten. V-Männer der Gestapo hatten sie denunziert, und mehrere Arbeitskollegen, die danach von der Staatspolizei verhört worden waren, hatten sie durch ihre Aussagen zusätzlich belastet. Die Beschuldigung lautete auf Zersetzung der Wehrkraft. Sie wurden monatelang in Untersuchungshaft gehalten und erst mit dem Einmarsch der Amerikaner im April 1945 befreit. Einer von ihnen kam nicht mehr nach Hause. Er blieb verschollen.

In dieser Maschinenfabrik hatte Johannes nach seiner Rückkehr aus der Sowjetunion als Mechaniker gearbeitet.

Fünf Jahre später standen wegen dieser Denunziation sieben Angeklagte, Arbeiter und Angestellte der Maschinenfabrik, vor der Frankfurter Spruchkammer. Alle bestritten ihre Schuld – bis auf einen. Das war Johannes. Er bestätigte, von der Gestapo als V-Mann mißbraucht worden zu sein. Dieses Geständnis mußte er auch schon in der Voruntersuchung gemacht haben, denn die Anklage lautete »gegen Johannes S. und Genossen«. Er war also der Hauptangeklagte.

Ich saß auf der Pressebank und war bestürzt über sein Schuldbekenntnis. Fragend schaute ich ihn an. Er wich mir aus. Meine Enttäuschung war groß. Es gab gewiß viele Merkwürdigkeiten in seinem Leben. Aber ich kannte ihn nun schon eine Zeitlang und mochte ihn leiden. Darum hatte ich auch immer noch gehofft, die Redereien um seine Vergangenheit würden sich eines Tages als Irrtümer herausstellen. Damit war es jetzt vorbei, sein Schuldeingeständnis hatte alles klargestellt.

Der Auftakt der Verhandlung vor der Frankfurter Spruchkammer rückte mit einem Schlag den Fall des Johannes in ein neues Licht. Nach dieser eigenen Manifestation seiner Schuld war ihm alles andere auch zuzutrauen, nicht zuletzt die Teilnahme an einer Verschwörung gegen die Sowjetunion. Wie man sich doch in einem Menschen täuschen konnte!

Die Aufmerksamkeit aller Prozeßbeteiligten konzentrierte sich auf den Hauptangeklagten Johannes. Seine Erklärung, die er auf eine entsprechende Frage des öffentlichen Klägers machte, er sei zwar nominell V-Mann der Gestapo gewesen, habe aber niemals einen Arbeitskollegen verraten, wirkte unglaubwürdig. Was heißt schon nominell? fragte man auf der Pressebank und im Zuhörerraum. Das nahm ihm niemand ab. Später wurde er aufgefordert zu schildern, wie er V-Mann geworden sei. Johannes berichtete, bei seiner Rückkehr aus der Sowjetunion sei er bereits an der Grenze verhaftet und der Gestapo überstellt worden. Hier unterbrach ihn der Vorsitzende. Ob er nicht bereit wäre, etwas über die Gründe für seine Rückkehr auszusagen. Johannes beriet sich kurz mit seinem Verteidiger und antwortete, darüber wolle er nichts sagen. Er fuhr fort, bei einem Verhör habe man ihm das Angebot gemacht, er werde in Freiheit kommen, wenn er sich verpflichte, in einem Rüstungsbetrieb zu arbeiten und dort als Gewährsmann für die Gestapo tätig zu sein. Doch er hätte abgelehnt. Noch zweimal habe der Vernehmungsbeamte diese Offerte wiederholt. Mitte Mai 1941 sei, völlig unerwartet für ihn, seine Entlassung erfolgt. Ohne Auflagen, außer der, sich regelmäßig bei der Polizei zu melden. Er sei zu seiner Familie in der Nähe Frankfurts gezogen und habe vom Arbeitsamt eine Anstellung als Mechaniker in der Maschinenfabrik bekommen. Ein halbes Jahr später habe man ihn zum Vorarbeiter gemacht.

Eines Tages wäre er aufgefordert worden, sich im Hauptquartier der Gestapo in der Lindenstraße zu melden. Dort habe ihm ein Beamter erklärt, er müsse sich jetzt entscheiden, ob er als V-Mann arbeiten oder in ein Konzentrationslager verbracht werden wolle. Ihm sei ein Schreiben an das Reichssicherheitshauptamt gezeigt worden, das den Antrag enthielt, ihn wegen politischer Unzuverlässigkeit und Gefährdung der öffentlichen Sicherheit in ein Konzentrationslager einzuweisen. Wenn er ablehne, so wurde ihm bedeutet, werde es am gleichen Tag abgeschickt. Da habe er zugesagt, gezwungenermaßen. In größeren Abständen hätte er sich mit einem Kontaktmann der Gestapo in Frankfurter Lokalen treffen müssen, um Berichte über Beobachtungen in dem Betrieb abzuliefern. Es seien jedoch nur Stimmungsberichte gewesen, die er geschrieben habe, sie hätten nie die Namen von Kollegen enthalten. Der Gestapomann habe ihm Vorwürfe gemacht, er verschweige mehr, als er berichte. Die Gestapo wisse genau, daß es in der Maschinenfabrik eine Reihe politisch zweifelhafter Elemente gäbe, die gegen Partei und Staat räsonierten und defätistische Äußerungen machten. Er glaube Johannes nicht, da ihm solche staatsfeindlichen

Reden nie zu Ohren gekommen seien. Und er habe ihm gedroht, ihn doch einsperren zu lassen.

Johannes machte eine Pause. Dann bemerkte er, lange habe er über seine Einwilligung nachgedacht, sich zum V-Mann machen zu lassen, und eingesehen, daß es falsch gewesen sei. Er habe beschlossen, keine Berichte mehr an die Gestapo zu liefern, und im Spätsommer 1942 seinen Kontaktmann davon in Kenntnis gesetzt. Dessen Antwort wäre gewesen, wer einmal Gewährsmann der Sicherheitsorgane geworden sei, könne sich nicht ohne weiteres zurückziehen. Eine solche Verpflichtung sei nicht einseitig kündbar. Sollte er wirklich aussteigen, würde er zu einem Risikofaktor für den Geheimdienst und die Sicherheit des Staates werden. Er müsse dann mit entsprechenden Rückwirkungen rechnen. Doch er, Johannes, sei bei seiner Ablehnung geblieben. Er sei überzeugt gewesen, daß man ihn jetzt wieder ins Gefängnis oder sofort in ein Konzentrationslager schaffen werde. Doch sei nichts geschehen.

Einem unbefangenen Zuhörer konnte das, was Johannes zu seiner Entlastung vortrug, und wie er es vortrug, glaubhaft erscheinen. Mir nicht. Denn sein Schuldeingeständnis war ja nur ein Teil. Der andere seine nicht geklärte Verräterrolle in der Sowjetunion und die fragwürdige Rückkehr nach Hitlerdeutschland. Alles zusammen fügte sich zu einem Verdikt, das jeden Zweifel an seiner Schuld ausschloß. Zudem betonte der Öffentliche Ankläger, die Untersuchungsbehörde habe den Fall sorgfältig recherchiert und alle Aussagen und Indizien, die zur Anklageerhebung herangezogen worden seien, gewissenhaft geprüft. Und noch eines kam hinzu: die Verteidigung hatte keinen einzigen Zeugen zu seiner Entlastung benennen können. Auch von den damals verhafteten Sozialdemokraten war keiner bereit, etwas zu seinen Gunsten auszusagen – aber auch nichts, was ihn belastete.

Die anderen sechs Angeklagten beteuerten ihre Unschuld. Sie erklärten, sie hätten niemals etwas mit der Gestapo zu tun gehabt, bis auf das eine Mal, als sie zum Hauptquartier der Geheimen Staatspolizei bestellt und über die verhafteten Sozialdemokraten ausgefragt worden waren. Alle belasteten Johannes und versicherten, sie hätten ihm von Anfang an mißtraut. Man habe in der Abteilung, in der er arbeitete, und in den benachbarten Werkstätten offen darüber gesprochen, daß man sich vor ihm in acht nehmen müsse.

Johannes selbst schwieg die ganze Zeit. Mit gesenktem Kopf saß er auf der Anklagebank, und es war, auch räumlich, ein deutlicher Abstand zwischen ihm und den andern. Angesichts seines Schuldeingeständnisses war es unerheblich, ob es denn so, wie es die anderen Angeklagten schilderten, den Tatsachen entsprach, ob sie wirklich die Unschuldsengel waren, für die sie sich ausgaben. Wer sagte in diesen Jahren schon die Wahrheit über seine Verstrickung in das Unrechtssystem? Jeder, der die zwölf Jahre Nazizeit unbehelligt überdauert hatte, mußte irgendwann und irgendwo Schuld auf sich geladen haben. Selbst noch die Unschuldigsten hatten sich schuldig gemacht, sei es durch unterlassene Hilfeleistung, wo Hilfe vonnöten war, oder durch ihr Schweigen, wo sie hätten schreien müssen, weil da ein Unrecht geschah. Kein Deutscher war unbefleckt davongekommen. Da brauchte es nicht zu verwundern, daß sich jeder zu entlasten suchte, so gut er konnte, auch und gerade vor der Spruchkammer.

Mein Urteil über Johannes war längst gefällt: schuldig. Doch dann wurde es im Gerichtssaal noch einmal spannend, und ich wurde unsicher. Ein Angeklagter erweckte durch eine ungeschickte Redewendung den Eindruck, als habe er, entgegen seinen Beteuerungen, doch für die Gestapo gearbeitet. Und außerdem nannte er, versehentlich, den Namen eines Gestapomannes, den er eigentlich nicht hätte kennen dürfen. Der Richter wurde aufmerksam und stellte Zwischenfragen, die den Angeklagten gänzlich verwirrten. Unruhe entstand. Die Verteidiger, außer dem von Johannes, verlangten eine

Unterbrechung der Verhandlung, und beantragten danach, als Zeugen für die Unschuld ihrer Mandanten, mehrere hohe Gestapoführer, die in Haft saßen, vorzuladen.

Das war eine Farce. Was diese Zeugen aussagen würden, wußte jeder im Saal, auch Ankläger und Richter. Sie würden keinen ehemaligen V-Mann preisgeben. Noch in keiner der vielen vorangegangenen Verhandlungen mit Gestapozeugen war das geschehen. Warum also dieses Theater? Dennoch wurden sie für den zweiten Verhandlungstag bestellt.

Ihre Aussagen am andern Tag waren eine Sensation. Entgegen meinen bisherigen Erfahrungen belasteten alle drei Gestapomänner einen V-Mann, Johannes. Übereinstimmend sagten sie aus, er allein sei der Zuträger gewesen. Nur er habe die Angaben über die sozialdemokratischen Arbeitskollegen gemacht, und zwar freiwillig. Keiner habe ihn dazu gezwungen. Und keiner der anderen Angeklagten habe jemals mit der Geheimen Staatspolizei zusammengearbeitet.

Meine Unsicherheit verstärkte sich. Wenn diese fragwürdigen Zeugen so einheitlich gegen Johannes aussagten, mußte an der Sache etwas nicht in Ordnung sein. Merkte das Gericht das denn nicht? Offenbar nicht, denn der Richter nahm die Aussagen zu Protokoll, und das mit solchem Ernst, als hätten sich gerade veritable Ehrenmänner um die Klärung der üblen Denunziantenaffäre bemüht. An diesem zweiten Verhandlungstag häuften sich zudem Widersprüche und andere Ungereimtheiten. Und am Ende des Tags glaubte ich zu erkennen, was hier gespielt wurde: Man hatte von Anfang an den Hauptschuldigen ausgedeutet: Johannes. Seine Verteidigung war noch dadurch beeinträchtigt, daß er bekannte, Mitglied der KPD zu sein. So erklärte der Verteidiger eines anderen Angeklagten, die Unschuldsbeteuerungen von Johannes seien schon deshalb unglaubwürdig, weil er sich zum Kommunismus bekenne und Lüge und Verdrehung der Tatsachen ein

Teil der kommunistischen Ideologie sei. Dabei zitierte er einen angeblichen Ausspruch von Lenin, daß Lügen zum argumentativen Rüstzeug jedes Kommunisten gehöre. Diese Auslassung des Verteidigers, die unwidersprochen blieb, kennzeichnete die Verhandlungsatmosphäre.

Nach dem Abschluß der Beweisaufnahme war mir klar, daß die Verhandlung nicht die Wahrheit ans Licht gebracht hatte. Weder war die Schuld von Johannes bewiesen noch die Unschuld der andern belegt worden. Ich stand mit meiner Meinung nicht allein. Selbst der Öffentliche Ankläger hatte bei der Zeugenaussage eines Gestapomannes bemerkt: »Ich habe den Eindruck, wir werden heute von hinten und vorne belogen, daß es zum Himmel stinkt.«

Der Vorsitzende sah es anders. Er verkündete, es sei der Spruchkammer gelungen, den Täter zu entlarven, der im November 1944 acht Belegschaftsmitglieder der Maschinenfabrik wegen Zersetzung der Wehrkraft bei der Gestapo denunziert habe. Johannes sei der Judas gewesen, und er habe die anderen Angeklagten in den Strudel von Verunglimpfung bis Verrat mit hineingezogen, habe sie schuldig werden lassen. Ihn müsse darum die ganze Härte des Gesetzes treffen. So seien vier Jahre Arbeitslager eine angemessene Sühne für sein ehrloses Verhalten. Und der Spruchkammervorsitzende fügte noch seine persönliche Meinung hinzu: Der Angeklagte habe sich trotz seiner langjährigen politischen Schulung nicht als ein in seiner Weltanschauung gefestigter Charakter gezeigt. Er sei um eigener Vorteile willen schwach und zum Verräter geworden.

Dann verfügte er die Festnahme des Johannes noch im Gerichtssaal. Die anderen Angeklagten kamen mit geringfügigen Strafen davon, die alle zur Bewährung ausgesetzt wurden.

Ich faßte mein Unwohlsein über den Prozeßverlauf in einem längeren Bericht für die KPD-Zeitung zusammen und resümierte, viele Fragen seien offengeblieben, und es wäre notwendig, in einem Revisionsverfahren die wahren Schuldigen an dem Verrat zu finden, Johannes müsse in die Berufung gehen.

Zu meiner großen Überraschung wurde mein Bericht nicht veröffentlicht. Abgedruckt wurde dagegen die dpa-Meinung mit der Erklärung des Spruchkammervorsitzenden über die alleinige Schuld von Johannes und die Höhe der Strafe. Die Redaktion hatte dieser Meldung noch einen Absatz angehängt, in dem es hieß: »Dieser Fall ist deshalb typisch, weil Johannes, der vor 1933 der KPD angehörte, nunmehr eindeutig als Gestapoagent entlarvt ist, nachdem er bisher die Rolle eines ›Opfers der Sowjetpolitik‹ zu spielen verstand. Johannes war nach 1933 in die UdSSR gegangen, wurde dort im Zusammenhang mit den trotzkistischen Verrätern verhaftet und ausgewiesen, wobei er es verstand, die Legende zu verbreiten, er sei von der GPU an die Gestapo ausgeliefert worden ... Der Spitzel Johannes ist also nicht an die Nazis ausgeliefert worden, wie er und seinesgleichen so gern behaupten, sondern er hat sich, ebenso wie seine Kumpane, in Moskau der Nazi-Botschaft zur Verfügung gestellt und dort, wie später in Deutschland, für die Faschisten gearbeitet. Seine Verurteilung als V-Mann hat jetzt die Legende von der ›Auslieferung durch die GPU‹ zerstört, und die Trotzkisten werden gut daran tun, in Zukunft andere Romane zu erzählen.«

Noch am gleichen Tag wurde Johannes aus der Partei ausgeschlossen. »Ein V-Mann der Gestapo und Verräter hat in der KPD, der Partei der Arbeiterklasse, nichts verloren«, hieß es in der Ausschlußerklärung. »Sein Fall beweist, wie notwendig eine erhöhte Wachsamkeit gegenüber Agenten und Spionen gerade in unserer Zeit ist.«

Ich war verärgert, daß die Redaktion statt meines Berichts die dpa-Meldung abgedruckt hatte. Auch hielt ich es für unkorrekt, einen Zusammenhang zwischen der Spitzelaffäre in der Maschinenfabrik und Johannes'

Aufenthalt in der Sowjetunion herzustellen. Doch der verantwortliche Redakteur erklärte mir, er habe das nicht zu verantworten. Es sei auf Anweisung der Parteileitung geschehen. Sie habe auch den Anhang mit dem trotzkistischen Verräter formuliert.

Das verstand ich um so weniger, da während des gesamten Prozesses ein Beobachter der Partei im Gerichtssaal anwesend war, die einseitige Verhandlungsführung miterlebt und sich eifrig Notizen gemacht hatte. Ich ging zu ihm und bat um Aufklärung, weshalb die Affäre Johannes in dieser Weise dargestellt worden sei, obwohl er es durch eigenen Augenschein besser wisse.

Dieser Genosse belehrte mich, ich müsse den Fall des Johannes in einem größeren Zusammenhang sehen. Dann würde er eine andere politische Qualität bekommen. Es gebe ein Parteiinteresse, das über dem Interesse des einzelnen stehe. Darum sei mein Bericht, der zu viel Sympathie für Johannes verriet, unbrauchbar gewesen. In seinem Fall sei eine klare, eindeutige Sprache notwendig und die Suche nach Entlastungsargumenten falsch.

Das alles wollte mir nicht einleuchten. Unzufrieden und nachdenklich verließ ich den Genossen. Ich akzeptierte das höhere Interesse der Partei, mir blieb ja keine andere Wahl, wenn ich es auch im Fall des Johannes nicht verstand.

Gefährliche Reportage

Eines Tages bekam ich von der Redaktion den Auftrag, mit einem Pressefotografen nach Brückenau in der Rhön zu fahren. Dort, nahe der Zonengrenze, hatten die Amerikaner den Truppenübungsplatz Wildflecken und die dazugehörige Kasernenstadt mit Beschlag belegt und damit den ganzen Landkreis Brückenau in eine amerikanische Enklave verwandelt. Mehrere tausend Amerikaner waren auf dem ausgedehnten Kasernengelände stationiert. Jetzt waren sie dabei, das militärische Sperrgebiet rund um die Berge Dammersfeldkuppe und Eierhauck auf gut einhundert Quadratkilometer zu erweitern. Rigoros verfügten sie die Räumung von zwei Ortschaften, um Schießübungen mit weitreichenden Kanonen durchführen zu können. Den Bewohnern hatten sie über die deutschen Behörden mitteilen lassen, wer nicht freiwillig gehe, werde innerhalb einer gesetzten Frist zwangszweise evakuiert.

Das war natürlich ein brisanter Stoff für eine spektakuläre Reportage über amerikanische Besatzungspolitik in Westdeutschland und bestens geeignet für die Sozialistische Volkszeitung.

Es war immer heikel, über militärische Maßnahmen zu berichten, besonders für den Reporter einer kommunistischen Zeitung. Darum hatte ich auf der ganzen Fahrt dorthin kein gutes Gefühl, um nicht zu sagen Angst. Das verstärkte sich noch, als wir in die schmale Landstraße einbogen, die von Wildflecken den Berg hinauf in die Sperrzone führte. In kurzen Abständen waren am Wegrand große Verbotsschilder aufgestellt, die mit einem stilisierten Totenkopf bemalt waren. Das sollte wohl heißen, daß man sein Leben riskierte, wenn man weiterfuhr.

Doch entgegen meinen Befürchtungen klappte alles problemlos. Weder die deutschen Augen des Gesetzes noch die amerikanische Militärpolizei wurden auf uns aufmerksam. Ernst H., der Fotograf, machte Aufnahmen von Panzerwagen, die durch das Dorf rollten, von zerstörten Häusern und von Bauern, die ihre Habe zusammenpackten. Ich interviewte einige Dorfbewohner, die verständlicherweise nur Bitterböses über die Amerikaner zu sagen wußten. Und mein Stenoblock füllte sich schnell mit Beobachtungen und Aussagen, die vorzüglich in meinen Bericht paßten.

Die wenigen noch verbliebenen Bewohner von Altglashütten, so hieß das untere Dorf in der Hohen Rhön, erzählten uns, daß in Reussendorf, dem oberen Dorf, das ebenfalls geräumt werden mußte und noch näher am Schießgelände lag, eine letzte Bauernfamilie sich weigere, ihren Hof zu verlassen. Ringsherum schossen die Amerikaner bereits eifrig mit ihren Panzerkanonen. Ich wollte hinauf, aber dem Fotografen war das zu gefährlich. Er weigerte sich mitzukommen. So fuhren wir zurück.

Ich war mit dem Ergebnis der Reportagefahrt zufrieden. Die Redaktion war es nicht. Sie meinte, der Besuch der letzten Familie in dem verlassenen Dorf sei der eigentliche Knüller, der dramatische Höhepunkt des Berichts, und ich solle unverzüglich noch ein zweites Mal in die Hohe Rhön fahren, damit ich die Familie noch auf ihrem Hof antreffe.

Ich wollte nicht. Schon bei der ersten Fahrt war ich mir über das Risiko eines solchen Unternehmens im klaren gewesen und hatte reichlich Ängste ausgestanden. Zudem wußte ich sehr genau, daß der glatte Verlauf der Reportagefahrt keinesfalls meiner Findigkeit zu verdanken war. Nach meiner Einschätzung hatten die Amerikaner einfach nicht damit gerechnet, daß deutsche Journalisten die Absicht, beziehungsweise die Unverfrorenheit haben könnten, in das beschlagnahmte Gebiet einzudringen, um einen kritischen Bericht über das Vorgehen der Siegermacht zu veröffentlichen. Es würde sich auch nicht ein zweites Mal der Zufall wiederholen, daß sie einen in ihrem Militärbereich herumschnüffelnden kommunistischen Reporter übersähen. Darum versuchte ich, meine Redaktionskollegen von ihrem Ansinnen abzubringen. Der Chefredakteur verhinderte es. Er sagte, wenn die amerikanischen Besatzer solche Kriegsvorbereitungen auf deutschem Boden träfen, die ausschließlich gegen den Osten gerichtet seien, dann läge es nicht im Ermessen eines Reporters, ob man darüber in der Sozialistischen Volkszeitung berichte oder nicht. Diese Reportage, und vor allem der Bericht über Reussendorf, sei von einer so großen politischen Bedeutung, daß ich diese zweite Fahrt als einen Parteiauftrag zu verstehen habe. Damit war das Stichwort für meine Entscheidung gefallen, denn über einen Parteiauftrag gab es keine Auseinandersetzungen.

Ein Parteiauftrag war weit mehr als ein gewöhnlicher Auftrag, das war die Ultima ratio parteilicher Verpflichtung. Ihn hatte man auszuführen, selbst wenn man an seiner Richtigkeit zweifeln sollte. Natürlich stand es dem betroffenen Genossen frei, bei der nächsten Parteiveranstaltung oder unter vier Augen gegenüber einem Parteifunktionär, oder auch, wie in meinem aktuellen Fall, in der Redaktionssitzung, seine Zweifel zu äußern. Das änderte aber nichts an dem Entscheid selbst und hatte bestenfalls aufschiebenden Charakter. Denn dann wurde so lange mit dem von Zweifeln geplagten Genossen gesprochen, bis er sich die Argumente der Partei zu eigen machte. Aber derartige Diskussionen geschahen äußerst selten. Ein überzeugter Kommunist vertraute der Partei und sang, wenn man in aufgelockerter Gesellschaft zusammensaß, mit Überzeugung und lauthals: »Die Partei, die Partei, die hat immer recht.« Die Partei wiederum wußte um ihre Stärke durch den Vertrauensbonus ihrer Mitglieder und nutzte ihn. So war auch ein Parteiauftrag mit einer nicht gestellten Vertrauensfrage gekoppelt.

Es war ganz überflüssig, daß der Chefredakteur noch bemerkte, wenn ich nicht fahren wolle, werde er ein anderes Redaktionsmitglied beordern. Er wußte, daß ich fahren würde. Schließlich leuchteten mir ja auch seine

Argumente ein, wenn ich die Handlungsweise der Amerikaner in der Hohen Rhön und ihre Folgen bedachte. Er war der politische Kopf der Redaktion, gehörte der Parteileitung an, war die Zunge, mit der sie im Redaktionskollegium sprach und entschied.

Am darauffolgenden Tag fuhr ich wieder in Richtung Hohe Rhön. Diesmal allein, denn dem Pressefotografen Ernst H., der nicht der KPD angehörte und darum keine Parteiaufträge entgegenzunehmen brauchte, war bereits beim ersten Mal die Lust an einer Fahrt nach Reussendorf vergangen.

Ich kam nicht weit. Kaum war ich von der Hauptstraße abgebogen, um in das Sperrgebiet hinaufzufahren, stoppte mich die Militärpolizei. Die Soldaten kontrollierten nur kurz meine Papiere, dann setzte sich einer von ihnen zu mir auf den Beifahrersitz und forderte mich auf, dem Jeep der Militärpolizei zu folgen. So eskortierte man mich zurück nach Brückenau zu einer amerikanischen Dienststelle.

Wie schon so oft, verstärkte mein Staatenlosenpaß das Mißtrauen gegen mich. Der amerikanische Offizier, der mich verhörte, drehte und wendete ihn ein paarmal hin und her, als suche er irgendwo den eingedruckten Vermerk »Beruf: sowjetischer Spion«. Ich konnte ihm erklären, was ich wollte, er glaubte mir kein Wort. Ich bat ihn dringend, in Frankfurt anzurufen, er stellte sich taub. Ich verlangte, daß eine deutsche Behördenstelle zur Klärung eingeschaltet werde, das interessierte ihn nicht. Schließlich sagte er, man werde mich so lange festhalten, bis meine Angaben überprüft worden seien.

All meine Proteste halfen nicht. Ich wurde in ein Militärauto verladen, auf das einige Kilometer entfernte Kasernengelände von Neu-Wildflecken gebracht und dort in Arrest genommen. In einem kleinen, wie eine Unteroffiziersbude eingerichteten Zimmer mit Waschgelegenheit hatte ich Zeit, über meine mißliche Lage nachzudenken. Vielleicht waren Ernst H. und ich entgegen meiner ersten Einschätzung doch bereits bei unserer

Fahrt vor zwei Tagen den Amerikanern aufgefallen. Als ich dann mit meinem ungewöhnlichen Gefährt, einem uralten zweisitzigen DKW-Meisterklasse mit Holzverkleidung, der der Redaktion gehörte, ein zweites Mal in der Nähe des Sperrgebiets auftauchte, hat man mich schnell aufgespürt und nun dingfest gemacht.

Zwei Tage hielt man mich fest, war ich von der Umwelt abgeschnitten. Ich durfte nicht einmal telefonieren. Im übrigen behandelten mich die Amerikaner korrekt und gaben mir zu essen und trinken. Doch kein Soldat sprach ein Wort mit mir. Endlich brachte man mich wieder nach Brückenau. Ein junger Offizier erklärte mir dort, man habe meine Identität festgestellt und ich stünde nicht mehr unter Spionageverdacht. Ich atmete auf. Bevor er mich entließ, fixierte mich der Offizier scharf, verzog dann sein Gesicht zu einer Grimasse, womit er wohl Verachtung ausdrücken wollte, und meinte, verdächtig sei ich trotzdem, denn ich schreibe für eine kommunistische Zeitung. Danach gab er mir meinen Paß und meinen Führerschein wieder und brachte mich an mein Auto.

Es war bereits spät am Nachmittag, als ich aus der amerikanischen Haft entlassen wurde. Mir war die Lust vergangen, noch irgend etwas zu unternehmen oder nach Hause zu fahren. Telefonisch verständigte ich die Redaktion von meinem Mißgeschick. In Frankfurt war man bereits in Sorge um mich gewesen und hatte bei der Polizei in Brückenau und im nahen Bad Kissingen nach mir gefahndet. Aber weder hier noch dort wußte man etwas von meinem Zwangsaufenthalt in der US-Kaserne in Neu-Wildflecken. Die Amerikaner hatten die deutschen Behörden nicht verständigt.

In Brückenau suchte ich einen Genossen auf, dessen Adresse ich von der Redaktion mitbekommen hatte, und erbat mir ein Nachtquartier. Er brachte mich in ein kleines Gasthaus, das wenige Kilometer weiter an der Straße nach Hammelburg lag. Der Pächter, so sagte er, sympathisiere mit der KPD.

Am Abend saß ich mit dem Gastwirt, einem Oberschlesier, bei einem Glas Bier zusammen. Und an das mit ihm geführte Gespräch erinnere ich mich ebenfalls noch sehr genau. Wenn es auch nichts mit den Amerikanern zu tun hat, ist es doch mit meinem Abenteuer im militärischen Sperrgebiet verbunden, und ich empfinde es im nachhinein als bedeutsam.

Ich erzählte ihm von meiner mißglückten Reportagefahrt und er mir von seinen Kriegserlebnissen im besetzten sowjetischen Hinterland, das er als Meldefahrer kennengelernt hatte, und von der schlimmen Zeit in einem sibirischen Kriegsgefangenenlager. Erst wenige Monate zuvor war er aus der Gefangenschaft zurückgekehrt und beklagte die Zustände, die er in der Sowjetunion vorgefunden hatte: große Armut in weiten Teilen des Landes, soziale Ungerechtigkeiten und einen aufgeblähten Behördenapparat. Er wäre, trotz alledem, nach wie vor Sozialist, versicherte er mir, aber die dortigen Verhältnisse seien alles andere als erstrebenswert.

Ich hatte schon öfter solche Äußerungen von ehemaligen deutschen Soldaten über ihre Eindrücke in der Sowjetunion gehört. Sie machten mich in meiner positiven Einstellung zu diesem Land, das wir Kommunisten Vaterland der Werktätigen nannten, nicht irre. Zum einen waren Erfahrungen aus einem besetzten Gebiet, zumal Erfahrungen von Okkupationssoldaten, nicht mit den dortigen Verhältnissen in Friedenszeiten vergleichbar, zum andern befand sich das Land noch immer in einer Übergangsphase zum Sozialismus. Warum sollte es da keine Mißstände und Unzulänglichkeiten geben können. Ich war sicher, daß sie in absehbarer Zeit überwunden sein würden. Zudem hatte der Überfall durch deutsche Truppen zu erheblichen Rückschlägen und Unterbrechungen im Aufbau einer neuen Gesellschaftsordnung geführt. Das alles mußte man von dem, was deutsche Soldaten in der Sowjetunion gesehen und gehört hatten, in Abzug bringen, und da bekamen ihre Berichte ein ganz anderes Gewicht.

Ich wurde hellhörig, als der Gastwirt noch erwähnte, überall, wo er in der Sowjetunion gewesen sei, habe er einen starken Antisemitismus, eine allgemeine Geringschätzung der Juden erlebt. Und in den Schulungsstunden im Kriegsgefangenenlager sei von den Politoffizieren sehr oft und ausgiebig über Zionismus gesprochen worden, der regierungsoffiziell verteufelt werde. Er sei als eine subversive antisozialistische Waffe des internationalen Kapitalismus bezeichnet worden, mit der der Bestand des ersten Arbeiter-und-Bauern-Staates der Welt gefährdet werden solle. Die Umerziehungsspezialisten im Lager, darunter auch etliche deutsche Emigranten, hätten zwar betont, daß der Kampf gegen den Zionismus absolut nichts mit Antisemitismus zu tun habe, aber oft, und vielleicht auch bewußt, seien beide Begriffe durcheinandergebracht worden. Diese Vorträge zum Thema Judentum und Zionismus seien Wasser auf die Mühlen der meisten deutschen Kriegsgefangenen gewesen, die durch sie in ihrem noch immer vorhandenen Antisemitismus aufs neue bestärkt wurden. Einmal habe sich ein Gefangener zu Wort gemeldet und unter dem Beifall seiner Kameraden geäußert, was die Einschätzung des internationalen Judentums anbelange, seien sich demnach Kommunisten und Nationalsozialisten weitgehend einig. Der Politoffizier habe dem zwar heftig widersprochen, der Gesamteindruck seiner Ausführungen über Zionismus sei aber unverändert geblieben.

Ich wußte nicht recht, was ich von den Erzählungen des Wirtes halten sollte. Antisemitismus in der Sowjetunion paßte nicht in das Grundmuster meiner Vorstellungen über eine sozialistische Gesellschaft, zu deren obersten Geboten die Beseitigung aller religiösen und rassischen Schranken zählte. Sozialismus und Antisemitismus schlossen sich gegenseitig aus. Antisemitismus in einem sozialistischen Land war so unmöglich wie der Dialog mit einem Toten, so widersprüchlich wie Christenverfolgung in der Kirche.

Mit diesen Überlegungen gelang es mir, meine Irritationen zu verdrängen. Mein Gegenüber wurde mir unglaubwürdig. Ich brach das Gespräch ab und zog mich in meine Schlafkammer zurück. Mir blieben dennoch leise Zweifel. Sollte sich der Wirt das alles wirklich nur zusammenphantasiert haben? Er war trotz seiner kritischen Bemerkungen über die Zustände in der Sowjetunion kein übelwollender Stänkerer, kein antisowjetischer Provokateur. Er mochte mit dem Antisemitismus übertrieben haben, seine Bemerkungen zum Antizionismus stimmten. In Meldungen der sowjetischen Presseagentur TASS wie auch in Verlautbarungen der KPdSU wurde der Begriff Zionismus genau so verwendet, wie es der Wirt aus dem Gefangenenlager geschildert hatte. Ich bekam täglich die Berichte der TASS auf den Redaktionstisch. Glaubte man ihnen, und ich hatte bisher keine Veranlassung, ihnen nicht zu glauben, so mußte es noch sehr viele Juden in der Sowjetunion geben, die gegen den Staat und die Partei agierten und intrigierten. Das war mir unverständlich. Wie konnten sich Juden in so großer Zahl als Agenten des Imperialismus mißbrauchen lassen? Und das ausgerechnet in der Sowjetunion, in dem Land, in dem durch die Beseitigung des Zarismus und die Machtübernahme der Bolschewiki ein jahrhundertelanger Traum aller Juden erfüllt worden war: Gleichbehandlung und Wiedergewinnung der Menschenwürde.

Als ich am andern Tag in der Redaktionssitzung über meine Erlebnisse im amerikanischen Sperrgebiet von Wildflecken Bericht erstattete, schilderte ich auch mein Gespräch mit dem Gastwirt. Ich fragte, ob es denkbar sei, daß es in der Sowjetunion irgendeine Form von Antisemitismus gäbe. Und der Chefredakteur meinte, es sei betrüblich, wenn ein kommunistischer Redakteur nicht in der Lage sei, zwischen Judentum und Zionismus zu unterscheiden. Schon allein die Fragestellung nütze den Feinden des Sozialismus. Ich müsse mich davor hüten, der westlichen Propaganda auf den Leim zu gehen.

Der Chefredakteur war auch Jude.

Die Reportage erschien als Aufmacher im lokalen Teil der Sozialistischen Volkszeitung und fand große Beachtung, auch ohne das nicht zustande gekommene Interview aus Reussendorf. Ein Sonderdruck in Flugblattform wurde an einem Vormittag in den umliegenden Dörfern und Städten verteilt, zwei Stunden später der Rest beschlagnahmt, mehrere Verteiler verhaftet, und ich erhielt vierzehn Tage danach ein Strafmandat wegen unerlaubten Befahrens einer nur für Militärfahrzeuge offenen Straße.

Als eine Übungsgranate unmittelbar neben ihrer Scheune einschlug, ob zufällig oder nicht, zog es die Reussendorfer Bauernfamilie dann doch vor, den Hof zu verlassen und hinunter ins Tal zu ziehen. In dem Bericht eines Lokalreporters hieß es später, die amerikanischen Dienststellen seien den Reussendorfern beim Umzug außerordentlich behilflich gewesen. Militärlaster seien kostenlos zur Verfügung gestellt worden, während doch die anderen Bauernfamilien, die zuvor ihre Häuser geräumt hatten, ihr Hab und Gut mit eigenen Wagen hätten abtransportieren müssen. Zu vermerken sei auch noch, daß die Soldaten beim Herausschleppen und Aufladen des Hausrats selbst Hand angelegt und darauf geachtet hätten, daß nichts beschädigt werde.

Irmgard

In der Frankfurter Stahlbaufirma I.S. Fries Sohn, in der ich als Konstrukteur und später als Betriebsleiter arbeitete, lernte ich Irmgard kennen. Wir gehörten beide einer antifaschistischen Betriebsgruppe an, die sich noch vor dem Krieg gebildet hatte. Erst waren es nur drei, doch allmählich wurden es acht und dann zehn Arbeitskollegen, die Kontakt zueinander fanden, regelmäßig Informationen austauschten, Tagesereignisse diskutierten und sich auch außerhalb des Betriebs trafen.

Irmgard war während des Krieges zu unserem Kreis gestoßen. Von Anfang an mochte ich sie, hatte aber nie den Mut, ihr meine Zuneigung zu bekennen. Das lag nur zu einem Teil an meinem schüchternen Naturell. Von Hause aus war ich zum Schweigen erzogen, genauer: verurteilt worden, ebenso meine beiden Geschwister, damit wir in der Hölle des Faschismus überleben konnten. Hinzu kam das strenge Verbot von Mama, mit einer Frau eine Beziehung anzuknüpfen. Sie sagte, andernfalls würde ich mich mit meinem Beschnittensein verraten, und das bedeute nicht nur mein, sondern der ganzen Familie Ende.

Es war großes Pech, daß mein Freund Heinz, der mit mir im gleichen Konstruktionsbüro am Zeichenbrett stand und ebenfalls zu unserer Gruppe gehörte, sich auch für Irmgard interessierte. Er hatte den Vorteil, daß ihn weder Schüchternheit noch Erziehungskomplexe plagten und keine familiären Auflagen zwangen, mit seinen Empfindungen hinterm Berg zu halten. Die Folge war, daß Heinz und Irmgard im Sommer 1944 heirateten. Auch war es kein Trost, eher das Gegenteil, daß ich, der Bitte des Paares nachkommend, auf dem Standesamt als Trauzeuge meinen Namen unter das amtliche Formular schrieb und obendrein zwei Tage später in der Frankfurter Johanniskirche in der ersten Reihe sitzen durfte, als Pfarrer Grimm dem glücklichen Brautpaar den kirchlichen Segen gab.

Die Teilnehmerrunde an der Hochzeitsfeier ist wegen ihrer ungewöhnlichen Zusammensetzung erwähnenswert. Denn so viele aktive Hitlergegner und Diversanten saßen im Tausendjährigen Reich selten bei einer Hochzeit zusammen. Am Kopf des Tisches Pfarrer Grimm, der erst kurz zuvor aus dem Gefängnis entlassen worden war. Er mußte eine längere Haftstrafe verbüßen, weil er die Judenverfolgungen und die Euthanasie verurteilt hatte. Und um ihn herum an der Tafel das antifaschistische Brautpaar, zwei weitere Kollegen unserer illegalen Betriebsgruppe, mein Bruder Alex, der, wie ich, einer kommunistischen Widerstandsgruppe angehörte und mit Irmgards Schwester befreundet war, und ich, der um eine zerbrochene Hoffnung trauernde Trauzeuge.

Bald nach der Hochzeit verloren wir uns aus den Augen, denn als die englischen und amerikanischen Bomber fast täglich Frankfurt heimsuchten, flüchtete Irmgard mit ihren Eltern aus der zerbombten Stadt. Wohin, wußte ich nicht. Und Heinz war beim Militär.

Wohl aus den Augen verloren, aber vergessen hatte ich Irmgard nicht. Träumte wunderbare Träume, in denen sie der Mittelpunkt war. Einer wiederholte sich immer wieder: Es schellt an der Wohnungstür, und wie ich öffne, steht Irmgard davor, breitet die Arme aus und sagt: Ich habe meinen Irrtum erkannt, du allein bist der richtige Mann für mich. Mach mich glücklich! Und wie in einem Biedermeier-Schreittanz nehme ich sie bei der Hand und geleite sie in das Wohnzimmer, und erst dort fallen wir uns um den Hals und gebe ich ihr den ersten scheuen Kuß. Ich hatte auch andere, hitzigere Träume, bei denen mir Irmgard nicht nur um den Hals fällt und mir ihr Herz, sondern noch viel mehr öffnet und Dinge geschehen, die auszuplaudern unehrenhaft wäre. Ob solche oder solche, es waren Träume.

Der Krieg ging zu Ende, das Leben normalisierte sich

langsam wieder, und ich fahndete nach meinen alten Freunden, auch nach Irmgard und Heinz. Endlich meldeten sie sich aus dem nordhessischen Battenberg, wohin sie evakuiert worden waren. Im Sommer 1946 besuchte ich sie dort. Voller Freude konstatierte ich, daß die politische Übereinstimmung, die uns mehrere Jahre lang zu einer verschworenen Gemeinschaft gemacht hatte, bei allen dreien auch nach Beendigung des Hitlerspuks erhalten geblieben war. Noch mehr. Die beiden hatten sich in der Zwischenzeit der kommunistischen Ideologie so weit genähert, daß ich sie fast meine Genossen hätte nennen können. Außer dem Mitgliedsbuch der KPD fehlte ihnen dazu nichts mehr.

Diese politische Harmonie machte meinen Aufenthalt in Battenberg angenehm. Viele Stunden saßen wir zusammen, erinnerten uns mancher gefährlichen Situationen in unserer ehemaligen Firma, analysierten und kommentierten die weltpolitische Lage und machten Pläne für die Zukunft.

Schnell merkte ich, daß politischer Konsens nicht unbedingt auch die Grundlage für ein zufriedenes Eheleben sein muß. In der Ehe meiner Gastgeber schien weit weniger Harmonie zu bestehen als in ihrer weltanschaulichen Einstellung. Selbst der ein halbes Jahr alte Rüdiger, ihr gemeinsames Kind, war außerstande, den ehelichen Gleichklang zu erhalten. Da kam in mir die leise Hoffnung auf, daß es vielleicht zwischen Irmgard und mir doch noch etwas werden könnte. Und als ich mich nach acht Tagen von ihnen in Battenberg verabschiedete, nahm ich meinen ganzen Mut zusammen und sagte ihr in einem günstigen Moment, sie solle wissen, daß ihr in meinem Haus, wann immer sie es benötige, ein Tisch und ein Bett bereitständen.

Es dauerte drei Jahre, bis Irmgard auf mein Angebot zurückkam und den Weg in die Kaiserhofstraße fand. Sie brachte den mittlerweile dreijährigen Rüdiger mit.

Papa hätte es lieber gesehen, wenn ich mir eine jüdische Frau ins Haus geholt hätte und keine Goie.* Schon einmal, als ich mich in der Hitlerzeit mit Mimi aus unserer Widerstandsgruppe anfreundete, war ihm das nicht recht gewesen. Wegen ihr hatte es zu Hause manche Szene gegeben und den heftigen Vorwurf Papas: »Hast du es nötig, dich mit einer Schickse** einzulassen?« Und als bald nach dem Zusammenbruch eine litauische Jüdin, die den Holocaust überlebt hatte, zufällig in unsere Wohnung kam, wollte Papa unbedingt, daß sie bei uns bliebe und ich mich mit ihr anfreunde. Dabei war sie gut zehn Jahre älter als ich und so gar nicht mein Typ. Aber das spielte für ihn keine Rolle. Sie war eine von unseren Leuten, und das allein zählte.

»Gefällt sie dir nicht?« fragte er mich eines Tages unverblümt, als er merkte, daß ich Distanz zu ihr hielt.

Ich antwortete: »Nein.«

»Warum nicht? Was hast du gegen sie?«

»Wir passen nicht zueinander.«

»Nicht so schnell, Walja. Du mußt sie erst einmal näher kennenlernen.«

»Trotzdem nein.«

»Du bist ein Akschn***!« sagte er ärgerlich und enttäuscht.

Ich weiß, eine jüdische Schwiegertochter wäre Papas Traum gewesen. Aber er hütete sich, das auszusprechen. Er hat nie ein unwilliges oder gar böses Wort zu Irmgard gesagt. Aber er war ihr und Rüdiger gegenüber reserviert.

Das änderte sich erst, als ein Jahr später Ionka zur Welt kam, sein erstes und einziges Enkelkind. Eine letzte große Hoffnung hatte sich ihm erfüllt. Bis zu seinem achtzigsten Lebensjahr mußte er darauf warten. Von dem Tag an war Irmgard, die Mutter seiner Enkeltochter, Paula und mir gleichgestellt, sie war aufgenommen.

* Goie: Nichtjüdin
** Schickse: (abwertend) Christenmädchen
*** Akschn: starrsinniger Mensch

Ein glücklicher Umstand hatte es gefügt, daß Ionka am 1. Mai zur Welt kam. Das wertete Papa besonders hoch. Er meinte, das sei kein Zufall gewesen. Das müsse irgendwer so gewollt haben, daß sein Enkelkind ausgerechnet am Kampftag der Arbeiterklasse zur Welt komme, wo doch das Jahr noch dreihundertvierundsechzig andere gleich gute Tage zum Kinderkriegen habe. Es machte ihm nichts aus, daß er, der Marxist und gestandene Revolutionär, in diesem speziellen Fall einer von unseren Sinnen nicht wahrnehmbaren Macht zutraute, wohlwollend in das Schicksalsrad der Familie Senger eingegriffen zu haben.

Warum eigentlich nicht? Mit der gleichen Selbstverständlichkeit sprach er bei der Namensnennung eines Verstorbenen die religiöse Formel Gesegnet sei der Richter der Wahrheit oder Friede mit ihm, hatte er meinen Bruder Alex und mich beschneiden lassen und war mit mir an den jüdischen Feiertagen in die Synagoge gegangen. Er hat dieses Verhalten sicher nicht als einen Widerspruch zu seiner sozialistischen Einstellung empfunden. Genau so wenig wie früher Mama, die sich, was ihre jüdische Tradition und ihre kommunistische Realität betraf, in gleicher Weise merkwürdig und widersprüchlich verhalten hatte.

Um das zu verstehen, muß man wissen, von welch allumfassender Mystik das Leben der Ostjuden über Jahrhunderte und noch bis in unsere Tage durchdrungen war, einer Welt, in der auch meine Eltern großgeworden waren. Ich erinnere mich, daß Papa mir einmal die Rolle des Dibbuk, des bösen Geistes, der in einen Menschen fährt und immer nur Unheil anrichtet, erläuterte. Er versicherte mir dabei, viele Juden in der kleinen Stadt in der Ukraine, in der er Kindheit und Jugend verbrachte, hätten an dessen und auch anderer bösen Geister Existenz geglaubt. Es habe sogar in einer benachbarten Stadt einen Wunderrabbi gegeben, der mit Zauberformeln und anderem religiösen Brimborium die Dämonen wieder aus den Körpern derer ausgetrieben habe, die glaubten, von ihnen besessen zu sein. Er, Papa, stehe selbstverständlich über diesem mittelalterlichen Aberglauben. Die betuliche und furchtsame Art, wie er mir die Untaten der bösen Geister und die guten Taten des Wunderrabbi schilderte, nährten in mir jedoch den Verdacht, daß er möglicherweise selbst an die unheilbringenden Dämonen glaubte und heute noch nicht den wundertätigen Rabbi einen Scharlatan nennen würde.

Papa hat sich bis zu seinem Tod nicht von diesem Mystizismus freimachen können und ein Stück davon an mich weitergegeben. Und immer wieder fand er neue Nahrung für seinen Wunderglauben und Beweise für das Vorhandensein übernatürlicher Kräfte. Schließlich hat ihn auch das Überleben unserer Familie im Inferno des Hitlerfaschismus in dieser Haltung bestärken müssen. In den Jahren danach fragte er mehr als einmal: »Mit was haben wir das verdient?«

Im umgekehrten Sinn, doch mit den gleichen Worten, hatte er während unseres Zitterlebens in den zwölf finsteren Jahren unzählige Male – während er die Hände rang, den Kopf schräg stellte und die Augen verdrehte – irgendwen da oben mit klagender Stimme dasselbe gefragt: »Mit was haben wir das verdient?«

Papa ist in seinem Lebensstil und seiner Denkweise immer Ostjude geblieben, nicht nur in seiner Irrationalität. In seinem ganzen Gebaren, seiner Freude und seinem Schmerz, seiner Demut und Selbstlosigkeit, und nicht zuletzt auch in seiner Unberechenbarkeit. Nimmt man hinzu, daß er nie richtig deutsch sprechen lernte, sondern bis zu seinem Tod jiddelte, mag es um so unfaßbarer erscheinen, daß er, und damit die ganze Familie, inmitten Frankfurts die Hitlerzeit überlebten – wenn nicht, wie Papa gesagt haben würde, ein anderer es so gewollt hat.

Irmgards Einzug in die Familie bewirkte mehrere entscheidende Veränderungen. Ich bekam eine Frau, Papa ein Jahr später ein Enkelkind, die Partei ein neues Mitglied und mein Selbstbewußtsein eine ordentliche Stärkung. Dieses Selbstwertgefühl war in einem Jahrzehnt des Unscheinbar-sein-Müssens und der Verleugnung in der Beengtheit des familiären Lügengebäudes, unserer Fluchtburg vor dem Holocaust, bis auf einen kümmerlichen Rest geschrumpft. Es ist ein Wunder, daß es sich überhaupt wieder aufrichtete. Mit Irmgard zur Seite wurde ich selbstsicherer und risikofreudiger. Da machte es nur wenig aus, daß sie in der Partnerschaft wie auch in Genossenkreisen dominierte. Sie war attraktiv und bildete bei Zusammenkünften jeder Art meistens den Mittelpunkt. Überspitzt könnte man sagen, daß ein schmaler Streif des Glanzes, den sie verbreitete, auch auf mich fiel. Wenn ein Reporterkollege mir anerkennend sagte: »Eine hübsche und kluge Frau hast du«, war ich geschmeichelt, als gelte das Kompliment meinem eigenen Aussehen, meiner eigenen Klugheit. Und wenn im Vorübergehen ein Bauarbeiter ihr nachpfiff oder eine anzügliche Bemerkung machte, war mir zumute, als klopfe er mir bewundernd auf die Schulter.

Mir genügte dieser Abglanz von Anerkennung, der auf mich fiel. Denke ich heute darüber nach, stelle ich fest, daß ich mich genau so verhielt, wie Papa sich Mama gegenüber verhalten hatte. Auch er war stets einen Schritt hinter ihr stehengeblieben, war zufrieden und vielleicht sogar glücklich, wenn sie in ihrer pausenlosen Betriebsamkeit oder mit ihren klugen Reden glänzte. Er wußte und akzeptierte, daß er – nicht nur in der Anrede seiner Genossen – der Mann von Olga war und nicht umgekehrt.

Bis zu meinem dreißigsten Lebensjahr war ich Junggeselle geblieben. Nicht ganz freiwillig. Nun hatte ich übers Jahr eine vierköpfige Familie, für deren Versorgung und sonstiges Wohlergehen ich die Verantwortung trug. Das bereitete mir Kopfzerbrechen. Doch nicht allein das, sondern auch Irmgards motorische Natur. Sie gab sich nicht damit zufrieden, nur Hausfrau zu sein. Schon bald suchte sie sich Arbeit, eine Halbtagsstellung im Büro, und außerdem war sie unentwegt für die Partei unterwegs. »Wenn ich schon Mitglied der Partei bin«, sagte sie, »dann will ich auch wissen, warum und will etwas für den Sozialismus tun.« Und damit war mir zwangsläufig ein Teil der Hausarbeit übertragen.

Ich war in einem Zwiespalt. Natürlich hatte ich nichts dagegen, daß sie sich eine Arbeit suchte, denn mein Einkommen als freier Journalist für KP-Zeitungen reichte zwar gerade für die notdürftige Existenz eines Junggesellen, aber nicht zum Erhalt einer Familie. Und zudem konnte Irmgards politischer Eifer von einem überzeugten Kommunisten nur belobigt werden. Wie sollte ich unter diesen Umständen etwas dagegen haben! Aber beides zusammen und dann noch in meiner Familie, das war des Guten zuviel.

In der Partei bezeichnete man uns beide als gute Genossen. Wir nahmen an allen Versammlungen teil und verrichteten die obligatorischen Kleinarbeiten. Mindestens zweimal in der Woche verteilten wir frühmorgens an einem der Werkstore im Gallusviertel Flugblätter oder verkauften Zeitungen, klebten in den Abendstunden und in der Nacht Plakate, steckten Flugblätter in die Briefkästen der Nachbarschaft und beteiligten uns an der sonntäglichen Haus- und Hofpropaganda und den gelegentlichen KPD-Werbeständen. Diese Tätigkeiten für die Partei füllten unsere Freizeit völlig aus, mehr als das, sie schränkten unser Familienleben ein. Leidtragend waren unsere beiden Kinder, obwohl Irmgard sich für sie und die Familie zerriß. Ihre Geschäftigkeit war beängstigend. Denn nicht genug mit ihrer beruflichen Arbeit und ihren parteilichen Aktivitäten, betätigte sie sich auch noch in dem der KPD nahestehenden Demokratischen Kulturbund.

Ihre Vitalität bestimmte wesentlich unser Zusammenleben und unsere gemeinsame politische Arbeit. Niemand konnte sie bremsen. Was sie sich in den Kopf gesetzt hatte, führte sie aus, und wenn sie dafür durch Mauern gehen mußte. Ich versuchte schon gar nicht, ihr den Weg zu verbauen. Heute stelle ich mit Überraschung fest, daß sie sich in keinem Punkt anders verhielt als meine Mutter mit ihrer Dynamik, ihrer bestimmenden Art und ihrer Kompromißlosigkeit. Und ich überlege, ob ich nicht selbst einen Teil dazu beitrug und sie in diese Rolle drängte, damit sie meiner Mutter ähnlich werde.

Das Problem der Beaufsichtigung und Versorgung unserer Kinder löste sich erst, als wir aus der kleinen Hinterhauswohnung in der Kaiserhofstraße, die schon längst keinen Platz mehr für sechs Personen bot, in das Gallusviertel umzogen. Es fiel mir nicht leicht, Papa, Paula und die Wohnung zu verlassen, in der ich geboren wurde und die mir, meinen Eltern und Geschwistern zwölf Jahre ein in tausend Ängsten eingebettetes Versteck war und in der sich das Wunder unseres Überlebens vollzogen hatte. Aber auf so engem Raum war das Zusammenleben unerträglich geworden.

Die Solidarität der Genossen in diesem typischen Arbeiterwohnbezirk, der im Volksmund Kamerun heißt, inmitten einer häßlichen Industrielandschaft, war noch so ausgeprägt wie etwa in der Arbeiterschaft der zwanziger Jahre. Die KPD war dort sehr stark und hatte in der Bevölkerung ein gutes Ansehen. Der Zusammenhalt der Genossen war wie in einer großen Familie. Man verkehrte auch außerhalb der offiziellen Parteizusammenkünfte freundschaftlich miteinander, und die kommunistische Nachbarschaftshilfe war vorbildlich. Jeder half jedem, wenn Hilfe benötigt wurde. So boten sich auch immer Genossenfamilien an, unsere Kinder zu bewahren, wenn Irmgard für die Partei oder den Demokratischen Kulturbund unterwegs war.

Durch dieses enge Miteinander wurde jedoch auch des einzelnen Privatsphäre, in der er tun und lassen konnte, was er wollte, ohne vorher zu fragen, ob es der Partei so recht sei, auf ein Minimum eingeschränkt. In keinem kommunistischen Haushalt konnte etwas geschehen, was der Aufmerksamkeit der anderen Genossen entging. Das war ein Nachteil, den ein gutes Parteimitglied in Kauf zu nehmen hatte. Zu dieser Kehrseite parteilicher Geborgenheit kam noch, daß sich die Parteileitung als Sittenwächter aufführte, vor allem bei Funktionären. Manche parteipolitisch unerwünschte Messalliance und manches Eifersucht und Ärgernis erregende Dreiecksverhältnis wurden durch ein Machtwort der Kaderabteilung beendet, mancher Junggenosse, der zu oft bei einer Junggenossin im Bett gelegen oder ihr gar ein Kind gemacht hatte, aber nicht an Heirat dachte, an seinen Parteiohren zum Standesamt und in ein ordentliches Ehebett gezogen. Auch in unserem neuen Wohnbezirk waren solche Genossenehen auf Druck der Partei zustande gekommen.

Diese moralistische Verhaltensweise war keineswegs eine Spezialität der westdeutschen KP. Ich erinnere mich an einen Urlaubsaufenthalt in einem Erholungsheim der SED im vogtländischen Saalburg, mit dem Irmgards und meine gute Parteiarbeit belohnt worden waren. Es war ein wunderschönes, gepflegtes Haus in einer herrlichen Landschaft. Dort erlebten wir Ähnliches. Möglicherweise bot das wie ein First-class-Hotel eingerichtete Heim ein besonders gutes Klima für den Gesundungsprozeß kranker Ehen oder die zwangsweise Wiederzusammenführung von Ehepartnern nach vorangegangener Trennung.

In den drei Wochen unseres Aufenthalts lernten wir mehrere solcher ehelichen Rehabilitanden kennen, mittlere und höhere Partei- und Staatsfunktionäre der DDR, die in Saalburg mit der richtigen Ehefrau ein neuerliches Zusammenleben übten. Zu diesem Zweck waren sie von ihren zuständigen Kaderabteilungen, wie man in der DDR die Personalverwaltungen nennt, zum Erholen abkommandiert worden. Die Erfolgsquote dieser Ehekittungsverfahren ist mir nicht bekannt. In der kurzen Zeit war es mir auch nicht möglich, in den Verhaltensweisen der nach Saalburg Befohlenen Veränderungen zu konstatieren. Zweifel am Erfolg dieser rabiaten Methode blieben bei mir und Irmgard dennoch erhalten. Nicht nur wegen des ständigen Bemühens etlicher Eherekonvaleszenten um Irmgards Gunst, sondern auch wegen des Lärms auf dem Flur in der vorletzten Nacht. Türen wurden geschlagen, erregte Stimmen waren zu hören, und Bewohner liefen hin und her. Anderntags stellte sich heraus, daß in dieser Nacht Erholungsbedürftige beim nicht zufälligen Bettentausch in flagranti ertappt worden waren. Ein solches Bäumchen-wechsel-dich-Spiel war ganz gewiß nicht im Sinne der Kaderabteilung, die den gemeinsamen Urlaub angeordnet hatte. Was sich im einzelnen zugetragen hat, wurde den anderen Urlaubsgästen nicht bekanntgemacht. Als wir uns am Morgen beim Frühstück trafen, waren zwei Paare bereits abgereist, hatten abreisen müssen, obwohl ihre Aufenthaltszeit noch nicht abgelaufen war. Die Heimleitung hüllte sich in Schweigen. Irmgard und ich mußten leider, ohne Kenntnis der Details, anderntags ebenfalls abreisen, und meine voyeuristische Neugierde blieb unbefriedigt.

Mit Saalburg verbindet sich noch eine andere Erinnerung. Als wir uns dort aufhielten, fand in der DDR eine Volksbefragung statt. Die Frage lautete: Sind Sie gegen eine Remilitarisierung Deutschlands? Wir westdeutschen Gäste durften mit abstimmen. Geschlossen marschierten wir, etwa fünfzig Urlauber und dreißig Bedienstete, von dem Gästehaus, das außerhalb auf einer Anhöhe lag, hinunter ins Städtchen Saalburg zur Stimmabgabe. Wir sangen die alten Kampflieder der Arbeiterbewegung und die nach dem Krieg entstandenen neuen Lieder vom Aufbau und der Verteidigung des Friedens. Es war ein erhebendes Gefühl, für den Frieden und gegen die Wiederaufrüstung zu demonstrieren und mit eigener Hand sein Veto gegen die Befürworter einer neuen Kanonenpolitik zu markieren. Auch Irmgard, die zum ersten Mal solch eine gemeinsame Aktion miterlebte, war bewegt. Während wir singend die Straße hinabmarschierten, nahm sie mich fest bei der Hand. Ihr

Gesicht leuchtete, und ich glaubte, Tränen in ihren Augen zu sehen.

Unsere politische und berufliche Arbeit war nicht nur sehr unterschiedlich, sie vollzog sich meist auch an getrennten Orten. Sollte ich in Darmstadt eine exmittierte Familie aufsuchen, um über ihre unverschuldete Notlage einen Bericht zu machen, hatte Irmgard zur gleichen Zeit in Kassel eine Kulturveranstaltung vorzubereiten. Mußte ich in Erfahrung bringen, wie groß die Manöverschäden im Raum Hersfeld waren, beriet sie am selben Tag im Odenwald oder noch weiter südlich mit irgendeinem Kulturbeflissenen einen Bericht zur Lage der bildenden Künstler in der Bundesrepublik. Das brachte sowohl ganz persönliche, unser Zusammenleben berührende als auch Probleme in der Erziehung unserer Kinder mit sich.

Auch bestimmte Lebensgrundsätze, mit denen sie ihr Selbstverständnis untermauerte, bereiteten mir Schwierigkeiten. Beispielsweise bestand sie darauf, daß Toleranz lediglich das Eingeständnis von Schwäche und der Mangel eines festen Standpunkts sei und sie sie darum im Grundsatz ablehne. Formulierte ich dagegen Toleranz als die elementare Voraussetzung jedes Miteinander, weshalb sie über jedem Grundsatz stehen müsse, erregte ich ihren Widerspruch.

Diese kritische Phase in unserer Ehe dauerte längere Zeit. Es war nicht leicht, gelang aber dennoch, sie zu beenden. Wir vermieden, wo es möglich war, Trennungen ganz oder kürzten sie ab, und experimentierten mit gemeinsamen journalistischen Arbeiten. Das gelang uns auch nach einigen Anfangsschwierigkeiten, trotz aller Gegensätze. Irmgard verstand es besser als ich, Menschen aus Randgruppen der Gesellschaft zum Reden zu bringen und beeindruckende Reportagen zu schreiben, meine Stärke war die Kommunalpolitik und die politische Reportage. Sie verband Journalismus mit weiblichem Charme und konnte auf diese Weise manche Tür öffnen, die mir verschlossen blieb. Und wenn ich später für die »Sozialistische Volkszeitung« oder den Berliner Rundfunk Stellungnahmen zu einer neuen Friedensproklamation der DDR oder einer programmatischen Rede des Staatsratsvorsitzenden Walter Ulbricht einzuholen hatte, war Irmgard immer dann erfolgreicher als ich, wenn außer politischen Argumenten auch noch die lautlose Ansprache an die Kavaliershaltung eines Mannes zu wirken vermochte.

Doch dann begann ein Prozeß, der mir in meinem politischen Leben öfter widerfuhr, zuerst mit Freunden, schließlich mit meiner eigenen Frau. Unsere Ansichten über den richtigen Weg zu einer sozialistischen Gesellschaft wurden zunehmend unterschiedlich. Während ich, immer schon zu Kompromissen bereit, einen reformerischen Weg, andere werden sagen: einen opportunistischen, bevorzugte, den ich auch heute noch als den einzig gangbaren betrachte, wurde ihre Haltung unerbittlicher, extremer. Sie setzte sich nach links ab, und ich driftete gewissermaßen nach rechts. So bildete sich eine bis heute bestehende politische Kluft zwischen uns.

Möglicherweise waren unsere drei Kinder und die Probleme ihrer Erziehung daran schuld, daß wir im Familienkreis nie genügend Zeit hatten, uns darüber gar zu sehr in die Wolle zu kriegen. Politischer Dissens hat nicht selten zur Entfremdung der Ehepartner und schließlich zur Trennung geführt. Nicht so bei uns. Und das ist bis heute so geblieben.

Vertrauen ist gut, Kontrolle ist besser

In meiner Ehe war ich immer zu Kompromissen bereit, vielleicht zu schnell und zu oft; schwieg, wo ich besser hätte mit der Faust auf den Tisch schlagen sollen; vertraute, um des lieben Friedens willen, wo ich hätte mißtrauisch sein müssen; ließ gewähren, wo ein Machtwort am Platz gewesen wäre (weshalb meine Kinder überzeugt sind, den besten Vater der Welt zu haben, was mir zwar wohl tut, aber nicht stimmt und die Tatsache verdeckt, daß ich nur zu ängstlich war, Verbote auszusprechen). Nicht selten gab es Mißverständnisse und Streitigkeiten. In welcher Ehe gibt es keine? Aber sie stellten unser Zusammenleben nicht in Frage. Wer denkt schon bei jedem Krach gleich ans Auseinandergehen!

Auch mein Verhältnis zur Kommunistischen Partei war wie eine Ehe. Setze ich sie in Vergleich zu meiner Ehe mit Irmgard, schneidet die Partei, wen wundert's, allemal schlechter ab. Meine Beziehung zu ihr war weniger angenehm, weniger harmonisch. Viel häufiger gab es Ärger und Auseinandersetzungen, und sie steigerten sich. Trotzdem dachte ich nicht an Scheidung. Noch nicht. Die Trennung von einem Partner, mit dem man bereits Silberhochzeit gefeiert hat, ist schwer vorstellbar, schon gar nicht für jemanden, der so zu Kompromissen neigt wie ich.

Bei dieser Grundeinstellung war es folgerichtig, daß ich vieles, was zu beanstanden gewesen wäre, mit dem Argument entschuldigte, es habe sich wieder einmal um eine ideologische Überspitzung gehandelt, die sich abschleifen würde, oder eine menschliche Unzulänglichkeit, vor der auch eine kommunistische Partei nicht gefeit sei. Nicht nur einmal schläferte ich mein Gewissen ein, statt zu rebellieren, suchte und fand Entschuldigungsgründe für Unentschuldbares. So zum Beispiel auch im Fall der Gretel Schöneck.

Wenige Wochen nach der Staatsgründung der Deutschen Demokratischen Republik wurden in der Bundesrepublik mehrere offizielle Pressebüros des staatlichen Nachrichtendienstes ADN und des ostdeutschen Berliner Rundfunks eröffnet, ein Büro des Berliner Rundfunks auch in Frankfurt. Für die Leitung dieser Pressebüros engagierte man Personen, die nicht Mitglieder der KPD waren. In Zeiten des Kalten Krieges war das mehr als eine taktische Finte. Damit wollte man vor aller Öffentlichkeit bekunden, daß das Büro streng überparteilich und keineswegs eine Nebenstelle oder gar Fünfte Kolonne der KPD sei.

Es war nicht einfach, jemanden zu finden, der bereit war, einen so exponierten Arbeitsplatz mit allen sich daraus ergebenden Konsequenzen zu übernehmen. Denn 1949 bedeutete die Leitung eines Pressebüros des DDR-Rundfunks in der Bundesrepublik eine Position im politischen und gesellschaftlichen Abseits. Wer sich dazu bereit erklärte, wußte, daß er damit ins Visier der politischen Polizei und der Staatsschutzstellen geriet, daß jeder Schritt überwacht, jeder Brief geöffnet, jedes Telefongespräch abgehört wurde. Und außer Qualifikation und Opferbereitschaft hatte der Aspirant für eine solche Stellung noch ein Drittes mitzubringen: Sympathie für das sozialistische Lager und die Kommunistische Partei.

Arbeitsämter und andere offizielle Vermittlungsstellen waren begreiflicherweise ungeeignet, diese Art Führungskräfte zu beschaffen. Was also blieb ADN oder im konkreten Fall dem Berliner Rundfunk anders übrig, als die Kaderabteilung der KPD zu bitten, ihnen behilflich zu sein?

Und sie half allemal. Sie wußte, wo sie noch geeignete Personen für diese Arbeit finden konnte. Zum Beispiel in den sogenannten überparteilichen Organisationen, vom Demokratischen Kulturbund bis zur Sozialdemokratischen Aktion. Diese Sympathisantenverbände der KPD waren ein ergiebiger Fundus von Menschen, denen man so extraordinäre Aufgaben übertragen konnte.

Die rührigen Genossen im Parteivorstand fanden auch bald eine unverdächtige, unbelastete Persönlichkeit für die Leitung des Pressebüros. Es war Hermann Ahlers, ein Hamburger, der den Ansprüchen der Kaderabteilung und auch denen Ost-Berlins gerecht wurde. Ob er wirklich auch der geeignete Mann für den Chefsessel in der Außenstelle des Berliner Rundfunks war, ist zweifelhaft. Denn er war ein renommierter und vielbeschäftigter Grafiker und hatte noch nie etwas mit Journalismus zu tun gehabt. Er dachte auch nicht daran, sein florierendes Studio in Hamburg aufzugeben. Aus finanziellen Gründen hätte er es ebenfalls nicht nötig gehabt, einen zweiten Job anzunehmen. Man konnte nur mutmaßen, ob er die Leitung des Büros als eine so wichtige politische Aufgabe oder nur als ein Hobby, eine nicht unangenehme, nicht sehr strapaziöse und dennoch gewinnbringende Nebenbeschäftigung betrachtete. Vielleicht reizte es seine Eitelkeit, die Visitenkarten mit der für ihn neuen Titulierung Chefredakteur zieren zu können. Tatsächlich war er sehr großzügig im Verteilen solcher Kärtchen mit dem imponierenden Aufdruck.

Jedenfalls hatte seine Existenz keinen Einfluß auf das Geschehen im Pressebüro. Er war ohnehin nur gelegentlich dort anzutreffen. Die Arbeit erledigte eine zuverlässige KP-Genossin, die von der Frankfurter Bezirksleitung bestellt worden war. Sie hieß Elfriede und war die Frau meines Freundes Heiner. Was sie mit Hermann verband, war der Umstand, daß sie genau so wenig Ahnung von journalistischer Arbeit hatte wie er. Elfriedes wichtigste Aufgabe bestand darin, westdeutsche Zeitungen durchzusehen, ob sie politisch interessante, in der DDR verwertbare Informationen enthielten, die sie nach Ost-Berlin durchzugeben hatte.

Oft saß ich bei ihr im Büro, denn hin und wieder lieferte ich ihr Berichte von Veranstaltungen und Pressekonferenzen oder eine Betriebsreportage. Dann tauschten wir den neuesten Parteiklatsch aus, tranken Kaffee, und ich half ihr bei der Durchsicht der Zeitungen.

Eines Tages erschien eine Neue im Büro, Gretel Schöneck. Die Kaderabteilung der KPD hatte Elfriede mitgeteilt, Hermann Ahlers brauche dringend eine Entlastung. Darum sei Gretel dem Büro als Verstärkung und dessen Stellvertreterin zugeteilt. Das war zwar eine absonderliche Begründung für die Einstellung einer zusätzlichen und gänzlich überflüssigen Arbeitskraft, aber noch kein Grund zu Mißtrauen. Nun wertete die Neue ebenfalls Westzeitungen aus, besser gesagt, teilte sich die Auswertung mit Elfriede. So hatten beide viel Zeit, und meines Freundes Frau mußte noch mehr Kaffee kochen.

Auch Gretel war eine langjährige treue Genossin. Sie lebte mit Alfred Drögemüller zusammen, einem Altkommunisten, der 1938 aus Deutschland geflüchtet und bis 1945 in der Emigration in Schweden war. Er gab die Marxistischen Monatshefte heraus und war gleichzeitig deren Chefredakteur. Mit Gretel zog eine nette, friedfertige Frau in den Berliner Rundfunk ein. Ihre beiden Foxterriers, für die sie eine besondere Zuneigung hatte, brachte sie täglich mit ins Büro. Kinder hatte sie keine. Ihre Gemeinsamkeit mit Elfriede und Hermann bestand darin, daß sie ebenfalls eine blutige Anfängerin im journalistischen Geschäft war. Aber Journalismus war auch nicht ihre vorrangige Aufgabe. Sie war von der Kaderabteilung mit der Beobachtung der anderen Beschäftigten beauftragt. Vor allem sollte sie den Nichtgenossen Hermann im Auge behalten. Gretel war sich des großen Vertrauens der Parteiführung bewußt und fest überzeugt, damit der Partei einen wichtigen Dienst zu leisten. Es wäre ihr nie in den Sinn gekommen, ihre Aufgabe habe etwas mit Unmoral zu tun.

Wahrscheinlich hätte ich nie etwas über Gretels Spezialorder erfahren, wenn nicht der Zufall zu Hilfe gekommen wäre. Eines Tages fuhr Hermann zum Parteivorstand nach Düsseldorf. Den Grund kenne ich nicht. Dort führte er ein Gespräch mit einem leitenden Funktionär der Kaderabteilung. Über das, was sich dabei in dessen

Büro abspielte, gibt es zwei Versionen, die von Hermann und die der Partei.

Hermanns Version, wie er sie mir und Elfriede erzählt hat, lautet so: Als der Kaderfunktionär für kurze Zeit das Zimmer verließ, vergaß er, eine Akte, die auf seinem Schreibtisch lag, wegzuschließen. Neugierig und mißtrauisch griff Hermann sie sich und schlug sie auf. Da entdeckte er, was seine schlimmsten Befürchtungen übertraf. Neben anderen Unterlagen über das Büro des Berliner Rundfunks fein säuberlich abgeheftet und numeriert und nicht einmal mit einem Decknamen, sondern mit Gretel Schöneck unterschrieben, ein Dossier seiner Stellvertreterin mit Angaben über sein Kommen und Gehen im Büro, seine Arbeit, sein Benehmen gegenüber den Mitarbeitern, Hinweisen, mit wem und wie oft er telefonierte, und außerdem noch eine Reihe belangloser Einzelheiten über seine Person. Sofort stellte er den wieder hereinkommenden Parteimann zur Rede. Ob man ihm denn derart mißtraue, daß man es für notwendig halte, ihm einen Spion ins Büro zu setzen. Dem Funktionär war sein Mißgeschick sehr peinlich, und er versuchte, die Angelegenheit herunterzuspielen, zu verharmlosen. Das seien reine Formalitäten, meinte er, die nichts besagten, man mißtraue ihm keinesfalls. Aber die Partei habe es sich angesichts der vielen Agenten, die von den Amerikanern und anderen Kommunistenfeinden in die KPD und die Massenorganisationen eingeschleust würden, zum Prinzip gemacht, nach den Worten Lenins zu handeln: Vertrauen ist gut, Kontrolle ist besser. Das müsse ihm einleuchten. Hermann fuhr fort: »Daß der sich nicht geschämt hat, ausgerechnet mir mit diesem Leninzitat zu kommen! Das habe ich ihm auch gesagt. Und noch mehr: er solle sich für diesen Posten einen andern suchen, einen, dem Bespitzelung und Denunzierung nichts ausmache. Das seien ja Methoden, die die Nazis angewandt hätten.«

»Das hast du ihm wirklich gesagt?« fragte Elfriede ungläubig.

»Ja, wirklich. Daraufhin hat er mich hinausgeschmissen. Meinetwegen kann Gretel jetzt das Büro übernehmen.«

Und so war es. Noch am gleichen Tag kam aus der Zentrale des Berliner Rundfunks der Bescheid, der Chefredakteur sei mit sofortiger Wirkung seines Postens enthoben und Gretel Schöneck mit der Leitung des Frankfurter Büros beauftragt.

Einige Tage später teilte dann auch die Parteileitung Elfriede mit, Hermann Ahlers habe – so die zweite Version – auf üble Weise das Vertrauen der Partei mißbraucht und bei einem Besuch im Haus des Parteivorstands einen Schreibtisch aufgebrochen und einen Diebstahl begangen, weshalb man ihm strenges Hausverbot erteilt habe. Das hieß also, daß Hermann nicht etwa eine versehentlich liegengebliebene Akte an sich genommen und darin geblättert, sondern die Abwesenheit des Kadermannes dazu benutzt hatte, dessen Schreibtischschublade aufzumachen und in ihr herumzuwühlen. Das war gewiß nicht gentlemanlike, aber verständlich und entschuldbar.

Welche Version auch die richtige sein mag, die Bespitzelung ist unleugbar. Ich empfand damals die Weisung der Kaderabteilung und auch Gretels Verhalten als nicht korrekt, und Elfriede pflichtete mir bei. Sie war für uns keine x-beliebige Genossin, sondern eine Vertraute. Sie hatte einen Parteiauftrag erfüllt, gleichzeitig aber Hermann hintergangen. Elfriede und mich bespitzelte sie schließlich auch. Das sollte man ihr einmal deutlich von Genosse zu Genosse sagen. Wir hatten es ernsthaft vor, denn wir waren von ihrem Verhalten enttäuscht und gekränkt.

Wir haben es nicht getan. Nicht aus Mangel an Zivilcourage. Die hätten wir schon gehabt. Aus einem anderen Grund. Je länger wir über die leidige Angelegenheit redeten, um so unsicherer wurden wir, um so fragwürdiger unsere Argumente. Gretels geheime Observation unserer Tätigkeit war kein bösartiger Akt, aus Gehässigkeit oder Mißgunst geboren, sondern ein Parteiauftrag. Daran gab es keinen Zweifel. Ein guter Genosse hatte ihn auszuführen, selbst wenn ihm dabei Skrupel kamen. Und Gretel war eine gute Genossin. Sie hatte getan, was die Partei von ihr verlangte und der Partei nützte. Wie sollten wir ihr da Vorwürfe machen können? Wußten wir denn, wie wir uns verhalten hätten, wenn die Partei mit einem solchen Verlangen an uns herangetreten wäre? Was, genaugenommen, war geschehen? Eine Genossin war auf den Prüfstand hoher parteilicher Anforderung gestellt worden. Das bedeutete auch, daß ihr höchstes Vertrauen der Parteiführung zuteil geworden war. Darum mußte diese Angelegenheit anders beurteilt werden als gewöhnliche Meinungsverschiedenheiten. Das erkannten und darum schwiegen wir.

Irgendwo in meinem Innern war ein Unbehagen geblieben. Ich betäubte es damit, daß ich mir sagte, auch Hermann habe sich in der Düsseldorfer Parteizentrale nicht richtig benommen und sei, ganz gleich, ob er den Schreibtisch nun aufgebrochen habe oder nicht, mit der Bemerkung von den nazistischen Methoden weit übers Ziel hinausgeschossen. So gleiche eine Fehlhandlung die andere aus. Daß er so schnell das Feld geräumt hatte, schrieb ich weniger seinem lauteren Charakter als vielmehr seiner mangelnden Verbundenheit mit der Partei zu. Er war nun einmal kein Genosse, und das war eine ausreichende Erklärung für sein falsches Verhalten.

Auch Gretel bedauerte den unerfreulichen Abgang von Hermann, aber ohne schlechtes Gewissen. Als ich später einmal die Rede auf den Vorfall lenkte, war sie empört, daß ich ihr unterstelle, etwas Unrechtes getan zu haben. Die Mißbilligung ihrer Handlungsweise war für sie eine Kritik an der Partei. Die verbat sie sich. Kritik an der Partei war für sie, wie für viele Genossen, mich zeitweise eingeschlossen, ein Sakrileg. Das ist keinesfalls eine saloppe Übertreibung. Gretel sagte: Wenn die Partei – das war in ihren Augen jeder Funktionär in der Parteiführung – erhöhte Aufmerksamkeit verlangt, die Bespitzelung von Hermann gehörte dazu, dann hat sie einen Grund. Den zu erkennen, ist nicht jedem Genossen ohne weiteres möglich. Darum muß man großes Vertrauen in die Partei haben.

Die Rehabilitation des Johannes

Eineinhalb Jahre nach der Verurteilung des Johannes zu vier Jahren Arbeitslager fand die Berufungsverhandlung statt. Neun Monate war er im Internierungslager für Kriegsverbrecher in Darmstadt eingesperrt gewesen. Jeden, der den ersten Prozeß verfolgt hatte, mußte es überraschen, daß der Öffentliche Kläger den Verteidiger bei der Wiederaufnahme des Verfahrens unterstützte. In seinem Plädoyer hatte er jeden Zweifel an Johannes' Schuld ausgeschlossen.

Es wäre müßig, darüber zu rätseln, was den Sinneswandel des Anklagevertreters bewirkt hatte, Einsicht, Skrupel oder neue Erkenntnisse. In politischen Prozessen ist es unangebracht, nach Logik oder emotionsfreier Objektivität zu fahnden. Das jedenfalls sind meine Erfahrungen aus vielen politischen Prozessen, die ich als Berichterstatter verfolgte.

Jetzt, in der zweiten Verhandlung, tauchten plötzlich Aussageprotokolle aus der Voruntersuchung auf, die in der ersten Verhandlung nicht vorgelegen hatten und Johannes entlasteten, darunter auch Aussagen der 1944 verhafteten Sozialdemokraten. Ungeklärt blieb, warum sie diese in der ersten Hauptverhandlung nicht wiederholt hatten. Neu war auch die Feststellung des Gerichts, daß die Spitzelberichte, die zum Auffliegen der Gruppe geführt hatten, nicht von Johannes, sondern von anderen Angehörigen der Maschinenfabrik stammten. Entscheidend aber war die Aussage des Gestapomannes, der in der ersten Verhandlung Johannes am schwersten belastete. Er war während des Krieges für diesen Betrieb zuständig und Kontaktmann für die Gewährsleute aus den einzelnen Abteilungen. Er gestand – warum er überhaupt gestand, wurde mir auch nicht klar –, in Absprache mit den beiden anderen Gestapobeamten, die als Belastungszeugen gegen Johannes aufgetreten waren, falsch ausgesagt zu haben. Damit hätten sie die wahren V-Männer decken wollen.

Die Berufungsverhandlung endete mit der vollen Rehabilitierung von Johannes. Die Strafe wurde aufgehoben und er als »vom Gesetz nicht betroffen« erklärt.

Die Sozialistische Volkszeitung berichtete nicht über das Berufungsverfahren und den Freispruch. Die nichtkommunistische Frankfurter Rundschau tat es.

Auch nach dem revidierten Urteil blieb Johannes zurückgezogen. Nur mit wenigen KP-Genossen hielt er noch Kontakt. Einige Jahre später erst erzählte er mir seine Geschichte. Eine schreckliche Geschichte.

Eines Tages klingelte es an der Wohnungstür. Ich öffnete. Johannes stand davor. Verlegte fragte er:

»Kann ich einen Augenblick zu dir hineinkommen?«

Ich bat ihn herein. Er legte ab und setzte sich. Ich schenkte ihm eine Tasse Tee ein, wir plauderten, und ich merkte an seinem nervösen Gehabe, daß es ihm schwerfiel, auf den Punkt zu kommen, weshalb er mich aufgesucht hatte. Ich wartete. Dann endlich rieb er die Handflächen aneinander und sagte:

»Weißt du, Vali, ich bin nicht gekommen, um mit dir übers Wetter zu reden. Das kannst du dir wohl denken.«

»Das hab ich mir gedacht.«

»Ich habe lange überlegt, ob ich zu dir gehen soll.«

»Und dann bist du doch gegangen.«

»Ja. Weil ich endlich einmal mit jemandem reden muß. Ich habe sonst niemand, dem ich mich anvertrauen kann.«

»Du hast Geheimnisse?«

»Nicht direkt. Aber ich brauche jemanden, dem ich sagen kann, was ich in der Sowjetunion erlebt habe. Ich kann es nicht länger für mich behalten.«

»Warum hast du all die Jahre nicht darüber geredet?«

»Ich hab's den Genossen von der Parteileitung versprochen.«

»Das verstehe, wer will.«

»Ich habe auch gezögert, weil ich nicht weiß, ob man mir meine Geschichte abnimmt, ob du mir glaubst.«

»Ich kann mir nicht vorstellen, daß du zu mir kommst, um mich anzulügen. Dann brauchst du ja nicht zu kommen.«

»Gut, daß du das sagst. Alles, was ich dir zu berichten habe, ist die Wahrheit, die reine Wahrheit. Und noch eins: behalt's bitte für dich. Sonst kriege ich Ärger mit der Partei. Den will ich nicht. Ich will keine Scherereien haben. Ich will mir nur endlich einmal den Ballast von der Seele reden. Er quält mich, solange ich wieder zurück bin.«

Und Johannes erzählte seine Geschichte:

Schon wenige Tage nach seiner Ankunft in der sowjetischen Hauptstadt im Juni 1933 bekam er Arbeit als Mechaniker in einer Textilfabrik und als Domizil eine Kammer in einem Moskauer Hotel, das für ausländische Arbeiter reserviert war.

Er nahm am politischen Leben in Moskau teil und traf sich regelmäßig mit seinen deutschen kommunistischen Freunden, die ebenfalls in die Sowjetunion emigriert waren. 1934 freundete er sich mit einer Russin an und zog mit ihr in eine kleine Zweizimmerwohnung am Stadtrand Moskaus.

Dann begannen im Zuge der ersten großen Stalinschen Säuberungswelle Massenverhaftungen von Sowjetbürgern. Staatsgefängnisse und sibirische Arbeitslager füllten sich mit politischen Häftlingen. Angst breitete sich in der Bevölkerung aus und erfaßte Kommunisten und Nichtkommunisten, Kritiker und Linientreue. Sie ließ die Menschen verstummen und zittern. Angst vor der sowjetischen Staatspolizei, der NKWD. Die Säuberungswelle machte auch vor den Fremden im Land nicht halt. Hinter jedem Ausländer, der nicht laut genug das Stalin-Regime pries, vermutete die Staatspolizei einen »Abweichler«, einen Trotzkisten und potentiellen Verschwörer.

Täglich wurden deutsche und andere politische Immigranten aus dem westlichen Ausland verhaftet und in das berüchtigte Staatsgefängnis Ljubljanka gebracht, ohne daß die Angehörigen erfuhren, was man ihnen eigentlich vorwarf. Viele verschwanden für immer. Die Menschen wußten es, wagten es aber nicht auszusprechen, welche Zustände in der Ljubljanka herrschten und auf welche Weise man die Verhafteten zu Geständnissen über ihre angeblichen politischen Verfehlungen brachte.

Auch Johannes verstummte und zitterte. Er zitterte um so stärker, je mehr deutsche Kommunisten verschwanden. Er konnte beobachten, wie die Angehörigen verhafteter Genossen von den noch in Freiheit Lebenden gemieden wurden. Mit einem schlechten Gewissen machte man einen Bogen um sie, damit man sie nicht zu grüßen brauchte. Man wollte den NKWD-Spitzeln keinen Anlaß geben weiterzumelden, man wäre etwa mit den als Trotzkisten und Verschwörer Verdächtigten gar zu eng bekannt gewesen und möglicherweise deren Gesinnungsgenosse.

Er mied jeden Kontakt mit anderen deutschen Flüchtlingen und kümmerte sich nur noch um seine Arbeit, seine Lebensgefährtin und seine kleine Tochter.

Seinen Genossen konnte Johannes wohl ausweichen, nicht aber dem NKWD. Eines Nachts hämmerte es auch an seine Tür. Über ein halbes Jahr saß Johannes in verschiedenen Moskauer Untersuchungsgefängnissen und mußte sich der unmenschlichen Vernehmungsprozedur der NKWD-Beamten unterziehen. Man wollte ein Geständnis von ihm, daß er, der überzeugte Kommunist, der sich der Partei gegenüber immer loyal verhalten hatte und nie einen Fingerbreit von ihrer Linie abgewichen war, an konterrevolutionären Umtrieben trotzkistischer Verschwörer teilgenommen und Spionage betrieben habe. Immer wieder holte man ihn zu stundenlangen Verhören.

Mit Drohungen und Schlägen, Essenentzug und Dunkelarrest versuchte man, ihn mürbe zu machen und zur Unterschrift des Vernehmungsprotokolls mit seinem

Schuldeingeständnis zu zwingen. Unbeirrt beteuerte Johannes seine Unschuld und unterschrieb nicht. Doch das half ihm wenig. Auch ohne sein Geständnis wurde er verurteilt. Man machte ihm nicht einmal einen ordentlichen Prozeß. Eines Nachts wurde er aus der Zelle geholt und der sogenannten Besonderen Kommission des NKWD, der Stalinschen Variante eines politischen Sondergerichts, vorgeführt. Dort verkündete man ihm das Urteil: zehn Jahre Arbeitslager wegen konterrevolutionärer Umtriebe und Spionage.

Seine Lebensgefährtin hat er nie mehr wiedergesehen. Später erfuhr er, daß sie sich wiederholt bemüht hatte, für ihn im Untersuchungsgefängnis ein Päckchen mit Lebensmitteln und einigen Stücken warmer Unterwäsche abzugeben und ein paar Rubel einzuzahlen, damit er sich im Gefängnis etwas kaufen könne. Beides wurde ihr abgelehnt. Angeblich, weil sie mit Johannes nicht verheiratet sei. Während der ganzen Zeit seiner Verbannung in einem sibirischen Straflager stand sie unter strenger Polizeiaufsicht. Ihr Paß wurde eingezogen, sie mußte sich regelmäßig melden und sich jede Reise außerhalb Moskaus genehmigen lassen. Das Kind wurde ihr fortgenommen und in ein Kinderheim eingewiesen.

Vier Jahre verbrachte Johannes in einem nordsibirischen Lager nahe dem Polarkreis. Nichts blieb ihm erspart: Arbeit beim Straßenbau und in einem Steinbruch bei minus fünfunddreißig Grad. Täglich, so schilderte er, fielen neben ihm Mitgefangene vor Kälte und Erschöpfung tot um. Er meinte, er könne wirklich froh sein, daß ihm in dieser Zeit nur vier Zehen abgefroren seien. Die Hauptmahlzeit, eine dicke graue Kascha*, von mitleidlosen, nicht selten sadistischen Aufsehern auf die schmutzige Schippe, mit der die Gefangenen gerade gearbeitet hatten, geschüttet. Der ewig währende Hunger. Die primitiven, Viehställen gleichenden Unterkünfte

* Kascha: Hirse- oder Graupenbrei

mit den rohen Holzpritschen als Schlafstellen und Heerscharen von Wanzen, Läusen und anderem Ungeziefer. Die Hölle des Strafblocks. Die unvorstellbar dürftigen sanitären und hygienischen Einrichtungen. Das Vor-die-Hunde-Gehen der Kranken und Schwachen. Und das Schlimmste: die Zusammenlegung der politischen Gefangenen mit kriminellen Verbrechern aller Schattierungen, wo von Unterschlagung bis Raubmord alles vertreten war. Es war dasselbe Verfahren, das man in den deutschen Konzentrationslagern anwandte, mit den gleichen Strafvollzugsbedingungen für Politische und Kriminelle.

Diese Kriminellen verachteten die NKWD-Opfer auf eine groteske Weise und sahen in ihnen Vaterlandsverräter. Sie machten mit den Aufsehern und Barackenältesten, die oft selbst Kriminelle waren, gemeinsame Sache und beherrschten und drangsalierten die Politverbrecher, wie sie sie nannten.

Diese von Staat und Partei veranlaßte Erniedrigung der politisch Verurteilten empfand Johannes als das Skandalöseste im sowjetischen Strafvollzug.

In den ersten Tagen des Jahres 1940 wurde Johannes mit einer Reihe anderer deutscher Kommunisten aus dem sibirischen Straflager zurück nach Moskau transportiert und dort wieder in ein Untersuchungsgefängnis eingeliefert. Niemand sagte ihnen warum, und was man mit ihnen vorhabe. Die Gefangenen munkelten, das sei möglicherweise die Vorbereitung für ihre Ausweisung als lästige Ausländer. Die Frage war nur, in welches Land sie ausgewiesen würden. Sie nahmen an, in ein skandinavisches. Nach einigen Tagen nahmen die Gefängnisbeamten ihnen die verschlissenen und verlausten Lumpen aus dem Straflager ab und gaben ihnen saubere Wäsche, ordentliche Kleider, richtige Schuhe und sogar warme Steppjacken. Zudem bekamen sie jetzt besseres Essen. Das waren deutliche Hinweise dafür, daß sie in nächster Zeit abgeschoben würden.

Mit zwölf anderen deutschen Genossen lag Johannes

in einer Gemeinschaftszelle, und alle fieberten dem Tag ihrer Ausweisung, der Befreiung entgegen. Sie konnten sich ungehindert unterhalten. Stunden um Stunden diskutierten sie darüber, weshalb all das Grauenerregende mit ihnen geschehen sei, wer dafür die Schuld trage und ob es denkbar wäre, daß alles nur ein schrecklicher Irrtum gewesen sei. Immer wieder fragte einer:

»Wenn wir ins Ausland kommen, können wir das den Genossen dort erzählen, was wir in der Sowjetunion erlebt und erlitten und was wir an Füchterlichem gesehen haben?«

Die Meinungen gingen weit auseinander. Die einen sagten: »Warum sollen wir lügen? Wir müssen ihnen die Wahrheit sagen, die ganze Wahrheit. Wir sind es denen schuldig, die vom NKWD hingerichtet wurden oder in einem Lager zugrunde gingen.«

Andere widersprachen: »Auch wenn uns großes Unrecht widerfuhr, so ist doch die Idee von der Befreiung des Proletariats vom kapitalistischen Joch und der Errichtung eines sozialistischen Staates nicht falsch. Um der revolutionären Sache willen haben wir es erduldet. Wir müssen weiterkämpfen, auch für die Ablösung der NKWD-Gewaltigen und der blindwütigen Apparatschiks in der sowjetischen Partei. Aber wir dürfen unseren ausländischen Genossen nicht den Glauben nehmen. So schaden wir uns nur selbst und der großen Idee von einem besseren Leben in einer sozialistischen Gesellschaft.«

Zwei Wochen vergingen. Dann war klar: Abschiebung. Einzeln rief man die Gefangenen in ein Vernehmungszimmer, wo ein NKWD-Offizier saß. Als Johannes an die Reihe kam, überreichte ihm der Offizier ein vorbereitetes Dokument, in dem er in russischer Sprache lesen konnte, daß das Urteil von zehn Jahren Arbeitsbesserungslager gegen ihn in sofortige Ausweisung aus dem Territorium der Sowjetunion umgewandelt sei.

»Sind Sie bereit, dieses Schriftstück zu unterschreiben?« fragte der NKWD-Mann.

Johannes zögerte keine Sekunde und unterschrieb. Dann wollte er noch wissen: »Wohin wird man uns ausweisen?«

»Darüber kann ich Ihnen keine Auskunft geben. Sie werden es früh genug erfahren.«

Als Johannes es erfuhr, war es zu spät, die Unterschrift rückgängig zu machen, sich zu weigern, die Sowjetunion zu verlassen. Auf der Fahrt in Richtung Westen waren sie alle guter Dinge, scherzten und sangen und freuten sich über die großzügigen Essensportionen und die reichliche Zigarettenzuteilung. Sie waren überzeugt, über die litauische Grenze in einen nordischen Staat abgeschoben zu werden. Unruhe entstand erst, als sie nach zwei Tagen Fahrt im Morgengrauen an den Stationsschildern erkannten, daß die beiden Gefangenenwaggons in der Nacht einem Zug angehängt worden waren, der nicht nach Norden abgebogen war, sondern immerzu westlich fuhr. Nun gab es keine Abzweigungsmöglichkeit mehr in nördliche Richtung. Als sie Minsk passierten, wußten sie, daß es zur polnischen Grenze ging. Im Gefangenenwaggon wurde es still.

Dann stand Johannes mit etwa fünfzig anderen deutschen Kommunisten – unter ihnen fünf Frauen – an der Eisenbahnbrücke von Brest-Litowsk. Diese Brücke bildete die Grenze zwischen den beiden Teilen Polens, dessen westlicher Teil von deutschen Soldaten und östlicher Teil von russischen Soldaten besetzt waren. Johannes wußte jetzt, was ihn erwartete. Er wußte nicht, daß in den vergangenen Tagen an der gleichen Stelle viele solcher Transporte angekommen waren mit deutschen, österreichischen, ungarischen und tschechoslowakischen Kommunisten, die alle den gleichen Weg gehen mußten, den nunmehr Johannes mit seinen Genossen zu gehen gezwungen wurde.

NKWD-Männer trieben die Sowjethäftlinge über die Brücke. Nicht, bevor erst noch ordnungsgemäß anhand einer Liste durch »Hier!«-Rufe die Anwesenheit aller zur Auslieferung Bestimmten festgestellt und abgehakt worden war. Diese Liste nahm ein Gestapomann in Empfang.

Ein eiskalter Wind strich durch die Flußniederung und ließ die Menschen erschauern. Militärische Kommandorufe verwehten in der Ferne. Der schrille Pfiff einer Dampflokomotive. Jetzt waren sie im Niemandsland auf der Brückenmitte allein. Keiner sprach ein Wort. Durch die weißen Wolken ihrer Atemluft starrten sie wie gebannt auf das andere Ende der Brücke. Die NKWD-Beamten standen abwartend auf der russischen Seite, um den korrekten Abschluß der Auslieferung konstatieren und im Protokoll vermerken zu können, mußte doch alles administrativ seine Ordnung haben. Wie sich die fünfzig Männer und Frauen zögernd dem anderen Ufer des Bug näherten, erkannten sie an den Mützen der sie dort erwartenden Soldaten den Totenkopf der SS.

Von Brest-Litowsk schaffte man die abgeschobenen Kommunisten, unter ihnen auch mehrere Juden, die später sämtlich in den Gaskammern endeten, nach Lublin. Dort wurden sie der Gestapo übergeben. Johannes erzählte von zwei seiner Mitgefangenen in dem sibirischen Straflager, mit denen er sich angefreundet hatte, die bereits vier Wochen nach der Abschiebung von den Nationalsozialisten hingerichtet wurden. Er blieb fast ein Jahr im Gefängnis. Schnell hatte die Gestapo erkannt, daß ihr mit ihm ein vergleichsweise kleiner Fisch von der sowjetischen Staatspolizei ins Netz geworfen worden war. Er bot ihnen keine Handhabe für eine offizielle Anklage. Offen blieb für die Vernehmungsbeamten die Frage, ob sich in ihm seit 1933 ein Gesinnungswandel vollzogen habe, ob die vier Jahre sibirisches Straflager möglicherweise ausgereicht hatten, aus einem überzeugten Kommunisten einen Sowjetfeind zu machen, der auf Vergeltung sinne. Sie mutmaßten es und schlugen ihm vor, er würde sofort entlassen, wenn er Kontakte mit ehemaligen kommunistischen Freunden suche, ihre illegalen Machenschaften auskundschafte und von Zeit zu Zeit der Geheimen Staatspolizei darüber berichte.

Johannes weigerte sich. Er eigne sich nicht dafür, erklärte er den Gestapomännern, und außerdem wüßte er nicht, wie er überhaupt mit Kommunisten Kontakt bekommen solle. Seine früheren Genossen wären doch informiert, daß er 1933 in die Sowjetunion emigriert sei. Wenn er jetzt, 1940, zurückkomme, wären sie mit Recht mißtrauisch und würden ihm niemals etwas anvertrauen, das sie belasten könne. Schon gar nicht würden sie ihn in einen konspirativen Kreis aufnehmen.

Das leuchtete offenbar der Gestapo ein, denn danach holte man ihn nicht mehr zum Verhör. Einige Monate später wurde er aus der Haft entlassen.

Alle diese Erlebnisse hatte er gleich nach dem Zusammenbruch des Dritten Reichs den Funktionären der neu gebildeten Parteileitung der KPD geschildert, dazu die Affäre, wie er von der Gestapo unter Druck gesetzt worden war und pro forma seine Bereitschaft erklärt hatte, als V-Mann zu arbeiten. Die Genossen erklärten ihm, sie würden seine Angaben überprüfen. Solange jedoch die Untersuchung laufe, habe er über alles Stillschweigen zu bewahren.

Bis zu diesem Tag hatte sich Johannes daran gehalten. Jetzt, nachdem er seine Erzählung beendet hatte, schien er erleichtert. Er wiederholte noch einmal:

»Bitte, behalt's für dich, aber es ist die Wahrheit. So ist es mir wirklich in der Sowjetunion ergangen.«

Dann verabschiedete er sich und ging. Den ganzen übrigen Tag und die Tage danach grübelte ich über Johannes' Schilderung.

Sollte es das tatsächlich gegeben haben, daß die Sowjets einen deutschen Kommunisten, der vor den Hitlerschergen zu ihnen geflüchtet war, grundlos verurteilen, dann in ein sibirisches Straflager schaffen und schließlich an Nazideutschland ausliefern? Oder hatte mir Johannes nur eine dicke Lüge aufgetischt? Aber warum sollte er? Und zudem: er war bestimmt nicht so phantasiebegabt, um sich das alles aus den Fingern saugen zu können.

Seine Schilderung war ein harter Schlag in die Flanke meines Vertrauens zur Partei.

Doch ich löste mich nicht von ihr. Ich suchte Ausreden, um mich für diese Inkonsequenz zu rechtfertigen: vielleicht stellte sich eines Tages wirklich alles als ein gewaltiger Irrtum heraus, vielleicht als eine Personenverwechslung – vielleicht hat Johannes seinen Aufenthalt in der Sowjetunion und die Folgen doch nicht so korrekt geschildert, anders, als es sich tatsächlich zugetragen hat – vielleicht war von jedem etwas richtig, lag die Wahrheit in der Mitte. Ja, vielleicht. Vielleicht aber auch nicht. Und immer wieder die gleiche Frage: welches Interesse sollten Partei und Regierung der Sowjetunion und die Kommunistische Internationale daran gehabt haben, ihre besten Genossen zu vernichten, wo sie doch jeden einzelnen für den Sieg des Sozialismus in den kapitalistischen Ländern dringend benötigten?

Mir kam Max Hölz, mein einstiges Idol, in Erinnerung. Er war in die Sowjetunion emigriert, hatte sich dort mit der Komintern überworfen und war bei einer Bootsfahrt auf der Oka über Bord gefallen und ertrunken. Könnte es nicht auch in diesem Fall so gewesen sein, daß es sich dabei nicht um einen Unglücksfall handelte, sondern um ein Verbrechen? Hatte man sich auf diese Weise eines unbequemen und gelegentlich renitenten Weggenossen entledigt? Feinde der Sowjets behaupteten in der Tat, Max Hölz sei von der GPU umgebracht worden. Ich hatte es nie geglaubt. Aber jetzt?

Das waren wahnwitzige Gedanken und eines Kommunisten unwürdig. Man mußte sie schnell wieder loswerden, wollte man nicht den Glauben an die Idee einer sozialistischen Gesellschaft und an den ersten Arbeiter-und-Bauern-Staat der Welt verlieren.

Niemand würde mir einreden können, daß der Sowjetstaat ein Unrechtsstaat ist. Er mag so viele Kinderkrankheiten haben wie er will, er wird erwachsen werden und sie abstreifen. Man mußte Geduld haben.

Und genau so waren die Schauprozesse in den Hauptstädten der Ostblockländer zu beurteilen, die mich im Zusammenhang mit Johannes' Schilderungen wieder stärker beschäftigten und auch belasteten. Wie oft hatten wir uns im Freundeskreis die Köpfe darüber heißgeredet, ob es denn denkbar sei, daß die in diesen Prozessen verurteilten und zum größten Teil hingerichteten alten Revolutionäre wirklich Spione und Verräter gewesen waren. Die meisten Genossen stimmten darin überein, daß die Partei uns Wichtiges über die Ursachen für diese Prozesse verheimliche. Die einen sprachen von Richtungskämpfen innerhalb der Komintern, andere von Unabhängigkeitsbestrebungen einiger nationaler kommunistischer Parteien. Daß die Verurteilten völlig unschuldig gewesen sein sollten, glaubte keiner. Und obwohl ich mir auch hier einredete, man müsse Geduld haben und dem Sowjetstaat das Vertrauen bewahren, wuchsen dennoch Unsicherheit und Mißtrauen über die wahren Hintergründe der Schauprozesse.

Ich erinnerte mich an eine Begebenheit meiner Kindheit, die nunmehr ein ganz anderes Gewicht bekam. Es war im Jahr 1937. In den Zeitungen standen Berichte von dem ersten Prozeß in Moskau gegen siebzehn der engsten Kampfgefährten Lenins und Stalins. Unter ihnen war auch Karl Radek. Meine Eltern taten diese Berichte als üble Antisowjethetze ab. Dann aber hörten sie über den Sender Radio Moskau, daß in diesem Prozeß auch Karl Radek als Verräter und Verschwörer gegen die Sowjetmacht mitangeklagt und zu zehn Jahren Gefängnis verurteilt worden war.

Als diese Meldung über den Kopfhörer kam, stieß meine Mutter in großer Erregung hervor: »Karl Radek ein Verräter! Das ist doch eine Idiotie!« Und mit einem ironisch-bitteren Unterton, der sowohl Ungläubigkeit als auch Widerspruch ausdrücken sollte: »Ausgerechnet Karl Radek!«

Meine Eltern waren stolz darauf, mit Karl Radek, dem ersten sowjetischen Volkskommissar des Äußeren, bekannt, vielleicht sogar befreundet gewesen zu sein. Als Beauftragter und Berater der Komintern für die deutsche Kommunistische Partei hielt er sich Anfang der zwanziger Jahre längere Zeit in Deutschland auf und war dabei mehrmals privat mit meinen Eltern zusammengetroffen, meistens in Berlin. Einmal war er auch in unserer Wohnung in der Kaiserhofstraße in Frankfurt. Dieser Besuch, etwa im Jahr 1924, geschah sehr geheimnisvoll und unter allen möglichen konspirativen Vorkehrungen meiner Eltern. Wir Kinder – ich war damals sechs, Paula acht Jahre alt – bekamen dennoch das außergewöhnliche Ereignis mit. Erst viel später, als Radek schon lange wieder in Sowjetrußland weilte, erfuhr ich, um wen es sich bei dem quirligen, kleinen Mann mit den pechschwarzen Haaren, der sehr laut sprach und oft schallend lachte, gehandelt hatte.

Wie und wo sie sich mit diesem prominenten Bolschewisten anfreundeten, haben mir meine Eltern nie erzählt. Sicherlich rührte der Kontakt mit ihm aus der Zeit, als Papa nach der Niederschlagung der ersten russischen Revolution von 1905 aus Odessa flüchten mußte und dann wahrscheinlich mehrere Jahre im Auftrag der Bolschewiki in verschiedenen europäischen Ländern tätig war.

Was er im einzelnen getan hat, weiß ich nicht. Er hat mir sehr wenig aus dieser höchst interessanten Phase seines Lebens mitgeteilt. Und wie nötig hätte ich diese Information gehabt! Er konnte nicht ahnen, wie traurig ich darüber war, immer nur einen alten, müden Mann zum Vater zu haben, einen Vater, der, wenn er aus der Fabrik heimkam, froh war, in seine Filzpantoffeln zu schlüpfen, und der so gar nichts Heldisches mehr an sich hatte oder irgend etwas, an dem ich mich orientieren, vielleicht auch hätte hochranken können, das mir Anlaß gewesen wäre, mit Stolz zu sagen: »Das hat mein Vater getan!« Als ich zur Welt kam, war er fast fünfzig

Jahre alt und hatte seine Sturm-und-Drang-Zeit schon lange hinter sich gelassen. Das wenige, was er aus dieser Zeit erzählte, war zu dürftig, um es rühmen oder bewundern zu können. Nur eine Sache erzählte er mir immer wieder: daß er zweimal Lenin begegnet sei, einmal in Genf und einmal im Schwarzwald, wo sich Wladimir Iljitsch, so nannte ihn Papa nach russischem Brauch, zur Kur aufhielt. Jedoch das für mich wichtigste dieser Begegnung, was er eigentlich mit Lenin zu tun hatte, sagte er nicht. Dabei machte es schon einen Unterschied, ob er ihm als Kurier nur eine Mitteilung überbracht oder über eine wichtige Angelegenheit in Sachen Umsturz des Zarenregimes mit ihm verhandelt hatte. Für mein Leben gern hätte ich einen Vater gehabt, der einmal ein Anführer war, in dessen Macht es lag, Entscheidungen zu fällen oder revolutionären Bataillonen Marschbefehle zu erteilen. Einen, der sich jetzt zwar zur Ruhe gesetzt hatte, in dessen Adern aber immer noch das Blut der Rebellion rumorte. Er gab mir nie die Gelegenheit, daran zu glauben. Und wahrscheinlich hatte er auch keine Entscheidungen zu fällen und Marschbefehle zu erteilen gehabt. So konnte ich von einem Vater mit ruhmreicher Vergangenheit immer nur träumen.

»Für Karl Radek lege ich die Hand ins Feuer!« sagte Papa.

Und Mama fragte verständnislos: »Aber warum haben sie ihm den Prozeß gemacht?«

Papa hob die Arme hoch, breitete die Hände auseinander und echote: »Warum? Ja, warum?« Eine bessere Antwort hatte er nicht.

An dieses Erlebnis wurde ich wieder erinnert, als ich die Geschichte von Johannes hörte.

Anfang der fünfziger Jahre erregte das Buch von Margarete Buber-Neumann »Als Gefangene bei Stalin und Hitler« großes Aufsehen. Die Autorin war die Lebensgefährtin des ehemaligen Vorsitzenden der KPD-Reichstagsfraktion, Heinz Neumann. Beide waren in die

Sowjetunion emigriert. Dort wurden sie etwa zur gleichen Zeit wie Johannes vom NKWD verhaftet, er bald darauf in einem Moskauer Gefängnis ermordet und sie nach mehrjährigen Aufenthalten in sowjetischen Zuchthäusern und Zwangsarbeitslagern, wie Johannes, von der russischen Staatspolizei an der gleichen Brücke bei Brest-Litowsk an die Gestapo ausgeliefert. Von 1940 bis 1945 war Margarete Buber-Neumann in einem deutschen Konzentrationslager.

Der Chefredakteur der Sozialistischen Volkszeitung und prominentes Mitglied der KP-Führung in Hessen bezeichnete in verschiedenen Artikeln ihre Schilderungen als Lügen und Hirngespinste, sie selbst als Verräterin und ihre Auslieferung an Hitlerdeutschland als politisch gerechtfertigt. Es kam zu einem Beleidigungsprozeß, den die Buber-Neumann angestrengt hatte. Und da suchte dieser Chefredakteur Johannes auf – nach all dem, was vorausgegangen war, Diffamierung, Verurteilung, Rehabilitierung, Ausschluß aus der Partei und Beschimpfung als Verräter und Lügner –, um ihn dazu zu überreden, als Kronzeuge gegen Margarete Buber-Neumann aufzutreten und vor Gericht zu erklären, daß das Martyrium dieser Frau, wie sie es in ihrem Buch schilderte und das er gleichermaßen und in jeder Phase am eigenen Leib erlitten hatte, von A bis Z erlogen sei. Johannes weigerte sich. Das war ihm nun doch zu viel an menschlicher und politischer Unmoral.

Heute ist Johannes ein Mann über achtzig Jahre, lebt in Frankfurt und ist immer noch, beziehungsweise wieder Mitglied der Kommunistischen Partei.

Parteidisziplin

Gretel Schöneck war nach dem spektakulären Abgang von Hermann Ahlers nun schon seit einiger Zeit Leiterin des Pressebüros des Berliner Rundfunks in Frankfurt. Sie verhalf mir zu manchen willkommenen Nebeneinnahmen, denn sie hatte einen großzügig bemessenen Honoraretat und konnte meine Berichte und Reportagen wesentlich besser vergüten als die Parteizeitung. Darum brachte ich mich häufig in ihrem Büro in Erinnerung und trank mit ihr und Elfriede L. viele Tassen schwarzen Kaffee.

Oft traf ich dort Gretels Lebensgefährten Alfred Drögemüller, einen freundlichen und gesprächigen Menschen. Er war ein der Partei treu ergebener Genosse, der niemals von der offiziellen Parteilinie abwich, weder in Diskussionen noch in seinen Grundsatzartikeln. Wie hätte er auch, wo es ihm oblag, als Chefredakteur der Marxistischen Monatshefte, der Pflichtlektüre aller KPD-Funktionäre, das politisch-theoretische Rüstzeug für erfolgreiche Parteiarbeit zu liefern.

Im Frühjahr 1950 wurde er wieder einmal, wie schon oft zuvor, zu einer Besprechung ins Zentralkomitee der SED bestellt und blieb über die vorgesehene Zeit fort. Nach einigen Tagen fragte Gretel in der Bezirksleitung der KPD an, ob man etwas über den Verbleib Alfreds wisse. Die Genossen sagten, sie hätten keine Ahnung, warum sich seine Rückkehr verzögere. Gretel wartete und wurde unruhig. Sie wußte, daß Alfred sie verständigt hätte, wenn er wegen redaktioneller Arbeiten oder anderen Dingen in Berlin aufgehalten worden wäre. Ihre Sorge wuchs mit jedem Tag, aber sie vertraute sich niemandem in ihrem Genossen- und Freundeskreis an.

Sie hatte allen Grund, besorgt zu sein, denn seit einem halben Jahr waren die sogenannten Säuberungen in den Staaten des Ostblocks verstärkt im Gange. Wieder waren eine große Anzahl prominenter Parteiführer verhaftet und verurteilt worden, viele zum Tode. Während die westlich orientierten Zeitungen sie unter der Schlagzeile »Die Revolution frißt ihre Kinder« als unschuldige Opfer bezeichnete, nannten die KPD-Zeitungen die Verurteilten gemeine Mörder, Verräter und Spione, deren ganzes Trachten darauf gerichtet gewesen wäre, die Errungenschaften des Sozialismus zu zerstören. Nunmehr hätte sie die gerechte Strafe ereilt. Wem sollte man als überzeugter Kommunist glauben?

Hinzu kam etwa zur gleichen Zeit das mysteriöse Verschwinden des angeblichen amerikanischen Agenten Noel Field im Osten. Diese Affäre, bei der nie klar geworden ist, ob es sich überhaupt um einen Spionagefall handelte, hatte die Spalten der Weltpresse wochenlang gefüllt und zu vielen Spekulationen geführt. Glaubte man den bürgerlichen Zeitungen, so waren allein im Zusammenhang mit der Noel-Field-Affäre noch einmal dreitausend Personen im Osten verhaftet worden. Das Besondere dieses Falles war, daß nunmehr auch viele deutsche Kommunisten, die während der Zeit des Dritten Reiches in westlichen Ländern in der Emigration waren und jetzt in der DDR lebten, verhaftet worden waren. Die von Stalin geführte Kommunistische Internationale war der Meinung, diese Westemigranten, oder doch die meisten von ihnen, seien während ihres Aufenthaltes in den kapitalistischen Ländern von den dortigen Geheimdiensten politisch umgepolt und zu Agenten gegen die Sowjetunion gemacht worden. Dieser Verdacht traf gleichermaßen auf die Westemigranten zu, die in der Bundesrepublik lebten und der KPD angehörten. Auch sie wurden als potentielle Agenten des Imperialismus angesehen und mußten sich strengen Verhören durch die Parteikontrollkommission unterziehen. Danach wurden fast alle Verdächtigen ihrer Parteifunktionen enthoben und viele aus der Partei ausgeschlossen. Spitzenfunktionäre bestellte man nach Ost-Berlin, verhaftete sie dort und machte ihnen den Prozeß.

Auch aus dem Gesichtskreis der Frankfurter KP waren bereits mehrere prominente Genossen Richtung Osten verschwunden, so unter anderem der zweite Vorsitzende der KPD in den Westzonen, ehemals Abgeordneter der KPD im bizonalen Wirtschaftsrat und später im Bundestag, Kutschi Müller, und der stellvertretende Parteivorsitzende in den Westzonen, Fritz Sperling. Hartnäckig hielt sich auch das Gerücht, daß der in Westdeutschland sehr populäre frühere Fraktionsführer der KPD im hessischen Landtag und Mitgestalter der neuen hessischen Verfassung, Leo Bauer, in Ost-Berlin verhaftet worden sei.

Genau zu dieser Zeit hatte man Alfred Drögemüller nach Ost-Berlin beordert, von wo er nicht zurückgekommen war und auch kein Lebenszeichen gab. Er gehörte durch seine Emigration nach Schweden zum Kreis der Verdächtigen und war also aufs höchste gefährdet. Gretel versuchte es noch einmal bei der Bezirksleitung. Seit zehn Tagen war sie nun ohne Nachricht von Alfred. Und wieder bekam sie die gleiche Antwort, man habe keine Ahnung über seinen Verbleib. Ein Genosse empfahl ihr, sich direkt an den Parteivorstand in Düsseldorf zu wenden, vielleicht wisse man dort etwas. Aber auch in Düsseldorf konnte sie nicht mehr in Erfahrung bringen. Angeblich war man im Parteivorstand ohne Informationen aus Berlin. Das war bei den engen Kontakten zwischen der KPD-Führung und Ost-Berlin undenkbar, die Antwort also eine Ausflucht. Gretel wußte das, und ihre Vermutung, daß mit Alfred etwas Schlimmes geschehen sein mußte, wurde zur Gewißheit. Freiwillig war er nicht in Berlin geblieben.

In ihrer Verzweiflung vertraute sie sich einigen Genossen an und fragte sie, was sie noch unternehmen könne, um über das Schicksal von Alfred mehr zu erfahren. Was ihr die andern rieten, weiß ich nicht. Ich riet ihr, entweder direkt nach Berlin oder noch einmal nach Düsseldorf zu fahren und eine klare Auskunft zu verlangen. Auf keinen Fall dürfe sie sich abweisen lassen.

Es mochten vierzehn Tage seit dem Verschwinden von Alfred Drögemüller vergangen sein, als Gretel bedrückt und schweigsam ins Büro kam. Tags zuvor war sie noch einmal in Düsseldorf gewesen. Ich fragte sie, was sie im Parteivorstand erreicht habe, was ihr die Genossen gesagt hätten. Ihre Reaktion war für mich völlig unerwartet: »Laß mich in Ruhe! Das ist meine Angelegenheit. Du hast dich darum nicht zu kümmern. Mit Alfred wird schon alles in Ordnung gehen.«

»Aber du wolltest doch, daß ich mich darum kümmere. Schon zweimal hast du mich deswegen um Rat gefragt.«

»Ich brauche ihn nicht mehr«, gab sie barsch zurück. »Ich weiß schon allein, was ich zu tun habe.«

»Was ist plötzlich in dich gefahren, Gretel?«

»Gar nichts. Hör endlich mit der Fragerei auf, ich bitte dich.« Sie wandte sich ihrer Arbeit zu und ließ mich stehen.

Diese Gretel war mir fremd. Später, als ich mit Elfriede allein war, fragte ich sie, ob Gretel ihr etwas von ihrem Besuch im Parteivorstand berichtet habe. Doch sie war zu Elfriede genau so abweisend gewesen.

Hatte die Partei sie unter Druck gesetzt, zum Schweigen gezwungen? Ich wagte nicht mehr, Gretel anzusprechen. Und sie schwieg beharrlich. Weder ich noch Elfriede noch ein anderer fanden einen Zugang zu ihr.

Viele Wochen später kam Alfred Drögemüller nach Frankfurt zurück. Überraschend hatten sich die Gefängnistore in Ost-Berlin für ihn geöffnet. Irgendeinem ungeklärten Umstand hatte er es zu verdanken, daß er nicht das Schicksal von Leo Bauer, Kutschi Müller, Fritz Sperling, Willi Kreikemeyer, Lex Ende, und wie sie alle heißen, teilen mußte und den Sowjets zur Aburteilung übergeben wurde.

Jetzt erst, nachdem Alfred zurück war, gestand mir Gretel in einer schwachen Stunde, daß sie nicht aus freien Stücken geschwiegen habe. Bei ihrem letzten Besuch im Parteivorstand hätte sie von den Genossen der Kaderabteilung verlangt, daß man ihr endlich Genaueres über das Schicksal Alfreds sage, sie würde sich nicht mehr mit allgemeinen Redensarten abspeisen lassen. Daraufhin hätten sie sie gehörig abgekanzelt und eine schlechte Genossin genannt, die kein Vertrauen in die Partei habe. Daß Alfred nicht aus Ost-Berlin zurückkomme, habe schon seine Richtigkeit. Die Gründe dafür würde sie früh genug erfahren. Als Gretel dennoch nicht lockergelassen und zu wissen verlangt habe, wo Alfred wäre, damit sie Kontakt zu ihm aufnehmen könne, und was man ihm vorwerfe, seien die Genossen deutlicher geworden. Sie hätten von ihr Parteidisziplin um jeden Preis verlangt, was auch bedeute, Dinge zu tun, die die Partei fordere, selbst wenn man sie nicht sofort verstehe. Wolle sie Alfred wirklich helfen, müsse sie aufhören, nach ihm zu fragen und dürfe auch mit niemandem darüber sprechen.

Die Genossen im Parteivorstand hätten eingeräumt, daß das für sie gewiß nicht leicht sei, aber Vertrauen haben und abwarten können, sei das einzige, was sie tun könne. Dann habe noch jemand die Bemerkung gemacht, sie müsse sich darüber im klaren sein, daß sie andernfalls nicht nur Alfred, sondern auch sich selbst gefährde.

Was mag in Gretel Schöneck vorgegangen sein, als sie sich zum Schweigen entschloß? Es ging um das Schicksal ihres Lebensgefährten, vielleicht um Leben und Tod – gleichwohl, statt zu schreien, schwieg sie. Wer kann das verstehen? Bestimmt niemand, der außerhalb des Bannkreises einer kommunistischen Partei steht. Wer versteht beispielsweise das Verhalten der Hunderte von Angeklagten in den Schauprozessen von Moskau bis Sofia? Die meisten von ihnen waren kampferprobte Revolutionäre, die in der illegalen Arbeit im Untergrund und auch im offenen Kampf, so in der russischen Revolution, in der ungarischen Erhebung, dem Spanischen Bürgerkrieg oder den Partisanenkämpfen mehr als einmal ihr Leben wagten.

Und muß ich mich nicht auch selbst fragen, warum ich so viel Unmenschlichkeit schweigend hingenommen habe? Mir kam nicht der Gedanke, deswegen laut Klage zu führen, anzuklagen und mich etwa von der Partei abzuwenden. Und fragt man mich heute: wie konntest du nur? habe ich keine bessere Antwort zu geben als: das frage ich mich auch und immerzu, wie konnte ich nur! Was war es, das mich trotz allem bei der Partei hielt? Ein grenzenloses, undifferenziertes Vertrauen in sie? Instinktlosigkeit und politische Torheit? Oder von jedem etwas?

Wie mag es bei Gretel gewesen sein? Verschloß ihr vielleicht die Angst, Alfred damit zu schaden, den Mund? Ich halte es für unmöglich, daß es die Angst war, sich selbst zu schaden. Dafür kannte ich Gretel zu gut, ihre selbstlose Art und ihr gutes Verhältnis zu Alfred. War es die ins Abnorme gesteigerte Parteidisziplin, die sie auch dazu brachte, geheime Dossiers über Hermann Ahlers an die Kaderabteilung der Partei zu liefern?

Gretel Schöneck und Alfred Drögemüller sollen heute, wie mir berichtet wurde, in Dresden leben.

Eva im Büßerhemd

Etwa zur gleichen Zeit ereignete sich in der Frankfurter KPD ein Vorfall, der Parallelen zu Gretels Verhalten aufweist. In seinem Mittelpunkt stand die Stadtverordnete Eva Steinschneider, die mir bereits bei meiner Attacke gegen den amerikanischen Geheimdienst im Frankfurter Polizeipräsidium behilflich war.

Sie gehörte vor 1933 zusammen mit ihrem Mann, einem prominenten jüdischen Rechtsanwalt, zum engen politischen Freundeskreis meiner Eltern. Auch nach 1933, als ihr Mann vor der drohenden Verhaftung nach Frankreich fliehen mußte, hielt sie Kontakt mit der illegalen jüdisch-kommunistischen Gruppe meiner Mutter. Ich erinnere mich, bei einer Kurierfahrt nach Paris, die ich im Auftrag der Gruppe unternahm, eine Anzahl Dokumente und Briefe von ihr zu ihrem Mann mitgenommen zu haben. 1938 folgte sie ihm nach Frankreich. Die Emigrationsjahre waren bittere Jahre für sie und ihr Kind, voller Not und Entbehrungen. Ihr Mann wurde in Frankreich von der SS ermordet.

Bereits im Frühsommer 1945 war sie nach Frankfurt zurückgekehrt und wieder in der KPD aktiv geworden. Jede freie Stunde widmete sie der Partei. Sie gehörte dem Landesvorstand und verschiedenen Ausschüssen an, war Stadtverordnete und sprach jeden Abend auf einer anderen Versammlung.

So sah ich sie in meiner beruflichen und politischen Arbeit fast täglich. Entweder auf Veranstaltungen, wo sie als Rednerin auftrat und von denen ich zu berichten hatte, oder bei Sitzungen des Stadtparlaments. Wir begegneten uns oft in der Redaktion der kommunistischen Zeitung, denn neben ihren vielen anderen Arbeiten schrieb sie noch Berichte und Kommentare für die Parteipresse.

Von Zeit zu Zeit kam ich mit ihr auch privat zusammen. Ich versuchte, die Freundschaft, die einst zwischen ihr und meiner Mutter bestand, fortzusetzen. Denn außer der politischen Gemeinsamkeit in der KPD verbanden uns viele Erlebnisse aus der Anfangszeit der Hitlerherrschaft und der Illegalität. Wir wurden aber nie recht warm miteinander. Unsere Begegnungen endeten meist in Wortgefechten und peinlicher Polemik, denn sie versuchte, so oft sich ihr die Gelegenheit bot, mein politisches Engagement mit dem meiner Mutter zu vergleichen. Ihre Vorstellung war, daß der Sohn so gut und selbstlos oder noch besser und selbstloser als die Mutter sein müßte. Und die war für sie das große, politische Vorbild gewesen. Sie machte mir zum Vorwurf, daß ich nur einen Teil meiner Freizeit und meiner Energie der Partei gebe, und das ohne große Begeisterung, während meine Mutter sich für ihre in Not geratenen Genossen mit ganzer Kraft und vollem Risiko eingesetzt habe.

Sie brachte mich mit solchen Reden in die Verlegenheit, mich rechtfertigen zu müssen. Das gelang mir nie so recht, denn ich war mir bewußt, daß ich eigentlich noch mehr für die Partei tun könnte, als ich es tat. Ich reagierte verärgert, was unser Einvernehmen nicht förderte. Hinzu kam, daß wenn ich auch nur die geringste Kritik an der Partei übte, sie mich einen Nörgler und Querulanten nannte, der nicht verstehe, daß die Partei das Höchste und Wichtigste im Leben eines Kommunisten sein müsse. Ich wurde dieser Vorwürfe und Streitereien allmählich müde, und unser Verhältnis kühlte ab. Wir sahen uns privat immer seltener.

Als die Auseinandersetzung um den Titoismus begann, vollzog sich in Eva Steinschneider eine Wandlung. Die treue Genossin, die sich bisher immer in Parteidisziplin geübt hatte, begann unbequeme Fragen zu stellen. Sie gehörte nun zu jenen Mitgliedern der KPD, denen die Erklärungen der Partei nicht genügten, wonach der besondere nationale Weg Titos zum Sozialismus falsch oder gar verbrecherisch sein sollte.

Der Bruch zwischen Stalin und Tito hatte sich im

Sommer 1948 vollzogen. Der jugoslawische Partei- und Staatsführer verurteilte das Großmachtstreben der Sowjetunion und verlangte für alle sozialistischen Staaten das Recht auf einen eigenen nationalen Weg zu einer sozialistischen Gesellschaftsform, unabhängig von Moskau. In einem Brief an Stalin schrieb Tito: »Wir fordern, daß jeder Herr im eigenen Haus sein solle, wir wollen nicht die Kosten für die anderen bezahlen, wir wollen nicht Wechselgeld sein. Wir wollen nicht, daß man uns in eine Politik der Einflußsphären hineinzieht.« Vor allem in der Landreform und Kollektivierung beschritt Tito einen von der sowjetischen Politik abweichenden Weg, der auf die besonderen Bedingungen Jugoslawiens abgestimmt war.

Als es Stalin nicht gelang, Tito wieder ins Glied der Gehorsamen zurückzupfeifen, zerschnitten die Kommunistische Partei der Sowjetunion KPdSU und mit ihr das Kommunistische Informationsbüro Kominform, dem die kommunistischen Parteien aller sozialistischen Staaten angehörten, das Tischtuch, und Moskau startete eine weltweite aggressive Kampagne gegen den Titoismus, in die alle kommunistischen Parteien, auch die KPD, eingespannt waren. Nun war Tito zum Trotzkisten, Verräter und Lakaien des Kapitalismus geworden.

Selbstverständlich wußte ich zu dem Zeitpunkt, als Eva Steinschneider wegen Tito in Gewissensnöte kam, längst nicht das, was ich heute über Inhalt und Hintergründe dieser tiefgreifenden Auseinandersetzung im Ostblock weiß. Wie alle KP-Genossen wußte ich nur, was die Partei sagte, daß Tito mit den ärgsten Feinden der Sowjetmacht kollaboriere und die Idee des Sozialismus verrate.

Sicherlich wurde man über die bürgerlichen Zeitungen umfassender informiert. Aber konnte ein Kommunist der bürgerlichen Lügenpresse glauben? In der Tat war auch deren Berichterstattung über den Fall Tito weit entfernt von Objektivität. Ihre Nachrichtenredakteure und Leitartikler machten in verständlichem Wunschdenken Tito zum Verbündeten der Westmächte gegen die Sowjetunion.

In dieser informativen Zwickmühle befanden sich alle Kommunisten, die sich eine eigene Meinung bilden, Klarheit über das Zerwürfnis mit Tito machen wollten, auch Eva Steinschneider. Wiederholt fragte sie in Funktionärs- und Ausschußsitzungen, auf welche Weise plötzlich aus dem Helden Tito ein Verräter geworden sei. Sie verstünde das nicht. Auch wenn Genossen aus den Stadtteilgruppen zu ihr kamen und Aufklärung über den Titoismus erbaten, gab sie ihnen die ehrliche Antwort, sie könne ihnen dazu nichts sagen, weil sie selbst noch keine Klarheit habe.

Das paßte den Genossen der Parteileitung nicht. Sie bezeichneten ihr Verhalten als parteischädigend. Eva Steinschneider war entsetzt darüber und wehrte sich gegen diese Unterstellung. Man habe ihre Fragen nicht richtig beurteilt. Ihre Treue zur Partei sei unerschüttert, versicherte sie immer wieder. Die Parteioberen antworteten, als Funktionärin, deren Wort in der Mitgliedschaft etwas gelte, habe sie sich falsch verhalten. Sie erwarteten von ihr, daß sie sich zu ihren Fehlern bekenne.

Sie zögerte, Fehler zu bekennen, die in ihren Augen keine waren. »Zu was soll ich mich bekennen? Was habe ich falsch gemacht?« fragte sie in einem Brief an die Parteileitung. »Ist es nicht richtig, eine Klärung zu verlangen, wenn man etwas nicht versteht, bevor man dem zustimmt? Ich bitte Euch, das noch einmal zu bedenken. Sicher werdet Ihr dann meine Einstellung zum Titoismus anders beurteilen.«

Aber damit waren die Funktionäre nicht zufrieden. Ihr Verhalten verstieß gegen die Parteidisziplin, und das konnte man einer Mandatsträgerin nicht durchgehen lassen. Sie zitierten sie vor die Kontrollkommission. Doch auch hier wußte sie nichts anderes zu sagen, als daß sie nur Antwort auf die Frage suche, wie aus dem revolutionären Helden Tito ein imperialistischer Agent hätte werden können.

Nun wandte die Partei die nächste Pressionsstufe an: die öffentliche Anprangerung in der Parteizeitung. Eva Steinschneider geriet in Gewissensnot und überlegte ständig, wie sie sich, entgegen ihrer Überzeugung, selbstkritisch zu den Vorwürfen äußern könne, ohne den Glauben an sich selbst zu verlieren.

In einer Funktionärsversammlung gab sie endlich folgende Erklärung ab: Sie gestehe, sie habe im Zusammenhang mit dem Titoismus zu viele Fragen gestellt, weil sie offenbar das Studium der Dokumente der Partei vernachlässigt habe. Sie bedauere, so den Eindruck erweckt zu haben, als sei sie von der Parteilinie abgerückt. Sie versprach, das Versäumte nachzuholen und sich über das Problem des Titoismus zu informieren.

Der Parteileitung aber war der Kniefall der Genossin Steinschneider noch nicht tief genug. Sie antwortete Eva in scharfem Ton, in ihrer Selbstkritik habe das Wichtigste gefehlt: ein Bekenntnis, die verräterische Rolle des Tito-Regimes unterschätzt zu haben. Sie bestehe auf eine entsprechende Erklärung Eva Steinschneiders.

Das war nun doch zu viel: sie weigerte sich.

Zu diesem Zeitpunkt besuchte ich sie in ihrer Wohnung. Unser Gespräch drehte sich ausschließlich um die von der Partei verlangte Selbstkritik. Obwohl die Auseinandersetzung zwischen ihr und den Genossen der Parteileitung bereits einige Zeit andauerte, war Eva Steinschneider ratlos wie am ersten Tag.

»Was soll ich denn tun?« fragte sie mich. »Ich werde mit dem Titoismus nicht fertig. Ich schaffe es einfach nicht, aus dem Mann, der Jugoslawien von den Faschisten befreit hat und vom ganzen Volk verehrt wird, einen Verräter und Mörder zu machen.«

Mit dieser Formulierung offenbarte sie mir, daß sie die Erklärungen Moskaus, Tito sei ein Agent des Imperialismus geworden, nicht anerkannte. Das Argument der Partei, daß sich das Symbol des Befreiungskampfes schlechthin vom Paulus zum Saulus gewandelt haben sollte, hatte sie noch nicht überzeugen können.

Ich antwortete kleinlaut: »Die Partei sagt es. Dann muß es stimmen. Welchen Grund soll sie sonst haben, sich selbst zu schwächen? Die Verurteilung Titos ist doch eine beträchtliche Schwächung des sozialistischen Lagers!«

Eva schüttelte den Kopf. »Du machst es dir leicht.«

Sie hatte recht. Ich log mich aus diesem Gewissenszwiespalt heraus mit dem fragwürdigen Argument: wenn die Partei das so sagt, wird es schon richtig sein.

Einige Jahre später stand ich selbst vor der Parteikontrollkommission. Ich hatte unerwünschte Fragen über das mörderische Stalinregime gestellt, nach Meinung der Funktionäre unpassend laut und vor dem falschen Personenkreis, was gegen die Parteidisziplin verstieß und parteischädigend gewesen sein soll. Da erinnerte ich mich an dieses Gespräch mit Eva Steinschneider und fragte mich, warum ich damals, gegen bessere Einsicht, mich mit einer so läppischen Ausrede an einem Konflikt mit der Partei vorbeigemogelt und die Verteufelung Titos ohne Widerspruch zur Kenntnis genommen hatte, trotz erheblicher Bedenken. Vielleicht aus Angst, die Partei, die mir seit meiner Kindheit eine Heimat, während des Tausendjährigen Reichs ein Schutzraum und nach dem Krieg eine Hoffnung war, und mit ihr meine Freunde zu verlieren.

Ich empfand, daß Eva sich ernsthafter bemühte als ich, die heftigen Reaktionen Moskaus auf den eigenen Weg der jugoslawischen Brüderpartei zum Sozialismus zu begreifen, bevor sie ihnen zustimmte.

Mehr aus Verlegenheit als aus Überzeugung wiederholte ich: »Ohne einen triftigen Grund trennt sich die Partei nicht von einem ihrer besten Genossen.«

Auf diese Antwort reagierte sie überhaupt nicht, nahm eine Ausgabe der »Sozialistischen Volkszeitung«, die neben ihrem Sessel lag, von der Erde hoch, blätterte sie auf, schlug mit dem Handrücken auf die Innenseite mit dem Leitartikel, der die Überschrift trug »Tito, der Kriegsprovokateur« und sagte: »So kann man es auch machen, einfach mit den Schlagworten der Partei jonglieren und nicht denken. Dann ist man aus der Zwickmühle heraus. Jetzt ist Tito bereits ein Kriegsprovokateur.«

Ich schaute auf die Ausgabe und sagte: »Der Leitartikel stammt von Fritz.« Das war ein Redaktionskollege von mir.

»Fritz oder Emil oder du, ihr macht es doch alle so.« Eva setzte ihre Brille auf, suchte eine bestimmte Stelle heraus und las: » . . . damit ist klar bewiesen, daß es sich bei der Titoclique um Agenten der imperialistischen Geheimdienste zur Zersetzung des Lagers der Friedenskräfte handelt. Damit hat sich Tito selbst als Kriegsprovokateur entlarvt.« Sie legte die Zeitung aus der Hand und fragte: »Was ist denn bewiesen? Gar nichts. Die Partei sagt es. Mir aber fehlen die Beweise.« Nach einer Pause fuhr sie fort: »Könnte es denn nicht sein, daß sich am Ende alles als ein Irrtum herausstellt? – Ich kann doch nichts gegen meine Überzeugung aussagen. Aber die Partei verlangt von mir, daß ich Selbstkritik übe.«

»Wirst du?«

»Ich weiß es nicht. Ich glaube, nein.«

Doch die Partei kannte kein Erbarmen und zwang sie zum Canossagang. Mit einem weiteren denunziatorischen Bericht in der »Sozialistischen Volkszeitung« über ihr parteischädigendes Fehlverhalten zog die Kaderabteilung die Daumenschrauben absoluter Parteidisziplin noch stärker an. Ihre bisher geübte Selbstkritik, hieß es darin, sei unzulänglich gewesen. Sie wurde aufgefordert, endlich »Farbe zu bekennen« und »Flagge zu zeigen«, wes politischen Geistes Kind sie sei. Außerdem drohte ihr die Partei mit dem Entzug sämtlicher Parteiämter und dem Ausschluß.

Ich weiß nicht, was danach im Kopf von Eva Steinschneider vorgegangen ist. Vielleicht hatte auch die Parteikontrollkommission noch einmal ihre Hand im Spiel. Jedenfalls erlebte ich auf einer Tagung des Parteivorstandes der KPD das peinliche Schauspiel ihres Kniefalls. In der Diskussion, die den Grundsatzreferaten folgte, ging Eva Steinschneider ans Rednerpult und bekannte wider besseres Wissen all das, was zu bekennen sie sich lange Zeit standhaft geweigert hatte. Immer wieder beschuldigte sie sich selbst und beschwor die Klugheit und Unfehlbarkeit der Partei, gelobte Besserung und denunzierte schließlich andere Funktionäre mit vollem Namen. Sie seien demselben Übel wie sie verfallen, hätten den Titoismus verkannt, aber noch immer nicht ihre Fehler eingesehen und würden dadurch der Partei großen Schaden zufügen.

Einige Tage danach wurde Eva Steinschneider krank. Ich besuchte sie, brachte ihr ein paar Blumen und unterhielt mich mit ihr. Sie fieberte und sagte, sie habe starke Unterleibsschmerzen. Mit Entrüstung stritt sie die Möglichkeit ab, daß ihre Krankheit etwas mit der Tagung zu tun haben könnte, auf der sie den beschämenden Kniefall gemacht hatte.

Ich verabschiedete mich von ihr mit einem schlechten Gefühl. Sie tat mir leid, aber ich wußte nicht, wie ich ihr helfen könnte. Mir war, als müßte ich mich bei ihr für irgend etwas entschuldigen.

Ich verstand genau so wenig wie sie, was an der Politik Titos falsch sein sollte. Aber ich glaubte der Partei und vertraute ihren Argumenten. Wenn sie sagte: der besondere nationale Weg Titos zum Sozialismus ist falsch, er schwächt das sozialistische Lager und stärkt den Imperialismus, dann mußte das wohl seine Richtigkeit haben. Ich war außerstande, diese und andere Thesen durch eigene, bessere Kenntnisse der weltpolitischen Lage oder der strategischen Notwendigkeiten im Ostblock zu widerlegen. Ich habe es auch nie gewollt. Und wenn die Partei sagte: Tito ist ein Verräter, dann war ich bereit, auch das zu glauben. Ich mußte es ganz einfach glauben, denn Stalin und seine Führungsmannschaft in Moskau, von denen die Verdammung Titos seinen Ausgang nahm, hatten nach meiner Überzeugung einen weit besseren Überblick über das, was in Jugoslawien geschah als ich in meinem Frankfurter Krähwinkel.

Bedingung für diese geistige Einstellung war, daß ich den Moskauer Spitzenfunktionären zubilligte, stets die – auch in meinem Sinne – richtigen politischen Entscheidungen zu treffen, weil ihre Einstellung zu Humanität und Gerechtigkeit mit der meinen übereinstimmte. Das heißt nicht, daß mir Zweifel fremd gewesen seien. Ich äußerte sie oft im Partei- und Freundeskreis und auch in der Redaktion der Sozialistischen Volkszeitung, und wir stritten heftig. Aber das war kein Streit, der mich von der Partei entfernen hätte können. Meine kritische Distanz zu ihr reichte nicht weiter, als es der von ihr bestimmte Toleranzspielraum zuließ.

Mit meinem Vater besprach ich öfter, was mich bedrückte und unsicher machte. Ich wollte seine Meinung hören, die Meinung eines gestandenen Kommunisten, der ein ganzes Leben voll Erfahrungen im politischen Kampf mit sich herumtrug, um vielleicht durch ihn Sicherheit und neue Orientierung zu finden. Er hörte meist aufmerksam zu, zeigte Verständnis für meine Probleme und ließ sich das Für und Wider erläutern. Fragte ich ihn, wie er sich in dem oder jenem Fall an meiner Stelle der Partei gegenüber verhalten würde, hörte ich dann doch immer dasselbe:

»Im revolutionären Kampf kann es nur einen Kopf geben, kann nur einer bestimmen. Sonst verzettelt man sich, Disziplin ist das Geheimnis des Erfolges.«

Dieses Prinzip hatte er sich aus seiner revolutionären Zeit bewahrt. Das sollte auch heißen, daß ich zu akzeptieren hatte, was die Partei dekretierte, ungeachtet meiner Zweifel.

Als ich ihm nach der Vorstandstagung der KPD von Evas totaler Unterwerfung unter die Parteidisziplin und meiner Betroffenheit darüber erzählte, gab er mir zur Antwort: »Hat jemand Eva gezwungen, in die Partei einzutreten? Zwingt sie jemand, in der Partei zu bleiben? Wenn sie nicht bereit ist, Entscheidungen der Partei mitzutragen, kann sie austreten. Was willst du also? – Wenn Moskau Tito und seine Politik verurteilt, weil es sie für falsch hält – und wer sollte es besser beurteilen können als Moskau? – so ist das für jeden Kommunisten verbindlich. Für mich und für dich und auch für Eva. Ist das nicht klar? – Nun hat sie es endlich eingesehen. Aber sie hat viel zu lange gezögert. Eine kommunistische Bewegung ist kein Geselligkeitsverein. Wer ihr angehört, muß einen Stoß vertragen können.«

»Das war ein verdammt harter Stoß«, bemerkte ich.

Papa machte eine wegwerfende Handbewegung: »Sie ist davon nicht umgefallen.«

»Das nicht, aber sie hat sich vor allen Genossen entwürdigt. Das war kein schönes Schauspiel.«

»Das meinst du. Ich bin anderer Meinung.«

Selten hatte mir Papa eine so lange Erklärung über die Konsequenzen einer KP-Mitgliedschaft gegeben. Sie war gleichzeitig ein Selbstbekenntnis, eine Deutung seiner eigenen festen Bindung an die Partei. Er kannte Eva Steinschneider seit vielen Jahren und hatte sie einmal sehr verehrt. Und nun diese unerbittlichen Worte aus seinem Munde über sie. Er verhielt sich, als habe er nie eine persönliche Beziehung zu ihr gehabt.

Das war ein mir fremder Papa, ein in Prinzipientreue zur Partei erstarrter Mann, dessen Gedankengängen ich nicht folgen konnte. Neu waren sie mir nicht, er hatte schon öfters sein Verhältnis zur Partei in dieser harschen Weise formuliert. Ich nahm sie nie ganz ernst, glaubte, er wolle damit nur den locker gewordenen Schnürbusen seines eigenen Partei- und Klassenbewußtseins wieder etwas strammer ziehen. Im Alltag war er ein anderer, ein gütiger alter Herr, stets zu Zugeständnissen bereit, der, was auch immer er tat, keinen Ärger und kein Aufsehen machen wollte. Jetzt aber, da er über einen Menschen, der ihm so nahe stand, ein Urteil scheinbar ohne jedes Mitgefühl sprach, erschrak ich.

Mir war klar geworden, daß es Papa in zwei Ausführungen gab. Der eine war dem andern fremd, noch mehr, sie waren sich feind. Irgendwann einmal mußte es zu dieser Spaltung gekommen sein. Aber warum? Seine turbulente Revolutionsphase währte ein Jahrzehnt. Dann kehrte er kampfesmüde zu seiner Familie zurück, hing seine Revolutionsmütze an den Nagel und ergriff einen bürgerlichen Beruf. Dieser Wandel mag noch verständlich gewesen sein, wenn auch unklar bleibt, warum seine Aktivität erlahmte. Er überließ Mama bereitwillig das Kommando in der Familie. Das änderte sich nicht bis zu seinem Lebensende. Für die merkwürdige Spaltung, die sich gleichzeitig in seiner Persönlichkeit vollzogen haben muß, habe ich keine Erklärung. Die eine Hälfte war noch immer der treue Gefolgsmann einer revolutionären Partei, die andere der müde, gütige Jude, der seinen Frieden haben wollte.

In meiner Kindheit kannte ich nur den einen Papa, den liebevollen und friedfertigen. Jetzt lernte ich den andern kennen und hatte mit dem einen wie dem andern Probleme.

Ich wußte aus Mamas Erzählungen schon sehr früh von seiner revolutionären Vergangenheit, sah mich aber außerstande, aus ihm einen Helden zu machen, so sehr ich mir einen Heldenvater gewünscht hätte, einen zum Angeben, zum Renommieren bei Straßenfreunden und Schulkameraden, um mein eigenes Ansehen zu erhöhen. Leider hatte er gar nichts Heldisches mehr an sich. Im stillen machte ich ihm deswegen heftige Vorwürfe.

Mit dem andern, dem bedingungslos parteitreuen und unduldsamen Papa wußte ich jetzt auch nicht viel anzufangen. Doch mit meinen Vorwürfen, die ich für ihn parat hatte, mußte ich mich zurückhalten. Denn nach meiner Auseinandersetzung mit ihm um Evas Kotau spielte sich etwas Bemerkenswertes ab, was mir im nachhinein zu denken gab.

Als ich Eva besuchte, nachdem sie krank geworden war, erkannte ich, daß sich in ihr ein ähnlicher Bruch vollzogen hatte wie einst bei Papa. Sie blieb die liebenswerte, freundliche Frau, als die ich sie zwei Jahrzehnte kannte, doch gleichzeitig wuchs aus ihr etwas Neues heraus, eine kompromißlose Funktionärin, mit der sich keine Auseinandersetzung mehr lohnte. Niemandem erlaubte sie Zweifel oder Zwischentöne, attackierte jeden Genossen, der Direktiven der Partei in Frage stellte, und war imstande, genau so zu argumentieren wie Papa. Damit riß auch mein letzter persönlicher Kontakt zu ihr ab.

Der größte Feldherr aller Zeiten

Als Mitarbeiter einer kommunistischen Zeitung war ich verpflichtet, mich von Zeit zu Zeit an Schulungen zu beteiligen. Diese politischen Bildungslehrgänge fanden in der Regel in Frankfurt oder der näheren Umgebung statt. Im Mai oder Juni 1950 erhielt ich erstmals die Aufforderung, an einem mehrwöchigen Lehrgang teilzunehmen, ohne den Ort benannt zu bekommen, wo er stattfinden sollte. Meine Redaktionskollegen, die schon vor mir zu Lehrgängen ohne Ortsangabe beordert worden waren, hatten sie auf einer Parteischule in der DDR absolviert. Ich sollte vermutlich ebenfalls dorthin fahren. Das wurde auch durch die Auflage der Kaderabteilung ersichtlich, die Reise mit wenig Geld und nur leichtem Gepäck, das hieß, mit einer Aktentasche oder einem kleinen Koffer anzutreten. Die Funktionäre der Partei, die mir die Weisung gaben, taten sehr geheimnisvoll. Angeblich wußte niemand etwas Genaues.

Meine erste Anlaufstelle war Hannover. Dort hatte ich an einem bestimmten Ort zu einer genauen Zeit einem Unbekannten ein Stichwort zu sagen. Ihn zu erkennen, sei nicht schwer, versicherte man mir, denn er würde eine Ausgabe der Hannoverschen Neuen Presse in der Hand halten. Wenn ich die richtige Antwort bekäme, hätte ich ihm unauffällig zu folgen.

Das konnte aufregend werden, und ich war in Sorge, ob ich auch den Richtigen finden würde. Einige Minuten vor der festgelegten Zeit war ich an dem vereinbarten Punkt in einer abseits des Zentrums gelegenen ruhigen Straße mit einigen Verkaufsläden. Niemand war zu sehen, dem ich mein Stichwort hätte sagen können. Ich schaute nochmals auf den Straßennamen. Er stimmte. Hatte ich etwas falsch gemacht?

Meine Unruhe war umsonst. Mit dem Glockenschlag tauchte der Kontaktmann auf. Die Hannoversche Neue

Presse war nicht zu übersehen. Mit gespielter Gleichgültigkeit ging ich auf ihn zu. Da tat sich unerwartet eine Schwierigkeit auf. Von der anderen Seite näherte sich ebenfalls ein Mensch, der mir nicht geheuer schien. Ich konnte also nicht, ohne die Aufmerksamkeit des Dritten zu erregen, mein Stichwort sagen. So blieb ich stehen und wartete. Der andere blieb auch stehen. Der mit der Zeitung zwischen uns starrte unentwegt in das Schaufenster eines Elektrogeschäfts. Es war eine groteske Situation. Da faßte ich mir ein Herz und sagte leise, zum Schaufenster gewandt, mein Stichwort. Prompt kam die richtige Antwort. Einen Augenblick später wiederholte er seine Antwort in die andere Richtung. Nun war mir klar, daß der andere auch ein Genosse war, der geschult werden sollte und den gleichen Kontaktmann zugewiesen bekommen hatte.

Nun hätte das Versteckspiel zu Ende sein können. Aber offenbar lautete die Anweisung der Partei anders. Nachdem er sich zu erkennen gegeben hatte, sagte der mit der Hannoverschen in der Hand kein Wort mehr, drehte sich um und ging, als habe er mit uns nichts zu tun, die Straße entlang. Ich folgte ihm in gebührlichem Abstand, nach weiteren zehn Metern kam der andere.

Unser Gänsemarsch ging um mehrere Ecken.

In einer engen Nebenstraße stand ein Kleinlastwagen, dessen hintere Plane hochgerollt und mit zwei Riemen oben festgezurrt war. Unser Vordermann blieb stehen und deutete mit einer leichten Bewegung des Kopfes an, daß wir hinten aufsteigen sollten. Kaum waren wir auf der Ladefläche, fuhr der Wagen los. Ich mußte mich am seitlichen Gestänge festhalten, um nicht wieder hinauszufallen. Jetzt erst merkte ich, daß bereits jemand im Wageninnern saß mit dem Rücken zum Führerhaus. Ich setzte mich auf eine leere Gemüsekiste. Der andere, der mit mir eingestiegen war, legte seine Aktentasche in eine Ecke und setzte sich darauf.

Gut zwei Stunden dauerte die Fahrt, während der wir kaum ein Wort miteinander wechselten. Zwar konnten wir nach draußen schauen, wußten auch, daß es in Richtung Zonengrenze ging, aber hatten alle drei keine Ahnung, wo wir uns befanden. Da hielt der Wagen an, der Fahrer, ein älterer Mann, kam nach hinten und sagte nur: »Tut mir leid, das muß jetzt sein. Wir sind im Zonengrenzgebiet.« Dann löste er die zwei Riemen der Plane. Sie fiel nach unten, und wir saßen im Dunkeln.

Längere Zeit ruckelte der Wagen jetzt über eine unbefestigte Straße. Dann hielt er. Es dämmerte bereits. Wir mußten aussteigen. Ein junger Mann nahm uns in Empfang. Er wies uns an, mit unserem Gepäck in eine zur Straße hin offene Holzhütte zu gehen. Dort würden wir warten, bis es dunkel sei. Dann sollte es über die Grenze gehen. Nach zwanzig Minuten marschierten wir los. Schweigend waren wir, einer hinter dem andern, vielleicht eine halbe Stunde gelaufen, da flüsterte uns der Führer zu, stehen zu bleiben. Er zeigte uns in einer Entfernung von zwei-, dreihundert Metern mitten im Feld einen freistehenden großen Baum, der sich deutlich vom mondhellen Himmel abhob. Er werde jetzt zurückbleiben, erklärte er, und wir sollten, gebückt in einem kleinen Graben, auf diesen Baum zugehen und dort warten. Er stehe bereits auf DDR-Gebiet. Ein DDR-Genosse werde uns dort in Kürze abholen. »Glückauf!« sagte er noch und verschwand.

Der Baum, ich glaube, es war eine alte Linde, stand auf einem kleinen Wiesenstück. Dorthin zu kommen war nicht schwer. Ich breitete meinen Regenmantel aus und machte es mir darauf bequem. Die beiden andern legten sich auch hin. Dann warteten wir. Warteten eine Stunde – und niemand kam. Der Boden wurde kalt, die Feuchtigkeit kroch in die Hose und in die Unterwäsche, mich überkam Müdigkeit, ich war erschöpft und hätte geschlafen, würde mich die Unruhe über das Ausbleiben des DDR-Genossen nicht daran gehindert haben. Alle paar Minuten schaute einer von uns auf die Leuchtziffern seiner Armbanduhr, als könne er damit den, der uns abholen sollte, zur Eile anspornen.

In diesen Stunden der Unruhe und Ungewißheit erlebte ich etwas, das rein gar nichts mit meiner zu erwartenden ideologischen Stärkung auf einer Parteischule der SED zu tun hatte, mir aber in angenehmer Erinnerung geblieben ist. Die beiden anderen Genossen waren, eingehüllt in ihre Mäntel und in der nächtlichen Kühle zusammengekrümmt, eingeschlafen. Ich blieb wach, konnte nicht schlafen. Und jetzt begann über mir in der Linde eine Nachtigall zu schlagen. Es war das erste Mal in meinem Leben, daß ich eine Nachtigall in freier Natur hörte. Sie flötete und schluchzte in immer neuen Variationen. Peitschenschlagähnliche Tonfolgen wechselten mit an- und abschwellenden Trillern, hauchzarte Lockrufe lösten feste melodische Schläge ab. Ich vergaß Kälte und Feuchtigkeit, vergaß, daß ich mich eigentlich zu ängstigen hätte, vergaß Schulung und Zonengrenze und lauschte der gesamtdeutschen Nachtigall. Sie wurde nicht müde in ihrem Gesang. Vielleicht ahnte sie, daß sie einen aufmerksamen und dankbaren Zuhörer hatte – vielleicht machte sie es immer so. Sie entschädigte mich ein wenig für die Anstrengungen und Ärgernisse des Tages und machte das Warten leichter.

Wieviel Stunden vergangen waren, weiß ich nicht. Kälte und Feuchtigkeit wurden unerträglich. Am Horizont in Richtung DDR dämmerte es bereits. Ich sprang auf und erklärte meinen beiden Leidensgefährten, ich sei überzeugt, daß niemand mehr kommen werde. Ich würde jetzt losmarschieren, um irgendeine lebende Seele zu finden. Wer wolle, könne mit mir gehen.

»Da mache ich nicht mit. Das ist lebensgefährlich«, protestierte einer der beiden. »Die Grenzpolizisten schießen ohne Anruf, hüben wie drüben.«

»Was sollen wir sonst machen?«

»Das weiß ich auch nicht. Aber keinesfalls gehe ich weiter.«

»Wegen mir kannst du hierbleiben«, gab ich zur Antwort. »Ich gehe.«

»Ich komme mit«, sagte der Dritte, ein Kölner FDJ-

Funktionär, wie ich mittlerweile wußte. Der Zauderer war in Koblenz zu Hause und hatte eine hauptamtliche Funktion in der Stadtteilleitung der KPD.

Wir nahmen unsere Köfferchen und liefen mit steifgefrorenen Beinen in den Morgen. Nach Osten konnte in keinem Fall falsch sein.

»Ich warte auf euch!« rief uns der Zurückbleibende nach. Wir liefen eine lange Strecke und hatten keine Ahnung, ob überhaupt und wie weit wir in der DDR waren. Unser letzter Begleiter auf westdeutschem Boden hatte uns zwar gesagt, daß die Linde bereits auf DDR-Territorium stehe. Aber ob das stimmte? Ich konnte mich nicht erinnern, eine Grenzsperre überschritten zu haben. Es sei denn, der Graben, in dem wir einige hundert Meter entlanggelaufen waren, habe die Grenzlinie markiert. Jetzt ging es, immer noch auf freiem Feld, etwas bergan und auf ein Waldstück zu. Und dort standen plötzlich die lebenden Seelen, nach denen ich mich gesehnt hatte. Wenige Schritte vor uns. Zwei DDR-Grenzpolizisten mit Maschinenpistolen im Anschlag.

Meinem ersten Schreck folgte eine spontane freudige Begrüßung: »Hallo, Freunde! Wir sind Genossen.«

»Stehen bleiben! Oder wir schießen!« kam die Antwort zurück.

Verständnislos blieben wir stehen.

»Hände hoch!« scholl es uns entgegen.

Wir ließen beide unsere Koffer fallen und streckten die Arme hoch. Was sollte das? Wir waren doch Freunde, Genossen, und kamen in freundschaftlicher Absicht in den ersten deutschen Arbeiter-und-Bauern-Staat.

»Das ist ein Irrtum«, sagte ich, während ich noch die Hände oben hatte, »wir sind Freunde.«

»Das wird sich herausstellen«, war die Antwort.

Der eine hielt nach wie vor seine Maschinenpistole auf uns gerichtet. Der zweite kam vorsichtig auf uns zu und tastete uns nach Waffen ab. Wie konnten sie auch wissen, überlegte ich, was uns veranlaßt hatte, schwarz über die Zonengrenze zu gehen. Sie wollten partout nicht zur Kenntnis nehmen, daß wir Freunde seien, und machten es uns sehr schwer, uns ihnen zu erklären.

Mir schlug das Herz bis zum Hals, und ich konnte mich kaum auf den Beinen halten. Auch mein Begleiter zitterte stark.

»Ihre Ausweise!« kommandierte der Wortführer der Grenzer.

Der andere Genosse kramte seinen Personalausweis aus der Seitentasche, ich hielt ihm meinen Fremdenpaß hin. Und nun folgte, wie üblich, das gleiche Frage-und-Antwort-Spiel über meine Staatenlosigkeit, an dessen Ende der Frager genauso schlau war wie zu Anfang. Der Grenzpolizist gab es bald auf, steckte die beiden Ausweise in die Seitentasche und fragte:

»Wo wollen Sie hin?«

»Das wissen wir nicht.«

»Das wissen Sie nicht?« Sie starrten uns ungläubig an.

»Wir sollten doch an der Grenze abgeholt werden.«

Das schien den beiden noch nie vorgekommen zu sein, offenbar war der reguläre Grenzdienst von den Grenzübertritten, die die Partei organisierte, streng getrennt. Wie sie uns erwischt hatten und was wir ihnen an Ausreden erzählten, das schien für sie Routine, Grenzalltag zu sein. Sie wurden erst aufmerksam, als sie hörten, daß noch ein Dritter im Feld an der Zonengrenze läge. »Nehmt euer Gepäck hoch!« kam das Kommando.

»Hier den Weg entlang! Vor uns her!«

Mir war verdammt ungemütlich zumute. Am Waldrand, hinter einem Busch stand ein offener Kübelwagen. Wir mußten einsteigen. Dann fuhren sie uns die Strecke zurück zu der Linde. Nun wußte ich, daß die Nachtigall tatsächlich auf dem Boden der Deutschen Demokratischen Republik gesungen hatte.

Zu der Kälte fuhr mir jetzt noch der Schrecken in die Glieder, denn der Platz war leer, der andere Genosse verschwunden. Er hatte nicht, wie versprochen, auf uns gewartet. Wir stiegen aus. Ich lief um den Baum herum und zu einer in der Nähe stehenden Hecke. »Hallo!« rief ich immer wieder, »Wo bist du?« Vergebens, ich bekam keine Antwort. Ich konnte den Abhandengekommenen nicht einmal bei seinem Namen rufen, ich kannte ihn nicht. Wahrscheinlich war er zurückgelaufen, weil er der westlichen Grenzpolizei mehr vertraute als der östlichen. Jetzt glaubten uns die DDR-Grenzer gar nichts mehr, und das mit Recht.

»Wo ist nun euer Kumpel?« fragte einer, und ich glaubte, einen höhnischen Unterton aus seiner Stimme herauszuhören.

»Er wollte bestimmt auf uns warten.«

»Und jetzt? Hat sich in Luft aufgelöst?«

»Ich versteh das nicht.«

»Und wie er heißt, wißt ihr auch nicht.«

»Nein.«

»Ihr wollt uns wohl für dumm verkaufen? Einsteigen!«

Die Grenzpolizisten waren nun noch mißtrauischer. Wir fuhren wieder zurück, durchquerten den Wald und kamen bald an eine Landstraße.

In einem alleinstehenden Haus, vermutlich einer Außenstelle der Grenzpolizei, sperrten sie uns in einen Raum, in dem zum Glück zwei Feldbetten standen. Ich fiel sofort in einen bleiernen Schlaf. Einige Stunden später, die Sonne stand bereits hoch am Himmel, weckten uns die Grenzpolizisten. An ihren wie umgewandelt freundlichen Gesichtern war abzulesen, daß sie sich in der Zwischenzeit über uns informiert hatten. Sie brachten uns in eine nahe gelegene Stadt. Hier endlich verriet mir bei der Einfahrt das Ortsschild, daß wir uns in Gardelegen in der Altmark befanden. Beim Polizeichef luden sie uns ab.

Nun klärte sich auch auf, warum man uns auf der Grenze zwischen Ost und West vergessen hatte. Ein Offizier der Grenzpolizei, der beauftragt war, uns in der Nacht an der Linde abzuholen, hatte auf der Fahrt zur

Zonengrenze einen recht merkwürdigen, heute kaum noch vorstellbaren Autounfall. In der Dämmerung war er auf der Landstraße in einen auffliegenden Maikäferschwarm geraten und verunglückt. Keiner der Grenzpolizisten wußte etwas von dem Sonderauftrag ihres Vorgesetzten, und bis die Parteileitung von dem Unfall und der dadurch entstandenen konspirativen Panne erfuhr, waren wir längst im Gewahrsam der Grenzpolizei.

Das Schulungszentrum befand sich in einem ehemaligen Arbeitsdienstlager in der Märkischen Heide, nicht weit von der bekannten Hermann-Göring-Villa Karinhall. Geschult wurde das zu jener Zeit Übliche, die »verräterische Rolle des Titoregimes«. Dieser erste schwerwiegende Konflikt zwischen sozialistischen Staaten hatte wenige Tage vor meiner Abreise die Chefredaktion der Sozialistischen Volkszeitung veranlaßt, über die ganze Breite der Titelseite die Balkenüberschrift zu setzen: »Die Kommunistische Partei Jugoslawiens in der Gewalt von Mördern und Spionen.« Er war ganz im Stil des Leitartikels verfaßt, den mir Eva Steinschneider einige Wochen zuvor vorgehalten hatte. Schulungen der Partei zu diesem Problem waren offenbar dringend nötig, denn die Anti-Tito-Kampagne hatte bereits viele KPD-Mitglieder veranlaßt, der Partei den Rücken zu kehren.

Mich berührte insbesondere der Parteiaustritt von Jupp Schappe, dem Chefredakteur des Zentralorgans der KPD »Freies Volk«, einem ehemaligen Metallarbeiter. Ich war wiederholt bei Arbeitsbesprechungen kommunistischer Redakteure mit ihm zusammengetroffen und von seinem sympathischen Wesen und seiner direkten Art beeindruckt. Zehn Jahre hatte Jupp Schappe während der Hitlerzeit wegen seiner politischen Überzeugung im Zuchthaus gesessen. Kaum war er befreit, hatte er sich sofort wieder der Partei zur Verfügung gestellt. Sie war sein Lebensinhalt. Nun wandte er sich von ihr ab, für ihn ein schwerer Entschluß.

Neben dem »Kampf gegen die Verräterclique um

Tito« gab es noch einen zweiten Punkt, den wir auf dem Lehrgang besprachen. Es handelte sich um eine Entschließung des Zentralkomitees der KPD, in der die führende Rolle der Kommunistischen Partei der Sowjetunion im sozialistischen Lager mit Nachdruck betont und für die Zukunft festgeschrieben wurde. Auch dieser Schulungspunkt war notwendig, weil ja Tito mit seinem eigenen nationalen Weg zum Sozialismus diesen Führungsanspruch in Frage stellte. Die Entschließung war auf der gleichen Tagung des Parteivorstands der KPD in dem Frankfurter Vorort Bergen-Enkheim angenommen worden, auf der Eva Steinschneider die peinliche Selbstkritik geübt hatte.

Ein einziger Satz ist mir in Erinnerung geblieben: »An der Spitze der kommunistischen Weltbewegung steht das größte Genie unserer Epoche, der Führer der Weltarbeiterklasse, Genosse Stalin.«

Als wir diesen Satz in der üblichen Weise interpretierten, verstieg sich ein Lehrer zu der Formulierung, man könne ihn dahingehend erweitern, daß Stalin das größte Genie der bisherigen Menschheitsgeschichte schlechthin sei.

Keiner der KP-Funktionäre widersprach.

Nicht aus grundsätzlicher Opposition, sondern aus der Überlegung, daß eine solche Formulierung dem entgegenstand, was ich bisher in Schulungsabenden von marxistisch-dialektischer Denkweise gelernt hatte, wagte ich die Bemerkung, ob man denn die Bezeichnung »größtes Genie der bisherigen Menschheitsgeschichte« für Stalin verwenden könne. Ich hätte Bedenken. Es ging mir damals weniger darum, eine nach meiner Meinung falsche Formulierung zu korrigieren, als vielmehr zu zeigen, wie aufmerksam ich bei der Sache sei.

Mein Eifer wurde nicht belohnt. Ich hatte etwas grundlegend falsch gemacht. Der Lehrer ging einige Schritte auf mich zu und fragte, ob ich den Mut habe, meine Bedenken offen auszusprechen. Warum sagte er Mut? Im Grunde hatte ich ihn nicht. In Disputationen mit den wortgewandten, die Sprache der Partei perfekt beherrschenden Schulungsfunktionären war ich immer unterlegen. Das hatte sich in vorangegangenen Seminaren gezeigt. Meine Anmerkungen zum »größten Genie« stimmten wohl nicht.

Ich merkte zu spät, daß ich mit beiden Füßen in eine Falle getappt war. Er warte auf die Begründung meiner Kritik, wiederholte der Seminarleiter seine Herausforderung. Jetzt mußte ich mich bekennen, wollte ich nicht eine totale Blamage in Kauf nehmen. Die anderen Schulungsteilnehmer hatten sich bisher in unser Gespräch nicht eingeschaltet. Schweigsam folgten sie der Auseinandersetzung.

Vorsichtig versuchte ich, meine Zweifel in der ritualisierten Sprache der Partei darzustellen, ängstlich darauf bedacht, nicht noch einmal an dem empfindlichen Podest mit dem »größten Genie« anzustoßen. Dem Sinn entsprechend führte ich aus:

Die in der Entschließung enthaltene Formulierung vom größten Genie unserer Epoche müsse meiner Meinung nach so eingeschränkt werden, daß man sage, Stalin sei das größte *politische* Genie unserer Epoche, denn die Genialität eines Politikers und Revolutionärs könne doch nicht mit der eines Künstlers oder Wissenschaftlers verglichen werden. Des weiteren halte ich die von dem Seminarleiter vorgenommene Erweiterung, Stalin sei das größte Genie der bisherigen Menschheitsgeschichte, darum für falsch, weil ich nicht glaube, daß man den sowjetischen Parteiführer mit einer historischen Persönlichkeit vergleichen könne, die vor zweitausend oder vor fünfhundert oder auch nur vor hundert Jahren gelebt habe. Da fehle die Möglichkeit des Vergleichs.

Damit hatte der Schulungsfunktionär erreicht, was er wollte: mich voll auflaufen lassen.

»Das ist ja interessant, was du sagst, Genosse. Nur –« Er machte eine Pause, griff nach hinten und zog aus einem Stapel Bücher ein braunes Büchlein hervor, hob es hoch und fuhr fort: »– kennst du dieses Werk?«

Es war die etwa ein Jahr zuvor in der Sowjetunion erschienene und auch dort in die deutsche Sprache übersetzte Kurzbiographie von Stalin. Jeder KP-Funktionär hatte sie in seinem Bücherschrank. Ich auch.

»Ja, ich kenne das Werk.«

»Hast du es auch gelesen?«

Ich zögerte. »Ich glaube – ja.« Ich hatte es noch nicht gelesen.

»Ich glaube: nein«, kam es apodiktisch zurück. »Denn hättest du es getan, wüßtest du über Stalins Persönlichkeit ein wenig besser Bescheid. Dann wüßtest du zum Beispiel, daß die Historiker-Kommission des Zentralkomitees der KPdSU, die diese Biographie verfaßt hat, Stalin nicht nur den ›größten Führer‹, sondern auch den ›hervorragendsten Strategen aller Zeiten und Völker‹ nennt. Doch die sowjetischen Historiker gehen noch weiter, was du natürlich auch nicht wissen kannst, weil du die Kurzbiographie nicht gelesen hast. Sie sagen, Stalin hat den Künsten und Wissenschaften wichtige Impulse gegeben.« Er blätterte das Buch auf und zitierte: »– der ausgezeichnete Wissenschaftler, der die entscheidenden Entwicklungsgesetze in Natur und Gesellschaft formuliert und auf die verschiedensten Gebiete der Wissenschaft angewendet hat.« Er schlug eine andere Seite auf, las einen Augenblick und sagte: »Kein Wort hast du über die Rolle Stalins im Vaterländischen Krieg verloren. Ist das nicht auch bezeichnend? Kann man sich ein Urteil über ihn erlauben, ohne zu erwähnen, daß durch seine geniale Strategie die sowjetische Armee den Sieg über Hitlers Angriffsdivisionen gelang? Die sowjetischen Experten, die eine gründliche Analyse des Kriegsgeschehens vorgenommen haben, kommen zu dem Ergebnis: Stalin ist der größte Feldherr aller Zeiten.« Er warf das Buch auf den Tisch zurück. »Und nun frage ich euch:« – er wandte sich jetzt an die ganze Gruppe – »Wie stellen wir uns zu diesen leichtfertigen Äußerungen eines Seminarteilnehmers? Ich bin der Meinung, wer so verantwortlungslos die Führerpersönlichkeit und Genialität

Stalins unterschätzt, wer mit einer so unqualifizierten Kritik die Glaubwürdigkeit der sowjetischen Wissenschaftler und der Parteiführung zu untergraben versucht, arbeitet letztlich dem Klassenfeind in die Hände. Er hat eine Rüge verdient.«

Die Rüge nahm ich weiter nicht tragisch. Jedoch die Auflage, vor den anderen Schulungsteilnehmern einen Irrtum zu bekennen, von dem ich nicht überzeugt war, daß es auch wirklich ein Irrtum sei, bereitete mir großes Unbehagen. Ich hatte das entwürdigende Schauspiel der Selbstbeschuldigung Eva Steinschneiders vor den Delegierten der KPD-Tagung noch vor Augen.

Nach der Aufforderung, vor allen Genossen Selbstkritik zu üben, bekam ich, genau wie Eva kürzlich, heftige Magenkrämpfe. Ich brauchte die Ursache vor niemandem zu leugnen, keiner fragte mich danach. Aber ich war entschlossen, mich diesem peinvollen Auftritt zu entziehen.

Es wäre mir nicht in den Sinn gekommen, einfach zu erklären: da mache ich nicht mit. Das gab es nicht bei den Kommunisten. Im Grunde hatte man nur zwei Möglichkeiten: entweder befolgte man die Spielregeln der Partei oder trat aus.

Es gab dennoch eine dritten Möglichkeit. Es so zu machen wie ich. Das hieß, keine Entscheidung herbeiführen und mit Ausreden und Winkelzügen die Alternativen der Mitgliedschaft in der KPD umgehen. Das war weder ehrenhaft noch selbstbewußt, aber Praxis – nicht nur bei mir.

Warum ich in solchen Gewissensnöten überhaupt den dritten Weg wählte? Es ist mir nicht möglich, heute mein Beharren rational zu begründen. Und ich merke, wie unglaubwürdig sich mein Bemühen um Rechtfertigung anhört.

Ich merke aber auch, daß die Distanz, die ich heute zur Kommunistischen Partei habe, mich verleitet, mein damaliges Verhalten und auch das meiner politischen Freunde mit einer gewissen Überheblichkeit und Ironie zu schildern. So geraten mir bitterernste Situationen zu Persiflagen. Sie werden den Umständen dieser Zeit nicht gerecht. So überlegen, wie es in dem einen oder anderen Fall, den ich schildere, klingen mag, war ich in der Tat nicht.

Meine Magenkrämpfe waren ein geeigneter Vorwand, mich von der weiteren Schulung zu dispensieren und in eine Krankenstube verlegen zu lassen. Als meine Beschwerden nicht besser wurden, überführte man mich in ein Krankenhaus. Von dort trat ich acht Tage später die Heimreise an, wenig geschult, aber um eine Erfahrung reicher.

Und die Redaktionskollegen wußten auch schon über meine Zweifel an dem größten Genie unserer Epoche Bescheid. Walter, der Chefredakteur, hatte es ihnen mitgeteilt. Und der wiederum hatte es von der Kaderabteilung der Partei. In der ersten Redaktionssitzung, an der ich wieder teilnahm, meinte Genosse Fritz:

»Du solltest wirklich die Dokumente der Partei aufmerksamer studieren. Dann kann dir so etwas nicht passieren.«

Die Brücke von Kassel

Reportagen über militärische Maßnahmen der in der Bundesrepublik stationierten amerikanischen Truppen, mit denen dargestellt werden konnte, daß es sich bei diesen Soldaten um keine Schutz-, sondern eine typische Besatzungstruppe in einem besiegten Land handelt, waren besondere Leckerbissen für die Berichterstattung in einer kommunistischen Zeitung. Wenn die Bundesvermögensverwaltung im Auftrag der US-Army deutsche Wohnsiedlungen für die Amerikaner räumte, Land für Militärflugplätze oder Truppenübungsplätze requirierte, wenn in der Rhön Sperrgebiete eingerichtet beziehungsweise erweitert und unterirdische Bunkeranlagen im Taunus oder Raketenabschußrampen bei Darmstadt neu gebaut wurden, wenn bei US-Manövern im Hessischen Ried oder im Vogelsberggebiet Schäden an Häusern, Straßen und auf den Feldern entstanden, war das jedesmal der Sozialistischen Volkszeitung einen Aufmacher wert. Und der Partei und der FDJ Grund für Protestaktionen.

Für einen kommunistischen Reporter war die Berichterstattung über ein solches Vorkommnis eine riskante Angelegenheit. Weitaus riskanter jedenfalls als für den Kollegen einer bürgerlichen Zeitung. Und sie endete gelegentlich auch mit einem Fiasko. Wie beispielsweise meine forsche Fahrt in das erweiterte Manövergelände in der Hohen Rhön. Oder meine Nachforschungen nach geheimen unterirdischen Munitionsbunkern bei Köppern im Taunus, wo ich sehr schnell von mehreren amerikanischen Jeeps regelrecht eingekreist wurde. Die US-Soldaten aber machten es gnädig. Sie visitierten mich genau, registrierten mit Erstaunen, daß ich weder Minikamera, Minitonbandgerät, Minifeldstecher oder andere Spionageutensilien, sondern nur einen simplen Stenoblock und einen Kugelschreiber bei mir hatte, und übergaben mich, wahrscheinlich ein wenig enttäuscht, der deutschen Polizei. Das war gut so. Denn die Beamten der Köpperner Polizeistation entließen mich nach Feststellung meiner Identität bereits eine halbe Stunde später mit einer strengen Ermahnung, mich nicht mehr in dem munitionsträchtigen Waldstück blicken zu lassen.

Trotz solcher Risiken übernahm ich gern derartige Aufträge, denn sie hatten neben der politischen Brisanz auch eine sportliche Variante. Sie versprachen Spannung, Aufregung und erzeugten etwas wie Jagdfieber. Und was konnte mir schon groß passieren, wenn ich sistiert wurde? Am Ende mußte es sich ja herausstellen, daß ich lediglich meiner beruflichen Arbeit nachgegangen war.

Zu den militärischen Aktivitäten der Amerikaner gehörte auch der Einbau von Sprengschächten in Straßenkreuzungen und Brücken, die sie für strategisch wichtig hielten. Das geschah auf dem Höhepunkt des Kalten Krieges, etwa 1949. Auch die Pfeiler der Eisenbahnbrücke über die Fulda bei Kassel-Waldau bekamen Sprengkammern. Sie wurden, unbemerkt von der Öffentlichkeit, von amerikanischen Pioniereinheiten in die Brücke gebrochen und mit eisernen Türen und schweren Riegeln verschlossen.

Bei einer Bootsfahrt auf der Fulda entdeckte lange Zeit später ein Kasseler FDJler zufällig die Veränderung an der Brücke und schlug in seiner Jugendgruppe Alarm. Das war für die FDJ eine gute Gelegenheit, wieder einmal in der Öffentlichkeit auf die Kriegsvorbereitungen der Amerikaner aufmerksam zu machen. Die Kasseler Jugendlichen beschlossen, die Kammern zuzumauern, und dann Flugblätter zu verteilen, in denen gegen den Einbau der Sprengschächte protestiert und die Aktion selbst bekanntgemacht wurde.

Das Zumauern war ein halsbrecherisches Unternehmen. Um an die Kammern heranzukommen, mußte man über das Brückengeländer und eine provisorisch angebrachte schmale Eisenleiter nach unten klettern. Unterhalb der Baustelle waren jeweils auf zwei Winkeleisen Bohlen befestigt. Nur von dort aus konnte man die etwa einen Quadratmeter großen Löcher mit Backsteinen füllen. Zwölf Jugendliche machten sich für das Abenteuer Fulda-Brücke bereit, darunter drei Mädchen.

Eine Gruppe stieg mit Maurerkellen von der Brücke auf die Bohle hinunter, eine andere schaffte mit einem Paddelboot Backsteine und Zement an den Brückenpfeiler heran, zwei hievten das Baumaterial hoch, und die Mädchen mußten Schmiere stehen. Alles verlief nach Plan. Nach drei Stunden waren die Kammern zugemauert, ohne daß es zu Zwischenfällen gekommen war. Anderntags wurden die Flugblätter in der Innenstadt und im Stadtteil Waldau verteilt, und die Kasseler hatten ihr Tagesgespräch.

Was für die Jugendlichen ein Abenteuer war, war für die Amerikaner ein Ärgernis. Mit einem ungewöhnlich großen kriminalistischen Aufwand bemühten sie sich, die Täter ausfindig zu machen. Das fiel ihnen nicht schwer, denn der mögliche Täterkreis war klar abgegrenzt. Es mußte ihnen nur gelingen, einen von ihnen zum Sprechen zu bringen. Zudem beeilten sie sich, den alten Zustand an der Fuldabrücke wieder herzustellen. Bereits zwei Tage später brachen sie die Backsteine aus den Sprengschächten heraus. Sie begnügten sich aber nicht damit, die leergeräumten Kammern wie zuvor mit den Eisentüren zu verriegeln, sondern hängten jetzt zusätzlich große Vorhängeschlösser davor.

Die Kasseler Aktion der FDJler war ein guter Stoff für eine groß angelegte Berichterstattung über die »amerikanischen Aggressoren« und die »heldenmütigen jugendlichen Friedensfreunde«. Die Sozialistische Volkszeitung berichtete in großer Aufmachung über das Unternehmen. Sie nannte es eine »Großtat junger deutscher Patrioten« und feierte es überschwenglich.

Sechs Monate später konnte die KPD-Zeitung noch einmal das Bravourstück der Kasseler Jugendlichen journalistisch verwerten. Denn da war die ganze Gruppe aufgeflogen. Die amerikanische Geheimpolizei hatte einen zum Reden gebracht, und der verriet die andern. Einige Jugendliche tauchten noch rechtzeitig unter oder flüchteten über die nahe Zonengrenze in die DDR, sechs wurden verhaftet, unter ihnen zwei Mädchen. Im November 1951 standen vier FDJler vor einem amerikanischen Gericht in Kassel. Die Anklage lautete auf Sabotage und feindselige und achtungswidrige Handlung gegen die alliierten Streitkräfte. Die Strafen fielen ungewöhnlich hoch aus, zwischen neun und siebenundzwanzig Monaten Gefängnis, alle ohne Bewährung und, laut Anordnung des Gerichts, zu verbüßen im Kriegsverbrechergefängnis Nummer eins in Landsberg am Lech.

Das Zumauern, die propagandistische Auswertung, die Verfolgung, der Verrat und die Verurteilung der Jugendlichen, das alles enthielt eine Fülle spannender Pointen: wie das Unternehmen geplant und durchgeführt wurde; die Umstände, wie erst einer der Beteiligten und dann die ganze Gruppe der amerikanischen Geheimpolizei ins Garn ging; die Behandlung der beiden sechzehn Jahre alten FDJlerinnen, die man wegen ihrer Minderjährigkeit nicht ins Frauengefängnis, sondern in einer geschlossenen Anstalt für »leichte Mädchen« einsperrte, oder wie es der amerikanische Geheimdienst geschickt verstand, den Verdacht des Verrats von ihrem Kronzeugen ab- und auf einen anderen Angeklagten hinzulenken, was erst in der letzten Prozeßstunde bekannt wurde und die Verteidigung der Jugendlichen sehr erschwerte.

Das alles war Stoff für eine Story, die fesselnd war wie ein Kriminalroman, ohne daß man sie in einem einzigen Detail zu verändern oder anzureichern brauchte. Und ich bekam große Lust, den Fall von der Entdekkung der Sprengkammern bis zur Verurteilung der FDJler in einem Buch zusammenzufassen.

Ich selbst hatte an dem Prozeß, der sich über mehrere Tage hinzog, nicht teilgenommen. Ich kannte den Verlauf nur aus der Zeitung. Darum mußte ich, wenn ich ein solches literarisches Protokoll anfertigen wollte, erst einmal für einige Zeit nach Kassel fahren, um die Prozeßakten einzusehen und weitere Recherchen anzustellen.

Das bedeutete, daß ich in den zwei oder drei Wochen, die ich in Nordhessen bleiben mußte, nichts verdiente. Als freier Journalist hatte ich nur mein Zeilenhonorar, was in dieser Zeit entfallen würde. Und bisher hatte ich keine Möglichkeit gehabt, eine Rücklage zu schaffen, die meiner Familie über die Zeit hinweggeholfen hätte. Da auch Irmgard in diesen Wochen des Alleinseins mit den Kindern nichts hinzuverdienen konnte, mußte ich mit ihr mein Projekt gründlich beraten. Aber sie brauchte nicht lange zu überlegen. Sie würde die Zeit schon durchstehen, meinte sie, und ermunterte mich, die umfangreiche und riskante Arbeit in Angriff zu nehmen. Insofern riskant, als es ja nicht bei den Vorarbeiten bleiben konnte. Danach mußte die schriftstellerische Verarbeitung beginnen, die Monate in Anspruch nehmen würde. Und das neben meiner Berufs- und Brotarbeit. Danach mußte ich einen Verlag finden, der bereit war, das Manuskript zu veröffentlichen. Gelang mir das nicht, war die ganze Mühe umsonst.

Das alles überlegte ich und war, auch durch Irmgards Zuspruch, entschlossen, die Arbeit in Angriff zu nehmen.

Nur Papa war dagegen. Als ich ihm von meinem Plan erzählte und er hörte, daß ich nicht nur über die verurteilten Jugendlichen, sondern auch über Dienststellen der amerikanischen Besatzungsmacht Erkundigungen einholen wollte, wurde er unruhig und fragte gereizt: »Was willst du dir Zores auf den Hals laden? Bleib zu Hause.«

»Keinen Zores, Papa. Aber wenn ich diese Reportage schreiben will, brauche ich noch mehr Informationen. Die kriege ich nur in Kassel.«

»Stand doch alles in der Zeitung.«

»Eben nicht. Da stand nur drin, was bei dem Prozeß

zur Sprache kam. Das genügt mir nicht. Ich muß noch mehr Einzelheiten wissen.«

»Was ist das: noch mehr?«

»Zum Beispiel, wie es die Amis geschafft haben, die ganze Gruppe auffliegen zu lassen. Darüber ist bisher nichts bekannt geworden.«

Nun hatte Papa sein Stichwort und er versuchte, mir mein Vorhaben auszureden: »Da hatte der amerikanische Geheimdienst seine Hand im Spiel. Das weißt du so gut wie ich. Mit dem willst du dich anlegen?«

»Aber nein, Papa.«

»Laß die Finger davon. Das ist gefährlich.« Er griff sich mit beiden Händen in die schütteren Haare. »Sollen das doch andere machen. Du hast Familie, Walja, denk daran. Und überleg dir, was du machst. Geheimdienste sucht man nicht, denen geht man aus dem Weg.«

Papa konnte sich zeitlebens nicht aus seinen Ängsten lösen, je älter er wurde, um so größer wurden sie. Am liebsten hätte er seine Kinder und sein Enkelkind stets um sich gehabt, um sie vor Gefahren zu beschützen.

Der Zufall kam mir in Kassel zu Hilfe. Gleich zu Anfang fand ich einen Informanten, der mir genau schilderte (was in dem Prozeß nicht zur Sprache gekommen war), von welchem CIC-Mann und mit welchen fragwürdigen Mitteln einer der Jungen isoliert, unter Druck gesetzt, zum Reden gebracht und schließlich zum Kronzeugen gemacht wurde, wodurch er selbst, nach amerikanischem Recht, straffrei blieb. Seine Aussagen führten zur Verurteilung seiner Freunde. Es gelang mir, mich längere Zeit mit den Eltern dieses Jungen zu unterhalten. Ich hatte mir unter falschem Namen bei ihnen Einlaß verschafft, und erfuhr viele für die Reportage interessante Einzelheiten, die bisher nicht bekannt waren.

Während der ganzen Zeit, in der ich in Kassel recherchierte, hatte ich Angst. Und nachts Alpträume, in denen ich immer wieder verhört wurde und mich ständig in Widersprüche verwickelte. In meinen Träumen konnte ich längst nicht so gut lügen wie im wachen Zustand. Ein halbes Leben lang hatte ich lügen müssen, um leben und überleben zu können, war also bestens präpariert. Das half mir gar nichts, wenn ich von ausgefuchsten Vernehmungsbeamten träumte, stotterte ich wie in meiner Kindheit.

Aber in Kassel fiel mir auch das Lügen am Tag schwer. Jede Vorsprache bei einer Polizeibehörde oder bei Gericht kostete mich Überwindung und verursachte mir Herzklopfen, obwohl ich mich mit einem Presseausweis legitimieren konnte. Das Gespräch mit den Eltern des einen Jugendlichen, der die andern verraten hatte, und die Gespräche mit den Nachbarn waren für mich Abenteuer. Denn nirgendwo durfte ich sagen, warum mich der Fall auch nach der Verurteilung der FDJler interessiere. Andernfalls hätte ich von keiner amtlichen Dienststelle und keinem Menschen etwas erfahren. Doch der Ehrgeiz, ein Buch zu schreiben, ließ mich alle Ängste und Schwierigkeiten ertragen und auch die Alpträume. Nur wenn ich mich mit KP-Genossen unterhielt, konnte ich offen sein und meine Absicht bekennen. Das waren wenig Stunden der Erholung in den knapp drei Wochen meines Kasseler Aufenthaltes.

Kurz vor meiner Rückkehr nach Frankfurt sprach ich ein zweites Mal bei den Eltern vor, die ich schon einmal über meine wahren Absichten hinters Licht geführt hatte. Das war nicht klug von mir. In der Zwischenzeit hatten sie ihrem Sohn von meinem Besuch erzählt. Er wußte, daß der Unbekannte, der sich nach ihm erkundigt hatte und so viele Details über ihn wissen wollte, nur der Beauftragte einer kommunistischen Organisation oder Zeitung gewesen sein konnte. Zehn Minuten nachdem ich die Wohnung betreten hatte, kamen amerikanische Militärpolizisten, verhafteten mich und brachten mich in die US-Stadtkommandantur. Dort wurde ich einem CIC-Beamten vorgeführt, der sich mir als Mister Böttger vorstellte. Es war der gleiche Geheimdienstmann, der den FDJler bearbeitet und umgedreht hatte. Er machte auch kein Geheimnis daraus.

Mich wollte er nicht umdrehen, sondern nur herausbekommen, für welche KP-Organisation und zu welchem Zweck ich seit vierzehn Tagen den Fall Fuldabrücke nachrecherchierte. Er glaubte mir nicht, daß ich von niemandem einen Auftrag habe und auf eigene Faust ermittelte. Aber gerade das machte mich in seinen Augen verdächtig. Warum leugnete ich? Ich verheimlichte auch nicht, Korrespondent einer kommunistischen Zeitung zu sein. Schließlich gab er es auf und erklärte mir freimütig, daß er jetzt nur noch einen Ansatzpunkt suche, um mich nach den Bestimmungen der amerikanischen Besatzungsbehörden in aller Form der »Konspiration zur Behinderung der alliierten Streitkräfte in der Ausübung ihrer Befugnisse und Aufgaben« zu überführen. Meine Nachforschungen an verschiedenen Stellen Kassels, die Durchsicht der Prozeßakten und die Befragung der Familie des Kronzeugen unter falschem Namen waren ihm bereits bekannt. Er deutete meine Aktivitäten in diesem Sinne. Er sagte mir klipp und klar, daß es nicht im Interesse der Amerikaner läge, wenn ich in Erfahrung brächte und publizierte, mit welchen Mitteln und mit Hilfe welcher Mittelspersonen der Junge zum Kronzeugen umfunktioniert worden sei.

Mister Böttger ahnte nicht, daß ich bereits auch diese Information hatte. Ich versicherte ihm, ich legte keinen Wert darauf, mir Scherereien einzuhandeln, und ich würde auf weitere Recherchen verzichten. Das sei auch in seinem Interesse, meinte er und empfahl mir, zum Beweis, daß ich es mit meiner Versicherung ehrlich meine, noch am gleichen Tag nach Frankfurt zurückzufahren. Das tat ich dann auch.

Wegen meiner journalistischen Tagesarbeit war ich gezwungen, das Manuskript in den Abend- und Nachtstunden zu schreiben. Trotzdem mußte ich häufig unterbrechen, weil ich Aufträge außerhalb Frankfurts bekam oder politische Ereignisse mich in Anspruch nahmen. Trotz dieser Erschwernisse war das Manuskript nach etwa acht Monaten fertig. Ich nannte es »Die Brücke von Kassel – ein Tatsachenbericht« und bot es mehreren westdeutschen Verlagen an. Zurück kamen Ablehnungen. Ein Frankfurter Verleger begründete sie damit, daß er »die Verherrlichung eines gegen die amerikanischen Streitkräfte gerichteten Sabotageakts« mißbillige. Und außerdem käme für seinen Verlag der Druck nicht in Frage, weil ein solches Pamphlet sofort beschlagnahmt würde. Das befürchteten gewiß auch die anderen Verlage. Drei Monate später hatte ich alle verschickten Kopien wieder auf dem Schreibtisch liegen.

Ich wußte, daß ich keine Schwierigkeiten haben würde, einen Verlag in der DDR zu finden. Doch zögerte ich, weniger aus politischen als aus praktischen Gründen. Mit Ostmark war im Westen nicht viel anzufangen, und damit konnte ich meine Schulden nicht abtragen.

Mir blieb nichts anderes übrig. Ich bot das Manuskript dem Ost-Berliner Verlag Neues Leben an, der es sofort nahm. Ich dachte daran, was mir der CIC-Mann Böttger über die Gefährdung amerikanischer Interessen in der Bundesrepublik gesagt hatte. Eine Veröffentlichung dieses Berichts mit vielen Details über die Arbeitsweise der amerikanischen Geheimpolizei würde von den Amerikanern als Geheimnisverrat ausgelegt werden können. Erst recht, so überlegte ich, wenn die Veröffentlichung in der DDR erfolgte. Darum hielt ich es für richtig, mein erstes Buch unter einem Pseudonym herauszubringen. Nie zuvor hatte ich es gewagt, meines Vaters Namen, das heißt, meinen eigentlich wahren Namen, Rabisanowitsch, zu benutzen. Jetzt tat ich es und nahm – wenn auch nur zur Hälfte – meinen eigenen Namen als Pseudonym. Der Autor der »Brücke von Kassel« trug den Namen Valentin Rabis.

Diese Vorsichtsmaßnahme war einfältig und wirklichkeitsfremd. Den Geheimdiensten oder auch offiziellen Verfolgungsbehörden wäre es ein leichtes gewesen, den Verfasser auszumachen, wenn sie ihn wegen der Veröffentlichung hätten belangen wollen. Doch niemand schien ein Interesse daran zu haben.

Die Verspätung der Drucklegung um ein knappes Jahr hatte den Vorteil, daß ich den Bericht um ein wichtiges Kapitel erweitern konnte. Denn mittlerweile waren alle Verurteilten nach Anrechnung der Untersuchungshaft aus dem Gefängnis entlassen. Von ihnen erhielt ich viele mir bisher fremde Details über die Umstände der Verhaftung und die Methoden der Vernehmung durch den CIC. Von besonderer Bedeutung war für mich der Kontakt mit dem Hauptangeklagten Horst Rother. Von ihm erfuhr ich, wie es dazu kam, daß seine eigenen Freunde bis nahe zum Ende des Prozesses in ihm den Verräter vermuteten, und mit welchen Mitteln der CIC auch ihn umzudrehen versuchte. Das gab dem Bericht eine zusätzliche politische Würze.

Horst und ich wurden Freunde. Er zog nach Frankfurt, und ich konnte ihm bei einem neuen beruflichen Start behiflich sein. Er wollte auch Journalist werden. Als ich bei der Sozialistischen Volkszeitung als Lokalredakteur fest angestellt wurde, beschäftigte ich ihn gelegentlich als Reporter und verschaffte ihm außerdem bei anderen Zeitungen und Presseagenturen kleinere Aufträge.

Doch unsere Freundschaft war nicht von langer Dauer. Das lag daran, daß Horst mich, wie schon andere politische Freunde vor ihm, links überholte. Er wurde ein linientreuer Genosse, rügte mich oftmals wegen meiner mangelnden Parteidisziplin, distanzierte sich später politisch von mir, und wechselte schließlich in die DDR über. Als »westdeutscher Patriot« – diesen Ehrentitel hatte ihm das Zumauern der Sprengkammern und die Verurteilung eingebracht – wurde er von der DDR mit offenen Armen und in die Redaktion der Erfurter Tageszeitung der SED »Das Volk« aufgenommen.

Die Metallarbeiter streiken

Das wichtigste politische Ereignis, durch das meine Schreibarbeiten an der »Brücke von Kassel« für einige Wochen unterbrochen wurden, war der hessische Metallarbeiterstreik im Herbst 1951. Es war die erste große Arbeitsniederlegung nach 1945 und auch der erste heftige Zusammenprall Streikender mit der Polizei.

Oft hielt ich mich zur Berichterstattung vom Streik vor den Toren der Adlerwerke auf. Achtzehn Jahre lang hatte Papa dort als Metalldreher gearbeitet, meist im Akkord, hatte achtzehn Jahre lang in der gleichen Maschinenhalle den Rücken krumm gemacht. 1931, auf dem Höhepunkt der Weltwirtschaftskrise, wurde auch er entlassen. In diesen Jahren hatte er an fast einem Dutzend Streiks teilgenommen, vom Generalstreik gegen die Kapp-Putschisten bis zum Sitzstreik in der Abteilung, um die Versetzung eines Leuteschinders von Werkmeister zu erzwingen, und an den Lohnkämpfen. Wenn ein Streik länger dauerte und er Streikposten stand, war Mama täglich um die Mittagszeit mit mir oder Paula ans Werkstor gelaufen, eine dreiviertel Stunde hin und eine dreiviertel Stunde zurück, um ihm in einer Milchkanne eine dicke Suppe und einige Scheiben Brot zu bringen.

Einmal wollte ich dort stehen, wo er fünfundzwanzig Jahre zuvor gestanden und um höheren Lohn gekämpft hat.

Es war auch vor dem Tor der Adlerwerke, wo ich, zum zweiten Mal nach dem Krieg, von dem Gummiknüppel eines Polizisten getroffen wurde. Ein solcher Schlag brennt höllisch und hinterläßt viele Tage seine Spuren. Ich stand zu nahe dabei, als Streikposten Streikbrechern den Zugang zum Werk verwehrten und die Polizei mit Schlagstöcken den Arbeitswilligen eine Gasse durch die Menschenmauer bahnte. Ein anderes Mal geriet ich voll in den wuchtigen Strahl eines Wasserwerfers, noch bevor ich hinter einer Litfaßsäule Schutz suchen konnte.

Diese schmerzhaften und naßkalten Kontakte mit den Ordnungskräften waren sehr unangenehm, machten mich wütend und meine Berichte über den rücksichtslosen Einsatz der Polizei gegen Streikende noch schärfer, als die Redaktion der Sozialistischen Volkszeitung sie ohnehin von mir erwartete. Aber sie verbitterten mich nicht und schränkten auch nicht meinen Eifer bei der Berichterstattung ein. Im Gegenteil. In meinem Selbstverständnis als Gegner der bestehenden gesellschaftlichen Machtverhältnisse waren sie wie Feuertaufen, unsichtbare Orden für Mutproben im Kampf um den Sozialismus. So dachte und empfand ich wirklich in dieser Zeit. Ein Kommunist, der sagen könnte, daß er so und so oft von der Polizei verprügelt wurde, stellte damit seine kämpferischen Qualitäten unter Beweis.

In diesen Wochen, in denen das politische Leben in den hessischen Industrieschwerpunkten, vor allem in Frankfurt, von den Streikkämpfen der Metallarbeiter bestimmt wurde, trat auch eine Veränderung bei dem einstigen Metallarbeiter Jakob Senger, meinem Vater, ein. Er erwachte aus seinen Tagträumen. Die erbitterten Auseinandersetzungen zwischen Arbeitern und Unternehmern der Metallindustrie erinnerten ihn an die Streiks, die er einst selbst mitgemacht hatte. Jeden Tag ließ er sich von mir berichten, was sich vor den Toren der Adlerwerke und der anderen Betriebe zugetragen hatte, und begann, ohne daß ich ihn danach fragte, mir Einzelheiten von den damaligen Streiks zu erzählen, mit einer Lebhaftigkeit und so genau, als hätten sie erst gestern stattgefunden. Wie ein junger Schlosser bei Adler einen Hauptschalter zerstörte, um die Streikbrecher am Einschalten der Maschinen zu hindern, und wie diese Tat zu so schweren Auseinandersetzungen unter den Streikenden führte, daß beinahe der Streik daran gescheitert wäre; von der Suppenschlacht vor den Toren von Pokorny in Bockenheim, wo die Polizei die mittägliche Essensausgabe an einer Gulaschkanone dazu benutzte, einen größeren Trupp Arbeitswilliger im Handstreich durch die Streikposten zu schaffen, und die überrumpelten Arbeiter in ihrer Wut die »Grünen« und die Streikbrecher mit ihren Papptellern voll dicker Erbsensuppe bombardierten.

Als der Streik zwei Wochen alt war, äußerte Papa den Wunsch, noch einmal vor den Toren der Adlerwerke bei den Streikenden zu stehen. Er war bereits achtzig Jahre alt.

»Was willst du dort sehen?« versuchte ich es ihm auszureden.

»Wie sie streiken.«

»Sie streiken genau so wie ihr damals.«

»Na also. Das will ich sehen.«

»Es ist aber verdammt gefährlich. Fast jeden Tag kommt es zu Auseinandersetzungen mit der Polizei.«

»Was wollen sie mir alten Mann denn tun?«

»Du wirst dich wundern.«

»Trotzdem, nimmst du mich mit?«

»Wenn du unbedingt willst.«

»Wann? Morgen früh?«

»Einverstanden. Morgen früh.«

Anderntags fuhren wir zusammen mit der Straßenbahn zur Galluswarte. Von dort waren es noch etwa fünfhundert Meter bis zum Haupttor der Adlerwerke. Langsam liefen wir die Kleyerstraße hoch, Papa immer einen halben Schritt hinter mir, er war schon etwas wacklig auf den Beinen. Wenn es zu Auseinandersetzungen kommen sollte, würde er bestimmt nicht mehr davonlaufen können.

Als wir an dem alten Haupttor vorbeikamen, das gut einhundertfünfzig Meter vor der neuen Einfahrt lag und jetzt verschlossen war, blieb er stehen, deutete darauf und sagte: »Durch dieses Tor bin ich die ganzen Jahre zu meinem Arbeitsplatz gegangen. Und hier habe ich auch gestanden, wenn wir streikten.«

Ich wußte es ja. Oft hatte ich ihn als Kind mit Paula

am Freitagabend, dem Löhnungstag, hier abgeholt. Dann gab er jedem von uns aus seiner Lohntüte einen Groschen und kaufte uns außerdem noch eine Kleinigkeit bei einem der fliegenden Händler, die freitags zuhauf an den Werkstoren standen.

Wir näherten uns dem neuen Haupttor, das von etwa einhundert streikenden Arbeitern umstellt war. Auf der anderen Straßenseite stand ein Dutzend Polizisten. Bei ihnen und auch etwas abseits einige Zivilisten, offenbar Kriminalbeamte, und auch Angestellte des Unternehmens, die die Streiksituation beobachteten.

Wir mischten uns unter die Arbeiter. Es waren viele Kommunisten dabei. Einige kannten Papa, grüßten ihn und feixten, ob er denn etwa auch Streikposten stehen wolle. Er schüttelte ihnen die Hand, lächelte freundlich, erwiderte aber nichts. Er ging von einer Gruppe zur anderen, ließ sich ein Flugblatt in die Hand drücken, faltete es sorgsam zusammen und steckte es in die Manteltasche. Wer ihn so beobachtete, konnte glauben, er suche etwas. Er war jedoch nur neugierig, wollte alles genau sehen und hören und mit früher vergleichen. Sprach man ihn an, nahm er die Hand ans Ohr, da sein Gehör schon etwas nachgelassen hatte.

Ich blieb abseits, behielt ihn aber im Auge und wunderte mich, daß er nicht müde wurde. In einem Kreis, in dem er einen alten Bekannten aus seiner KPD-Stadtteilgruppe traf, wurde er besonders herzlich begrüßt und in ein Gespräch verwickelt. Ich konnte nichts hören, sah nur, wie er lebhaft gestikulierte. Wie ich ihn einschätzte, erzählte er jetzt sicherlich den Umstehenden, wie das damals gewesen sei und daß er froh sei, auf seine alten Tage noch einmal dabeisein zu können. Er nahm seinen verschwitzten Hut vom Kopf. Seine Haare waren sehr dünn, aber noch längst nicht ganz grau. Er hatte dunkelblonde, fast schwarze Haare. Auch seine buschigen Augenbrauen waren noch dunkel. Nur sein Schnauzbart war seit Jahren eisgrau.

Ich ging näher an den Kreis heran, denn Papa war

einen Kopf kleiner als die andern, und ich konnte ihn nicht mehr sehen, weil sich immer mehr Arbeiter dazustellten. Er schien sich in der Tat sehr wohl zu fühlen, da er im Augenblick Mittelpunkt war und man ihm zuhörte.

Möglicherweise vermittelte ihm das Zusammensein mit der Gruppe in dieser Atmosphäre auch etwas von dem Gefühl, das ich während des Streikkampfes an mir selbst erfuhr. Streik war nicht nur Aktion, Kampf um höheren Lohn oder bessere Arbeitsbedingungen. Der Streik hatte auch einen starken Solidarisierungseffekt für die, die ihn aktiv erlebten, als Streikposten vor den Fabriktoren, in den harten Auseinandersetzungen mit Streikbrechern und der Polizei, in Streikversammlungen und den Demonstrationen, die der Streik ausgelöst hatte. Dieses Gefühl der Zusammengehörigkeit erfaßte auch mich, obwohl ich doch nur ein Außenstehender, ein Beobachter des Streiks war. Aber inmitten der Streikenden und an ihrem Kampf Anteil nehmend, war ich Teil von ihnen und eingetaucht in ihre Erlebens- und Gefühlswelt. Dieses Gefühl, dem andern ganz nahe und bereit zu sein, mit ihm durch dick und dünn zu gehen, hatte ich erstmals während der Kundgebung mit Wilhelm Pieck auf dem Römerberg.

Ich merkte, daß es Zeit war für Papa. Schweißtropfen standen ihm auf der Stirn, und er setzte sich auf einen Mauervorsprung.

»Nur einen Augenblick«, sagte er wie zur Entschuldigung, »die Füße tun mir weh.«

»Soll ich dich nach Hause bringen?«

»Nein, nein, es geht schon.«

Er stand wieder auf, um mir zu beweisen, daß gar nichts sei. Es ging dennoch nicht, er hatte sich zu viel zugemutet und war dankbar, als ihm ein Arbeitersamariter anbot, ihm im Pförtnerhäuschen eine Tasse Tee und ein Stärkungsmittel zu geben.

»Ich brauche dich nicht«, sagte er zu mir.

So blieb ich draußen und wartete. Papa erholte sich sehr schnell. Bereits zehn Minuten später kam er wieder heraus. Nun nahm ich ihn doch energisch am Arm und ging mit ihm zur Straßenbahnhaltestelle zurück. Als die Bahn kam, verbat er sich, daß ich ihn weiter begleite. »Bleib du nur hier. Ich komme allein nach Hause.«

Das war fast wie ein Befehl, und ich widersprach nicht.

Nach vier Wochen wurde der Streik abgebrochen. Er endete mit einer Enttäuschung für die Metallarbeiter. Statt den ursprünglich geforderten zwölf Pfennigen Lohnerhöhung kamen am Schluß ganze drei Pfennige heraus.

Wieder zog sich Papa in sich zurück, saß zusammengekrümmt und schweigsam am Ofen und ging nur noch selten auf die Straße. Gelegentlich sah ich auch, wie ihm Tränen über die Backen liefen. Und ich überlegte: weint er jetzt um den Verlust von Mama oder von Alex oder darüber, daß es ganz und gar nicht angenehm ist, alt und einsam zu werden und auf den Tod zu warten. Und mein Herz krampfte sich.

Nun konnte ich die »Brücke von Kassel« zu Ende schreiben. Es dauerte dann doch noch knapp zwei Jahre, bis sie in den Buchläden der DDR zum Verkauf auslag.

Veränderungen

Ich merkte es anfangs kaum, wie sich mein Verhältnis zur Partei veränderte. Doch immer häufiger geriet ich in Auseinandersetzungen mit ihren Funktionären, nicht nur wegen grundsätzlicher Dinge, sondern oft wegen Belanglosigkeiten. Auch daran, daß ich die von ihr vorgezeichneten Verhaltensmuster ablehnte und beispielsweise trotz ihres Vetos Coca-Cola trank, amerikanische Zigaretten rauchte, einen Bürstenhaarschnitt und das Hemd über der Hose trug. Heute klingt das lächerlich. Damals wurde in allen Parteieinheiten ernsthaft darüber diskutiert, daß und warum Kommunisten sich nicht amerikanisieren dürften. Neu war auch, daß ich bei der Abfassung meiner Berichte für die Sozialistische Volkszeitung bewußt nicht mehr die stereotypen Redewendungen benutzte, die die Partei vorgab, und ich überprüfte, ob eine Schlußfolgerung oder ein Resümee auch wirklich meiner eigenen Überzeugung entsprach oder nur den Erwartungen der Chefredaktion. Wurde ich unsicher, war mir Irmgard ein guter Gesprächspartner und sicherer Prüfstein.

Lange Zeit hatte ich mich dem Diktat der KPD unterworfen. Kritiklos, sektiererhaft und ängstlich. Jetzt begann ich zu überlegen, warum ich denn in der Kommunistischen Partei sei. Ich hatte nicht die Absicht, mich von ihr zu trennen. Noch immer war ich überzeugt, daß nur mit ihr meine politischen Wünsche und Erwartungen Wirklichkeit werden konnten. Je mehr ich mich von einer idealistisch-naiven Grundstimmung befreite, wurde auch mein Verhältnis zur KPD distanzierter.

Diese neue Beziehung, die ich zur Partei gewann, hängt teilweise damit zusammen, daß ich öfter als früher über meine Herkunft nachdachte. Ich überlegte, was mich, den ungläubigen Juden, von einem Christen unterscheide und ob meine Beziehungen zu einer kommunistischen Partei und zum Sozialismus vielleicht eine ganz andere gefühlsmäßige Grundlage habe als die von Nichtjuden. Und ich beobachtete bewußter, wie sich die Parteileitung gegenüber mir und anderen Genossen, die Juden waren, und den jüdischen Problemen in der Welt verhielt. Dabei stellte ich fest, daß die meisten nichtjüdischen führenden Genossen ein merkwürdig gespaltenes oder ungeklärtes Verhältnis zum Judentum hatten. Vehement bestritten sie jegliche rassischen Vorurteile und waren sicherlich überzeugt, keine zu haben. Aber sie gerieten in Verlegenheit, wenn sie erklären sollten, warum bei den Schauprozessen in den Hauptstädten des Ostblocks in der Mehrzahl Juden angeklagt waren. Bedenkenlos übernahmen sie die von Moskau ausgegebenen Formeln gegen den Zionismus, waren aber nicht imstande, Antizionismus und Antisemitismus voneinander zu unterscheiden. Sie bedienten sich bestenfalls der von der Partei vorgestanzten Sentenzen. Das ersparte ihnen eigenes Nachdenken, bei dem sie leicht hätten ins Grübeln kommen können.

Meine Empfindlichkeiten gegen antijüdische Bemerkungen, selbst wenn man sie als antizionistisch verbrämte, steigerten sich und verstärkten meine Konflikte in und mit der Partei. Längst war mir klar geworden, daß es in der Sowjetunion wie auch in anderen Ostblockstaaten Antisemitismus gab und Stalin kein Freund der Juden war.

Die meisten Genossen, mit denen ich mich regelmäßig zu Diskussionsabenden traf, waren mit mir der gleichen Meinung. Einige wenige nannten es einen Skandal, andere einen Irrweg, die Gutgläubigen eine Übergangsphase.

Und wenn es noch eines letzten Beweises bedurft hätte, daß Juden in der Sowjetunion diskriminiert und verfolgt werden, so war es die Verhaftung von fünfzehn prominenten jüdischen Ärzten und Professoren, denen man vorwarf, sie hätten gemeinsam die Ermordung Stalins geplant.

In der Partei entstand mit der Bekanntgabe dieser angeblichen jüdischen Verschwörung gegen Stalin eine grotesk-schizophrene Situation: nur eine Minderheit glaubte an das Mordkomplott. Doch die es nicht glaubten, opponierten nicht, nahmen es, wie es die Parteidisziplin verlangte, zur Kenntnis und schwiegen. Vielleicht, daß einer einmal mit den Schultern zuckte und die Bemerkung fallen ließ: »Es ist ja erst ein Verdacht. Warten wir's ab.« Nicht anders verhielten sich die jüdischen Genossen in der Redaktion und im Parteiapparat. Auch sie nahmen zur Kenntnis und schwiegen.

Ich räsonierte, mal in der Redaktion, mal in der Stadtteilgruppe, handelte mir eine Rüge ein – und schwieg am Ende auch. Sicher mit einem schlechten Gewissen, aber ich schwieg und zog keine Konsequenzen.

Möglicherweise betrog ich mich selbst, als ich mir einredete – und so meine Loslösung von der Partei verzögerte – die KPD könnte wieder auf den rechten, vorurteilsfreien Weg zum Sozialismus zurückfinden durch einen Prozeß, der sich seit einiger Zeit in vielen Grundeinheiten vollzog und durch die Diskussion um das angebliche Mordkomplott jüdischer Ärzte beschleunigt worden war: das Aufkommen einer antistalinistischen Stimmung

Diese für die Geschlossenheit der Partei höchst gefährliche Stimmung verstärkte sich, wurde unübersehbar, unüberhörbar. Immer mehr Genossen nahmen den bis zur Komik überzogenen Personenkult um Stalin nicht mehr an, lehnten ihn ab, nicht wenige verdammten ihn. Eine große Unruhe entstand, so sehr sich die absolut moskautreuen Funktionäre darum bemühten, den Genie- und Heldenmythos um Stalin aufrechtzuerhalten. Sein Nimbus bröckelte ab. Der Held wurde zum Popanz. Oder zum Dämon.

Immer öfter hörte man Genossen sagen: alles Unrecht, das im Namen der Kommunistischen Internationale geschieht, ist Stalin zuzuschreiben. Er ist kein Wegbereiter des Sozialismus, sondern hat sich vom einstigen

Revolutionär zum machtbesessenen Diktator gewandelt. Erst wenn er verschwunden ist, kann der Weg zum Sozialismus und in eine klassenlose Gesellschaft fortgesetzt werden.

Es schien, als sei die Demontage des Stalin-Mythos in vollem Gange und durch nichts mehr aufzuhalten. Und damit zugleich der Abbau des kaum noch bezweifelbaren Antisemitismus in der Sowjetunion, dessen hervorragendster Exponent der Partei- und Staatsführer war.

Am 5. März 1953 starb Josef Wissarionowitsch Stalin. Und eine Hoffnung wurde geboren! Eine Hoffnung, von Wünschen genährt.

Doch bereits am Tag nach der Bekanntgabe von Stalins Tod war zu erkennen, daß damit keine Hoffnung geboren, sondern eine zerstört worden war. Die Kritik am Personenkult wurde mundtot gemacht. Zumindest vorerst. Hatte die Partei schon lange keine Handhabe mehr, in den eigenen Reihen, die immer lauter werdenden Stimmen gegen den Stalinismus zum Schweigen zu bringen, so gab ihr der Tod Stalins eine neue und vor allem wirksame Waffe in die Hand. Sie konnte von ihren Mitgliedern Pietät vor dem toten Stalin verlangen. Und das mit Erfolg. Die Kritiker schwiegen. Über einen Toten redet man nicht schlecht, auch nicht unter Kommunisten, und erst recht nicht über einen bereits in die Geschichte eingegangenen toten Parteiführer.

Stalin ist tot. Die Vorderfront des Parteihauses der KPD in Frankfurt ist mit einem fünf Meter hohen Stalinbild geschmückt. Trauerflor flattert.

In der Sonderausgabe der Sozialistischen Volkszeitung ist auf der ersten Seite unter seinem schwarzumrahmten Bild das Beileid des Zentralkomitees der KPD abgedruckt: »... Der genialen Strategie Stalins verdanken die Völker Europas die Befreiung vom Joch des Faschismus ... Stalin, Lehrer und Schmied des Weltfriedenslagers ... Leb wohl, teurer Freund, unser Lehrer und Führer.«

Im Innern der Sonderausgabe der Leitartikel des Landesvorsitzenden der Partei: »... Das Herz des Mitkämpfers und genialen Fortsetzers der Sache Lenins, des weisen Führers und Lehrers der Kommunistischen Partei des Sowjetvolkes hat aufgehört zu schlagen ... Alle anständigen Menschen in der Welt trauern um den Baumeister des Sozialismus und Kommunismus, den Bannerträger des Weltfriedens und der nationalen Unabhängigkeit der Völker ... Berufenere als wir werden einst den Weg dieses großen Menschen zeichnen.«

Während einer Trauerfeier im Volkshaus in Enkheim rezitiert ein Schauspieler ein Gedicht des Dichters und DDR-Kultusministers Johannes R. Becher auf den Tod Stalins. Es heißt »Dem Ewiglebenden« und hat viele Strophen. Eine davon lautet:

Da sprach das Volk: seht, Lenin lebt
In Stalins Herz – hört, wie die Erde bebt!
Die Toten werden leben, mit uns bauen,
Wenn wir sie Stalins Herzen anvertrauen!
Und aller Ruhm der Welt wird Stalin heißen!
Laßt uns den ewig-Lebenden lobpreisen!

Die Lobpreisung Stalins in der KPD wurde bald gedämpfter und verstummte schließlich ganz. In den Führungsgremien der Partei entstand eine merkwürdige Spannung, eine Stimmung, die man nicht unbedingt als antistalinistisch bezeichnen konnte und die es doch war. Die Funktionäre redeten in der ersten Zeit noch viel von Stalins Erbe, aber keiner wußte so recht, was dieses Erbe eigentlich war, und nur wenige wollten etwas mit ihm zu tun haben. Der Schatten des toten Stalin lag wie ein schwerer Alptraum auf der Partei, sie wurde ihn nicht los.

Papas Tod

Als ich Papa das erste Exemplar der »Brücke von Kassel« zeigte und er darin herumblätterte, war er dann doch sehr stolz auf seinen schriftstellernden Sohn. »Gut, Walja, ein richtiges Buch von dir. Hast es geschafft. Masel tow*.« Er packte mich fest am Arm und zog mich an sich. Allein es schmerzte ihn, niemandem sagen zu dürfen, daß ich es geschrieben habe, und er hätte das Buch doch so gern den Nachbarn oder Dr. Meier, der jede Woche zu ihm kam und nach seiner Gesundheit schaute, gezeigt, damit sie mit eigenen Augen sähen, was für einen klugen Sohn er habe. Selbst das Pseudonym Valentin Rabis gefiel ihm. Ich hatte befürchtet, er würde aus seiner jüdischen Angst heraus Anstoß daran nehmen.

Er kam aber nicht mehr zum Lesen des Buches. In den letzten Monaten war er immer stiller geworden. Den größten Teil des Tages saß er in der Ecke zwischen Tisch und Ofen, hatte die Augen geschlossen und seine Lippen bewegten sich. Er war bei Mama.

Wenn man ihn ansprach, schreckte er auf, als sei er weit weg gewesen. Fragte ich ihn: »Was hast du?«, gab er leise und fast verlegen zur Antwort: »Nichts. Ich denke nach.«

Wie nahe er Mama war, zeigten seine Reaktionen auf häuslich-familiäre oder auch politische Geschehnisse, über die Paula oder ich berichteten. Immer wieder sagte er: »Das hätte Olga sehen sollen!« oder »Ich möchte wissen, was Olga dazu gesagte hätte.« Oder auch: »Gut, daß Olga das nicht mehr erlebt hat.«

Eine Veränderung an ihm war auffallend. Seit einiger Zeit hatte er seine Gewohnheit aufgegeben, eine, zwei oder noch mehr Stunden am Fenster zu stehen und in

* Masel tow: Glückwunsch

den Hinterhof hinunterzustarren auf die Einfahrt vom Vorderhaus. Er hatte noch immer auf meinen Bruder Alex gewartet, der nicht aus dem Krieg zurückgekehrt war.

Die tausendmal verfluchte Tarnung während der zwölf Jahre Hitlerherrschaft, die das Überleben unserer Familie möglich machte, hatte aber auch dazu geführt, daß Alex und ich mit dem sogenannten Goebbelsaufgebot Ende 1944 als kriegstaugliche Ausländer zur Deutschen Wehrmacht eingezogen wurden. Während ich das Glück hatte, mich mit Fleckfieber zu infizieren und darum bis zum Einmarsch der Amerikaner in einem Fritzlarer Lazarett in Quarantäne lag, wurde Alex Anfang 1945 an die Ostfront abkommandiert, wo er – wie ich erst Jahre später durch den Suchdienst des Roten Kreuzes erfuhr – bei seinem ersten Fronteinsatz, noch bevor er Gelegenheit hatte überzulaufen, fiel. Ich habe es Papa nicht gesagt, aber er ahnte es. Jetzt saß er nur noch am Ofen. Er hoffte nicht mehr auf Alex' Rückkehr. Daß er diese Hoffnung begraben mußte, hat ihn zweifellos seinem Ende ein großes Stück näher gebracht. Alex, dem Jüngsten, war er besonders zugetan gewesen.

Und noch eine Veränderung war an ihm zu beobachten. Er konzentrierte sein ganzes Interesse, seine Liebe, seine Ängste jetzt völlig auf sein einziges Enkelkind, die 1950 geborene Ionka. Es schien, als sei ihm alles andere Leben ringsum gleichgültig geworden. Ionka war sein ein und alles. Wenn er nicht gerade Zwiesprache mit Mama hielt, lebte er nur noch für sie. In seinem typisch jiddischen Singsang nannte er sie »mein Ionkale«.

Er hatte aufgehört, die Zeitung zu lesen, hörte aber aufmerksam zu, wenn wir ihm vorlasen. Er fragte zurück und wollte das eine oder andere genauer erklärt haben. Richtig wütend konnte er werden, wenn er eine Meldung oder einen Kommentar über die restaurative Politik in der Bundesrepublik hörte. Dann unterbrach er uns wiederholt mit jiddischen oder russischen Flüchen, von denen er eine Menge parat hatte. Gelegentlich erkundigte er sich auch nach seinen alten Bekannten und Freunden in der Partei. Es ließ sich kaum noch einer bei Papa sehen.

In diesen Monaten sprach er erstmals über Einzelheiten seiner revolutionären Vergangenheit. Wenn ich früher einmal etwas darüber wissen wollte, hatte er stets ängstlich abgewehrt und geantwortet: »Laß mal, Walja! Die Zeit ist vorbei. Da war nichts Besonderes.« Oder: »Hör, Walja, ein jüdisches Sprichwort sagt: Was die Erde deckt, soll man vergessen. Genau so ist es mit der Vergangenheit der Menschen, auch wenn sie noch leben. Was vorbei ist, ist vorbei. Und es ist gut, wenn man es vergessen kann.« Ein einziges Mal gab er mir die unbedachte Antwort: »Es ist besser, du weißt es nicht.«

Damals habe ich nicht verstanden, warum Papa sich ein Leben lang so beharrlich über diese geheimnisvolle und aufregende Zeit ausschwieg. Ich habe ihm im stillen Vorwürfe gemacht. Denn zu gern hätte ich gewußt, was er in seiner revolutionären Phase erlebt und durchlitten hat, um das Bild, das ich von ihm hatte, zu ergänzen und zu vervollständigen. Jetzt merke ich, daß ich mich, ein Lebensalter danach, im Grunde nicht anders verhalten habe als er.

Auch ich verschwieg meinen drei Kindern, wie ich mit meinen Eltern und Geschwistern die Hitlerzeit überlebte und welche schrecklichen Erinnerungen sich mit ihr verbinden. Ich schwieg nicht aus Angst. Etwas anderes, schwer Erklärbares verschloß mir den Mund. Ich war einfach nicht imstande, darüber zu reden, nicht nur bei meinen Kindern.

Sie wußten anfangs nicht einmal, daß ich Jude bin. Erst Paula machte nach einer heftigen Auseinandersetzung mit mir dem Versteckspiel ein Ende und berichtete ihnen ausführlich vom Leben der Rabisanowitschs und Sudakowitschs, das waren meines Vaters und meiner Mutter Familien, und erzählte ihnen auch die Geschichte, wie unser Papa, ihr Großvater, sich einen falschen Paß beschaffte und wir seitdem Senger heißen. Ungläubig vernahmen sie, was ich ihnen verschwiegen hatte, und ich konnte ihnen nicht einmal eine vernünftige Erklärung dafür geben.

Nun wußten sie zwar von meiner und ihrer jüdischen Herkunft, aber noch nichts von unserem Leben während der zwölf schrecklichen Jahre. Darüber schwieg ich weiterhin beharrlich. Und brauchte auch nicht zu befürchten, daß etwa Paula es ihnen erzählen würde. Weder sie noch ich waren fähig, diese Zeit mit Worten zurückzuholen. Erst als mich die Erinnerung so sehr quälte, daß ich gezwungen war, mir all das Bedrückende der Vergangenheit von der Seele zu schreiben, mich mit Bleistift und Papier davon zu befreien, um meine Verkrampfung, mein Stottern loszuwerden, meine Normalität wiederzugewinnen, erfuhren sie von meinen zwölf Zitterjahren und dem Schicksal meiner Eltern und Geschwister. Und so wie ich Papa, verargen sie mir bis heute mein Schweigen. Was ich wiederum ihnen nicht verübeln kann.

Konnte es nicht auch bei Papa so gewesen sein? Angst allein ist keine ausreichende Begründung dafür, daß er über diese Zeit kaum ein Wort verlor. Vielleicht war diese Zeit so erregend, so abenteuerlich, daß er später außerstande war, darüber wie über eine Kriminalstory oder eine spannende Treibjagd, bei der er selbst der Gejagte war, zu reden.

Wenn ich ihn jetzt fragte, sträubte er sich nicht mehr. Er erzählte, wie er um die Jahrhundertwende in der Universität von Odessa und danach in einem Stahlwerk als Agitator gewirkt hatte, berichtete vom Generalstreik im Winter 1904, seiner Verhaftung, von Festungshaft, Flucht in den Westen und den Jahren der Illegalität. Er sprach mit leiser, monotoner Stimme, ohne sichtbare Regung, als spräche er vom Leben eines anderen, und er war bestrebt, schnell wieder aufzuhören. Wenn ich ihn ermunterte, fragte er unwillig: »Warum willst du das wissen? Das liegt alles schon so weit zurück.« Aber er sprach weiter.

Es fiel ihm nicht schwer, die Zeit zurückzuholen, sich über ein halbes Jahrhundert hinweg an viele Einzelheiten zu erinnern. Und ich war sehr froh, noch etwas von Papas bewegter Zeit zu erfahren. Ich bewunderte seinen Mut, alle Brücken hinter sich abzubrechen und sich ganz einer politischen, revolutionären Idee hinzugeben – bewunderte ihn, ungeachtet meines gelegentlichen Ärgers über seine abnormen Ängste, die er in seinem zweiten Lebensabschnitt entwickelt hatte, und auch ungeachtet der Vorwürfe, die ich ihm wegen seiner übertriebenen Kompromißbereitschaft und Anpassung machte.

Nun hatte er seine Lebenskräfte aufgebraucht. Ich weiß, daß er seinen Verfall bei klarem Verstand erlebte und sich aufs Sterben einstellte. Doch vorher wollte er noch einiges regeln. Seine Lebensumstände hatten ihm nie die Möglichkeit verschafft, Besitz zu erwerben. So brauchte er zum Schluß auch nichts zu verteilen. Aber Erfahrungen hatte er gesammelt und Ängste zuhauf. Die und die Lehren daraus wollte er an seine Kinder weitergeben.

Er machte sich, je schwächer er wurde, immer mehr Sorgen, daß ich noch keine feste Anstellung bei einer Zeitung oder Nachrichtenagentur hatte und als freier Journalist von der Hand in den Mund lebte. Fast beschwörend sagte er: »Du mußt endlich sehen, daß dich wer in die Redaktion nimmt. Wie lange willst du noch als Hungerleider in der Weltgeschichte herumlaufen? Du hast doch Familie! Und was soll aus meinem Ionkale werden?«

Ein anderes Mal, als ich ihm Nachrichten aus der Zeitung vorlas, bemerkte er: »Bald kann ich's dir nicht mehr sagen, Walja: die Hitlers sind noch immer da. Nimm dich in acht!« Und nach einer Pause noch einmal: »Nimm dich in acht!«

Oftmals saß ich nur still an der Seite des Tisches und gab ihm die Gewißheit, nicht allein zu sein. Da konnte er unvermittelt sagen: »Ich habe selten glänzende

Schuhe gehabt, aber immer trockene Füße.« Oder er sagte: »Das ist ein kluges Wort: wenn du nicht über den Zaun springen kannst, kriech unten durch. – Das ist jüdisches Leben.«

Er hatte schon immer gern aus der Fülle jüdischer Spruchweisheiten zitiert. In seinen letzten Tagen tat er das verstärkt. Er wußte, daß in ihnen nicht nur seine eigenen Lebenserfahrungen, sondern die vieler Judengenerationen enthalten sind, und er wollte, daß Paula und ich sie uns fest einprägten. Das war wie ein Vermächtnis noch zu seiner Lebzeit.

So sagte er: »Wer die Kraft zum Sündigen hat, muß auch die Kraft zur Buße haben.« Und einmal zitierte er ein Sprichwort, das ich noch nie aus seinem Munde gehört hatte. Es klang eher mystisch als nach einer nüchternen Lehre fürs Leben: »Der Allmächtige will immer seinen Minjen* haben. – Aber nicht nur er.«

Als ich ihn das letzte Mal, da er noch bei vollem Bewußtsein war, in die Arme nahm, waren seine letzten Wort: »Walja – gib gut auf mein Ionkale acht! Versprich's mir!« Ich versprach es ihm. Und während sein Herz immer leiser schlug und er den Kopf auf dem Kissen hin- und herdrehte, als weiche er einer würgenden Hand aus, murmelte er immer nur den einen Namen »Olga«. Wie sehr muß er Mama geliebt haben.

Paula und ich wollten die Einäscherung ohne großes Aufsehen. Es waren doch nur noch wenige, die ihm wirklich nahegestanden hatten und mit uns um Papa trauerten. Die Partei aber wollte es anders. Sie machte aus der Trauerfeier eine Heldengedenkstunde mit Abordnungen der Parteieinheiten, vielen Kränzen, roten Schleifen, Blumen über Blumen und einer Trauerrede des Vorsitzenden der Parteikontrollkommission, eines Routiniers in Traueransprachen, der häufig zu Begräbnissen von Kommunisten beordert wurde und dessen

* Minjen: »Zahl« oder auch »Quorum«; die vorgeschriebene Mindestzahl von zehn männlichen Personen, die zur Abhaltung eines öffentlichen Gottesdienstes erforderlich ist.

gestelzte Sätze eher peinlich als ehrlich waren. So wie er Papa schilderte, war er weiß Gott nicht.

Dann erklang die Melodie des russischen Trauermarsches »Unsterbliche Opfer«, der stets bei solchen traurigen Anlässen gespielt wurde. Und danach das alte russische Revolutionslied Dubinuschka, das Knüppelchenlied. Es war Papas Lieblingslied. Wie ein mächtiger Strom quoll es aus den Pfeifen der Orgel und füllte den Raum so dicht, daß mir das Atmen schwerfiel und nichts mehr in der Trauerhalle Platz hatte als nur noch die schwere, klagende Melodie und der tote Papa. Erst in diesem Augenblick brach mit Tränen der ganze Schmerz des Abschiednehmens aus mir heraus. Paula und Irmgard ging es genau so.

Nichts hätte uns besser den toten Papa noch einmal gegenwärtig machen können als diese Melodie. Denn Papa und die Dubinuschka waren, solange ich mich zurückerinnern kann, eins – und waren es jetzt ein letztes Mal. Wie oft hat er sie zu Hause gesungen, auf Russisch. Und wenn er zum Refrain kam »He, Dubinuschka, da uchnjem«, hob sich stets seine Stimme und sie bekam etwas Triumphierendes. Früher, als Mama noch gesund war, fiel sie meist in seinen Gesang mit ein. Es war wunderschön, wenn die feste, tiefe Stimme Papas und die weiche, helle von Mama zusammenklangen.

Papa hat mir in diesen letzten Monaten vor seinem Tod viele Geschichten erzählt, in denen das Knüppelchenlied die Hauptrolle spielte. Bei Streiks und Demonstrationen, bei Bauernaufständen, während der Erhebung von 1905, immer war die Dubinuschka dabei, sangen die bedrängten und unterdrückten Menschen, die sich nach der Befreiung vom zaristischen Joch sehnten, dieses Lied. Es gab ihnen Kraft und Zuversicht.

Wohl das erschütterndste Erlebnis, bei dem die Dubinuschka ebenfalls eine Rolle spielte, hatte Papa, als er fünfundzwanzig Jahre alt war. Nach dem Abbruch seines Studiums war er als Arbeiter in einen Betrieb in Odessa gegangen, um in der Belegschaft für die revolutionäre Erhebung zu agitieren. Man verhaftete und verurteilte ihn zu Festungshaft. Dort protestierte er eines Tages mit anderen Häftlingen gegen das schlechte Essen. Dafür wurde auf auf dem Gefängnishof vor allen Gefangenen ausgepeitscht. Es sei das Schrecklichste gewesen, was er je erlebt habe, versicherte er mir. Noch während der Vorbereitungen, da ihm die Wärter mit den Händen an einen Pfahl festbanden, stimmten die Häftlinge, fast alles politische, die Dubinuschka an, und sie sangen und summten sie bis zum letzten Peitschenschlag. Wegen dieser Sympathiebekundung für Papa und zwei weitere Häftlinge, die die gleiche Strafe zu erdulden hatten, nahmen die Mitgefangenen, es waren mehrere hundert, eine kollektive Bestrafung mit Essensentzug und Besuchsverbot in Kauf.

Es mag kurios und unglaubwürdig klingen: auch bei der Einäscherung von Mama war die Dubinuschka dabei. Das war Ende 1944, mitten im Hitlerfaschismus. Papa hatte es so gewollt. Ausgerechnet er, in dem seit vielen Jahren die Angst das beherrschende Lebenselement war. Nachdem er mehrere Tage in völliger Verzweiflung und Fassungslosigkeit über den Tod von Mama geweint und geklagt und alle Welt gefragt hatte: »Was soll jetzt nur aus uns werden, ohne sie?!« war er still geworden und ein anderer. Seine Stimme klang leiser, rauher und merkwürdig fremd. Sie klang so, als käme sie gar nicht von ihm, sondern aus einer anderen Ecke des Zimmers.

Und dann erschrak ich: plötzlich streifte Papa – inmitten des faschistischen Infernos – seine Ängste wie eine lästige Zwangsjacke ab und ersetzte sie durch einen waghalsigen Mut, der an Tollheit grenzte. Er wollte, daß die Melodie vom Knüppelchen bei der Trauerfeier gespielt werde. Sonst nichts, keine Ansprache, keine andere Trauermusik.

Paula und ich versuchten, es ihm auszureden. Es war vergebens. In diesem Punkt war er halsstarrig wie ein Kind. Er sagte: »Ihr braucht keine Angst zu haben. In

Deutschland kennt heutzutage kein Mensch diese Melodie. Und wer hört sie denn noch außer uns? Unsere Freunde. Na und? Die drei Friedhofswärter. Und die paar Nachbarn, die kommen. Die kennen sie auch nicht. Und außerdem: die haben uns die ganze Zeit nicht verraten. Warum sollten sie jetzt? Da ist bestimmt keine Gefahr.«

Ich konnte ihm nur noch die gleiche Antwort geben, mit der er sonst mich bedachte: »Du bist ein Akschn und zudem meschugge.« »Vielleicht ein Akschn, aber nicht meschugge. Mama wollte es. Und ich will es.«

Weshalb wir beide, Paula und ich, einem geradezu selbstmörderischen Verlangen zustimmten, ist schwer zu erklären. Vielleicht war es in der Untergangsstimmung des Hitlerreichs – wir erlebten doch, wie es immer mehr zerbrach und möglicherweise auch uns mit in die Tiefe riß – eine Art Todessehnsucht, ein Ausdruck dafür, daß wir alle drei, erschüttert vom Tode Mamas, dem Mittelpunkt und Überlebensgarant unserer Familie, die Hoffnung auf eine Wende unseres Schicksals aufgegeben hatten.

Der Entschluß war gefaßt. Einige Tage vor der Trauerfeier ging ich zu dem Friedhofsmusiker und trug ihm unseren Wunsch vor. Ich sagte ihm, es handele sich um eine alte russische Volksweise, die Mama immer gesungen habe, was im Grunde auch stimmte. Er war arglos, freundlich und auch sofort bereit, die Melodie auf der Orgel zu spielen. Ich hatte keine Noten, konnte auch keine schreiben, so mußte ich sie ihm mehrmals vorsingen, ohne Text versteht sich. Er machte sich Notizen und wiederholte die Melodie nach dem Gehör auf der Orgel. Es ging leidlich gut. Wir einigten uns, daß er erst einige Takte des Chopinschen Trauermarsches spielte und dann zu der gewünschten Melodie überleite.

So geschah es dann auch. Während der Sarg mit der toten Mama sich langsam senkte, tönte aus der Orgel die Melodie, richtig in der Notenfolge, falsch in den Tempi und im Rhythmus, aber es war die Dubinuschka.

Papas Mut währte nur kurze Zeit, nur so lange, bis Mamas Asche unter der Erde lag. Dann wurde er wieder der alte, müde, ängstliche Mann.

Noch heute, wenn ich diese Melodie höre, möchte ich weinen, und ich weiß, diese Tränen gelten Papa. Er und die Dubinuschka waren eins.

Ein Literaturpreis

Die Freude am Schreiben, die ich während der Arbeit an der »Brücke von Kassel« entdeckte, und der Erfolg meines ersten Buches waren die Triebfedern, ein zweites zu beginnen. Ich brauchte den Stoff dazu nicht lange zu suchen. Er beschäftigte mich schon seit einiger Zeit. Es war der hessische Metallarbeiterstreik.

Diesmal wollte ich keinen Tatsachenbericht zusammenstellen. Ich erfand eine Rahmenhandlung und ließ die Hauptpersonen all das erleben, was ich in den vier Streikwochen vor den Toren der Adlerwerke selbst erlebt hatte.

Ganz anders als bei der »Brücke von Kassel« quälte ich mich bei der Niederschrift sehr. Ich kam nur langsam voran. Mittlerweile war ich bei der Sozialistischen Volkszeitung als Lokalredakteur fest angestellt. Tagsüber nahm mich die Redaktionsarbeit in Anspruch, und an den Abenden war ich meist zur Berichterstattung über Veranstaltungen der KPD oder anderer politischen Parteien unterwegs. Schrieb ich des Nachts, wie ich es meist bei der »Brücke von Kassel« getan hatte, fiel mir vor Müdigkeit der Kopf auf die Tischplatte.

Ich geriet in eine Krise und hatte dauernd Magenschmerzen. Da beantragte ich sechs Wochen Arbeitsurlaub. Zusammen mit den zwei Wochen, die mir ohnehin als Jahresurlaub zustanden, waren das zwei Monate, die mir genügen würden, das Manuskript abzuschließen. In dieser Zeit sollten aber meine Bezüge weiterlaufen, denn ich mußte ja mit meiner Familie leben. Rücklagen hatte ich nicht. Ich erläuterte dem Chefredakteur Walter Bloch, was für ein Buch ich zu Ende schreiben wolle und daß es nach meiner Meinung eine wichtige politische Arbeit sei, die letztlich auch der Partei nütze.

Doch er lehnte meine Bitte ab. Ganz offiziell in der routinemäßigen Kollegiumssitzung am Vormittag. Das war ungewöhnlich. Es kam öfter vor, daß Redakteure mit der Ausarbeitung von politischen Broschüren oder Dokumentationen beauftragt waren. Und dafür gewährte er, im Einvernehmen mit der Kaderabteilung der KPD, stets bezahlten Sonderurlaub. Auch seine Begründung war wenig stichhaltig. Ein Sonderurlaub, um ein Buch zu schreiben, liege nicht im Interesse der Redaktion, und zudem könne mein Arbeitsplatz nicht zwei Monate lang unbesetzt bleiben.

Eine halbe Stunde später kam Georg Paulus, der Kulturredakteur, zu mir ins Büro. »Wunderst du dich über die Ablehnung? Das war zu erwarten. Warum legst du dich auch immer mit Walter an?«

»Immer?«

»Egal wie oft. Am Ende ziehst du doch den kürzeren. Jetzt hast du's.«

Das mit dem »immer« war natürlich maßlos übertrieben. Es kam selten genug vor, daß ich mit dem Chefredakteur aneinandergeriet. Aber ausgerechnet kurz zuvor war ich heftig mit Walter zusammengeprallt, wobei er ein einziges Mal nicht gut aussah. Nun hatte ich die Quittung.

Es ging um den in Prag zu Ende gegangenen Prozeß gegen die Slansky-Bande, wie die kommunistische Presse die vierzehn Angeklagten en bloc nannte. Mir war auch hier aufgefallen, wie bereits bei den Hochverratsprozessen in anderen osteuropäischen Hauptstädten, daß bei der Aufzählung der Anklagepunkte neben mehreren anderen Umtrieben, von trotzkistisch bis titoistisch, regelmäßig auch die zionistischen betont wurden. Außerdem hatte eine westliche Nachrichtenagentur gemeldet, von den vierzehn Angeklagten im Prager Prozeß seien elf Juden.

Entgegen meiner sonst geübten Zurückhaltung, bat ich Walter, der selbst Jude war, doch einmal dem Redaktionskollegium zu sagen, was er dabei empfinde, wenn er eine solche Meldung lese.

»Gar nichts«, gab er zur Antwort. »Oder doch. Sie

bestätigt mir, wenn sie richtig sein sollte, nur, daß der Zionismus die gefährlichste Waffe der Imperialisten im Kampf gegen die sozialistischen Staaten ist.«

»Trotzdem, Walter, sind nicht elf Juden unter vierzehn Angeklagten ein bißchen viel? Kannst du dir denn vorstellen, daß alle Juden in den sozialistischen Ländern Verräter und Handlanger der Imperialisten sein sollen? Und die Juden im Westen? Was ist mit denen?«

»Alle Juden sind durch den Zionismus gefährdet.«

Da konnte ich mir die Bemerkung nicht verkneifen: »Du bestimmt nicht.«

»Wie meinst du das?« brauste er auf.

Ich gab ihm keine Antwort mehr.

Diesen kurzen Dialog mit dem unerfreulichen Ende hatte er mir übelgenommen. Das war nicht nur meine Vermutung, sondern wurde mir einige Tage später vom Vorsitzenden der Parteikontrollkommission bestätigt. Als er mich auf der Treppe im Parteihaus traf, nahm er mich auf die Seite und raunte mir vorwurfsvoll zu: »Die Ablehnung hast du dir selbst zuzuschreiben.«

Da ich keinen anderen Weg mehr sah, mit meiner Arbeit zu Ende zu kommen, wandte ich mich jetzt an den Verlag Neues Leben, der bereits die »Brücke von Kassel« herausgebracht hatte. Der bot mir postwendend an, für mich und meine Familie einen Aufenthalt in einem Erholungsheim des Schriftstellerverbandes der DDR zu organisieren, und zwar für die ganze Zeit, die ich zur Fertigstellung des Buches benötigte. Ich brauchte nur einen Vorvertrag mit dem Verlag abzuschließen. Zudem würde er sich bei dem gleichen Verband dafür verwenden, daß für die Zeit meiner Abwesenheit in Frankfurt ein DDR-Schriftsteller meinen Platz in der Redaktion der Sozialistischen Volkszeitung einnehme.

Redaktion und Kaderabteilung waren mit dieser Vereinbarung einverstanden. Der Schriftstellerverband stimmte auch zu. So kam es, daß für die erste Hälfte der Zeit der mittlerweile sehr renommierte Harry Türk aus Weimar seinen Aufenthalt in Frankfurt nahm. Damals schrieb er noch Erzählungen, Reportagen und Abenteuergeschichten. Fünfundzwanzig Jahre später rechnete er in einem dickleibigen Pamphlet mit den sowjetischen Dissidenten ab. Danach kam der Berliner Gerhard Rentzsch an den Main. Während seines fünfwöchigen Frankfurtaufenthalts als mein Vertreter in der Redaktion wohnte er bei Paula. Sie erzählte mir später, sie habe sich in dieser Zeit große Sorgen um ihn gemacht, weil er sich hier so pudelwohl gefühlt habe. Nicht nur das Frankfurter Klima, auch das Leben bei Tag und bei Nacht sei ihm über die Maßen gut bekommen und er habe es in vollen Zügen genossen. Da habe sie sich wiederholt gefragt, ob er auch wieder den Weg zurück an die Spree fände. Er fand ihn, und das war gut so. In den Jahren danach ist aus ihm der bekannteste Hörspielautor der DDR geworden.

Zu viert fuhren wir nach Berlin, Irmgard und ich und unsere beiden Kinder Rüdiger und Ionka. Judith, unsere Jüngste, war zu der Zeit noch nicht auf der Welt. Von dem Augenblick an, da wir am Bahnhof Friedrichstraße ankamen, waren wir Gäste des Schriftstellerverbandes und genossen eine Reihe der Vorteile, die Künstlern und Geistesschaffenden in der DDR eingeräumt werden. Man brachte uns nach Wiepersdorf im Kreis Jüterbog. Dort in dem malerischen Barockschlößchen, das Anfang des 19. Jahrhunderts von Bettina von Arnim bewohnt und dadurch berühmt wurde, sollte unser Aufenthalt in den nächsten acht Wochen sein.

Schloß Wiepersdorf war vom Staat dem Schriftstellerverband übereignet und als Erholungsheim für seine Mitglieder eingerichtet worden. Man wies uns einen wunderschönen großen Wohnraum mit reicher Stuckverzierung, alten Seidentapeten und künstlerisch ausgelegtem Parkettboden zu. Auch das Mobiliar war stilecht. Durch eine Verbindungstür kam man in ein etwas kleineres Zimmer, das ich als Arbeitsraum benutzen konnte. Vor dem Fenster zum Park stand ein großer Eichenschreibtisch mit einer grünen, goldgefaßten Lederauflage. Noch nie in meinem Leben zuvor hatte ich einen so feudalen Arbeitsplatz gehabt, danach auch nie mehr.

Der Leiter des Hauses, in der DDR Objektleiter genannt, war überaus zuvorkommend und machte uns klar, welch große Ehre uns zuteil werde, daß wir dieses Appartement beziehen dürften. Eigentlich sei es ständig für Anna Seghers reserviert. Aber da sie in den nächsten Wochen bestimmt nicht komme, könnten wir es bewohnen. In diesem Punkt irrte er. Eine Woche später kam sie. Zuerst ihre Tochter als Vorhut, dann sie selbst. Wir mußten die fürstlichen Räume verlassen und mit wesentlich bescheideneren vorliebnehmen. Es war nur ein geringer Trost, daß Anna Seghers sich tausendmal dafür entschuldigte, so unerwartet gekommen zu sein.

Wiepersdorf beherbergte eine illustre Gesellschaft. Hochschullehrer, Ärzte, Architekten, hohe Staats- und Parteifunktionäre und deren Familien waren neben Schriftstellern und Bühnenkünstlern Gäste des Hauses. Außer Anna Seghers lernten wir auch noch die sangesfreudige Schriftstellerin Hedda Zinner kennen, den Chefredakteur der satirischen Wochenzeitung »Eulenspiegel«, der offenbar nur von Berufs wegen witzig, im persönlichen Umgang aber recht witz- und einfallslos war, und den Schriftsteller Alfred Kurella, zu dieser Zeit Staatssekretär im Kultusministerium. Mit sämtlichen Kindern, ich glaube, es waren vier, hielten sich die Kurellas in Wiepersdorf auf. Vor allem die Frau, eine gebürtige Russin, ist mir in angenehmer Erinnerung geblieben, weil sie sehr lieb zu ihren und auch zu unseren Kindern war. Selbst ein peinliches Vorkommnis am ersten Osterfeiertag, als unsere Kinder den Kurella-Kindern sämtliche Ostereier, die der Staatssekretär persönlich im Garten versteckt hatte, stahlen, meisterte sie glänzend.

Meine Kinder, für die keine Eier versteckt worden waren, hatten vom Fenster ihres Schlafzimmers aus beobachtet, wie Vater Kurella die von Mutter Kurella liebevoll bemalten Eier am frühen Morgen sorgsam unter Büschen und Bäumen und in niedrigen Astgabeln verteilte. Sie zogen ihren Nutzen daraus, bevor die Kurellas gemeinsam und in froher Erwartung zum Eiersuchen auszogen. Es fiel Irmgard und mir schwer, ihnen verständlich zu machen, daß sie die Eier wieder herauszugeben hätten. Sie wollten nicht einsehen, daß der Staatssekretär im Kultusministerium kein volkseigener Osterhase sei und darum die Ostereier den Kurella-Kindern gehörten. Fifty-fifty war dann die allseits akzeptierte Lösung der Affäre.

Wiepersdorf war für uns ein Paradies auf Abruf, auch dann noch, als wir aus dem Fürstenzimmer der Anna Seghers vertrieben worden waren. Nie zuvor hatten wir so vornehm gewohnt, waren wir so freundlich aufgenommen und so fürsorglich bedient worden. Uns plagten keine finanziellen Sorgen, kein Ärger mit der Redaktion und der Partei, und die Kinder waren glücklich.

Jäh wurden wir aus unseren Träumen gerissen. Ein prominenter Schriftsteller oder Staatsbeamter war in Wiepersdorf angekommen und beanspruchte die Räume, die wir jetzt bewohnten.

Aber mein Buch war noch nicht fertig. Der Schriftstellerverband sorgte dafür, daß wir in einem anderen Urlaubsheim des Schriftstellerverbandes unterkamen. Es war etwas einfacher als das in Wiepersdorf, aber für unsere Ansprüche immer noch sehr komfortabel. Es stand in Sakrow bei Potsdam und war der ehemalige Sitz Hermann Görings, als er zu Anfang des Dritten Reichs noch Reichsforstmeister war, ein hochherrschaftliches Haus, ebenfalls mit einer schönen Parkanlage im Stil von Sanssouci.

Dieses Urlaubsheim beherbergte nicht ganz so hochkarätige Prominenz wie das Schlößchen der Bettina von Arnim. Hier gab es auch Plätze für das Fußvolk und die dienenden Geister der schreibenden Zunft, Debütanten, Sekretärinnen aus dem Kultusministerium, Angestellte der Verlage, Lektoren und Buchgestalter.

In den wenigen Wochen meines Aufenthalts lernte ich einige Schriftsteller kennen, unter anderem den dikken, amüsanten Walter Viktor, der in der DDR durch seine Schul- und Sachbücher bekannt ist, den Potsdamer Karl Neumann, ein Kinder- und Jugendbuchautor, der sich als Stabilisator des ersten deutschen Arbeiter-und-Bauern-Staates verstand, Werner Steinberg, der auch aus dem Westen kam, und Boris Djacenko, dessen Roman »Herz und Asche« zu der Zeit ein Bestseller war.

Vier Wochen später war mein Manuskript abgeschlossen, und unverzüglich kehrte ich nach Frankfurt zurück, um meine Redaktionsarbeit wieder aufzunehmen. Doch hier erwartete mich eine unangenehme Überraschung. Der Berliner Verlag teilte mir mit, daß auf höhere Weisung mein Buch vorerst nicht fertiggestellt werden würde. Gründe dafür gab man nicht an.

Und noch ein zweites Ärgernis kam auf mich und Irmgard zu. Während der Zeit unseres Aufenthaltes in der DDR hatte sich, offensichtlich aufgrund einer Denunziation, die Parteikontrollkommission mit uns beschäftigt und uns in Abwesenheit wegen parteischädigendem Verhalten wieder einmal gerügt. Man warf uns vor, in Zusammenkünften der Stadtteilgruppe die westdeutsche Parteiführung als unselbständig und Befehlsempfänger Moskaus diffamiert und damit die anderen Genossen verunsichert zu haben. Für den Wiederholungsfall kündigte man ein Parteiverfahren an.

Erst Wochen später wurde mir klar, daß die beiden Ärgernisse eigentlich nur ein einziges, zusammenhängendes waren. Der Verlag Neues Leben bat mich zu einer Besprechung nach Berlin. Dabei erfuhr ich, was man mir in Frankfurt nicht gesagt hatte. Die Einstellung der Arbeiten an dem Buch erfolgte auf Veranlassung der westdeutschen KP-Leitung. Ohne Drumherumreden teilte mir der Verlagsleiter mit, man habe mich als einen politisch unsicheren Genossen beschrieben, der nur wenig Parteidisziplin habe und sich oftmals in überheblichen kritischen Bemerkungen über die Partei und ihren

Funktionären gefalle. Der Verlag werde vor einer übereilten Herausgabe des Buches gewarnt.

Wider Erwarten reagierte der Verlagschef sehr kühl auf diese Denunziation. Er wisse nicht, weshalb man ein Parteiverfahren gegen mich angestrengt habe, erklärte er mir. Er wolle es auch nicht wissen. Heutzutage werde man sehr schnell ins politische Abseits geschoben und in Mißkredit gebracht. Er habe weisungsgemäß selbst das Manuskript gelesen. Es sei nichts daran zu beanstanden. Er werde nunmehr das Buch fertigstellen und ausliefern lassen, auch sehe er keinen Anlaß, sein Verhalten mir gegenüber zu ändern.

Er empfahl mir, mich in Berlin, egal wo ich sei und mit wem ich rede, vor unbedachten Äußerungen zu hüten. Die Partei höre hierzulande mit vielen Ohren und oftmals die Flöhe husten.

Das wirklich Ärgerliche war, daß sich durch den Einspruch der Partei die Auslieferung des Buchs vom Herbst 1955 zum Frühjahr 1956 verzögerte. Es erschien unter dem Titel »Am seidenen Faden« und ebenfalls unter dem Pseudonym Valentin Rabis.

Es kam genau zu dem Zeitpunkt in den Buchhandel, als die innerparteilichen Turbulenzen um die Geheimrede Chruschtschows auf dem 20. Parteitag der KPdSU die westdeutsche Partei zu zerreißen drohte und gegen mich und Irmgard ein Parteiverfahren wegen Fraktionsbildung in Gang gesetzt wurde.

Ich mußte befürchten, daß die Auslieferung des Buches noch in letzter Sekunde verhindert werden könnte, und dachte auch daran, wenn ich tatsächlich aus der Partei ausgeschlossen würde, man gewiß in der DDR den Verkauf meiner Bücher einstelle. Um so überraschter war ich, als mir ein knappes Jahr später, die KPD war bereits verboten, der Verlag Neues Leben mitteilte, meinem Buch »Am seidenen Faden« sei der Literaturpreis des Freien Deutschen Gewerkschaftsbundes 1957 zugesprochen worden. Das ist in der DDR eine sehr hohe Auszeichnung. Der Preis brachte mir neben der Ehrung eine zweite Auflage und einige tausend Ostmark ein, die mir einen angenehmen Urlaub im Thüringer Wald mit meiner Familie ermöglichten.

Der Literaturpreis der DDR-Einheitsgewerkschaft wird jeweils für Lyrik und Prosa vergeben. Mit mir erhielt den Lyrikpreis der DDR-Dichter Kuba, der eigentlich Kurt Barthel hieß. Seine Gedichte waren fast ausschließlich Lobgesänge auf die DDR, die Sowjetunion und den Sozialismus. Er war zu der Zeit die unbestrittene Nummer eins unter den Lyrikern der Deutschen Demokratischen Republik.

Zur Preisverleihung fuhr ich mit Irmgard nach Berlin. Sie fand in der Werner-Seelenbinder-Halle statt. Dort lernte ich Kuba kennen und bestaunte seine außergewöhnlichen Fähigkeiten, sich selbst darzustellen. Stets war er von einem Kranz Bewunderer umgeben. Mich, den anderen Preisträger, nahm er nicht zur Kenntnis, fast war er beleidigt, daß es überhaupt noch einen zweiten gab. Zufällig hörte ich, wie er nach der Preisverleihung fragte: »Was hat denn der Rabis geschrieben?« Darüber war wiederum ich beleidigt und zog mich zurück.

Ich habe Kuba nie mehr gesehen, obwohl seine Gesänge ausgerechnet in Frankfurt für immer verstummten. Genau zehn Jahre später kam er in meine Heimatstadt, um auf einer Friedensveranstaltung im Zoo-Gesellschaftshaus eigene Gedichte zu rezitieren. Dabei erlitt er unmittelbar nach der Rezitation einen Herzschlag. Als ich verspätet zu der Veranstaltung kam, war er schon tot.

Frida Hockauf, die Heldin der Arbeit

Gleich zweimal hintereinander hatte ich wegen einer Zittauer Weberin Ärger in der Redaktion. Beide Male war er überflüssig, denn ich war lange genug in der Partei, um ihre Grundsätze zu kennen. Einer davon lautete: was der DDR wert ist, muß einem westdeutschen KP-Mitglied teuer sein. Das war mehr als ein Grundsatz, das war ein Glaubenssatz. Ich beachtete ihn nicht und durfte mich daher auch nicht wundern, daß ich mit der Weberin Frida Hockauf zusammenstieß, ohne sie je gesehen zu haben.

Sie arbeitete im Textilkombinat Zittau und erklärte eines Tages: »Im nächsten Monat werde ich zehn Meter Stoff mehr weben und im übernächsten Monat fünfzehn Meter mehr.«

Das war pro Arbeitstag eine Steigerung von vierzig bis siebzig Zentimeter. Bei einem täglichen Produktionsvolumen des Kombinats von acht- bis zehntausend Meter Stoff war diese zusätzliche Menge nicht der Rede wert. Jedenfalls glaubte ich das und sagte es auch in einer Redaktionssitzung, wahrscheinlich in einem arrogant-besserwisserischen Ton. Die Folge war eine strenge Zurechtweisung durch den Chefredakteur vor versammelter Redaktionsmannschaft. Erzürnt sagte er, meine abfälligen Worte bewiesen eine sträfliche Unterschätzung der patriotischen Tat einer DDR-Bürgerin.

Patriotische Tat – welch eine monströse Redewendung für ganze zehn Meter Stoff. Doch ein paar Stunden später mußte ich feststellen, daß Walter nur wiederholt hatte, wie es am Morgen im Neuen Deutschland, dem Zentralorgan der SED, formuliert worden war. Die Zeitung lobte die fleißige Weberin über die Maßen, weil sie ihr bisheriges Monatspensum erhöhen und im Monat darauf noch etwas zulegen wollte. Die fraglichen zehn Meter standen nämlich im Zusammenhang mit einem

Beschluß des Ministerrats der DDR »zur Durchführung der Politik des Neuen Kurses«.

1953 erfand die SED diesen sogenannten Neuen Kurs. Mit ihm hoffte sie, die Arbeitsmoral und die Produktivität in den Betrieben zu steigern. Die Idee war, der einzelne Arbeiter solle sich zu einer minimalen, aber steten Erhöhung seiner bisherigen Arbeitsleistung verpflichten. Jeden Monat etwas mehr als im Vormonat, war die Devise.

Diese Zusammenhänge waren mir an dem Vormittag, als wir über die Ostberliner Nachrichtenagentur ADN die ersten Meldungen über die großartige Tat der Zittauer Weberin erhielten, nicht vertraut, weil ich zwei oder drei Tage zuvor ein Kommuniqué des Zentralorgans der SED im Neuen Deutschland nicht beachtet hatte, in dem der Neue Kurs angekündigt worden war. Frida Hockauf war als Leitfigur für die Leistungssteigerung auserkoren worden. Nach ihr nannte man den Neuen Kurs auch Hockauf-Bewegung.

Das Redaktionskollegium erteilte mir den Auftrag, weitere Informationen über die »patriotische Initiative der einfachen Weberin«, wie ADN es formulierte, einzuholen und einen Leitartikel zu verfassen, der ihre Tat würdigte. Das war als Strafe für meine voreilige Bemerkung zu verstehen, denn man beauftragte mich sonst nur selten mit der Abfassung eines Leitartikels.

Es war in der Tat eine undankbare Aufgabe. Tag für Tag wurden wir mit ADN-Meldungen über freiwillige zusätzliche Arbeitsleistungen von Aktivisten und solchen, die es werden wollten, überhäuft. Sie machten deutlich, wie wichtig es der DDR war, die Produktivität zu erhöhen. Das verstand ich. Aber was konnte ich Außergewöhnliches über die Selbstverpflichtung der Frida Hockauf schreiben, das auch der westdeutsche Leser noch interessant fand? Mir fiel nichts ein. Auch waren meine Bemühungen vergeblich, vom Neuen Deutschland oder von ADN Zahlenangaben zu bekommen. Zahlen seien unnötig, meinte man in Berlin, auf die stete Steigerung käme es an. Das sei die Idee des Neuen Kurses. Doch das war mir zu wenig. Als ich dann noch herausfand, daß die Steigerungsrate der Weberin unter einem Prozent lag, war ich entschlossen, den Leitartikel nicht zu schreiben. Das sagte ich denn auch in der Schlußredaktionssitzung am späten Nachmittag.

Der Chefredakteur entgegnete: »Ich kann mir nicht vorstellen, daß man über die Hockauf-Bewegung keine Informationen bekommt.« Und er meldete ein Telefongespräch nach Ost-Berlin an. Eine halbe Stunde später lag uns der Wortlaut eines Leitartikels vor, den das Neue Deutschland anderntags herausbringen wollte. Walter las vor:

»Während in Westdeutschland die Wirtschaftskrise heranreift und Deutsche in Söldneruniformen gepreßt werden sollen, um für fremde Interessen zu sterben, merken die Werktätigen der Deutschen Demokratischen Republik, wie in ihrem Land das Leben von Tag zu Tag reicher, schöner, freudiger wird. Die schöpferische patriotische Initiative der Weberin Frida Hockauf wird, wenn sie die Massen ergreift, diese positive Entwicklung in der DDR beschleunigen . . .«

Ich unterbrach ihn: »Das können wir doch nicht in der Sozialistischen Volkszeitung bringen.«

»Warum eigentlich nicht?« fragte er.

»Das nimmt uns hier doch kein Mensch ab.«

»Aber es stimmt doch – oder?«

»Das mag für die DDR richtig sein. Hier klingt es wie eine leere Phrase.«

Da schaltete sich Fritz, der politische Redakteur, ein: »Wir sollten uns verbitten, daß jemand so über das Zentralorgan der SED spricht.« Und Walter ergänzte: »Was im Neuen Deutschland steht, ist Wort für Wort gründlich durchdacht. Da gibt es keine leeren Phrasen.« Und mit einem mokanten Unterton: »Nicht alles, was du nicht verstehst, verehrter Genosse, sind Phrasen.«

Fritz meldete sich noch einmal zu Wort: »Ich werde den Leitartikel schreiben.«

Der Chefredakteur entschied: »Einverstanden.« Und zu mir gewandt: »Du übergibst Fritz alle Unterlagen.«

»Das werde ich. Aber noch eine Bemerkung.«

»Bitte.«

»Es muß doch erlaubt sein, an etwas, was einem nicht richtig erscheint, Kritik zu üben.«

»Selbstverständlich. Kritik ist die Grundlage unserer Arbeit. Aber konstruktive Kritik.«

Noch gab ich mich nicht geschlagen: »Mal muß man auch den Mut haben, nein zu sagen.«

»Was soll das? Willst du uns zu Ja-Sagern abstempeln?«

»Keinesfalls. Nur: wir haben in der Vergangenheit zu oft und zu schnell ja gesagt, glaube ich. Darum hat uns die Bevölkerung in Westdeutschland häufig nicht verstanden.«

»Das verstehe *ich* wieder nicht. Da mußt du schon deutlicher werden.«

»Also: unsere Freunde in Berlin werden es verstehen, daß man nicht jedesmal in der Redaktion der Sozialistischen Volkszeitung zu tanzen beginnt, wenn aus Berlin Flötentöne zu hören sind.«

Das war das abrupte Ende der Redaktionssitzung. Walter hob die Hand und wurde offiziell: »Diese diffamierenden Äußerungen zwingen mich, dem Genossen Senger einen strengen Verweis zu erteilen. Sein Verhalten ist eine Mißachtung von Beschlüssen unserer Bruderpartei und eine Verunglimpfung der DDR.«

Er wandte sich nach einer kurzen Pause an mich: »Es ist dir doch klar, daß ich das der Parteileitung melden muß.«

So kam es, daß ich zur Parteikontrollkommission bestellt wurde, um einen strengen Tadel entgegenzunehmen. Bei dem Verhör kam jedoch nur die Unterschätzung von Frida Hockaufs patriotischer Tat, nicht aber die unbesonnene Bemerkung von den Flötentönen aus Berlin zur Sprache. Walter hatte also darüber geschwiegen. Vielleicht, weil er mögliche Folgen voraussah. Bei der bekannten Humorlosigkeit der Kommunisten hätte das den Ausschluß aus der Partei bedeutet.

Bei der Niederschrift dieser Begebenheit hielt ich mehrmals an, weil ich glaubte, sie nicht korrekt wiederzugeben, nicht ehrlich zu sein. Manche Zeile klingt so, als sei ich damals wie ein Michael Kohlhaas im Politgetriebe der KPD herumgeirrt. Das war ich nicht und bin ich nicht. Und bei Streitgesprächen war ich auch keineswegs so schlagfertig, wie es meine Kontroverse mit dem Chefredakteur über die Leistungssteigerung der Zittauer Weberin vermuten ließe. Streitlustig war ich, vielleicht sogar streitsüchtig, und verlor dabei leicht die Kontrolle über mich. So stieß ich viel öfter mit Redaktionskollegen und anderen Parteileuten zusammen, als gut und vernünftig war, und meist zog ich den kürzeren.

Heute frage ich mich, ob diese Kräche möglicherweise Paukenschläge gewesen waren, mit denen ich eine innere Stimme übertönte, die mir einflüstern wollte, ich täte nicht recht daran, mit dieser Partei weiterzumarschieren. Ich war kein so tumber Tor, daß mich angesichts vieler unerklärlicher und schockierender Ereignisse in der Sowjetunion und in anderen sozialistischen Staaten nicht Skrupel geplagt hätten. Aber ich fand nicht den Mut, die Brücken hinter mir abzubrechen, und ich merkte nicht, wie in diesem Dilemma mein Selbstwertgefühl Stück für Stück abgebaut wurde.

Es ist nicht leicht, meine damalige Verfassung gewissenhaft und ohne Schönung und möglichst auch ohne Selbstmitleid wiederzugeben. In jedem Fall möchte ich den Eindruck vermeiden, als hätte ich immer nur in Opposition zur Politik und Strategie der Partei gestanden und stets die besseren Argumente gehabt. Dem war nicht so. Jahrelang, auch noch zu Zeiten, als viele meiner Genossen, darunter auch Freunde von mir, längst der Partei den Rücken gekehrt und so ihre Selbstachtung bewahrt hatten, blieb ich ein diszipliniertes Parteimitglied. Es hat lange gedauert, bis ich erkannte, auf welch üble Weise die Parteiführung die Ideale und die Bereitschaft zur Solidarität der Genossen mißbrauchte, um Machtpositionen zu errichten, die nichts mit Humanismus und Sozialismus zu tun haben, und bis ich den Mut fand, diese Partei zu verlassen.

Der 20. Parteitag

Im März 1956 erschienen in den westdeutschen Zeitungen erste Meldungen über eine geheime Rede Chruschtschows auf dem 20. Parteitag der KPdSU. Dabei solle er ungeheuerliche Verbrechen während der Stalinära enthüllt haben. Von mehreren hunderttausend Toten war die Rede. Wir Kommunisten wußten, daß das ein Greuelmärchen war; einer von so vielen anderen angeblichen Tatsachenberichten, die einzig zu dem Zweck erfunden und in die Welt gesetzt wurden, um die Sowjetunion vor der westlichen Welt noch weiter in Mißkredit zu bringen und Freunde und Verbündete des sozialistischen Lagers unsicher zu machen.

Die Funktionäre der Partei, die aufgrund ihrer guten Schulung die Absichten der Greuelmärchenfinder am ehesten durchschauen konnten, bemühten sich in Stadtteilabenden und Seminaren, den weniger gut geschulten Mitgliedern klarzumachen, was in Wirklichkeit hinter den Falschmeldungen steckte. Denn es war wichtig, sie davor zu bewahren, sich durch diese Machenschaften von Feinden der Sowjetunion ins Bockshorn jagen und der Partei entfremden zu lassen. Geduldig erläuterten sie, diese Affäre zum Exempel nehmend, wie auch der einfache Genosse eine solche Lügennachricht erkennen könne. Man müsse sich nur deren immer gleiches Strickmuster vor Augen führen. Da würde irgendein Vorgang im Osten, eine Maßnahme der Partei oder einer Regierung, die nur unter den besonderen Bedingungen einer sozialistischen Staatsführung verständlich ist, maßlos übertrieben und ins Groteske verzerrt. Oder aber zwei Vorgänge, die nichts miteinander zu tun haben, zu einer Meldung zusammengeknotet, so daß etwas Verrücktes, Abstruses herauskomme. Mit Hilfe solcher primitiven Methoden verkehrten sich Wahrheiten in Lügen. Gleichermaßen würde mit gelegentlichen menschlichen

Fehlverhalten oder Fehlentscheidungen in der Aufbauphase des Sozialismus verfahren, die einzugestehen für Kommunisten ja keine Schande sei.

Das sahen viele Genossen ein. Sie waren froh, auftretende Unruhen und Konfusionen mit diesen guten Argumenten beschwichtigen zu können. Es war doch offenbar nichts anderes geschehen als das übliche: Lügenfabrikanten in Amerika – von dort war ja die Greuelnachricht zuerst gekommen – hatten eine interne Sitzung auf dem 20. Parteitag, ein Vorgang, der nicht außergewöhnlich war, mit einer zweiten Tatsache raffiniert verwoben, nämlich der rigiden und autoritären Regierungsführung Stalins, die längst nicht mehr geleugnet und von vielen Kommunisten verurteilt wurde. Aber Stalin war bereits drei Jahre tot und die jetzige Sowjetführung bemüht, die Fehler der Vergangenheit wettzumachen. Diese beiden Tatbestände waren in bekannter Verleumdermanier fehlinterpretiert und verzerrt worden. Aber diesmal hatten die Lügenproduzenten jedes Augenmaß verloren. Ihre Meldung war nichts weiter als die Ausgeburt einer blutrünstigen, krankhaften Phantasie. Und durch diese Übertreibung wurde sie von ganz allein unglaubwürdig.

Auch ich war, als ich diese Meldung erstmals las, nicht sonderlich beunruhigt, trotz meiner mittlerweile eingeschränkten Gläubigkeit gegenüber der Partei. Ich wartete auf das Dementi und die Erklärung, was denn Chruschtschow wirklich gesagt habe.

Es kam kein Dementi. Die Partei schwieg. »Eine der üblichen Lügenmeldungen.« Das war alles, was sie verlauten ließ. Keine Antwort auf die Frage: gab es diese Geheimrede? Radio und Zeitungen in der Bundesrepublik brachten immer neue Einzelheiten über die angeblichen Verbrechen Stalins, eines schlimmer als das andere.

Jetzt wurde ich doch nervös. Täglich kamen Genossen zu uns nach Hause und fragten: »Gibt es noch immer keine Stellungnahme zur Chruschtschow-Rede?« Und wir mußten antworten: »Nein, noch immer nicht.«

Das Verhalten der Partei war ungewöhnlich. Sollte doch etwas Wahres an den Schreckensmeldungen sein? Ich hatte Angst vor der möglichen Wahrheit.

In vielen Gliederungen der Partei redete man darüber, daß das Schweigen wie ein Eingeständnis wirke. Selbst absolut parteitreue Genossen kamen in Verlegenheit, wenn man sie zur Rede stellte. Die Standardredensarten vom Vertrauen in die Partei oder die Floskel: »Die Partei wird reagieren, wenn sie den Zeitpunkt für richtig hält, sie wird ihn sich nicht von ihren Feinden diktieren lassen« nützten ihnen nichts mehr.

Endlich, vierzehn Tage später, hatte uns unser Freund Heinrich ein Exemplar mit dem Wortlaut der Chruschtschow-Rede besorgt. Noch am gleichen Abend lasen wir sie und waren erschrocken und deprimiert. Bis tief in die Nacht hinein saß ich mit Irmgard zusammen, und wir versuchten, uns über das Unfaßbare klar zu werden. Wenn auch noch immer keine offizielle Bestätigung der Partei vorlag, so hatten wir keine Zweifel mehr daran, daß diese Geheimrede tatsächlich gehalten wurde und damit die Enthüllungen über die furchtbaren Verbrechen echt waren. Das Verhalten der Spitzenfunktionäre deutete darauf hin. Hunderttausende waren auf Weisung Stalins in der Sowjetunion ermordet worden. Ermordet in einem Land, dem meine ganze Sympathie, meine Hoffnung galt. Dieser Staat sollte ein Modell werden für eine neue Gesellschaftsordnung mit mehr Gerechtigkeit, Menschlichkeit und Toleranz als in allen anderen Staaten der Welt.

Und jetzt: Stalin, der über zwanzig Jahre lang an der Spitze dieses ersten sozialistischen Staates stand – ein Massenmörder! Ich erinnere mich noch sehr lebhaft an ein Gespräch in unserer Wohnung mit einem jungen Genossen, Eberhard hieß er, der drei Jahre zuvor von mir zum Eintritt in die Partei bewogen worden war. Ich sagte ihm, daß auch ich glaube, die Rede sei wirklich gehalten worden und Stalin habe die Verbrechen begangen. Er entgegnete: »Es ist nicht richtig, von Stalin-

Verbrechen zu sprechen. Das ist eine Verharmlosung dessen, was in der Sowjetunion geschehen ist. Hat Stalin denn allein gefoltert und gemordet? Wieviel Helfershelfer muß er gehabt haben? Einen ganzen Polizeiapparat, der folterte und Geständnisse erpreßte. Den ganzen Justizapparat, der die Scheinprozesse führte und die Urteile fällte. Und wieviel Menschen haben von dem Liquidierungswahn Stalins gewußt? Die ganze Regierung, das ganze Zentralkomitee der KPdSU. Und darum ist es falsch, von Stalin-Verbrechen zu reden. Muß man nicht auch fragen: Welche Rolle hat denn Chruschtschow selbst bei den Verbrechen gespielt und all die andern, die beim 20. Parteitag am Präsidiumstisch saßen und fleißig Beifall klatschten, als er die Enthüllungen machte? Waren nicht auch sie Handlanger?«

Eberhard ging an mein Bücherregel und griff sich ein Buch. Es war ein Band von Bertolt Brecht. »Ich möchte dir etwas vorlesen.« Er blätterte und schlug eine Seite auf. »Das Gedicht ›Fragen eines lesenden Arbeiters‹. Da heißt es in einer Strophe:

Der junge Alexander eroberte Indien.
Er allein?
Cäsar schlug die Gallier.
Hatte er nicht wenigstens einen Koch bei sich?
Philipp von Spanien weinte, als seine Flotte
Untergegangen war. Weinte sonst niemand?
Friedrich der Zweite siegte im Siebenjährigen Krieg.
Wer siegte außer ihm?«

Eberhard schlug das Buch zu. »Hat uns Brecht damit nicht alles gesagt? Wer schreibt einmal die Fortsetzung zu diesem Gedicht?« Eberhard ging im Zimmer auf und ab und extemporierte: »Stalin mordete seine alten Mitstreiter aus der Revolutionszeit. – Mordete er allein? – Polizeichef Berija, den Chruschtschow den Bluthund Stalins nennt, folterte und erpreßte Geständnisse von unschuldigen Kommunisten. – Hatte er nicht wenigstens einen Folterknecht bei sich? – Chruschtschow weinte, als er von den hunderttausenden unschuldig Ermordeten berichtete. – Weinte sonst niemand? Das könnte man beliebig erweitern.«

»Du solltest das Gedicht schreiben.«

»Ich weiß nicht, ob du das ernst meinst. Aber dieses Gedicht müßte wirklich eines Tages geschrieben werden.«

Eberhard gab zwei Wochen später sein Parteibuch zurück.

Wie bereits zu der politisch aktiven Zeit meiner Eltern vor 1933, hatten wir immer ein offenes Haus. Freunde und Genossen trafen sich bei uns, kamen und gingen, wann immer sie wollten. Es war auch üblich, daß Stadtteil- und Betriebsfunktionäre oder Mitglieder der verbotenen FDJ und des Friedenskomitees in unserer Wohnung ihre Sitzungen abhielten.

So war es nichts Besonderes, daß auch jetzt Bekannte und Freunde und Unbekannte, die von Freunden mitgebracht wurden, zu uns kamen, um zu hören, was denn Kommunisten zu der Rede Chruschtschows zu sagen hätten. Es kamen mehr als sonst, auch Genossen aus anderen Stadtteilen, weil sie in ihrer Parteieinheit nicht wagten, das Thema Geheimrede offen anzusprechen. Sie befürchteten, man würde sie zurechtweisen.

So saßen zwei-, dreimal in der Woche Gruppen informationshungriger Menschen in unserer Wohnstube und wollten Antwort auf viele Fragen, die alle im Zusammenhang mit der Chruschtschow-Rede standen. Wer aber konnte solche Antworten geben? Irmgard und ich waren außerstande. Ebenso die anderen Genossen in unserer Runde. Einer der Anwesenden, der nicht Mitglied der Partei war, meinte: »Ihr solltet das nächste Mal jemanden aus eurer Parteizentrale hierherholen. Die Leute dort müssen doch wissen, was auf dem 20. Parteitag los war.«

Ich wollte das nicht und gab zu bedenken, daß die Parteileitung im gegenwärtigen Augenblick nicht daran interessiert sein konnte, über die Geheimsitzung und die Ausführungen Chruschtschows zu diskutieren. Es läge wohl noch keine Stellungnahme Moskaus vor; so sei auch keine der KPD-Führung zu erwarten. Und ohne eine solche wüßten die Funktionäre nicht, wie sie argumentieren sollten. »Ein Versuch kann nicht schaden«, bedrängte man mich von mehreren Seiten. »Anders kommen wir nicht weiter.«

Schließlich war das die Meinung aller Anwesenden. Und ich hatte einen Auftrag, der mich in einen Zwiespalt brachte. Ich wußte um das Ärgernis, das ich mit einer solchen Bitte erregen würde. Deshalb war mir der Gang zu den Genossen der Bezirksleitung unangenehm. Andererseits wollte ich die Unruhe, die Auseinandersetzung, suchte ich Ansatzpunkte, um das Schweigen der Funktionäre zu durchbrechen. Darum war ich letzten Endes bereit, für das geradezustehen, was sich in meiner Wohnung abspielte, und versprach, irgendwen ausfindig zu machen, der uns Rede und Antwort stehen könne.

Es gab nur einen Genossen in der Parteileitung, von dem ich annehmen konnte, daß er für meine Bitte Verständnis habe und mich nicht gleich wieder hinauswerfen würde. Es war Otto W., der Vorsitzende der Parteikontrollkommission, ein ansonsten väterlich-gutmütiger Typ. Er hatte sich mir gegenüber immer fair benommen, auch wenn ich einmal vor der Parteikontrollkommission wegen eines Verstoßes gegen die Parteidisziplin Rede und Antwort stehen mußte. Zu ihm ging ich. Heute würde ich diesen Satz ergänzen: in meiner Einfalt. Ich hatte kaum Zeit, mein Ansinnen vorzutragen. Nach dem zweiten Satz bereits erhob er sich von seinem Stuhl, stützte die Arme auf dem Schreibtisch auf und begann, mich mit einem Schwall von Vorwürfen zu überschütten. Er steigerte sich in wenigen Minuten in eine so starke Erregung, daß er einen puterroten Kopf bekam. Polternd haspelte er das ganze mir bekannte Vokabular von Bezeichnungen für undiszipliniertes Verhalten in der Partei herunter. Es begann mit »dem Klassenfeind eine Angriffsfläche bieten« und endete mit »Fraktionsbildung«.

Die Partei hatte eine ganze Reihe solcher standardisierter Redewendungen zur Verfügung, um renitente Genossen zur Räson zu bringen. Die harmlosesten waren noch: kein Vertrauen in die Partei haben, von der Parteilinie abweichen oder Mangel an Klassenbewußtsein zeigen. Schlimmer war es schon, direkt ein Abweichler genannt zu werden oder gar ein Parteischädling. In der diffizilen und nuancenreichen Sprache der Partei gab es einen ganz erheblichen qualitativen Unterschied, ob man nur von der Parteilinie abgewichen oder schon ein Abweichler war, ob man nur ein schädliches Verhalten bescheinigt bekam oder bereits ein Parteischädling genannt wurde. Gänzlich mit der Partei verdorben hatte man es, wenn man sich die Beschimpfung Titoist einhandelte. Dann war man ein Parteifeind.

Die schlimmsten Vorwürfe waren, ein Parteifeind zu sein und Fraktionsbildung zu betreiben. Fraktionsbildung war auch das letzte, dessen mich Genosse Otto beschuldigte, bevor er mir erklärte, er habe mir nichts mehr zu sagen, alles andere würde ich von der Parteikontrollkommission hören. Es werde ein Parteiverfahren gegen mich und Irmgard einleiten.

Dennoch setzten wir unsere Zusammenkünfte fort. Es machte nichts aus, daß wegen der Drohung mit einem Parteiverfahren mehrere Genossen seitdem fortblieben. Sie waren immerhin so ehrlich, uns zuvor zu erklären, sie hielten es in einer so schwierigen Zeit für richtig, der Partei gegenüber loyal zu sein, versicherten uns aber, daß sie nicht daran dächten, sich in Selbstkritik zu üben und etwa einen Bericht an die Kaderabteilung zu machen, was in solchen Fällen von der Partei verlangt wurde.

Das Verhalten der Parteiführung in Sachen Geheimrede Chruschtschows wurde zum Skandal. Weder gab sie offiziell bekannt, die Rede sei eine Fälschung, noch bestätigte sie ihre Echtheit. Sie schwieg sich einfach aus, sagte nicht ja noch nein. So ließ sie auch das Verfahren gegen mich und Irmgard in der Schwebe. Das verschaffte ihr den Vorteil, sich nicht festlegen zu müssen.

Und doch veränderte sich etwas nach meinem Gespräch mit dem Genossen Otto. Im Parteihaus begegnete man mir deutlich distanzierter, förmlicher, man beeilte sich, an mir vorbeizukommen. Gutmeinende Genossen in meiner Stadtteilgruppe und in der Parteiführung raunten mir zu oder sagten es laut, ich solle doch im eigenen Interesse vorsichtiger sein und den Umgang mit parteifeindlichen Elementen unterlassen.

Auch in der Redaktion war eine Reserviertheit meiner Kollegen nicht zu übersehen. Ich hatte den Eindruck, ihr überkorrektes Verhalten im Umgang mit mir solle einem halben oder gar schon dreiviertel Renegaten menschliche und ideologische Überlegenheit demonstrieren. Wenn ich in der Redaktionssitzung auf die Chruschtschow-Enthüllungen zu sprechen kam, erhielt ich keine oder nur noch unwirsche, ausweichende Antworten. Man unterstellte mir, meine ewige Fragerei sei nichts weiter als eine fortgesetzte Provokation. Die Chefredaktion übertrug mir auch keine redaktionellen Arbeiten von politischer Brisanz mehr.

Endlich, mit mehreren Wochen Verspätung, kam von der Zentrale in Düsseldorf die erste verbindliche Verlautbarung heraus, daß Chruschtschow diese Rede auf einer Geheimsitzung tatsächlich gehalten habe. Es stimme auch, so hieß es, daß diese Rede das Eingeständnis enthalte, während der Stalinschen Epoche seien in der Sowjetunion viele Fehlentscheidungen getroffen und viele Fehlurteile ausgesprochen worden. Das Bekenntnis war jedoch sehr vorsichtig und allgemein gehalten. Es enthielt kein einziges der schrecklichen Details. Auch wurden nirgendwo in der Parteipresse oder in anderen Publikationen der Partei Auszüge aus der Rede im Wortlaut wiedergegeben.

Zwei oder drei Monate vergingen, ohne daß ich etwas über ein Parteiverfahren hörte. Die Kontrollkommission hatte keine Eile, mich oder Irmgard vorzuladen. Der Partei lag also nichts daran, das Verfahren gegen uns schnell zu Ende zu bringen. Das konnte meiner Meinung nach nur daran liegen, daß so viele Genossen nach den Enthüllungen des 20. Parteitages aus der Partei ausgetreten waren und die Führung Angst hatte, durch ein solches Verfahren noch weitere Mitglieder zu verlieren.

In diesen Wochen und Monaten wurde die innerparteiliche Auseinandersetzung um die Chruschtschow-Enthüllungen durch ein anderes bevorstehendes Ereignis in den Hintergrund gedrängt: das Verbotsverfahren gegen die KPD vor dem Bundesverfassungsgericht in Karlsruhe. Die letzte Phase des seit langem anstehenden Verfahrens hatte begonnen. In Kürze war mit dem Urteil und damit wahrscheinlich auch mit dem Verbot zu rechnen.

Das Damoklesschwert des Karlsruher Urteils, das über der Partei hing, prägte die Stimmmung in der Führung und auch in der Mitgliedschaft. Die in politischen Fragen Zerstrittenen schlossen sich zusammen, kritische Stimmen verstummten. Es ging um die Frage der Existenz.

Auch mir war Sein oder Nichtsein der legalen Partei nicht gleichgültig, bei aller Distanz, die ich in dieser Zeit zu ihr hatte und allen Irritationen. Ein Leben lang war ich mit ihr verbunden gewesen in dem festen Glauben, mit ihr eine bessere, eine menschlichere Ordnung zu schaffen. Was aber heißt Partei? Das sind die Menschen, mit denen meine Eltern und ich in der Illegalität gemeinsam im Widerstand gegen den Hitlerfaschismus standen, mit ihnen zitterten, mit ihnen litten. Die einzigen Menschen, denen ich während der finsteren Jahre mein Judentum und meine Mimikry bekennen konnte. Die Menschen, mit denen mich ein gemeinsames soziales Gewissen verband.

Es wird Mitte Juni gewesen sein, als ich dann doch die Aufforderung erhielt, mich vor der Kontrollkommission zu verantworten. Den Ablauf eines solchen Verhörs kannte ich bereits, wußte also Bescheid und nahm mir vor, mich durch keine provozierenden Fragen aus der Fassung bringen zu lassen und mir jede Antwort gut zu überlegen.

Das war leichter gesagt als getan. Alle guten Vorsätze sind zum Teufel, und die Wut würgt einen, wenn man fünf oder sechs geschulten Parteiroutiniers gegenübersitzt, die nicht etwa das Für und Wider des Falles abzuwägen suchen, sondern mit Selbstverständlichkeit erwarten, daß der Vorgeladene sich selbstkritisch zu seinen Fehlern bekennt.

Wortführer war der Genosse Otto. Diesmal ruhig, sachlich, das genaue Gegenteil von meinem letzten Zusammentreffen mit ihm. »Stimmt es, Genosse Senger, daß sich in deiner Wohnung regelmäßig Genossen und Außenstehende zu politischen Gesprächen getroffen haben?«

»Ja, das stimmt.«

»Daß ihr über die Chruschtschow-Rede vom 20. Parteitag gesprochen habt?«

»Das stimmt auch.«

»Welche Unterlagen habt ihr dazu benutzt?«

»Wir haben die Rede von den Gewerkschaften. Sie war als Beilage im Funktionärsorgan der IG Metall, dem ›Gewerkschafter‹. Das dürfte euch bekannt sein.«

»Das ist kein Dokument der Partei.«

»Das weiß ich. Aber von der Partei gibt es noch keinen Nachdruck der Rede.«

Ohne darauf einzugehen, fragte Genosse Otto weiter: »Wer hat dir den Auftrag für die Einberufung solcher Veranstaltungen gegeben?«

»Niemand. Es ergab sich so. Außerdem waren es keine Veranstaltungen, sondern zufällige Zusammenkünfte, wie man sich halt im Freundeskreis trifft.«

Eine Genossin warf ein: »Veranstaltungen, Zusammenkünfte, das ist Wortklauberei.«

Otto: »Trefft ihr euch immer noch?«

»Gelegentlich. Nicht regelmäßig.«

Die Genossen schienen angenehm überrascht von meiner Bereitschaft, meine Schuld einzugestehen. Es lief auch alles noch sehr friedlich. Dann aber wurde es für mich schwieriger. Mit der rhetorischen Frage: »Bist du dir im klaren, daß solche eigenmächtigen Zusammenkünfte ohne Wissen der Partei Fraktionsbildung sind?«

Da war es wieder, das böse, diskriminierende Wort.

»Nein, das kann ich nicht annehmen. Wir haben keine Gruppierung gebildet, keine Verschwörung angezettelt. Wir haben uns unterhalten, sonst nichts.«

»Sonst nichts?«

»Ich gebe zu, daß ich die Absicht verfolgte, die Diskussion in der Partei über den Geheimbericht anzuregen.«

»Zu provozieren.«

»Ich verstand unsere Diskussionsabende als Parteiarbeit.«

»Ich habe den Eindruck, du weißt nicht, was Parteiarbeit ist«, warf ein Genosse ein.

»Das weiß ich sehr wohl. Zum Beispiel eine Stubenversammlung. Früher habt ihr stets von den Genossen verlangt, sie sollen mit der Nachbarschaft Stubenversammlungen machen. Das habt ihr als eine wichtige Parteiarbeit angesehen. Unsere Zusammenkünfte sind nichts anderes.«

Das nahmen sie mir nicht ab. Für so naiv dürfe ich sie nicht halten. Nun wurde es lebhafter. Doch schnell merkte ich, daß man nicht die Absicht hatte, mich aus der Partei auszuschließen, obwohl bisher Fraktionsbildung regelmäßig mit dem Ausschluß geahndet wurde.

Die Verhandlung endete mit einem Verweis und der Auflage, ab sofort keine Zusammenkünfte mehr in meiner Wohnung zu veranstalten.

Ich legte gegen dieses Urteil Einspruch ein mit der Begründung, daß zur Zeit, wie mir bekannt sei, in fast allen Parteieinheiten über Stalinismus und Persönlichkeitskult diskutiert werde und ich auch nichts anderes getan habe, und ich verlangte eine Überprüfung durch den Parteivorstand.

Das sei sehr unklug von mir, warnte man mich, der Parteivorstand würde weit schärfere Maßstäbe anlegen als die Bezirksleitung. Doch ich blieb bei meiner Forderung.

Einige Wochen später wurde die Partei verboten. Mein Verfahren schwebte noch.

Arbeitssuche

Im August 1956 wurde die KPD verboten und damit auch die Zeitung der Partei, die Sozialistische Volkszeitung. Ich mußte stempeln gehen. Das Arbeitslosengeld war zum Sterben zu viel und zum Leben zu wenig. Eine finanzielle Rücklage, von der wir hätten zehren können, gab es nicht. Das minimale Redakteursgehalt, das ich in den letzten Jahren vom Verlag der Sozialistischen Volkszeitung bekommen hatte, reichte kaum für den bescheidenen Lebensunterhalt in einer Sozialwohnung.

Vom ersten Tag meiner Arbeitslosigkeit an bemühte ich mich um gelegentliche Mitarbeit als freier Journalist bei anderen Presseorganen und -agenturen. Unentwegt bot ich den Lokalredaktionen der Frankfurter Tageszeitungen aktuelle Berichte, Glossen und auch Hintergrundinformationen für Reportagen an. Immerhin war ich zehn Jahre Lokal- und Gerichtsreporter gewesen, hatte regelmäßig aus dem Stadtparlament berichtet, mir gute Kenntnisse des Frankfurter kommunalen und politischen Lebens angeeignet und die für einen Reporter lebenswichtigen Kontakte geknüpft. Ich suchte auch alle mir bekannten Ressortleiter persönlich auf, um ihnen meine Dienste anzubieten. Es war hoffnungslos. Ich bekam nicht eine Zeile abgenommen.

Ich hatte keine Chance. Die Spaltung der Welt in Ost und West war längst vollzogen. Was jenseits des Grabens lag, war des Teufels. Und wer mit denen drüben sympathisierte, war entweder ein bedauernswerter Narr oder des Teufels Helfershelfer. Mit ihm wollte man nichts zu tun haben. Man hielt ihn sich vom Leibe, im persönlichen Umgang und auch beruflich. Das bekamen Kommunisten täglich zu spüren, besonders aber bei der Arbeitssuche.

Schon vor dem Verbot der KPD waren sie in die politische und gesellschaftliche Isolierung gedrängt worden.

Und es gibt mindestens zwei Gründe dafür, weshalb das von der Mehrzahl der westdeutschen Bürger akzeptiert wurde. Zum einen machten sie die Kommunisten mitverantwortlich für das, was in der Sowjetunion während der Stalinära geschehen war, zum andern aber erleichterte ihnen deren Verschwinden aus dem politischen Leben das Überwinden eigener Schuldgefühle, die sie seit dem Ende der nationalsozialistischen Schreckensherrschaft mit sich herumtrugen. Waren es doch die Kommunisten gewesen, die immerzu den Finger auf die schwärende Wunde deutscher Vergangenheit legten und in deren Reihen neun Zehntel aller überlebenden KZ-Insassen und drei Viertel aller zurückgekehrten Emigranten standen. Ihr bloßes Dasein ließ das schlechte Gewissen nicht zur Ruhe kommen.

Ich hatte als Reporter oft Gelegenheit, die ungeschönte Stimme des Volkes zu hören, wenn ich bei antifaschistischen Demonstrationen zwischen den Menschen am Straßenrand stand. Marschierten bei besonderen Anlässen ehemalige KZler in ihrer gestreiften Kleidung mit dem roten Dreieck im Zuge mit, empfanden das die meisten als Provokation. Sie empörten sich: »Muß das sein? – Was haben die denn davon, wenn sie so verkleidet herumlaufen? – Wir sind doch alle froh, daß es keine KZs mehr gibt.« Wagte ich einmal zu bemerken, daß diese Menschen im Zug doch nur die Erinnerung an die schlimme Zeit wachhalten und vor neuem Faschismus warnen wollten, bekam ich regelmäßig zu hören: »Uns braucht man nicht zu erinnern. Wir wissen es ja.« Und mit Sicherheit meldete sich noch eine Stimme mit dem Hinweis: »Es waren ja nicht nur Politische im KZ. Die sollen's nicht übertreiben.«

Zwei Frankfurter Jounalisten waren dennoch bereit, mir zu helfen. Ich erwähne sie, weil alle andern, mit denen ich viele Jahre bekannt war, aus politischen Erwägungen oder opportunistischen Ängsten mir, dem sie sonst, wenn keiner es sah, auf die Schulter klopften, und wenn keiner es hörte, Sympathie für seine ideologische

Position oder doch wenigstens Toleranz bekundeten, jetzt die Türen vor der Nase zuschlugen.

Die beiden waren Robert Mösinger, Chefredakteur im Hessischen Rundfunk und Vorsitzender des Hessischen Journalistenverbands, ein Liberaler, und Rudi Eims, Gerichtsreporter der Frankfurter Rundschau, ein Sozialdemokrat. Diese beiden Journalisten waren auch die einzigen in meinem unmittelbaren Kollegenkreis der bürgerlichen Presse in Frankfurt, die während des Dritten Reiches verfolgt wurden. Robert Mösinger drückte es gegen den Willen aller anderen Vorstandsmitglieder durch, daß ich vom Journalistenverband während meiner Arbeitslosigkeit eine kleine Unterstützung bekam. Rudi Eims übertrug mir wiederholt Recherchenaufträge für seine eigenen Berichte oder ließ mich gelegentlich eine Gerichtsverhandlung verfolgen. Den nach meinen Notizen zusammengestellten Bericht brachte er unter seinem Namen in der Zeitung. Ich erzähle das auch darum, weil später, viel später, als es längst kein Risiko mehr war, einem Kommunisten die Hand zu geben, und ich obendrein in ihren Augen auch keiner mehr war, Kollegen mich entschuldigend fragten: »Kannst du mich verstehen – was hätte ich denn tun sollen?«

Ich bewarb mich auch bei Industrieunternehmen, die über die Fachpresse oder Tageszeitungen Leiter von Pressestellen oder journalistisch erfahrene Mitarbeiter in ihrer Werbung oder Öffentlichkeitsarbeit suchten. Kamen überhaupt Antworten, waren es Absagen. Über den Hessischen Journalistenverband erfuhr ich, daß die Firma Zimmer KG, ein expandierendes Großunternehmen der chemischen Verfahrenstechnik in Frankfurt, schon seit einiger Zeit einen technisch versierten Journalisten zum Aufbau einer Pressestelle suchte. Das war vielleicht eine Chance. Ausgebildete Techniker wurden in dieser stürmischen industriellen Wiederaufbauphase dringend von der Industrie gesucht und entsprechend gut bezahlt. Die wenigen Ingenieure, die nach dem Krieg vorübergehend zum Journalismus überwechselten, waren längst wieder an ihre alten Arbeitsplätze zurückgekehrt. Ich bewarb mich, führte meine Fachschulausbildung als Techniker und meinen beruflichen Aufstieg bis zum stellvertretenden Betriebsleiter in einer Frankfurter Stahlbaufirma an und die verschiedenen Stationen meiner Journalistenjahre, verschwieg aber, daß meine letzte Arbeitsstelle eine kommunistische Zeitung gewesen war. Als letzten Arbeitgeber gab ich die Verlagsgesellschaft Hessen an. Das war nicht gelogen, aber nur die halbe Wahrheit. Der kommunistische Verlag, der unter anderem die Sozialistische Volkszeitung herausgab, hatte sich so in das Handelsregister eintragen lassen. Der Briefkopf des Verlags war ebenso neutral gehalten wie sein Name.

Bald schon bekam ich Antwort von der Personalabteilung: Ich möge mich zu einem Vorstellungsgespräch einfinden. Dem Personalchef schienen meine Bewerbungsunterlagen ganz nach seinen Vorstellungen zu sein. Er erläuterte mir ausführlich, was Verfahrenstechnik sei und empfand es als einen besonders günstigen Umstand, daß ich bereits im Stahl- und Hochdruckapparatebau gearbeitet hatte. Er meinte, das erleichtere mir ganz wesentlich das Verständnis für ihre Großprojekte und die Aufgaben einer Pressestelle des Unternehmens. Die Sekretärin brachte Kaffee, und während sie mir einschenkte, lächelte sie mich an, als würden wir uns schon lange kennen.

Zum Abschluß sagte der Personalchef: »Ich glaube, Sie sind für uns der richtige Mann.«

Da klopfte mir das Herz bis zum Hals.

Während er mich zur Tür brachte, fragte er: »Haben Sie bestimmte Gehaltsvorstellungen?«

Ich nannte eine Summe, die im Rahmen der Dotierungen solcher Positionen lag.

»Darüber läßt sich reden.« Er schob mir noch einen Packen Prospekte unter den Arm. »Schauen Sie sich das schon mal an. Auf eine gute Zusammenarbeit. In den nächsten Tagen bekommen sie alles schriftlich.«

Er gab mir die Hand und ich stand draußen. Voller Hoffnung wartete ich auf die Bestätigung, wann ich bei Zimmer KG anfangen könne. Die Zeit verstrich und meine Zuversicht schwand. Nach vierzehn Tagen fragte ich schriftlich bei der Personalabteilung an, ob in der Zwischenzeit eine Entscheidung über die Besetzung gefallen sei. Ich bekam keine Antwort. Das war nach dem vorangegangenen Gespräch recht merkwürdig. Auch telefonisch erreichte ich nichts. Da war mir klar, daß ich entgegen der Meinung des Personalchefs doch nicht der richtige Mann gewesen war.

Enttäuscht und verärgert darüber, daß man es nicht für nötig hielt, mir eine ordentliche Absage zu erteilen, meldete ich mich einige Zeit danach noch einmal telefonisch. Die gleiche Sekretärin war am Apparat. Sehr kurz, distanziert, abweisend. Von der früheren Verbindlichkeit war keine Spur mehr. Nein, den Herrn Soundso könne ich nicht sprechen, weil es den nicht mehr gebe. Die Personalabteilung leite jetzt ein anderer Herr. Außerdem sei die Pressestelle längst besetzt.

Da blieb viel Raum für Überlegungen. Ob etwa den Personalchef die Absicht, sich bei der Direktion für mich zu verwenden, Kopf und Kragen kostete? Hatte man ihm die Gutgläubigkeit, die er bei mir zeigte, übelgenommen? War er vielleicht sogar in den Verdacht geraten, mit mir unter einer Decke zu stecken und die Absicht gehabt zu haben, einen Agenten der Fünften Kolonne in den Betrieb zu schleusen?

Erstmals und nach meiner Ansicht unbezweifelbar hatte ich auch einen Beweis für die Zusammenarbeit der Industrie mit den Staatsschutzämtern. Warum ich von der Firma Zimmer KG keine schriftliche Absage bekam, weiß ich nicht, das kann mit dem Wechsel auf dem Stuhl des Personalchefs zusammenhängen. Daß ich aber die Stelle nicht bekam, konnte nur darauf zurückzuführen sein, daß die Firma bei einem solchen Amt Auskünfte über die politische Zuverlässigkeit des Bewerbers einholte und in meinem Fall gewarnt worden war.

Zu diesem Zeitpunkt erreichte mich ein Angebot des Berliner Pressebüros, einer Agentur, die zum Allgemeinen Deutschen Nachrichtendienst ADN der DDR gehörte und ausschließlich in der Bundesrepublik tätig war. Die Agentur suchte einen Korrespondenten für Hessen. Der damals in Bonn akkreditierte ADN-Korrespondent kam nach Frankfurt, um mir das Angebot zu unterbreiten. Er versicherte mir, und diese Versicherung wiederholte später auch der Chefredakteur des Berliner Pressebüros, man erwarte nichts anderes von mir als das, was auch die übrigen in- und ausländischen Korrespondenten aus Frankfurt und Wiesbaden berichteten: politische Ereignisse, aus dem Landtag und den Stadtparlamenten und von Pressekonferenzen der hessischen Wirtschaft.

Trotz Bedenken nahm ich das Angebot an. Es war immer noch besser, als stempeln zu gehen. Die Arbeit für Ost-Berlin würde mir die Möglichkeit schaffen, in meinem journalistischen Beruf weiter tätig zu sein und vielleicht später ein eigenes Korrespondenzbüro aufzubauen. Ich schrieb hin und wieder für eine Wiener und eine römische Zeitung und war auf der Suche nach weiteren ausländischen Zeitungen, für die ich hätte arbeiten können.

Bei meinem Vorstellungsbesuch in Ost-Berlin informierte ich als erstes den Chefredakteur des Pressebüros, daß gegen mich ein Parteiverfahren laufe und ich nicht wisse, ob das Verfahren abgeschlossen sei. Man hätte mich weder vor noch nach dem Verbot darüber informiert. Er müsse also prüfen, ob ich unter diesen Voraussetzungen überhaupt als Korrespondent für eine DDR-Agentur tragbar sei. Er versicherte mir, daß er sich selbstverständlich beim Parteivorstand der illegalen KPD, der sich in Ost-Berlin befand, über mich erkundigt habe. Die eingegangene Auskunft enthalte nichts, was meiner Tätigkeit für das Berliner Pressebüro im Wege stehen könnte.

Anfangs lief auch alles gut. Man machte mir keine

Auflagen. Und doch kam es bald zum ersten Konflikt, der nicht unmittelbar mit meiner Korrespondententätigkeit zu tun hatte. Ungefähr zu der Zeit, da ich meine Arbeit für das Berliner Pressebüro aufnahm, begann man in der DDR, Kriegsspielzeug herzustellen und zu verkaufen. Gleichzeitig versuchten die dortigen Zeitungen, die Bürger glauben zu machen, diese Spielzeuge seien demonstrative Hinweise auf die Verteidigungsbereitschaft der DDR und ihrer Nationalen Volksarmee und somit staatspolitisch wichtige Erziehungsmittel.

Das wollte mir nicht in den Kopf. Jahr für Jahr hatten wir Kommunisten vor Weihnachten in Frankfurt mit Plakaten um den Hals und Flugblättern in den Händen vor den Spielzeugläden gestanden und gegen den Verkauf von Kriegsspielzeug protestiert. Nun sollten die gleichen Panzer und Kanonen aus Holz, Blech und Plastik, nur weil sie statt des amerikanischen das sowjetische oder das DDR-Hoheitszeichen trugen, plötzlich erzieherische Mittel sein, um Kindern den Unterschied zwischen Angriff und Verteidigung verständlich zu machen.

Meine Bedenken gegen diese Art von patriotischer Erziehung, wie man das in den Zeitungen der DDR nannte, äußerte ich in einem Gespräch mit dem Ressortchef Innenpolitik von ADN. Ich fügte hinzu, daß diese Sorte Spielzeug, ich vermied wohlweislich, Kriegsspielzeug zu sagen, den Kindern spielerisch suggeriert, das Sich-gegenseitig-tot-Schießen sei das Alltäglichste auf der Welt.

Er erwiderte: »Was du sagst, sind unmarxistische Wunschvorstellungen, Träumereien. Du bist ein pazifistischer Hans-guck-in-die-Luft.«

»Ist es so schlimm, ein Pazifist zu sein?«

»Sozialisten können keine Pazifisten sein«, war seine Antwort.

»Ich bilde mir ein, beides zu sein.«

»So schätze ich dich auch ein. Du bist ein Phantast. Verstehst du denn nicht, daß die Bewaffnung der Arbeiterklasse zur Verteidigung der sozialistischen Errungenschaften eine Notwendigkeit ist! Wenn die Sowjetunion 1940 beim Überfall durch die Hitlerarmee gerüstet gewesen wäre, hätte Hitler niemals einen Krieg im Osten riskiert und Millionen Menschen würden noch leben.«

»Das ist etwas anderes und hat nichts mit Panzern und Kanonen als Spielzeug zu tun.«

»Mit was sonst?«

»Mit der Erziehung der Jugend zum friedlichen Zusammenleben und damit, wie ernst wir den Frieden nehmen.«

»Ich nehme ihn genau so ernst wie du. Willst du das bestreiten?«

»Nein. Aber ich will auch nicht mehr mit dir darüber streiten.«

Ich merkte, daß wir uns keinen Millimeter näher kamen. Doch er ließ nicht locker. Spitz und von oben herab sagte er: »Dann mußt du auch deine pazifistischen Reden für dich behalten.«

Wieder einmal unterlag ich meiner Schwäche, heftig und unkontrolliert zu reagieren, wenn ich mich ärgerte. Ich konterte: »Wie du meinst. Derweil könnt ihr auf all die niedlichen kleinen Panzer und Kanonen Picassos Friedenstaube draufpinseln.«

Zwei Stunden später mußte ich mich wegen dieser Bemerkung beim Chefredakteur melden. Ich bestritt nicht, was ich gesagt hatte.

»Das ist gut, dann brauchen wir nicht lange miteinander zu reden«, meinte er gelassen. »Ich will auch nicht jedes deiner Worte auf die Goldwaage legen. Wenn man im Westen lebt, hat man zu vielen Dingen eine andere Einstellung. Das verstehe ich. Doch was für drüben gilt, kann hier falsch sein. Und umgekehrt. Darum solltest du dich mit solchen Überlegungen hier zurückhalten.«

Als ich das nächste Mal nach Berlin kam, kaum drei Monate später, war der Chefredakteur abgelöst worden. Er hatte ins Glied zurücktreten müssen, das heißt, er arbeitete wieder als gewöhnlicher Redakteur einer Berliner Zeitung.

Der nächste Konflikt ergab sich durch einen Parteitag der SED. Bei einem Treffen der sechs westdeutschen Korrespondenten in der Zentrale sollte statt der ursprünglich vorgesehenen Routinebesprechung eine Aussprache über die Beschlüsse des Parteitags stattfinden. Man wollte also mit uns dasselbe machen, das man in der DDR mit den Mitgliedern der SED praktiziert, wenn man ihnen, meist gegen ihren Willen, in Gruppensitzungen und Pflichtseminaren diese Reden und Beschlüsse in die Gehirne stopft.

Als sich herausstellte, daß keiner der Korrespondenten wußte, was auf dem Parteitag geredet und beschlossen worden war, unterbrach der Chefredakteur die Sitzung und verschob sie auf den andern Tag. In der Zwischenzeit sollten wir uns mit den Reden und Beschlüssen vertraut machen. Aber nicht etwa in unserem Hotel, sondern in den Räumen der Redaktion, unter der Kontrolle des Büroleiters. Die andern Korrespondenten fügten sich wortlos. Ich weigerte mich und ging.

Mit Staunen erlebte ich anderntags, wie meine westdeutschen Korrespondentenkollegen, brav wie SED-Genossen, mit Ernst die einzelnen Thesen des Parteitags herunterleierten, die Reden der Spitzenfunktionäre interpretierten und versuchten, deren Quintessenz herauszufiltern. Ich erinnerte mich an viele Arbeitssitzungen und Seminare der KPD, an denen ich teilgenommen hatte und die auf die gleiche Weise abgelaufen waren – und schwieg. Ich ließ mich auch nicht durch gezielt provozierende Fragen des Büroleiters zu unbedachten Äußerungen hinreißen.

Bevor ich wieder nach Frankfurt zurückfuhr, rief mich Deba Wieland zu sich. Das war die oberste Chefin von ADN. Sie residierte in hierarchischer Auffälligkeit im obersten Stock des ADN-Gebäudes in der Mauerstraße, in dem auch das Berliner Pressebüro untergebracht war. Zu Deba, wie man allgemein im Haus sagte, bestellt zu werden, der etwa fünfzigjährigen, schwarzhaarigen, immer gleichbleibend freundlichen Frau mit der bedächtigen Sprache und dem russischen Akzent, bedeutete entweder etwas sehr Gutes oder sehr Schlimmes. Ich hatte bisher nur ein einziges Mal ein kurzes Gespräch mit ihr gehabt, als ich meine Korrespondententätigkeit begann.

Sie war so liebenswürdig wie beim ersten Mal, fragte, wie es mir gehe, ob ich mich wohl fühle und was Irmgard und die Kinder machten. »Nu gut«, sagte sie mit einem Tonfall, der verständlich machte, daß damit die Präliminarien abgeschlossen seien und der ernste, eigentliche Teil der Unterredung beginne. Und dann gab sie mir in dem gleichen ruhigen Ton zu verstehen, daß man ihr genau berichtet habe, wie ich mich im Falle des Studiums der Parteitagsreden verhalten hatte. Das sei nicht gut gewesen, man könne mir keine Extras einräumen. Ich solle mir das alles noch einmal in Ruhe überlegen. Sie würde es gerne sehen, wenn ich weiter für das Berliner Pressebüro arbeitete, aber zu ihren Konditionen. Ich erwiderte, ich hätte zu Beginn meiner Tätigkeit nichts von Konditionen gesagt bekommen. Da meinte sie, das sei falsch gewesen. Man hätte mir von vorneherein die Bedingungen der Zusammenarbeit erläutern müssen. Sie wäre für klare Verhältnisse. Jeder müsse wissen, woran er sei.

Das imponierte mir. Deba Wieland redete nicht drumherum, nicht die verklausulierte Sprache der Partei. Sie ging, auch sprachlich, auf ihr Ziel los. Ich wußte jetzt, wie es um mich stand, welche Unabhängigkeit mir als Korrespondent in Hessen gegeben war und daß einer objektiven Berichterstattung Grenzen gesetzt waren.

Die Arbeit für das Berliner Pressebüro gestaltete sich immer schwieriger. Das lag zum einen daran, daß ich kaum noch Zugang zu den üblichen Informationsquellen hatte, je mehr bekannt wurde, für wen ich arbeitete, zum andern aber daran, daß die Politiker der DDR die Situation in der Bundesrepublik völlig falsch einschätzten. Sie bekamen vom Westen offenbar verzerrte Berichte geliefert. Nur so kann ich es mir erklären, daß sie glaubten, es gäbe hierzulande ein gewichtiges Potential an sozialistisch eingestellten und DDR-freundlichen Menschen, und es läge nur daran, wie es der Chefredakteur unserer Agentur einmal formulierte, daß die Korrespondenten sie entdeckten und ihnen die politische Artikulation erleichterten. Das sollte heißen, daß sie ihnen Aussagen gegen den Adenauer- und für den Ulbrichtstaat entlockten. Ich weiß, daß andere Korrespondenten keine Gewissensbisse hatten, solche Stellungnahmen zu manipulieren oder gar zu fälschen.

Doch es war gar nicht nötig, gefälschte Berichte zu liefern. Alle Korrespondenten hatten jeweils einen Fundus von einigen Dutzend Personen, die immer bereit waren, Stellungnahmen abzugeben: alte KPD-Genossen, ein paar linke Sozialdemokraten, eine Anzahl Betriebsräte, einige »Friedensfreunde« und ein paar Pfarrer, die jede Initiative für den Frieden unterstützten. Sie wurden reichlich in Anspruch genommen. Und so trugen auch die westdeutschen Korrespondenten des Berliner Pressebüros erhebliche Schuld mit, wenn die wahre politische Situation in der Bundesrepublik in Rundfunk und Presse der DDR verzerrt dargestellt wurde und man dort viele Jahre in Illusionen lebte, die der eigenen politischen Entwicklung abträglich waren.

Das Verhör

Ich wurde wieder einmal zu einem Arbeitsgespräch in die Hauptredaktion nach Ost-Berlin bestellt. Bei meiner Ankunft teilte mir der Bürochef mit, ich solle anderntags in der SED-Zentrale vorsprechen. Ich war noch nie dort gewesen und fragte, wo denn der Sitz der Partei sei und wie ich am besten hinkäme. Darüber brauche ich mir keine Gedanken zu machen, erhielt ich zur Antwort, die Partei würde einen Wagen schicken, der mich im Hotel abholen und hinbringen würde.

»Sehr großzügig«, bemerkte ich, »da will mich wahrscheinlich ein hohes Tier sprechen.«

»Keine Ahnung. Es wird sich herausstellen.«

Ich machte mir dann doch Gedanken über diese Aufforderung. Jemand aus der SED-Zentrale verlangte mich? Mir war nicht recht wohl. Ich hatte bisher noch nie etwas mit der SED zu tun gehabt. Ich wußte aber auch, daß seit dem Verbot der KPD die illegale Parteiführung im gleichen Gebäude ihren Sitz hatte. Es könnte auch jemand von denen etwas von mir wollen. Aber was? Nun, ich würde es erfahren. Ich redete mir ein, ich brauchte mir keine Sorgen zu machen. Und doch hatte ich eine unruhige Nacht.

Pünktlich am andern Morgen hielt der Wagen vor dem Hotel. Es war nur eine kurze Fahrt zum Parteihaus der SED. Aber der Wagen fuhr nicht am Haupteingang vor, er hielt an einem verschlossenen Nebeneingang.

»Warum das?« fragte ich den Fahrer, »warum soll ich nicht durch den vorderen Eingang gehen?«

»Weiß nicht. Ich habe Anweisung.«

Bevor ich recht zu mir kam, war bereits auf ein Hupzeichen hin das schwere Tor von innen geöffnet worden, der Wagen hindurchgefahren und das Tor wieder geschlossen.

Ich hatte ein flaues Gefühl in der Magengegend. So

sind wohl auch all die andern westdeutschen Genossen in Berlin verschwunden, schoß es mir durch den Kopf. Das aber waren doch Spitzenfunktionäre, prominente Kommunisten. Was wollte man von mir? Heftige Magenschmerzen setzten ein, die ich immer bekam, wenn ich mich stark erregte oder große Angst hatte.

In einem Hof hieß mich der Fahrer auszusteigen und brachte mich über mehrere Treppen in ein Besprechungszimmer. Es standen nur ein Tisch, zwei Sessel und einige Stühle darin. Sonst nichts. Ich solle Platz nehmen. Ich würde geholt werden.

Ich mußte lange warten. Wie lange, weiß ich nicht. In solchen Situationen ziehen sich die Minuten unendlich hin. Durch das Fenster konnte ich auf eine breite, belebte Allee hinuntersehen. Heute bilde ich mir ein, das Fenster sei vergittert gewesen. Ich kann mich irren. Die Magenkrämpfe ließen nicht nach.

Dann endlich öffnete sich eine Tür, und jemand forderte mich auf einzutreten. Diese Tür führte direkt in einen größeren Konferenzraum. Vor dessen Fensterfront stand ein langer Tisch, und dahinter saßen vier Männer. Mir wurde ein Platz auf einem Stuhl zugewiesen, der gut zwei Meter von dem Tisch entfernt stand und keine Armlehnen hatte. Die Situation war so, wie ein übelwollender Krimiautor die Szene einer Vernehmung durch den NKWD schildern würde. Genau so muß es auch gewesen sein, als mein Vater 1944 von der Gestapo verhaftet und verhört worden war. So hat er es mir berichtet. Die gleiche Anordnung von Vernehmungsbeamten und dem Beschuldigten, in einem ähnlich kahlen Raum, die gleichen Lichtverhältnisse, die gleichen Abstände.

Das Licht von drei großen Fenstern blendete mich, und ich konnte die vier Gesichter vor mir kaum erkennen. Zwei oder drei kamen mir bekannt vor, ich mußte ihnen schon einmal begegnet sein. Bestimmt im Westen.

Eine Stimme sagte: »Nimm bitte Platz, Genosse.«

Ich blieb stehen. »Dürfte ich erst einmal erfahren, weshalb man mich hierher gebracht hat?«

»Das wirst du schon. Nimm Platz!«

Ich setzte mich auf den Stuhl. Es ist ein fürchterliches Gefühl, so verloren mitten in einem ansonsten leeren Raum zu sitzen und Angst zu haben. Das ist bereits die erste Stufe der Tortur. Ich wußte nicht, wovor, aber ich hatte Angst. Die Magenkrämpfe ließen nicht nach. Ich nahm den Stuhl und rückte bis fast an den Tisch heran. Keiner der Anwesenden sagte etwas dagegen.

Von links fragte eine Stimme in breitem schwäbischem Dialekt: »Du sagst, du weißt nicht, weshalb du hier bist?«

»Das ist richtig. Ich weiß es nicht.«

»Kannst du es dir nicht denken?«

»Nein.« Ich war nicht bereit, ihnen meine Vermutungen mitzuteilen. Von der Mitte kam eine Stimme in rheinischem Dialekt: »Du bist Kommunist?«

Ich war unsicher. »Soll das eine Frage sein?«

»Na selbstverständlich. Du bist also Kommunist?«

»Sicherlich bin ich es.«

Eine Stimme, mehr von rechts, hörte sich hessisch an. Ich versuchte, das dazugehörige Gesicht zu erkennen. Es gelang mir nicht. Die Stimme sagte: »Das ist gar nicht so sicher. Glaubst du, noch Mitglied der KPD zu sein?«

Das war schon eine merkwürdige Frage. Und eigentlich hätte ich den Mut haben müssen zu sagen: »Das müßtet ihr am besten wissen.« Ich hatte ihn nicht. Noch immer war ich mir nicht ganz sicher, was das ganze Theater sollte. Ich ahnte wohl, daß dieses Verhör mit dem Parteiverfahren gegen Irmgard und mich zusammenhängen müsse, möglicherweise mit meiner jetzigen Tätigkeit. So gab ich die kreuzbrave korrekte Antwort: »Ich weiß nicht genau, ob ich noch Mitglied der KPD bin. Seitdem ich für das Berliner Pressebüro arbeite, habe ich die Verbindung zu der illegalen Parteigruppe unseres Stadtteils abgebrochen.«

»Kannst du uns die Gründe nennen?«

Die Fragen kamen jetzt fast nur noch von dem rundlichen Gesicht halblinks mit dem schwäbischen Dialekt.

Er war offensichtlich der Wortführer des gesichtslosen Quartetts.

»Das geschah auf Wunsch des Pressebüros, damit meine Korrespondentenarbeit nicht gefährdet werden.«

»Stimmt das, auf Wunsch des Berliner Pressebüros?«

Eine Stimme, die ich bisher noch nicht gehört hatte, antwortete: »Ja, das ist richtig. Diese Vereinbarung besteht.«

Die vorherige Stimme: »Gegen dich läuft ein Parteiverfahren wegen Fraktionsbildung. Deswegen haben wir dich hierher bestellt.«

Jetzt endlich wurde mir zur Gewißheit, was ich zwar vermutet, mir aber nicht hatte vorstellen können, daß man hier in Berlin auf diese Geschichte, die ich längst erledigt glaubte, zurückkommen werde. Nun wußte ich auch, was ich ebenfalls nur geahnt hatte, daß ich der Parteikontrollkommission der illegalen KPD gegenübersaß.

»Das liegt schon lange zurück«, bemerkte ich.

»Die Partei wird ihre Gründe haben, wenn sie noch einmal mit dir darüber sprechen will.«

Ich war neugierig, diese Gründe zu erfahren, sagte aber nichts dergleichen und wartete. Links am Tisch bogen sich zwei Köpfe zusammen und flüsterten miteinander. Eine Pause entstand. Doch ich hatte nicht lange Zeit, meinen Gedanken nachzuhängen. Die hessische Stimme kam wieder: »Kannst du uns sagen, mit wem du derzeit verkehrst?«

»Mit allen möglichen Leuten.«

»Wir wollen von dir nicht ›alle möglichen Leute‹ wissen, sondern bestimmte.«

»Da muß ich schon Genaueres erfahren. Welche Leute wollt ihr denn genannt bekommen?«

Von rechts die Stimme: »Tu nicht so harmlos.«

Von links: »Du weißt genau, welche Leute wir meinen.«

Von der Mitte: »Hast noch nie etwas von Parteifeinden gehört?«

Diesen provokanten Fragen war ich nicht gewachsen. »Was für eine Gerichtsinstanz ist das denn? Kein Mensch hat sich mir bisher vorgestellt. Niemand hat mir gesagt, warum ich Rede und Antwort stehen soll. Bin ich hier vor einem Inquisitionsgericht?«

Das hätte ich nicht sagen dürfen. Nun redeten alle vier Stimmen zugleich. Ich hatte Mühe, einiges davon zu verstehen. Die Stimme im schwäbischen Dialekt setzte sich durch.

»Der Reihe nach, Genossen. Wer *wir* sind, Genosse Senger, wirst du schon erfahren. Früh genug. Aber daß du es mit der Partei zu tun hast, müßte dir bereits aufgegangen sein. Sag mal, so in aller Ruhe, bist du dir eigentlich im klaren darüber, was das Inquisitionsgericht war, wo man im Mittelalter mit den schlimmsten Foltern die sogenannten Ketzer verfolgt und vernichtet hat?«

Welch eine Frage! Und sich dann noch unter Kontrolle halten müssen! Mühsam brachte ich heraus: »So habe ich das nicht gemeint.«

»Du hast Inquisitionsgericht gesagt, hast uns mit einem solchen mittelalterlichen Gericht verglichen. Willst du das leugnen?«

Ich wollte nicht mehr leugnen, wollte gar nichts mehr, schwieg und hörte nur noch zu, was die Parteikontrollkommission mir an Aufklärung über Inquisitionsgerichte zu bieten und was sie mir außerdem noch vorzuwerfen habe.

Während die schwäbische Stimme tönte und tönte, kam mir ein verrückter Gedanke: was wäre, wenn ich mit Stoffbällen, so ich welche zur Hand hätte, wie an einer Wurfbude auf dem Juxplatz, drei Wurf für fünfzig Pfennig, auf die gesichtslosen Köpfe zielte? Wenn ich genau zielte und gut träfe – zuerst auf die schwäbische Stimme links, zuletzt auf die ganz rechts, die hessische –, würden sie, einer nach dem andern, nach hinter umklappen und verschwinden. Ich hätte meine Ruhe und könnte gehen. Das war verrückt, aber nicht zum Lachen.

Der rheinischen Stimme schien das Kolleg über mittelalterliche Gerichtsverfahren zu langen. Oder ich war ihr nicht interessant genug. Oder sie hatte noch einen anderen Termin. Jedenfalls tönte sie in die schwäbische hinein: »Wir haben mitgeteilt bekommen, daß du dich regelmäßig mit parteifeindlichen Elementen triffst.«

Jetzt mußte ich meine Wurfbudenphantasien zügeln und gut aufpassen, denn diese gezielt provozierende Bemerkung war geeignet, mich wiederum aus der Fassung zu bringen.

»Gibt es dazu keine Erklärung von dir?«

Ich wollte widersprechen, mir erklären lassen, wer nach der Meinung meiner Gegenüber in meinem Freundeskreis ein parteifeindliches Element sei. Es war vernünftig, es nicht zu tun. Die eine Attacke und meine falsche Reaktion darauf waren genug. Ich biß die Zähne aufeinander und wünschte nur, hier wieder herauszukommen, so bald wie möglich. Sonst nichts. Keine Auseinandersetzung, keine Rechtfertigung mehr. Nur wieder raus! Aber schweigend auf dem Stuhl zu sitzen und zu spüren, wie die Inquisiteure der Partei auf eine Antwort warteten, das hielt ich nicht aus. Nach einer Unendlichkeit bemerkte ich: »Ich weiß nicht, was ich noch sagen soll.«

Dann schwieg ich wieder. Eine, zwei oder drei Minuten vergingen. Ich weiß nicht, wie lange das Schweigen anhielt. Dann kam vom Tisch eine Stimme, die mir wohl eine goldene Brücke bauen wollte mit der Frage: »Bist du wenigstens heute der Meinung, damals und auch noch in letzter Zeit falsch gehandelt zu haben?«

Darauf konnte ich weder mit Ja noch mit Nein antworten. So gab ich gar keine Antwort. Der Wortführer, die schwäbische Stimme, forderte mich auf, den Raum zu verlassen und im Nebenzimmer Platz zu nehmen. Sie ließen mich nicht lange warten. Nach fünf Minuten riefen sie mich wieder hinein. Einer fragte: »Hast du dir alles noch einmal durch den Kopf gehen lassen?«

»Sicher. Aber ich habe keine andere Meinung zu dem, was man mir vorwirft.«

Jetzt wurde die schwäbische Stimme offiziell: »Dein Schweigen kann nur als ein Schuldeingeständnis gewertet werden. Ich stelle fest, daß das Parteiverfahren wegen Fraktionsbildung damals zu Recht erfolgte und der Vorwurf aufrechterhalten bleiben muß. Wir haben dir mit der heutigen Aussprache eine Chance geben wollen, dich zu deinen Fehlern der Vergangenheit selbstkritisch zu bekennen und damit die Angelegenheit aus der Welt zu schaffen. Du warst nicht dazu bereit. Im Gegenteil, wie wir hörten, setzt du die Treffs mit parteifeindlichen Elementen fort. Gerade in dieser Zeit braucht die Partei absolut treue, zuverlässige Genossen. Du bist es nicht. Wir sind darüber enttäuscht. Ich habe dir mitzuteilen, daß deine Parteimitgliedschaft auch weiterhin ruht.«

Ich habe nicht mehr gefragt, was das genaugenommen bedeuten sollte, Rausschmiß oder keiner. Die Magenkrämpfe kamen nicht wieder.

»Das war selbstverständlich ein vertrauliches Gespräch. Du solltest mit niemandem darüber reden. Das ist auch in deinem Interesse.«

Das war die letzte Mahnung, das Verhör zu Ende. Kein Wort darüber, wieso es überhaupt zu dem Vorwurf der Fraktionsbildung kommen konnte, die Enthüllung über die Liquidierung hunderttausender Unschuldiger während der Stalinära. In den Köpfen der PKK-Mitglieder war dieses Verbrechen, das im Namen des Sozialismus geschah, bereits abgehakt, übriggeblieben das Delikt der angeblichen Fraktionsbildung. Es hatte sich verselbständigt. Das nenne ich pharisäisch. Und pharisäisch war es auch, meine Bemerkung über das Inquisitionsgericht in dieser Weise aufzugreifen, aus dem Kontext herauszulösen und dann mit diesem freistehenden Begriff den Übeltäter minutenlang zu attackieren.

Sie schickten mich wieder in das Nebenzimmer. Noch immer bestand die große Ungewißheit, ob sie mich, dem sie außer Fraktionsbildung jetzt auch noch Renitenz und Unzuverlässigkeit bescheinigt hatten, so ohne weiteres würden laufen lassen. Sie taten es. Mein politischer Stellenwert war in den Augen der Parteikontrolleure offenbar zu unbedeutend, um mir aufgrund dieser Vergehen einen schlimmeren Denkzettel zu verpassen.

Der Fahrer kam, führte mich wieder über mehrere Treppen zum Auto hinunter und brachte mich ins Hotel zurück.

Dort lag ich eine gute Stunde auf meinem Bett, die Arme unter dem Kopf verschränkt, und war nicht imstande, einen klaren Gedanken zu fassen. Ich starrte zur Zimmerdecke und sah immer nur die vier gesichtslosen Köpfe, die sich hin und her bewegten.

Und die schwäbische Stimme tönte weiter, mal schulmeisterlich streng, mal dozierend, unaufhörlich. Einige Jahr lang habe ich danach kein Schwäbisch mehr hören können. Es hatte die gleiche Wirkung wie das Geräusch eines Griffels auf meiner Schiefertafel, der einzigen und schauderhaften Erinnerung an mein erstes Schuljahr. Es ging mir durch Mark und Bein.

Müdigkeit überkam mich. Ich schloß die Augen. Und im Traum war ich wieder in dem verdunkelten Raum und sah vor mir den Tisch und die vier Köpfe der Parteiinquisiteure. Jetzt flößten sie mir weit mehr Angst ein als in der Realität. Und ich sah auch mich. Steif saß ich auf dem Stuhl, den Kopf ein wenig nach vorne geneigt. Oder war das Papa? Natürlich, er war es. An seinem runden Rücken erkannte ich ihn. Papa vor der Parteikontrollkommission? Das konnte nicht stimmen. Er war nie von dieser Kommission verhört worden, sondern von der Gestapo. Aber es war Papa. Oder war ich es doch? Vielleicht waren wir es beide.

Später ging ich hinunter in die Empfangshalle und telefonierte mit der Redaktion. Ich ließ die Kollegen wissen, daß ich an diesem Tag nicht an der Besprechung teilnehmen könne, ich fühle mich nicht wohl. Dann lief ich durch die Straßen Ost-Berlins und versuchte, mir klarzumachen, was an dem Morgen eigentlich abgelaufen war und was ich tun müsse, um mir meine Selbstachtung zu bewahren. Da war kein Zorn in mir, nur eine große Bitterkeit, die mir die Kehle zuschnürte, und eine Ohnmacht, die mich lähmte und mir das Wasser in die Augen trieb.

Irgend etwas mußte geschehen. Das wußte ich. Dieses Verhör war eine Zäsur. Mit ihm hatte sich Entscheidendes in mir und in meinem Verhältnis zur Partei verändert. Jetzt war ich im Zugzwang.

Das Verhör beendete einen Prozeß, der mich lange belastet hatte: die Ablösung von einer Partei, die Willkür und Mord zur Durchsetzung ihrer Ziele einplant, die das Leben eines Menschen einer Doktrin unterzuordnen bereit ist. Dabei wurde ich mir auch meiner eigenen Schwächen bewußt, einer übertriebenen Kompromißbereitschaft und Unentschlossenheit. Man kann es auch Feigheit nennen. Doch ich war nicht mehr bereit, weitere Kompromisse einzugehen. Ich wollte nicht mehr schweigen, wenn ich ein Unrecht erkannte, nur weil es die Parteidisziplin so verlangte.

Die Lektion, die mir die Parteikontrollkommission an diesem Herbsttag des Jahres 1958 erteilte, habe ich bis zum heutigen Tag nicht verlernt.

Noch einmal ganz von vorn

Dieser Entschluß bedeutete zwangsläufig die Beendigung meiner Arbeit für das Berliner Pressebüro. Als ich am anderen Morgen in die Redaktionsräume kam, wunderte ich mich, daß keiner der verantwortlichen Redakteure ein Wort über meine Vorladung in die Zentrale der SED verlor. Natürlich wußten sie Bescheid, weshalb man mich dorthin bestellt hatte. Und auch das Ergebnis des Verhörs hatte man ihnen bestimmt mitgeteilt. Ich rechnete damit, daß man mir sofort die Zusammenarbeit aufkündigen werde, noch bevor ich selbst diesen Schritt vollziehen konnte. Nichts dergleichen geschah.

Es war mehr eine Vorsichtsmaßnahme, daß ich diese Trennung nicht sofort mündlich, sondern erst nach meiner Rückkehr nach Frankfurt schriftlich vollzog.

Und noch etwas war zu erledigen. Irmgard machte mich darauf aufmerksam, daß wir nach so vielen Jahren der Parteizugehörigkeit nicht stillschweigend austreten könnten, wie man ein Buch zuklappt und zur Seite legt. Wir mußten unseren Austritt erklären und auch den Grund, warum wir so lange gezögert hatten. Ich war damit einverstanden, und so geschah es. Nicht spektakulär in der Öffentlichkeit, sondern in aller Ausführlichkeit den Genossen in Berlin gegenüber, die mir mit dem Verhör so übel mitgespielt hatten.

Wir wußten beide, daß sie unsere Gründe nicht anerkennen, sicher auch nicht verstehen würden. Das war aber nicht das Entscheidende. Wichtig war, daß wir uns mit dieser Erklärung vor uns selbst rechtfertigten. Wir vollzogen einen Schritt, der unser Leben veränderte, darum duldete er keine Halbherzigkeit.

Die Beendigung meiner Arbeit für das Berliner Pressebüro und meine in Berlin abgegebene Erklärung, daß ich mich endgültig als nicht mehr der KPD zugehörig fühle, löste in Frankfurt unerwartete Reaktionen aus.

Irmgard und ich hatten engen freundschaftlichen Kontakt zu vielen Kommunisten des Stadtteils und ihren Familien. Unsere Kinder spielten mit ihren Kindern, man half sich, wo man konnte, paßte gegenseitig auf die Kinder auf und ging gelegentlich zusammen einen Schoppen Apfelwein trinken. Auch nach dem Verbot der Partei änderte sich an diesen privaten Bindungen nichts. Oftmals kamen Genossen zu uns in die Wohnung und gaben mir Informationen über Ereignisse in ihrem Betrieb oder in den Gewerkschaften.

Doch sehr bald nach dem Bruch mit Ost-Berlin änderte sich die Situation. Irmgard bemerkte es zuerst. Ein paarmal schon, wenn sie altbekannte KP-Mitglieder oder deren Frauen auf der Straße traf und sie ansprach, entschuldigten sie sich und sagten, sie hättes es sehr eilig und gingen weiter. Zu Hause sprachen wir darüber und waren, obwohl doch schon ein wenig skeptisch, der Meinung, das könnte Zufall sein. Aber wir machten uns nur etwas vor. Als wir immer wieder beobachteten, wie sie sich hastig an uns vorbeidrückten, und einige, wenn sie uns von weitem sahen, die Straßenseite wechselten, um nicht grüßen zu müssen, war uns klar, daß man in der Partei vor uns gewarnt hatte. Man schnitt uns.

Das stimmte uns traurig, denn in der Kommunistischen Partei waren viele wertvolle Menschen, selbstlos, kollegial, mit einem ausgeprägten sozialen Gewissen. Wir waren immer gern mit ihnen zusammen. Ihre Freundschaft einzubüßen, war ein Verlust. Andererseits gaben wir uns Mühe zu verstehen, wie wenig die illegale Parteileitung Interesse daran haben konnte, daß die engen Bindungen zu zwei Abtrünnigen erhalten blieben. Das hätte sich auf die Parteimoral auswirken können. Man würde uns fragen, warum wir der KPD den Rücken gekehrt haben, wir würden unsere Bedenken, unsere Unzufriedenheit und unseren Entschluß erklären, und der eine oder andere begänne vielleicht, sich darüber Gedanken zu machen. Also mußte man die nach dem Aderlaß durch den 20. Parteitag der KPdSU und das Verbot der KPD noch übriggebliebenen Mitglieder auf Distanz von uns halten. Das war nicht schwer. Man brauchte sie nur auf ihre Parteidisziplin hinzuweisen und ihnen etwas von notwendiger Wachsamkeit zu erzählen.

Die Trennung war vollzogen. Aber für die Partei noch nicht gründlich genug. Sie setzte eine Diffamierungskampagne gegen mich und Irmgard in Gang. Bald fiel mir auf, daß mich Heinrich H. nicht mehr grüßte. Er war Betriebsrat in der Firma Telefonbau und Normalzeit, ein Mann der ersten Stunde, ein Prolet wie aus dem Bilderbuch. Er wohnte drei Minuten von uns entfernt. Das Haupttor von T.&N. war nicht weit von unserer Wohnung. Mehrere Jahre lang mindestens zweimal in der Woche, bei jedem Wetter, hatten Irmgard und ich ab sechs Uhr in der Frühe vor dem Haupttor gestanden und Flugblätter der Partei verteilt oder die KPD-Informationen oder die »Sozialistische Volkszeitung« verkauft. Man kannte uns, akzeptierte und grüßte uns, und wenn Heinrich kam, begrüßte er uns sogar mit Handschlag. »Komm, gib mal zwanzig Stück her für meine Kollegen in der Schlosserei«, sagte er, oder auch »Wie ist's, kommt ihr heute abend zur Parteiversammlung?« »Na klar«, erwiderte ich, während ich schnell meine Flugblätter weiterverteilte, weil gerade wieder eine Straßenbahn eine Menge Arbeiter ausgespuckt hatte.

Was ist mit Heinrich los, überlegte ich, daß er nicht mehr grüßt? Nur, weil ich meinen Austritt aus der Partei erklärt habe? Unmöglich. Nach so vielen Jahren freundschaftlichen Zusammenseins. So einer war er nicht. Da mußte noch etwas anderes sein. Das nächste Mal, als ich ihn traf, stellte ich mich ihm kurzerhand in den Weg. »Heinrich, warum grüßt du mich nicht mehr? Hast du was gegen mich?«

»Laß mich in Ruhe! Hau ab!«

»Mach keinen Quatsch, Heinrich. Was ist los?«

»Ich unterhalt mich nicht mit einem Verräter.«

Er wollte an mir vorbei, doch ich hielt ihn am Arm fest. »Was sagst du da? Verräter? Warum? Weil ich nicht mehr in der Partei bin?«

»Tu doch nich so unschuldig. Du weißt genau, was ich meine.«

»Nichts weiß ich, Heinrich. Sag, ist es wegen meinem Parteiaustritt?«

»Parteiaustritt! Wenn's nur das wäre. Aber, daß du mit den Amis zusammenarbeitest! Pfui Deibel! Nach so vielen Jahren.«

»Wer sagt das?«

»Jedes Kind weiß das doch, von wem du bezahlt wirst.«

»Nur ich weiß es nicht.«

Heinrich schaute mich höhnisch an: »Das wirst du mir auch gerade auf die Nase binden. Nee, Vali, mit Typen wie dir will ich nichts zu tun haben.«

»Sag mir doch wenigstens, von wem du das hast.«

»Ich sagte dir ja: alle Genossen wissen es.«

»Heinrich, wir kennen uns jetzt zehn Jahre. Und du glaubst, daß ich ein bezahlter Agent bin? Das traust du mir zu?«

»Wem soll ich mehr glauben, dir oder der Partei?«

Kopfschüttelnd ging Heinrich davon.

Üble Geschichten machten in KP-Kreisen die Runde und kamen schließlich auch mir und Irmgard zu Ohren. Ich wäre von deutschen oder amerikanischen Geheimdiensten bestochen und liefere ihnen regelmäßig Berichte über die illegale Partei. Von Heinz, meinem alten Freund aus der illegalen Zeit vor 1945, erfuhr ich, daß die Partei alle Genossen vor uns gewarnt und sie angewiesen hatte, jeglichen Kontakt mit uns zu vermeiden.

Diese Verketzerung hielt lange Zeit an. Dennoch gab es einige wenige Kommunisten, die, wie zum Beispiel Heinz, die Geschichte von bezahlten Agenten nicht glaubten und weiterhin mit uns verkehrten. Hätte das die Parteileitung erfahren, wären sie in Schwierigkeiten gekommen. Ihre Freundschaft, über die Parteidisziplin hinweg, half uns auch, den Ärger darüber, wie man uns in Verruf und damit unseren ehemaligen Genossen gegenüber auf Distanz brachte, zu überwinden.

Dann kamen auch wieder die Agentenwerber und Geheimdienstler, deutsche und amerikanische, und boten mir gut bezahlte Arbeit an. Ich machte erneut die Erfahrung, wie viele Agenten der verschiedensten Geheimdienste sich in der Bundesrepublik tummelten und auf jeden stürzten, der ihnen als möglicher Informant erschien. Dabei lernte ich nur einen kleinen Teil dieser Untergrundakteure kennen. Denn die Spezialisten, so zum Beispiel für Betriebsspionage, Landesverrat, Sabotage und andere delikate Aufgaben, waren verständlicherweise nicht an mir interessiert. Auch war ich nicht so prominent, daß man mich für antikommunistische und antisowjetische Agitationszwecke hätte gebrauchen können.

Wieder standen wir vor dem Nichts. Die Hoffnung auf den Aufbau eines eigenen Korrespondentenbüros hatte sich zerschlagen. Die Zeitungen in Wien, Rom und Paris, für die ich gelegentlich schrieb, hatten zur gleichen Zeit auf meine Mitarbeit verzichtet, so daß ich vermutete, die dortigen Redaktionen hätten von deutschen Stellen den Hinweis bekommen, sich mit einem politisch suspekten Journalisten eingelassen zu haben. Wieder mußte ich stempeln gehen. Wieder die Lokalredaktionen aufsuchen und nach Arbeit nachfragen. Es war vergeblich.

Ich versuchte es beim Hessischen Rundfunk. Dort hatte ich bereits seit 1946 für verschiedene Redaktionen gearbeitet. Doch auch hier blieben mir die Türen verschlossen. Bis auf eine. Sie führte nicht etwa zu einem politischen Sympathisanten oder zu einem Sozialdemokraten, der sich als Linker ausgab. Sie führte zu einem Menschen, der sich keiner Ideologie verschrieben hatte. Er war ein bürgerlicher Liberaler, Redakteur im Schulfunk. Er gab mir gelegentlich Aufträge für kleine Hörspiele oder das Beiheft zu den Schulfunksendungen. »Wollen doch mal sehen, wer mir das verbieten will«, sagte er nur. Aber er ging noch einen Schritt weiter. Einige Wochen später wurden entweder von einer Dienststelle des Innenministeriums oder des Staatsschutzes zur gleichen Zeit an mehrere Redaktionen Hinweise gegeben, daß es im Hinblick auf meine politische und berufliche Vergangenheit ein Sicherheitsrisiko bedeute, mir journalistische Arbeiten zu übertragen. Erstmals erfuhr ich davon durch die vertrauliche Mitteilung eines Personalratsmitglieds im Hessischen Rundfunk. Dann bestätigte mir der Schulfunkredakteur, daß auch seiner Abteilung dieser Hinweis auf meine Person vorliege. Gleichzeitig versicherte er, mir auch in Zukunft Aufträge zu geben. Er wolle sich aber keinen vermeidbaren Ärger auf den Hals laden und mache mir das Angebot, für ihn unter einem anderen Namen weiterzuarbeiten. So kam es, daß ich längere Zeit Manuskripte unter dem Mädchennamen meiner Frau ablieferte. Der gleiche Redakteur hatte mir bereits während meiner ersten Arbeitslosigkeit unmittelbar nach dem Verbot der KPD 1956 die Möglichkeit gegeben, unter einem anderen Namen für ihn zu arbeiten.

Was ich im Schulfunk verdienen konnte, war nicht viel. Andere Möglichkeiten, journalistisch tätig zu sein, blieben mir und meiner Frau verschlossen. Viele Berichte und Reportagen machte ich mit ihr gemeinsam. Nun gab es für uns beide nichts mehr zu tun. Wir bemühten uns um andere Jobs. Fahrlehrer wollten wir werden und scheiterten mit Schulden. Als Korrektor wollte ich arbeiten und fand nirgendwo eine Stelle. Und auch in meinem alten Beruf als Techniker hatte ich kein Glück. Kein Unternehmen war an einem Ingenieur interessiert, der ein fünfzehnjähriges Defizit an technischem Wissen hatte. So lange schon übte ich meinen erlernten Beruf nicht mehr aus.

Es wurde kritisch für uns und unsere drei Kinder, denn

meine Schwester Paula, die uns noch immer finanziell unter die Arme griff, hatte ihre Reserven aufgebraucht. Irmgard war bereit, wieder als Sekretärin ins Büro zu gehen, während ich den Haushalt machen und die Kinder versorgen wollte. Sie bewarb sich auf Stellenangebote in den Tageszeitungen.

Da führten der Zufall und unser Freund Heinz Brakemeier die Wende zum Besseren herbei. Er erinnerte sich, daß eine befreundete Studienkollegin, mit der er zusammen im Sozialistischen Studentenbund war, einen ihm ebenfalls bekannten Journalisten geheiratet hatte, der kürzlich Chefredakteur im Fernsehen geworden war. Hier bestünde vielleicht die Möglichkeit, als Reporter unterzukommen, wenn er bei ihm ein Wort für mich einlege.

Das glaubte ich auch, denn das Fernsehen hatte gerade mit einer täglichen Regionalschau begonnen, und dafür brauchte man ja ein ganzes Team von Berichterstattern und Redakteuren. Wir wußten aber beide nicht, daß viele andere Berufskollegen Ähnliches dachten und hofften, in dem neuen Medium Fuß zu fassen. Der neue Chefredakteur konnte sich vor Anfragen kaum retten.

Bei seinem nächsten Besuch machte Heinz seine Freunde auf mich und meine Lage aufmerksam und fragte, ob ich mich ihm nicht einmal vorstellen könnte. »Selbstverständlich«, meinte der frischgebackene Chef, »er soll nur kommen.« Voller Optimismus teilte Heinz mir das mit. Noch am gleichen Tag machte ich einen Termin aus.

Der Chefredakteur empfing zwar jeden, der um eine Aussprache bat, mit aller Freundlichkeit, doch er hatte sich ein System der Aufgabenverteilung geschaffen, das ihm viel Zeit ersparte. Kam zum Beispiel jemand und wollte Arbeit in der Hessenschau – genauso handhabte er es auch im Kultur- oder Sportbereich –, verwies er den Besucher unverzüglich an den leitenden Redakteur der Abteilung. Dieser mußte sich vortragen lassen, was der Bewerber an Vorbildung und Berufserfahrung anzubieten hatte. Er hörte aufmerksam zu, um am Ende zu erklären, die Hessenschau sei bereits mit Redakteuren und Reportern überbesetzt und könne keinen weiteren Mitarbeiter gebrauchen. Er verabschiedete den Enttäuschten mit einem aufmunternden Händedruck und wünschte ihm anderswo besseren Erfolg. Ich hatte selbstverständlich keine Ahnung davon, daß die Vorstellungsgespräche in der Regel so abliefen.

Dasselbe Verfahren wurde auch bei mir angewandt. Freundlich begrüßte mich der Chefredakteur, erinnerte sich an das Gespräch mit Heinz Brakemeier und sagte, er habe keinerlei Bedenken, daß ich bei ihm arbeite. Ich solle mich doch gleich bei der Hessenschau melden und nannte mir den Namen des verantwortlichen Redakteurs. Er erklärte mir noch, wo dieser zu finden sei. Auf dem gleichen Gang, acht oder neun Türen weiter. Und dann stand ich wieder draußen. Das Gespräch hatte bestenfalls drei Minuten gedauert.

Was ich nicht wußte: der Leiter der Hessenschau war zu dieser Zeit in Urlaub. Der Chefredakteur hatte mir den Namen seines Vertreters genannt. Dessen Name stand aber an keiner Tür. Ich ging den Gang entlang, las Türschild für Türschild. Wo sollte ich mich melden? Im gleichen Augenblick kam der Chefredakteur aus seinem Vorzimmer, ging über den Flur und wollte die Toilette aufsuchen. Bevor er dort verschwand, schaute er sich um und sah mich unsicher die Türen absuchen.

»Haben Sie noch nicht gefunden, wo Sie hin sollen?« fragte er.

»Nein. Ich weiß nicht, welche Tür das ist.«

Er war sehr nett. »Kommen Sie mal mit.« Er war ein ganzes Stück größer als ich, legte seine Hand auf meine Schulter, machte einige Schritte den Gang entlang, öffnete eine Tür und sagte zu einem Menschen, der an einem mit Zeitungen vollbepackten Schreibtisch saß: »Herr Bachmann, da haben wir einen Aspiranten für die Hessenschau. Sehen Sie mal zu, was Sie für ihn machen können.« Er schob mich an den Schreibtisch heran und war bereits wieder zur Tür hinaus. Der angesprochene Redakteur kannte sich in den hierarchischen Spielregeln des Hauses aus. Er kombinierte, für den Normalfall sicher ganz richtig: wenn der Chefredakteur höchstpersönlich einen Bewerber in die Hessenschau bringt, den Arm um seine Schulter gelegt, als wolle er damit noch eine besondere Beziehung zu ihm unterstreichen, und sagt: »Sehen Sie zu, was Sie für ihn machen können«, dann muß man ja etwas für ihn tun, dann kann man gar nicht anders.

Was sich seiner Kenntnis entzog und ich auch aus Gründen der Kollegialität nie aufklärte: daß der Chef eigentlich nur die Toilette aufsuchen wollte und eine Fehlinterpretation seines Auftauchens diese subalterne Reaktion bei ihm auslöste.

Er ließ mich freundlich Platz nehmen, fragte nicht einmal nach meinen Vorkenntnissen und sagte: »Haben Sie heute nachmittag Zeit?«

»Sicherlich.«

»Dann können Sie doch für uns einen Bericht über eine Sanitärausstellung auf dem Messegelände machen.«

Ich war so klug und lehnte ab. So blieb dem freundlichen Redakteur meine Ahnungslosigkeit in Sachen Filmjournalismus glücklicherweise verborgen. Vierzehn Tage später machte ich dann doch meinen ersten selbständigen Bericht für die Hessenschau: die Einweihung des neuen Bahnhofsgebäudes auf dem Frankfurter Westbahnhof. Es war kein mitreißender Filmbericht. Aber er brachte immerhin die ersten siebzig Mark Honorar. Ich arbeitete mich allmählich ein, konzentrierte mich auf wirtschaftliche Themen und war bald ein ständiger Mitarbeiter der Hessenschau. Die existenzielle Bedrängnis hatte vorerst ein Ende.

Um der Fairness willen sei auch erwähnt, daß der gleiche Chefredakteur bereit war, wegen meiner Beschäftigung manche Risiken einzugehen. Eines Tages bestellte er mich zu sich, um mir mitzuteilen, daß auch ihm der Hinweis auf den Schreibtisch gekommen sei, der ihn über meine Person und meine politische Vergangenheit informieren sollte und vor mir warnte. Er sagte: »Machen Sie sich keine Sorgen. Solange ich hier etwas zu sagen habe und Sie in der Hessenschau so wie bisher saubere Arbeit liefern, so lange können Sie bei uns Ihr Geld verdienen. Sollten Sie irgendwann einmal Schwierigkeiten haben oder jemand Ihnen dumm kommen, sagen Sie es mir.«

Er ließ es mich auch wissen, als die politische Polizei später bei ihm über mein Verhalten Auskünfte einholte.

In einer anderen schwierigen Situation hat er mich ebenfalls voll gedeckt. Ich hatte in Erfahrung gebracht, daß eine ehemalige leitende Mitarbeiterin im nationalsozialistischen »Rassebiologischen Forschungsinstitut« in Berlin, Dr. Eva Justin, gleich nach dem Krieg im Sozialamt der Stadt Frankfurt untergekommen war. Sie hatte während des Dritten Reichs wichtige »wissenschaftliche« Vorarbeiten für die spätere Zwangsdeportation von Zigeunern in die Vernichtungslager geleistet. Bereits in ihrer Doktorarbeit über »Lebensschicksale artfremd erzogener Zigeuner« hatte sie »vom rassehygienischen Standpunkt aus« die Sterilisierung der Zigeuner gefordert.

Das alles war der städtischen Personalverwaltung bekannt. Dennoch hatte man keine Bedenken, Eva Justin als psychologische Beraterin für schwererziehbare Kinder und außerdem als sachverständige Jugendpsychologin in Strafprozessen einzusetzen.

Bis dahin war über die Leidensgeschichte der Zigeuner im faschistischen Deutschland und in den von Deutschen okkupierten Ländern noch sehr wenig bekanntgeworden. Die Nationalsozialisten hatten die Zigeuner wie die Juden mit Hilfe des »Rassebiologischen Forschungsinstituts« als eine minderwertige Rasse erklärt und Hunderttausende von ihnen ermordet. Von dem Zweimillionenvolk der europäischen Zigeuner starben schätzungsweise fünfhunderttausend in den Gaskammern.

Gemeinsam mit Irmgard recherchierte ich den Fall,

und es gelang uns, genaue Informationen über die Rolle, die diese Frau im »Rassebiologischen Forschungsinstitut« gespielt hatte, zu bekommen. Dann nahmen wir Kontakt mit den in Frankfurt lebenden Zigeunern auf, die in Konzentrationslager gekommen waren und überlebt hatten. Viele erinnerten sich noch sehr genau an Eva Justin. Dann boten wir unsere Recherchenergebnisse der Hessenschau an. Dort hielt man sie für so interessant, daß man mir für den Filmbericht erst mal eine ganze Hessenschauzeit, zwanzig Minuten, einräumte.

Es war mein bisher wichtigster Film für die Hessenschau. Ich hatte ihn bereits im Rohschnitt fertig. Anderntags sollte ich ihn auf Länge schneiden und texten, der Sendetermin war für diesen Abend festgelegt worden.

Am frühen Morgen dieses für mich so wichtigen Tages kamen Kriminalbeamte des politischen Kommissariats in meine Wohnung und präsentierten einen Durchsuchungsbefehl der Staatsanwaltschaft wegen Verdachts des Hochverrats. In zwei Stunden stellten sie die Wohnung auf den Kopf. Anschließend nahmen sie mich zum polizeilichen Verhör mit aufs Präsidium. Sie erklärten mir, die Vernehmung würde voraussichtlich den ganzen Tag in Anspruch nehmen. Ich konnte nur noch Irmgard bitten, sofort zur Chefredaktion zu fahren und dort klaren Wein über meine Situation einzuschenken.

Als Irmgard eine halbe Stunde später dem Chef die Lage schilderte, wurde er doch unruhig, obwohl sie ihm versicherte, daß nichts gegen mich vorliege und die Vernehmung nur mit meiner früheren Tätigkeit für das Berliner Pressebüro zusammenhängen könne.

Er lief ein paarmal hin und her, blieb vor Irmgard stehen und sagte: »Eine dumme Geschichte ist das. Dennoch, ich glaube, ich kann Ihnen vertrauen. Aber was machen wir mit der Zigeunersendung heute abend? Sollen wir sie ausfallen lassen?«

»Schlimmstenfalls ja«, meinte Irmgard unsicher.

»Wir haben sie bereits angekündigt. Eine dumme

Geschichte. Was ist mit Ihnen, können Sie die Sendung nicht fertigmachen? Trauen Sie sich das zu?«

»Ich könnte es probieren. Ich kenne ja den Fall. Ich habe meinem Mann bei den Recherchen geholfen.«

»Na bestens. Dann machen Sie den Bericht fertig.«

»Jetzt gleich?«

»Selbstverständlich. Sonst schaffen wir es nicht.«

Irmgard bat: »Dann informieren Sie die Redaktion, daß ich an Stelle meines Mannes den Beitrag zu Ende bringe.«

»Mach ich. Aber was sagen wir, warum Ihr Mann nicht kann?«

»Daß er plötzlich krank geworden ist.«

»Sehr gut. Und was hat er?«

»Magenkrämpfe.«

»Ja, Magenkrämpfe. Das hört sich glaubhaft an.«

»Die hat er bei solchen Gelegenheiten wirklich immer.«

»Gehen Sie jetzt an die Arbeit, Frau Senger. Und Sie erzählen niemandem etwas von der Haussuchung. Kein Wort. Wenn Ihr Mann wieder erscheint, soll er auch darüber schweigen. Verstehen wir uns?«

Irmgard machte den Bericht fertig. Es wurde ein guter Bericht – und das Entree für Irmgard im Fernsehen.

Staatenlos

Es muß bereits vor dem Ersten Weltkrieg gewesen sein, als meinen Eltern die russische Staatsbürgerschaft aberkannt wurde. Vielleicht, weil mein Vater 1905 an der ersten russischen Revolution teilgenommen hatte, oder auch, weil er keine Lust verspürte, nach Rußland zurückzukehren, denn dort wäre er entweder sofort verhaftet oder aber zum Militärdienst eingezogen worden. Meine Eltern bekamen aber die deutsche Staatsbürgerschaft nicht, sie wurden staatenlos.

Da die Kinder staatenloser Eltern in Deutschland auch staatenlos zur Welt kommen, waren Paula, Alex und ich ebenfalls staatenlos. Dieser Zustand ist mit vielen Einschränkungen und Widrigkeiten verbunden. Einige Male reichten meine Eltern Anträge auf Einbürgerung ein. Vergeblich. Den Behörden des deutschen Kaiserreichs wie denen der Weimarer Republik war ein ehemaliger russischer Revolutionär ein unerwünschter Gast.

Als Hitler an die Macht kam, verzichtete meine Mutter darauf, weiterhin die Einbürgerung zu betreiben. Das hatte seinen guten Grund. Denn wir waren ja nicht nur staatenlos, wir stammten noch dazu aus dem mittlerweile bolschewistischen Rußland, wir lebten mit gefälschten Papieren unter falschem Namen, waren aktive Kommunisten und Juden. Also machte es Mama der Familie zum obersten Gebot, für die Behörden unsichtbar zu werden und alles zu vermeiden, was sie auf uns aufmerksam machen könnte. Dazu gehörte auch der Verzicht auf ein erneutes Gesuch um Einbürgerung. Sie war besessen von ihrer Idee, daß, wenn wir unscheinbar und unauffällig blieben, es für uns eine Chance gäbe, das Hitlerreich zu überleben.

Ihre Rechnung ging, gegen alle Logik, auf. Unentdeckt und staatenlos durchquerten wir das Tausendjährige Reich, staatenlos erlebten wir den totalen Zusammenbruch der Diktatur und den mühsamen Wiederaufbau.

Ich war so an diesen staatsbürgerlichen Außenseiterstatus gewöhnt, hatte ich doch nie etwas anderes gekannt, daß ich nach dem Tod meiner Eltern fast vergaß, mich um Einbürgerung zu bemühen. In über Jahre dauernden tödlichen Gefahren vor dem Entdecktwerden war Staatenlosigkeit zu einer Bagatelle geschrumpft. Da spielte es keine Rolle mehr, ob ein deutscher Reisepaß oder ein Fremdenpaß den Namen Senger trug. Zudem war mir in den ersten Jahren des Neubeginns nicht danach zumute, durch eine Einbürgerung den mit millionenfachem Mord Belasteten zugesellt zu werden.

Erst die Geburt meiner Tochter Ionka, die durch mich ebenfalls staatenlos war, machte mich wieder auf den lästigen Zustand aufmerksam. Ich wollte ihr ersparen, was mir aus diesem Grund an Üblem widerfahren war. Daß Irmgard Deutsche war, hatte keinerlei Einfluß auf die Staatsbürgerschaft des Kindes.

In unserer Familie ging es mit den Staatsbürgerschaften ohnehin etwas durcheinander. Irmgard und auch Rüdiger, der aus ihrer ersten Ehe stammt, waren deutsche Staatsbürger. Die Kinder dagegen, deren leiblicher Vater ich war, trugen das Kainsmal meiner Staatenlosigkeit. Es lag mir daran, diesen Mißstand endlich zu beseitigen, zum Wohle der ganzen Familie.

Am 4. Januar 1958 beantragte ich in aller Form beim Ausländeramt die Einbürgerung. Diesen Antrag stellte ich für mich und die 1950 geborene Ionka. Später erweiterte ich ihn auf die im Oktober 1958 geborene Judith.

Zwanzig Monate später schrieb mir der für Einbürgerungen zuständige Ministerialbeamte, der Wiesbadener Regierungspräsident, er bedauere, meinem Antrag »aus staatspolitischen Gründen nicht entsprechen zu können«. Gegen diesen Bescheid erhob ich Einspruch. Er wurde als unbegründet zurückgewiesen. Wörtlich heißt es da:

> »Auf Grund seiner Tätigkeit in Vergangenheit und Gegenwart bietet er nicht die Gewähr, daß er sich

zur freiheitlichen demokratischen Grundordnung bekennt und für ihre Erhaltung eintreten wird.« Und einige Zeilen später: » . . . darf er nicht eingebürgert werden, weil er durch seine politische Bindung die innere und äußere Sicherheit der Bundesrepublik gefährdet.«

Der Regierungspräsident hatte sich die Ablehnung wahrlich nicht leicht gemacht. Bevor er sie mir schriftlich gab, hatte er erst noch beim Landesamt für Verfassungsschutz angefragt, was in den Jahren meiner politisch aktiven Zeit und meiner journalistischen Tätigkeit an belastendem Material gegen mich zusammengekommen sei. Aber das Verfassungsschutzamt konnte – mit Schreiben vom 8. Juli 1958 – auch nicht mehr mitteilen, als dieser ohnehin schon wußte: daß ich für eine kommunistische Zeitung und später für ein Ostberliner Pressebüro tätig war. »Darüber hinausgehende Erkenntnisse über Senger liegen nicht vor.« Das aber genügte dem Regierungspräsidenten vollauf, um durch mich die Bundesrepublik gefährdet zu sehen und die Einbürgerung für mich und meine beiden Töchter abzulehnen.

Mir blieb nur noch der Klageweg über das Verwaltungsgericht. In erster Instanz wurde mein Anspruch auf Einbürgerung bestätigt und das Land Hessen angewiesen, entsprechend zu verfahren. Der sozialdemokratische Innenminister Heinrich Schneider legte gegen das Urteil Einspruch ein. Diesem wurde stattgegeben, und zwei Jahre später, fünf Jahre nach meiner Antragstellung, verkündete der Hessische Verwaltungsgerichtshof auf siebzehn engbeschriebenen Seiten, mir geschehe mit der Verweigerung der Einbürgerung recht, und ich habe zudem noch die Kosten des Verfahrens zu tragen, eine Revision sei auch nicht zugelassen.

Die Kernsätze der Urteilsbegründung vom 9. Mai 1962 lauten:

»Die bereits erwähnte Berufstätigkeit des Klägers nach dem Zweiten Weltkrieg bis in die Gegenwart kann nur dahin gewertet werden, daß er nach wie

> vor fest auf dem Boden des Kommunismus steht. Es ist deshalb rechtlich nicht zu beanstanden, wenn der Beklagte [das Land Hessen] im Rahmen seines ihm nach § 8 RuStAG [Reichs- und Staatsangehörigkeitsgesetz vom 22. 7. 1913] eingeräumten und sehr weit gefaßten Ermessens die Einbürgerung des Klägers aus allgemeinen politischen Gründen abgelehnt hat und nach wie vor ablehnt.«

Unfähig zur Trauer wie zum Protest nahm ich zur Kenntnis, nicht die staatsbürgerlichen Qualitäten zu besitzen, um im Ermessensspielraum des hessischen Innenministers und des höchsten hessischen Verwaltungsrichters als Deutscher akzeptiert zu werden. Damit blieben aber auch meine Töchter Ionka und Judith, beide, wie ich, in Frankfurt geboren, staatenlos. Das allein bereitete mir Sorge. Und so fragte ich einige Monate später beim Regierungspräsidenten an, ob denn, nach dem unanfechtbaren Urteil des Hessischen Verwaltungsgerichts zumindest die Einbürgerung meiner Kinder erfolgen könne.

Bereits 1960 hatte ich den Antrag gestellt, unabhängig von dem laufenden Rechtsstreit meine damals eineinhalb und zehn Jahre alten Töchter einzubürgern. Man hatte mir geantwortet, das zu prüfen behalte man sich für einen Zeitpunkt nach dem Abschluß des laufenden Gerichtsverfahrens vor. Meine Töchter blieben weiterhin staatenlos. Das hessische Innenministerium antwortete mir, ich solle mich gedulden, der Fall meiner Töchter sei in Bearbeitung. Viel später erst, als ich Gelegenheit hatte, den ministeriellen Schriftwechsel einzusehen, erfuhr ich, daß vom 4. Januar 1958, von diesem Tag datiert das Einbürgerungsgesuch, bis Ende April 1963 nichts geschehen, nichts »bearbeitet« worden war außer einer weiteren Anfrage beim Verfassungsschutzamt, welche neuen Erkenntnisse über mich vorlägen.

Wie mir geraten, geduldete ich mich. Vier Monate lang. Danach fragte ich noch einmal beim Wiesbadener

Regierungspräsidenten an, wie es denn um die Einbürgerungssache meiner beiden Töchter stehe. Ich konnte mir nicht vorstellen, was an ihrer Einbürgerung so viele Jahre zu bearbeiten sei. Ich überlegte, ob etwa die Teilnahme Irmgards an den Ostermärschen schuld daran sei. Sie war nämlich jedesmal mit Judith im Kinderwagen und Ionka an der rechten Seite die letzte Strecke mitmarschiert und mit einigen Dutzend anderer Frauen, die ebenfalls Kinderwagen schoben, auf den Römerberg zur zentralen Abschlußkundgebung gefahren.

Bei den Maßstäben, die die Verfassungsschützer und Einbürgerungsexperten des hessischen Innenministeriums in meinem Fall angelegt hatten, wäre es durchaus denkbar, daß sie die Teilnahme meiner Töchter an einer politisch nicht erwünschten Aktion in ihrem Ermessensspielraum etwa auch als Gefährdung der inneren und äußeren Sicherheit der Bundesrepublik werteten.

Mögen Unerfahrene das als eine maßlose Übertreibung bezeichnen, nach all dem, was ich in meinem dreiundzwanzigjährigen Bemühen um Einbürgerung an Erfahrungen gemacht habe, sind solche Überlegungen durchaus erlaubt.

Wieder kam der Bescheid, mich zu gedulden, man bearbeite weiter und werde mir zu gegebener Zeit Bescheid geben, ohne daß ich erneut zu reklamieren brauche. Von da an hörte ich gar nichts mehr über den Fortgang, oder genauer gesagt: den Stand der Dinge, weder vom Regierungspräsidium noch vom Innenministerium.

Dem rührigen Issy Wigoda habe ich es zu verdanken, daß ich im nachhinein rekonstruieren konnte, was sich anschließend auf den verschiedenen Verwaltungsebenen abgespielt hat. Wigoda, ein deutsch-polnischer Jude, hatte von meinem Fall gehört und meldete sich im Jahr 1973 bei mir. Er war von dem Ehrgeiz beherrscht, doch noch meine Anerkennung als deutscher Staatsbürger durch das Land Hessen erzwingen zu können. Er beschaffte sich die Fotokopien aller Schriftstücke in dieser Sache. Danach ergab sich folgender chronologischer Ablauf:

Anfang April 1963, vier Wochen nach meiner zweiten Rückfrage und fünfeinhalb Jahre nach der Antragstellung, fragt der Regierungspräsident bei Innenminister Schneider nach, wie denn im Falle der Kinder des unanfechtbar staatenlosen Vaters zu verfahren sei. Er trage sich mit dem Gedanken, nunmehr die Kinder einzubürgern. Das Risiko, selbst darüber zu entscheiden, wie es das Gesetz vorsieht, schien ihm offenbar zu groß.

Doch auch der hessische Innenminister war mit diesem Ansinnen überfordert. Wie sollte ausgerechnet er es wissen, wie man diesen Fall staatsmännisch klug handhabt, wie man, in Zeiten des Kalten Kriegs, mit Kommunistenkindern verfährt, die Deutsche werden wollen, was sie eigentlich von Geburt an waren. Sippenhaft hin, Sippenhaft her, sollen sich doch andere den Kopf darüber zerbrechen, mag er gedacht haben, und gab den Schwarzen Peter erst mal nach Bonn weiter. Mit Schreiben vom 24. April 1963 schilderte er dem damaligen Bundesinnenminister Hermann Höcherl in aller Ausführlichkeit die Situation und fragte an, wie sich denn Höcherl zu einer Einbürgerung der Senger-Kinder stelle. Damit war Innenminister Heinrich Schneider aus dem Schneider, jetzt hatte der höchste bundesdeutsche Innenbeamte zu entscheiden.

Der aber war ob des Ansinnens, die minderjährigen Kinder eines staatenlosen Kommunisten einzubürgern, entsetzt. Mit Erlaß vom 11. Juni 1963 an den hessischen Innenminister gab der Bundesinnenminister seinem demokratischen Gewissen Ausdruck. Die wesentlichen Sätze dieses Schreibens lauten:

> »Nach dem Urteil des Hessischen Verwaltungsgerichtshofs vom 9. Mai 1962 – OS II 69/60 – ist davon auszugehen, daß der Vater der minderjährigen Antragsteller, dessen Einbürgerungsantrag unanfechtbar abgelehnt wurde, der demokratischen Grundordnung der Bundesrepublik negativ

gegenübersteht. Diese Einstellung dürfte auch die Entwicklung der Kinder beeinflussen, ist doch der Vater ein für die Erziehung der Kinder wesentlicher Faktor, als daß es an den Kindern spurlos vorübergehen könnte, wenn er der freiheitlich demokratischen Grundordnung des Staates ablehnend gegenübersteht. Hinter dieser Tatsache muß auch der Umstand, daß die Mutter die deutsche Staatsangehörigkeit besitzt, zurücktreten.«

Und so blieben mit Erlaß des christdemokratischen Bundesinnenministers Hermann Höcherl und mit Billigung des sozialdemokratischen hessischen Innenministers Heinrich Schneider meine Töchter staatenlos.

Der letzte Akt in dieser Angelegenheit wurde von keinem der erwähnten Ministerien und Behördenstellen geschrieben, kein Beamter mußte eine riskante, ihn eventuell kompromittierende Entscheidung treffen und die Kinder eines Kommunisten einbürgern. 1964 nahm ihnen ein neues Gesetz jede eigene Entscheidung ab, das Ergänzungsgesetz zum Staatsangehörigkeits-Regelungsgesetz von 1955. In diesem Ergänzungsgesetz werden in Fragen der Staatszugehörigkeit erstmals Männer und Frauen gleichgestellt. Da meine Frau Irmgard seit ihrer Geburt die deutsche Staatsangehörigkeit besitzt, hatte das Inkrafttreten des neuen Gesetzes zur Folge, daß Ionka und Judith automatisch »Deutsche« wurden. Irgendwann im Sommer 1964 teilte mir die Frankfurter Ausländerbehörde mit, ich könne mir auf Grund der durch das Inkrafttreten des Ergänzungsgesetzes geschaffenen neuen Rechtslage auf dem Polizeipräsidium die Einbürgerungsurkunden für meine beiden Töchter abholen.

So einfach war das nun.

Doch damit war ich selbst immer noch staatenlos. Innerlich richtete ich mich darauf ein, die restlichen Jahre meines Lebens wie bisher in diesem behördlich zementierten Widerspruch, ein staatenloser Deutscher zu sein, weiterzuleben. Ich hatte es aufgegeben, noch länger um die deutsche Staatsangehörigkeit zu kämpfen. Ich würde mich vor mir selbst lächerlich machen, wenn ich weiter einen Kotau nach dem andern vor deutschen Beamten und Rechtsprechern vollführte, die mich partout nicht in ihre ehrenwerte Deutschenriege aufnehmen wollten. Wie man die Dinge auch wendete: ich war Deutscher, selbst wenn Bonner und Wiesbadener Ministeriale sich wie Palisaden vor einer behördlichen Anerkennung dieses Status aufpflanzten. Insgeheim fragte ich mich aber auch, ob es sich überhaupt noch lohne, in eine Gesellschaft mit einem so gestörten Rechtsverständnis in Angelegenheiten politisch Andersdenkender eingebürgert zu werden und für dieses behördliche Wohlwollen möglicherweise noch eineinhalb Monatsgehälter zu zahlen, wie es die Staatsangehörigkeits-Gebührenordnung vorsieht.

Ein knappes Jahrzehnt später, 1973, tauchte dann der quecksilbrige Issy Wigoda auf. Er hatte einige Jahre zuvor gegen den Widerstand der gleichen hessischen Behördenstellen die eigene Einbürgerung erstritten. Auf dem langen Marsch durch die Instanzen der Verwaltungsgerichte war Issy Wigoda, der sich immer nur selbst verteidigte, rechtskundig in allen einschlägigen Staatsrechts- und Einbürgerungsfragen geworden. Außerdem war er ein rechter Prozeßhansel, dem es eine immense Freude bereitete, sich mit Behördenstellen herumzuschlagen. Er studierte die Korrespondenz und die Gerichtsdokumente in meiner Angelegenheit und beschaffte sich vergleichbare Gerichtsurteile und Kommentartexte. Nach einigen Wochen eifrigen Studiums war er entschlossen, sich meines Falles anzunehmen. Er war zu dem Schluß gekommen, daß das Urteil des Hessischen Verwaltungsgerichtshofs, das mir unwiderruflich die Einbürgerung versagt hatte, ein Rechtsirrtum, wenn nicht gar eine Rechtsbeugung gewesen war.

In vielseitigen Schriftsätzen mit den entsprechenden Gesetzes- und Literaturhinweisen versuchte er darzulegen, daß ich nach den Grundsätzen der deutschen Rechtsordnung seit eh und je Bürger dieses Staates sei und zu Unrecht als Staatenloser geführt werde. Man könne doch, nach allen Regeln der Vernunft, einen Deutschen nicht eindeutschen. Ich brauchte also nicht eingebürgert zu werden, es müsse lediglich von Staats wegen der Rechtsirrtum beseitigt und meine deutsche Staatsbürgerschaft legitimiert werden. Diese Logik behagte mir sehr, und ich schöpfte neue Hoffnung.

Issy war unermüdlich. Er verfaßte einen Schriftsatz nach dem andern und garnierte sie unbekümmert mit Sottisen über die schlafmützigen und unwilligen Staatsbediensteten.

Das ging drei Jahre lang. Doch Issy erreichte nichts. Je länger und bissiger seine Schriftsätze wurden, um so geringer waren die Chancen, daß sich damit deutsche Beamte hinter ihrer dichten Deckung aus Gesetzen und Bestimmungen hervorlocken ließen. Im Herbst 1976 stand Wigoda noch dort, wo er im Sommer 1973 begonnen hatte. Die Antwortbriefe der Behörde wurden immer kürzer und enthielten schließlich nur noch den einen lapidaren Satz: »Ich verweise auf mein Schr. v. 1. 9. 73 – IA 14 – 7q –, dem ich nichts hinzuzufügen habe.«

In diesem »Mein Schr. v. 1. 9. 73 – IA 14 – 7q –« hieß es, »daß der Regierungspräsident in Darmstadt bereit ist, einen erneuten Einbürgerungsantrag von Herrn Senger ... entgegenzunehmen.« Aber das war es eben, was Wigoda ablehnte. Er wollte die Beseitigung eines Unrechts, die Korrektur eines Fehlurteils. Was das Innenministerium empfahl, war, so zu tun, als sei in den letzten fünfzehn Jahren gar nichts geschehen, als gäbe es keinen Einbürgerungsantrag von mir aus dem Jahr 1958, keine wiederholt ablehnenden Bescheide hessischer Behörden, keine Gerichtsverhandlungen, keine mit Bösartigkeiten und Unterstellungen gespickten Widersprüche gegen meine Einbürgerung und die meiner beiden Töchter, unterzeichnet von dem gleichen Ministerium, das jetzt diese Empfehlung gab, sogar von den gleichen

Beamten, als gäbe es keine vom Bundesinnenminister Höcherl dringend angeratene und vom hessischen Innenministerium praktizierte Sippenhaft.

Ich sollte also noch einmal ganz von vorn anfangen, noch einmal Anträge, Lebenslauf, eidesstattliche Erklärungen verfassen, und anschließend behördliche Insistierungen, Ungehörigkeiten niederer und höherer Beamten, Demütigungen, Zweifel an meinen Angaben, Rechtfertigungsversuche und so weiter, hinnehmen. Aber dazu hatte ich die Lust verloren. Ich entzog dem enttäuschten Issy Wigoda die Vollmacht.

Doch damit war die Affäre meiner Einbürgerung, oder richtiger: Nichteinbürgerung noch immer nicht zu Ende. Nach über drei Jahrzehnten voller Zweifel und Hemmungen, Jahren der Verleugnung und Verdrängung, entschloß ich mich, von Freunden ermuntert, die wundersame Überlebensgeschichte meiner Familie in der Hitlerzeit niederzuschreiben. Immer wieder hatte ich gezögert und mich gefragt: wer wird dir deine Geschichte glauben, wer dir abnehmen, daß in einem einzigen Leben so viele Zufälle und dazu noch ein paar Wunder Platz haben? »Kaiserhofstraße 12« nannte ich das Buch, denn dort im Hinterhaus hatte die Familie Senger, Vater, Mutter, Paula, Alex und ich, gelebt und sich in Ängsten vor dem Entdecktwerden verzehrt und – als einzige Familie der über 30000 Juden in Frankfurt – überlebt.

Mit der Veröffentlichung des Buches im Jahr 1978 wurden die deutschen Behörden erstmals darauf aufmerksam, daß ich, obwohl in Frankfurt geboren, nicht nur bis auf diesen Tag staatenlos, sondern zudem Jude bin. Damit änderte sich ihr Verhalten in meiner Einbürgerungssache. Ich habe die feste Überzeugung, daß deutsche Beamte, heute genau so wie in der Vergangenheit, gegenüber Juden, wie auch anderen Minderheiten in unserem Land, voreingenommen sind. (Nichts macht das deutlicher als die peinlich-penetranten Aktivitäten offizieller Stellen in der sogenannten Woche der Brüderlichkeit.) Darum glaube ich, daß auch diese veränderte Haltung der Behörden nicht humanen Regungen entsprang, sondern Ausdruck eines uneingestandenen schlechten Gewissens war. Sie machte sich dadurch bemerkbar, daß die für Einbürgerungen zuständigen Stellen ihre Sprachlosigkeit überwanden.

1976 genügte ihnen noch ein einziger Satz, um eine elfseitige Eingabe von Issy Wigoda, mit der dieser meinen Rechtsanspruch auf die deutsche Staatsangehörigkeit begründete, zu erledigen. Jetzt, 1979, gab es wortreiche Erklärungen, warum man so und nicht anders handeln könne. Das hessische Innenministerium pflegte überraschend einen lebhaften Schriftwechsel in meiner Sache mit den verschiedenen politischen und administrativen Instanzen. Während ich vor Jahren nicht über das Vorzimmer eines subalternen Beamten hinauskam, erläuterte mir jetzt der Innenminister persönlich in einem Brief, wie eine Einbürgerungssache formal korrekt ablaufen müsse und daß die zuständigen Stellen von ihm grünes Licht erhalten hätten, einen neuen Einbürgerungsantrag unverzüglich zu bearbeiten. Seine großmütigere Haltung gegenüber der seines sozialdemokratischen Vorgängers Heinrich Schneider versuchte der freidemokratische Minister mit dem Satz kundzutun, der in einem Schreiben an einen anderen Adressaten steht: »Ich bin bereit, einen neuen Einbürgerungsantrag von Herrn Senger unvoreingenommen zu prüfen.«

Ein Ruch von Satisfaktion? Ein kleines Stück Himmelblau? Ein Sinneswandel? Nichts davon. Nichts hatte sich in der Haltung der staatlichen Bürokratie gegenüber 1973 geändert – außer der Überwindung der Sprachlosigkeit. Sie bestand, nach wie vor, auf einen neuen Einbürgerungsantrag.

Doch auch jetzt war ich nicht zu einem neuen Kniefall vor der Einbürgerungsbehörde bereit. Der eine, als ich um die Einbürgerung meiner Kinder gebeten hatte, war genug. Ich wollte den aufrechten Gang, den zu erlernen mir so viel Mühe bereitet hatte, beibehalten. So blieb der Innenminister »im Recht« und, um es mit seinen Worten zu sagen »im Rahmen seiner gesetzlichen Möglichkeiten«, und ich staatenlos.

Die Unruhe, welche die »Kaiserhofstraße 12« in einigen Wiesbadener Dienststellen ausgelöst hatte, legte sich im gleichen Tempo, wie der Verkauf des Buches zurückging. Es wurde wieder still um mich, was bedeutete, daß ich auch in den mir verbleibenden Jahren meines Lebens gesetzlich ein Staatenloser sein würde.

Der Hartnäckigkeit meines Freundes Heiner, der nicht locker ließ mit Eingaben und Anfragen bei den zuständigen Regierungsstellen, und dem Ehrgeiz eines sozialdemokratischen Landtagsabgeordneten, der sich meines Falles annahm, habe ich es zu verdanken, daß es doch noch anders kam.

Völlig überraschend für mich, teilte mir eines Tages im Juli des Jahres 1981 der Regierungspräsident in Wiesbaden mit, ich solle fünfzehnhundert Mark in die Staatskasse einzahlen, da die Bearbeitung meines Einbürgerungsantrags vom 4. Januar 1958 nunmehr abgeschlossen sei. Sechs Wochen später, im September 1981, erhielt ich die Aufforderung, meine Einbürgerungsurkunde auf dem Frankfurter Ausländeramt abzuholen. Fast vierundzwanzig Jahre nach der Antragstellung.

Mit gemischten Gefühlen folgte ich der Aufforderung. Ich nahm in dem Vorraum Platz und wartete, bis ich aufgerufen wurde. Da erschien in der Tür der für Einbürgerungen zuständige Beamte. »Der Nächste bitte!« rief er. Ich reichte ihm das Schreiben hin und sagte: »Ich möchte meine Einbürgerungsurkunde abholen.« »Zeigen Sie mal her.« Er nahm mir das Papier aus der Hand. Irgendwie kam mir das Gesicht bekannt vor. Und da tauchte aus der Tiefe lange verschütteter Erinnerungen ein Bild auf: es war derselbe Beamte, der damals, am 4. Januar 1958, meinen Einbürgerungsantrag entgegengenommen hatte. Er demonstrierte auf wunderbare Weise die Beständigkeit der deutschen Bürokratie. Und auch er erinnerte sich an mich, und statt einer Begrüßung sagte er: »Ach ja, Sie sind das, Herr Senger. Na, daß es doch noch geklappt hat. Ich freue mich. Ich konnte wirklich nichts dazu, daß es so lange gedauert hat. Fast vierundzwanzig Jahre.«

Und das bestätigte ich ihm. Nein, er könne wirklich nichts dazu.

Neue Ängste

In einem Buch mit dem Titel »Mein Judentum«, einer Sammlung von Gedanken prominenter Juden zu diesem Thema, stieß ich auch auf die Äußerung des Literaturwissenschaftlers Hans Mayer. Ich las sie mit Interesse, weil ich zusammen mit ihm in den ersten Jahren nach dem Krieg, als er aus der Schweizer Emigration zurückkam, in der Frankfurter KPD war, zur gleichen Zeit meine ersten Hörspiele für den Schulfunk und meine ersten Berichte für Radio Frankfurt, den späteren Hessischen Rundfunk schrieb, als Hans Mayer, wie auch Stephan Hermlin, beim gleichen Sender arbeiteten. Häufiger traf ich mit ihm zusammen, mal bei einer Diskussion, einer Veranstaltung des Demokratischen Kulturbunds, oder der Vereinigung der Verfolgten des Naziregimes, deren Landesvorsitzender er war, mal auf einem Schriftstellerkongreß in Bretten, oder einer Kulturveranstaltung der KPD.

Ich verfolgte auch Hans Mayers Weg nach Leipzig an die dortige Hochschule und seine enttäuschte stille Rückkehr in die Bundesrepublik.

Ich war sehr überrascht, in dem erwähnten Buch zu lesen, er habe hier in Westdeutschland »ausdrückliche Fälle der Diskriminierung als Jude nicht erlebt«. Darum wohl hielt er es auch nicht für notwendig, dem deutschen Antisemitismus mehr als ein paar sehr allgemeine Sätze zu widmen, empfand es aber als eine »traumhafte Situation«, wie er schreibt, daß er beim Jubiläum des Germanischen Nationalmuseums in Nürnberg *als Jude* die Festrede halten durfte, »in Anwesenheit des Bundespräsidenten«, so betont er. Am Schluß stellt er die manieriert-verschämte Frage: »Habe ich recht daran getan, jene Rede zu halten?« (Natürlich nicht, wie kritisch-distanziert ihr Inhalt auch immer war.)

Auffallend in Hans Mayers Essay ist auch die Disproportion zwischen den wenigen Anmerkungen zum hiesigen und den langen Passagen über den stalinistischen Antisemitismus.

Ich stimme mit seiner Kritik des stalinistischen und nachstalinistischen Antisemitismus voll überein. Aber ich bin doch irritiert. Einmal darüber, daß sich der gestandene Marxist zum Renommierjuden der restaurativen Kräfte in der Bundesrepublik machen läßt und damit das Seine dazu beiträgt, den latenten Antisemitismus hierzulande, wie ich ihn immer wieder erlebe, zu verharmlosen, einen Antisemitismus, der sich beileibe nicht nur, wie Hans Mayer das glaubt, manifestiert in der Schmähung der jüdischen Toten und dem Bemühen deutscher Richter, der Partei neuer Nazis die Legalität zu bestätigen. Verharmlosung ist gleichzusetzen mit Förderung des vorhandenen verkappten Antisemitismus.

Zum anderen bin ich erstaunt, daß Hans Mayer behauptet, in der Bundesrepublik eine Diskriminierung als Jude nicht erlebt zu haben. Ich weiß, daß Judenhetze meist dann ertönt, wenn vermeintlich kein Jude in der Nähe ist. Den gedankenlos-harmlosen wie den bösartigen Antisemiten ist Feigheit immanent. Als ich einige Jahre als Reporter tätig war und es nicht für nötig hielt, jedem und ohne Anlaß mein Judentum zu bekennen – ich habe es nie geleugnet –, habe ich ungleich öfter antisemitische Redensarten und Witze gehört als später, da man durch mein Buch »Kaiserhofstraße 12« wußte, daß ich Jude bin. Und dennoch wundert es mich sehr, daß ihm all das erspart geblieben sein soll, was ich erleben mußte, die häufigen Telefonanrufe mit krankhaft-bösartigen Schmähungen, die anonymen Pamphlete mit perversen Morddrohungen und exzessiv-pornografischen Formulierungen, die ich immer wieder einmal zugeschickt bekomme.

Ich fühle mich diskriminiert, wenn ich in der Diskussion nach einer Lesung aus der »Kaiserhofstraße 12«, wo ich das Überleben unserer Familie in Frankfurt schildere, Zuhörer sich zu Wort melden und erklären, sie hätten den Eindruck, ich würde meine Überlebensgeschichte doch recht gut vermarkten.

Als Diskriminierung empfinde ich es auch, wenn ein Journalistenkollege mir sagt: »Nach vierzig Jahren muß es doch wohl erlaubt sein, einmal zu fragen: ist es richtig, daß der deutsche Staat immer noch Milliarden an Wiedergutmachung an Israel und Juden in aller Herren Länder zahlt? Wie lange sollen die Juden denn noch auf deutsche Kosten leben? Einmal muß doch ein Ende sein.« Und während ich ihm heftig widersprach, wußte ich, daß Millionen Deutsche so denken.

Ich habe mir keine Notizen darüber gemacht, dennoch sind in meiner Erinnerung eine Reihe weiterer Fälle, die ich als Diskriminierung empfand, solche, die Jahre zurückliegen, und solche, die noch ganz frisch sind. Jeder einzelne Fall hat eine Narbe in mir hinterlassen. Die Narben brennen und schmerzen mich. Sie machen mich empfindlich, hellhörig für falsche Töne.

Ich leide nicht an Verfolgungswahn. Nach all dem, was ich während und nach der Zeit des Hitlerfaschismus erlebte, wäre es in der Tat kein Wunder. Ich gehöre auch nicht zu den ein Leben lang mißtrauischen Suchern, die in jeder Äußerung, die nicht unmißverständlich judenfreundlich ist, Antisemitismus vermuten, die ihn in den Krümeln vom Tisch der Christen suchen, die unruhig und noch mißtrauischer werden, wenn sie mal nichts entdecken, was ihr Vorurteil stärkt. Juden, fromme und nichtfromme, sind bei Gott nicht alle Goldkinder, Ausgeburten von Tugendhaftigkeit und Ehrsamkeit, so daß man immer nur Gutes über sie sprechen könnte. Aber ich wehre mich gegen Verallgemeinerung und Verharmlosung, aus welchem Grund sie auch immer erfolgen. Auch gegen die Verharmlosung der Diskriminierung. Es kommt darauf an, wie man sie subjektiv empfindet.

Mein Vater hat oft, wenn er die entwürdigende Servilität und Anpassungsfähigkeit eines Juden geißeln wollte, ein ostjüdisches Sprichwort zitiert: Man spuckt ihm ins Gesicht und er sagt, es regnet.

Aber das, was mich in meinem Jude-sein, ich weiß nicht, ob es richtig ist, von Judentum zu sprechen, permanent verletzt, sind nur in zweiter Linie die gelegentlichen bösartigen Diskriminierungen. In erster Linie sind es scheinbare Kleinigkeiten, Alltäglichkeiten. Sie enthüllen, daß Millionen Deutsche, nach all dem Schrecklichen, was im Namen Deutschlands geschehen ist, weiterhin einen tief verwurzelten irrationalen Judenhaß oder zumindest Judenverachtung mit sich tragen, noch immer genährt von einer zweitausendjährigen christlichen Lüge. Unter den sechzig Millionen Menschen, die in der Bundesrepublik leben, gibt es ganze dreißigtausend Juden. Statistisch kommt also ein Jude auf zweitausend deutsche Bürger. Das heißt, daß die meisten Deutschen persönlich gar keinen Juden kennen. Dennoch hegen und pflegen sie ihr christliches Vorurteil gegen alles Jüdische, gewissermaßen ad abstraktum. Wie anders ist das Folgende zu begreifen:

In einer kleinen Gemeinde in Nordhessen habe ich mir einen zweiten Wohnsitz geschaffen, wo ich mich meist an den Wochenenden aufhalte. Einem jungen Mann aus der Nachbarschaft gab ich mein Buch »Kaiserhofstraße 12« zu lesen. Als ich vierzehn Tage später wieder dort war, kam er am Abend zu uns herüber. »Ich habe gar nicht gewußt, daß Sie Jude sind. Das hat mich überrascht.«

»Ich hatte nie Anlaß, es Ihnen zu sagen. Jude oder Christ, ist das so wichtig?«

»Nein, keinesfalls. Mir macht das nichts aus. Aber andern im Ort.«

»Sie meinen, wenn die wüßten, daß ich Jude bin?«

»Ja, das meine ich. Wollen Sie einen guten Rat von mir? Erzählen Sie es hier nicht herum. Sie könnten Ärger kriegen.«

»Haben Sie denn im Dorf schon mit Juden schlechte Erfahrungen gemacht?«

»Nein. Direkt nicht.«

»Lebten hier vor der Vertreibung Juden? Ich meine, vor Hitler.«

»Nein. Soweit ich weiß, gab es bei uns noch nie Juden.«

»Aber Antisemitismus gibt es.«

»So ist's. Hier im Dorf gibt es viele, die gegen die Juden sind.«

»Obwohl sie keine Juden kennen.«

»Aber es ist so. Behalten sie es für sich, daß Sie Jude sind.«

Es sind diese Alltäglichkeiten, die mich kränken. So gibt es zum Beispiel in meinem Buch »Kaiserhofstraße 12« ein Kapitel, in dem ich von einer Freundin aus der Hitlerzeit erzähle, die nicht wußte, daß ich Jude bin und mir versicherte, sie könne die Juden riechen. Wenn ich bei einer Lesung diese Episode vortrage, kommt es vor, daß sich anschließend ältere Menschen zu Wort melden und behaupten, sie könnten auch die Juden riechen. Das käme daher, weil die Juden immer so viel Knoblauch äßen. Das ist mir nicht nur einmal passiert. Oder wenn ein Berufskollege, als man sich über einen Rauschgiftprozeß in Frankfurt unterhielt, bei dem zwei Israelis mitangeklagt waren, en passant erwähnte: »Es ist doch merkwürdig, daß die Juden so einen starken Hang zum Kriminellen haben.« Oder wenn norwegische Journalisten, die mich in Frankfurt besuchten und ein Foto machen wollten, von der Gedenkstätte der vor dem Krieg größten Frankfurter Synagoge am Börneplatz, die in der Pogromnacht des November 1938 wie sechs weitere Frankfurter Synagogen in Flammen aufging, den Gedenkstein erst nach langem Suchen hinter einer Baracke und zugestellt mit altem Gerümpel entdeckten. Mich kränkt auch, wenn in der U-Bahn ältere Menschen lärmenden Schulkindern zurufen: »Könnt ihr nicht leiser sein. Wir sind doch hier nicht in der Juddeschul!«

Ich habe die mit »Juda verrecke« und Hakenkreuzen beschmierten und umgestürzten Grabsteine auf dem Frankfurter jüdischen Friedhof gesehen, die besudelte und beschädigte Gedenktafel für die von den Nazis zerstörte Rödelheimer Synagoge und den Vandalismus pathologischer Antisemiten auf dem alten jüdischen Friedhof in Alsbach an der Bergstraße.

Ich war empört über das freche Auftreten schwarz uniformierter Neonazis im Stadtbild von Frankfurt bei Agitationen auf Straßen und Plätzen und bei Veranstaltungen, die sich gegen eben diesen Neonazismus richteten; darüber, daß sie im Frankfurter Norden einen Buchladen mit ausschließlich faschistischen und den Krieg verherrlichenden literarischen Machwerken einrichten konnten und trotz zahlreicher Proteste der Nachbarschaft noch lange Zeit weiter ihre lügnerischen geschichtsverfälschenden, neuen Haß gegen Juden und Ausländer provozierenden Pamphlete an jedermann bringen durften. Empörung empfand ich auch, wenn sie das eine oder andere Mal bei Lesungen von mir auftauchten und störten, in der Diskussion von der »Lüge der Vernichtungslager« redeten oder Israel verunglimpften.

An dem Abend im Frankfurter Stadtteil Westhausen, als ich unter Polizeischutz lesen mußte, weil eine in den westlichen Vororten Frankfurts gut organisierte neonazistische Truppe am Tag zuvor während einer anderen Veranstaltung verkündet hatte: »Kommt und seht, wie wir morgen abend das Judenschwein auseinandernehmen«, war ich eigentlich nur neugierig-erregt.

Sie kamen nicht. Vielleicht wollten sie mir und denen, die zur Lesung eines jüdischen Autors gingen, nur einen Schrecken einjagen, vielleicht war ihre Drohung pures Maulheldentum oder die vor der Tür aufgefahrenen Polizeiwagen hielten sie von ihrem Vorhaben ab. Ein Ziel erreichten sie: noch nicht während der Lesung, aber in der Nacht und am Tag darauf stellte sich wieder die Angst ein, die dreimal verfluchte Angst, die mich ein Jahrzehnt lang quälte und die ich überwunden zu haben glaubte.

Ich überlege, was denn alles noch geschehen muß, bis auch denen die Angst im Nacken sitzt, die immer noch den alten neuen Antisemitismus in unserem Land nicht wahrhaben wollen, die die Neonazis verharmlosen, sie als arme Irre abtun und nicht erkennen oder nicht erkennen wollen, daß nur der richtige Nährboden geschaffen sein muß, um aus einem faschistischen Schlägertrupp eine Schlägerbrigade zu machen und aus einer Schlägerbrigade eine Armee von Totschlägern. Käme es so weit, würden sie wieder, wie ehedem, alles zerschlagen, was ihnen im Wege steht, und »weitermarschieren, bis alles in Scherben fällt«. Und sie würden ihre Juden finden. Sind es heute die Ausländer, werden es morgen die Linken, die Grünen, die Atomgegner sein. Aber unabhängig davon gilt immer ihr Haß den letzten noch lebenden Juden.

Und mitmarschieren im gleichen Schritt und Tritt würden wieder die meisten Deutschen, und vorneweg alle die, die heute auf dem rechten Auge blind sind, die jede Warnung mit dem Hinweis beantworten: »Schaut doch erst mal nach drüben, was die Bolschewisten machen!«, die, weil sie nicht nur das eigene schlechte Gewissen, sondern auch noch das ihrer Väter mit sich herumschleppen, die Erinnerung an die mörderische Zeit am liebsten im Ozean, dort wo er am tiefsten ist, versenkten.

Das Unwetter

Im Souterrain unseres Reihenhauses, auf gleicher Höhe mit meinem Arbeitszimmer, befand sich auch die Waschküche. Kurze Zeit, nachdem ich meine Arbeit für das Pressebüro aufgekündigt und meinen Austritt aus der KPD erklärt hatte, gab es in Frankfurt ein schlimmes Unwetter. Die Kanalisation konnte die Wassermassen nicht mehr aufnehmen. Wie in vielen anderen Häusern unseres Stadtteils, preßte sich auch in unserem Keller das Regenwasser mit großer Gewalt aus der Kanalisation durch den Gully der Waschküche nach oben.

Ich war während des Wolkenbruchs mit Irmgard und den Kindern im Obergeschoß. Bis ich nach unten kam und den Gully verschließen konnte, waren alle Kellerräume und auch mein Arbeitszimmer einen halben Meter hoch überschwemmt.

Für die Kinder war es ein großer Spaß, nur mit Badehose bekleidet das Wasser mit Eimern und Schüsseln durch meinen Arbeitsraum hindurch über eine kleine Veranda in den Garten zu schaffen. Nicht so für Irmgard und mich. Der angerichtete Schaden war beträchtlich.

Ich besaß eine komplette Sammlung der Sozialistischen Volkszeitung von der ersten Nummer im Jahr 1951 bis zur letzten am Tag des Verbots 1956. Ich hatte sie selbst zusammengetragen und in dicken roten Karton mit grauem Leinenrücken binden lassen. Und ich war stolz darauf, als einziger Redakteur der KPD-Zeitung ein solches Sammelwerk zu besitzen. Auch nach meinem Austritt aus der Partei hatte ich es mir aufbewahrt, denn es enthielt den Hauptteil meiner Reporter- und Redakteurstätigkeit in diesen Jahren. Die fünfzehn Bände wogen sicherlich einen Doppelzentner. Wegen des großen Gewichts hatte ich sie unter meinen Bücherregalen auf der Erde gestapelt, je vier Bände aufeinander. Etwa bis zu dieser Höhe reichte das Wasser.

Die Schmutzbrühe aus der Kanalisation hatte meine SVZ-Sammlung gründlich ruiniert. Ich legte sie zum Trocknen in den Garten. Eine ganze Woche lang. Es half nichts. Die Seiten waren zu einem unlösbaren Block zusammengeklebt. Es schien, als habe das Unwetter mit diesem brutalen Akt der Vernichtung sichtbar machen wollen, daß das Kapitel KPD nun endgültig für mich abgeschlossen sei. Papa würde gesagt haben: das war kein Zufall.

Es fiel mir nicht leicht, das zusammengebackene Produkt journalistischer Arbeit von sechs Jahren einem Altwarenhändler auszuhändigen. Doch was blieb mir übrig? Sämtliche Bände waren unbenutzbar geworden.

Damals kamen noch von Zeit zu Zeit Lumpensammler durch unsere Siedlung. Eines Tages kam wieder einmal einer vorbei, der seinen halbbeladenen Handkarren mit einem breiten Leinengurt, den er über eine Schulter gespannt hatte, hinter sich herzog und in regelmäßigen Abständen seinen monotonen Singsang rief »Lumpen, Alteisen, Flaschen, Papier«!

Ich bat ihn herein. Als er den Hut vom Kopf nahm, um sich den Schweiß abzuwischen, erkannte ich Hermann, einen ehemaligen KP-Genossen aus der Stadtteilgruppe Ostend. Er begrüßte mich etwas reserviert, nahm aber dann doch die Flasche Bier, die ich ihm anbot, und setzte sich auf die Eckbank in der Küche.

Es war mir peinlich, ausgerechnet ihm meine SVZ-Bände als Makulatur zu geben. Zum einen, weil er glauben könnte, ein Abtrünniger wolle sich seiner Vergangenheit entledigen. Aber noch aus einem anderen, ganz persönlichen Grund.

Wiederholt war die SVZ von der amerikanischen Besatzungsbehörde wegen ungebührlicher Äußerungen zur Politik der US-Regierung auf befristete Zeit verboten worden, später auch durch Verfügungen deutscher Justizbehörden. Verlag und Redaktion waren auf solche Maßnahmen vorbereitet. Bereits nach wenigen Tagen erschien eine illegale SVZ. Sie wurde in Mannheim hergestellt. Dort befanden sich Redaktion und Druckerei der KP-Zeitung für Rheinland-Pfalz. Umgekehrt kamen die Mannheimer Genossen nach Frankfurt, wenn ihre Zeitung für Rheinland-Pfalz von den Franzosen verboten wurde, und machten ihre illegale Zeitung hier.

Die Schwierigkeit bestand nicht darin, die Zeitung herzustellen, sondern sie in Hessen zu verteilen. Damit konnte man nicht die regulären Austräger betrauen. Sie wären mit den verbotenen Zeitungen schnell aufgeflogen. Man brauchte also einen anderen Verteilapparat aus zuverlässigen Genossen. Die für Frankfurt bestimmten Exemplare wurden am frühen Morgen mit einem unauffälligen Personenwagen von Mannheim nach Frankfurt gebracht. Hier nahmen sie die illegalen Verteiler in Empfang. In den letzten beiden Jahren vor dem Verbot der Partei und damit auch der SVZ befand sich die geheime Anlaufstelle in Frankfurt in einem verwahrlosten Gebiet zwischen dem Mainufer und dem Osthafen, dort, wo viele Altwarenhändler ihre zum größten Teil baufälligen Schuppen hatten. Es war ausgerechnet die Lagerhalle des früheren Genossen, der jetzt bei mir in der Küche saß. Während der Verbotstage wurden hier nicht nur Altpapier, Alteisen, Flaschen und Lumpen abgeliefert und verteilt, sondern morgens regelmäßig auch die geheim gedruckte Sozialistische Volkszeitung. Hermann hatte dafür nicht nur seine kleine Holzhalle zur Verfügung gestellt, sondern war gleichzeitig auch für die Verteilung verantwortlich.

Wir sprachen einige belanglose Worte miteinander. Über die Kinder, das Wetter und die hektischen Zeiten. Ich war schon fast entschlossen, ihn wieder wegzuschikken, ohne ihm etwas von den ruinierten SVZ-Bänden zu sagen. Da kam Irmgard dazwischen. Sie kannte den früheren Genossen nicht.

»Guten Tag«, sagte sie aufgeräumt, »Sie wollen sicher unsere alten Zeitungsbände mitnehmen. Das ist gut. Sie versperren uns nur den Platz. Kommen Sie mit in den Keller. Es ist ein ganz schöner Packen.«

»Moment mal, Irmgard!« stoppte ich ihren Redefluß. »Ich muß erst noch etwas klären ...«

»Was ist da zu klären?« fragte Irmgard unbekümmert. »Wir wollen doch nichts dafür haben.«

»Dafür gibt's auch nicht viel«, meinte der Altwarenhändler.

»Hör doch mal zu!« sagte ich fast beschwörend. »Das ist Hermann. Er gehörte zur Stadtteilgruppe Ostend. Kennst du ihn nicht?«

»Nein.«

»Aber ich kenne dich. Ich habe dich früher öfter gesehen«, bemerkte Hermann.

»Ach so, von der KPD.« Endlich hatte auch Irmgard verstanden, wem wir da unsere Zeitungsbände geben wollten.

»Ja, von der KPD«, wiederholte ich erleichtert.

»Was sind das für Zeitungsbände, die ich mitnehmen soll?« fragte Hermann, und ich merkte, daß er bereits ein wenig argwöhnisch war.

»Das muß ich dir erklären«, druckste ich herum, »das sind keine gewöhnlichen Zeitungsbände.«

»Ist das 'ne faule Sache?«

»Keineswegs. Damit hat das nichts zu tun.«

»Was ist es denn?«

Irmgard beendete rigoros den gequälten Dialog. »Es handelt sich um Bände der Sozialistischen Volkszeitung.«

»Die soll ich mitnehmen? Für den Reißwolf? SVZ-Bände?« In seiner Stimme war ungläubiges Erstaunen.

»Nicht wie du meinst. Sie sind bei einer Überschwemmung unbrauchbar geworden. Vollkommen zusammengebacken. Man kann nichts mehr mit ihnen anfangen. Schau sie dir selbst an.«

Zu dritt gingen wir in den Keller hinunter. Schweigend schleppten wir die Zeitungsbände nach oben. Die letzten beiden nahm Hermann allein und trug sie nach draußen. Er sprach in der ganzen Zeit kein Wort. Er verteilte die Bände gleichmäßig auf den Karren, nahm zwei Stricke und spannte sie von einem Seitenteil zum andern. Ohne sich noch einmal zu uns umzuwenden, ohne Gruß, ohne auf meinen erstaunten Anruf »Hermann!« zu reagieren, legte er sich den Leinengurt um die Schulter, machte einen Buckel und zog den schweren Wagen an.

Wir blieben in der Haustür stehen und schauten dem Karren nach. Langsam zuckelte er über das Kopfsteinpflaster der Mainzer Landstraße. Und mit ihm alle meine Berichte und Reportagen, Glossen und Leitartikel, ungezählte Stunden an Schreibarbeit. Meine Geistesblitze und politischen Bekenntnisse vergangener Tage wurden ordentlich durcheinandergeschüttelt.

Ich habe selten in meinem Leben geweint. Nicht, weil ich nicht weinen könnte – wie gern hätte ich manchmal geweint! –, sondern weil ich mich schämte vor denen, die meine Tränen sehen könnten. Auch in diesen Minuten hätte ich am liebsten losgeheult, so elend war mir zumute. Aber ich schämte mich vor Irmgard.

Etwa hundert Meter weiter stellte Hermann noch einmal seinen Karren ab, zog die Stricke nach, spuckte in die Hände und zog wieder an. Die schmutzigroten Zeitungsfolianten mit den verzogenen und gewellten Pappeinbänden schaukelten hin und her und wurden immer kleiner und blasser. Bis zur Straßenbahnhaltestelle »Rebstöcker Straße« konnte ich den Handkarren noch sehen. Dann verschwand er im immer dichter werdenden Verkehr. Mit ihm gut zwei Zentner Sozialistische Volkszeitung. Sie verschwanden und hinterließen in meinem Arbeitszimmer einen großen grauen Fleck auf der Erde unter dem Bücherregal, in meinem Herzen eine große Trauer um einen verlorenen Traum.

Ein notwendiges Nachwort

Vieles hat sich in dem knappen Jahrzehnt, seit ich das vorliegende Buch geschrieben habe, ereignet. Und doch, glaube ich, haben diese Erinnerungen nichts von ihrer Aktualität verloren. Im Gegenteil, vor dem Hintergrund meiner Erfahrungen mit den Geschehnissen damals, wird der totale Zusammenbruch der DDR und in der Folge der Bankrott aller sich sozialistisch nennenden Staaten im Osten Europas etwas verständlicher. Gleichzeitig ist dieses Buch ein Mißtrauensvotum gegenüber all denen, die heute vollmundig erklären, alles schon vorher gewußt zu haben. Schließlich stellt es denen, die den Glauben an den Sozialismus verloren hatten und in den Westen überwechselten, den schwierigen und schmerzhaften Prozeß entgegen, wie sich die allmähliche Loslösung von einer Partei vollzog, mit der ich eine sozialere, friedlichere, gerechtere Welt zu schaffen können glaubte.

Ein Regime, von dem ich hoffte, es werde die Welt freundlicher gestalten, ist schmählich untergegangen, ein Traum ging mir verloren. Dieses Resümee ziehe ich aus meinem politischen Wirken in der Vergangenheit. Dennoch weiß ich, daß sich die Welt verändern muß, denn nur der Wandel bedeutet Leben. Die Veränderungen von morgen sind die Utopien von heute. Und ich will mir meine Vorstellung von meinem Sozialismus, meiner Utopie, bewahren. Das zu bekennen, halte ich bei der Neuauflage des »Kurzen Frühling« für notwendig.

Aber die Auseinandersetzung mit der Kommunistischen Partei und der Politik der DDR und der schließlich vollzogene Bruch sind nur ein Teil des »Kurzen Frühling«. Ich halte es im Jahr 1992 für ebenso wichtig, nicht zu vergessen, wie während des Kalten Kriegs meine einstmalige Zugehörigkeit zur KPD, die längst beendet war, dazu führte, daß man nicht nur mir, sondern zugleich meinen Kindern durch Urteile höchster verwaltungsgerichtlicher Instanzen und Anweisung des Bundesinnenministers die Einbürgerung verwehrte, obwohl wir gebürtige Frankfurter sind. Es fast ein Vierteljahrhundert dauerte, bis es mir gelang, eingebürgert zu werden.

Sage niemand, eine solche politische Situation könne sich nicht wiederholen. Auch die Tragödie des Johannes ist es wert, einige Augenblicke darüber nachzudenken, bevor man im Brustton der Überzeugung erklärt: das könnte mir nie passieren. Und schließlich sind meine damals geäußerten Ängste über ein Wiederbeleben von Faschismus, Rassismus und Ausländerhaß brennend aktuell. All denen, die auf dem rechten Auge blind sind und Neonazismus und Fremdenhaß in unserem Land verharmlosen, sei das Kapitel »Neue Ängste« zur nochmaligen Lektüre empfohlen. Es könnte auch heute geschrieben sein.

Im April 1992 Valentin Senger

Inhalt

Valentin Senger

im Luchterhand Literaturverlag

Die Buchsweilers
Roman
434 Seiten. Gebunden
Valentin Senger erzählt in diesem auf langjährigen Recherchen basierenden Roman einer Familie die Geschichte der Wanderjuden im 19. Jahrhundert.
»Die Lektüre dieses episch breit angelegten Romans ist ein Stück Trauerarbeit, Nachsitzen in einem wenig bekannten Kapitel der deutschen Geschichte.« *Manfred Rieger, Kölner Stadtanzeiger*

Kaiserhofstraße 12
256 Seiten
SL 291
»Wenn es in den zwölf Jahren Hitler-Zeit Wunder gegeben hat, so gehört das unbehelligte Überleben einer fünfköpfigen jüdischen Familie in Frankfurt am Main mit kommunistischen Kontakten gewiß zu den größten. Valentin Senger erzählt die Geschichte dieser Familie, seiner eigenen, schlicht, wahrheitsgemäß, ohne schriftstellerische Ambitionen, mit Humor.« *Neue Zürcher Zeitung*

Kurzer Frühling
Erinnerungen
352 Seiten
SL 1055
»Valentin Sengers beeindruckendes Buch liest sich wie eine Ergänzung zu den frühen Romanen Wolfgang Koeppens. Es ist ein zeitgeschichtliches Dokument von Rang und trägt auf seine Weise zur Erhellung der 50er Jahre bei, die Günter Grass ›Jahre der Fälschungen‹ nannte.« *Hans J. Schütz*

Nachdenken über Deutschland

in der Sammlung Luchterhand

Helga Königsdorf
Aus dem Dilemma eine Chance machen
Reden und Aufsätze
SL 1020

Karen Margolis
Der springende Spiegel
Begegnungen mit Frauen zwischen Oder und Elbe
Mit einem Nachwort von Gabi Kachold
SL 981

Mein Deutschland findet sich in keinem Atlas
Schriftsteller über ihr nationales Selbstverständnis
Herausgegeben von Françoise Barthélemy und Lutz Winckler
SL 893

Helga Moericke
Wir sind verschieden
Lebensentwürfe von Schülern aus Ost und West
SL 975

»Nichts wird mehr so sein, wie es war«
Zur Zukunft der beiden deutschen Republiken
Herausgegeben von Frank Blohm und Wolfgang Herzberg
SL 924
Texte über das »Wie« einer deutschen Einheit. Eine grenzüberschreitende Diskussion.

Christa Wolf
Angepaßt oder mündig?
Briefe an Christa Wolf im Herbst 1989
SL 926
Erfahrungsberichte von Eltern, Lehrern und Schülern über das Bildungssystem der DDR. Das Dokument einer jahrzehntelangen Entmündigung.

Christa Wolf
Im Dialog
Aktuelle Texte
SL 923
Reden, Briefe, Aufrufe und Gespräche – Stationen der aktuellen Ereignisse 1989/90

Ossip Mandelstam

Mandelstams Welt war groß genug, alle herauszufordern.
Joseph Brodsky

Das Rauschen der Zeit
Die ägyptische Briefmarke. Vierte Prosa.
Aus dem Russischen übersetzt, herausgegeben und mit einem Nachwort versehen von Ralph Dutli.
346 Seiten. Leinen.

Der Stein
Frühe Gedichte 1908–1915.
Aus dem Russischen übersetzt, herausgegeben und mit einem Nachwort versehen von Ralph Dutli.
Russisch und Deutsch. 264 Seiten. Leinen.

Mitternacht in Moskau
Die Moskauer Hefte. Gedichte 1930–1934.
Aus dem Russischen übersetzt, herausgegeben und mit einem Nachwort versehen von Ralph Dutli.
Russisch und Deutsch. 276 Seiten. Leinen.

Gesammelte Essays (1913–1935)
Band 1: Über den Gesprächspartner · Band 2: Gespräch über Dante
Aus dem Russischen übersetzt und herausgegeben von Ralph Dutli.
Zus. 640 Seiten. Leinen.

Im Luftgrab
Ein Lesebuch.
Mit Beiträgen von Paul Celan (Erstdruck), Pier Paolo Pasolini, Philippe Jaccottet und Joseph Brodsky.
Herausgegeben von Ralph Dutli.
146 Seiten. Gebunden.

Ralph Dutli
Ein Fest mit Mandelstam
Über Kaviar, Brot und Poesie.
Ein Essay. 137 Seiten. Leinen.

Ralph Dutli
Ossip Mandelstam – Als riefe man mich bei meinem Namen
Essay. 372 Seiten. Englische Broschur.

Ammann Verlag